W0356470

John Lennon – Geborgte Zeit

Frederic Seaman

JOHN LENNON
GEBORGTE ZEIT

Eine persönliche Erinnerung
von Frederic Seaman

Aus dem Amerikanischen
von
Clara Drechsler

vgs

Die Deutsche Bibliothek – CIP-Einheitsaufnahme

Seaman, Frederic:
John Lennon – geborgte Zeit : eine persönliche Erinnerung /
von Frederic Seaman. Aus dem Amerik. von Clara Drechsler.
– 1. Aufl. – Köln : vgs, 1992
Einheitssacht.: The last days of John Lennon <dt.>
ISBN 3-8025-2224-9

Titel der amerikanischen Originalausgabe:
The last days of John Lennon. A personal memoir by Frederic Seaman.
© Copyright 1991 by Frederic Seaman
Erstausgabe 1991 by Carol Publishing Group, New York (A Birch Lane Press Book)

Alle Rechte vorbehalten
Abdruck (auch auszugsweise) sowie alle sonstigen Wiedergabeverfahren nur mit vorheriger schriftlicher Genehmigung des Verlags

Alle Fotos von Frederic Seaman (wenn nicht anders gekennzeichnet)
© für alle Abb. und Fotos: Frederic Seaman

2. Auflage 1992
© vgs verlagsgesellschaft, Köln 1991
Lektorat: Lothar Lewien, Köln, im Auftrag der vgs
Produktion: Wolfgang Arntz
Satz: ICS Communikations-Service GmbH, Bergisch Gladbach
Schutzumschlag: Fred Papen, Köln
Druck und Verarbeitung: Druckerei Fortschritt, Erfurt
Printed in Germany
ISBN 3-8025-2224-9

Dieses Buch ist dem Andenken an John Lennon gewidmet.
Möge seine Musik weiterleben.

Inhalt

Danksagung

Meinem Bruder Matthias gilt mein herzlicher Dank für seine wertvolle Hilfe bei der Erstellung der deutschen Ausgabe meines Buches. Meiner Mutter Elfriede, Tante Helen und Onkel Norman danke ich für ihre Unterstützung und Ermutigung. Lenore Wolf gilt meine tiefste Dankbarkeit für ihre liebevolle Mitarbeit.

Besonderen Dank an Cynthia Lennon und meinen Mit-Nutopianern May Pang, Doug MacDougall und Mike Tree für ihre Unterstützung.

Ich möchte auch all meinen Freunden, die mir bei meiner Aufgabe geholfen haben, meine Anerkennung aussprechen: Louise Nieves für ihre großzügige Assistenz jeder Art, einschließlich Korrekturlesen, Recherchen, Transportdienste und Seelenmassage; Bill und Kuniko Sagal, die mir einen Computer zur Verfügung stellten, endlose Ausdrucke meines Manuskripts durchlitten und deren Einsatz jeden zumutbaren Freundschaftsdienst überstieg; Ann Cypher für ihre enthusiastische Hilfe und clevere Rechtsberatung; und Tom Babbit für die Ermutigung, die er mir in all den Jahren zuteil werden ließ.

Weiterer Dank an meine Agenten, Dan Strone und Marci Posner (William Morris Agency); an Steve Shragis (Carol Publishing Group/Birch Lane Press), dem mutigen Verleger, der die amerikanische Originalfassung dieses Buches herausgebracht hat; an Ben Petrone, dem hervorragenden PR-Manager von Carol Publishing; an meinen britischen Verleger, Richard Jones (Xanadu Publications, Ltd.); an Michael Schweins (vgs) für die deutsche Ausgabe; und an Clara Drechsler für die deutsche Übersetzung.

Am meisten zu Dank verpflichtet bin ich jedoch Albert Goldman, einem mutigen und kompromißlosen Journalisten, der mir Zuversicht geschenkt und mich gelehrt hat, daß da, wo ein Wille ist, sich auch ein Weg findet.

Prolog

Gegen 23 Uhr am Abend des 27. September 1982, als ich eben das Brownstone-Haus auf der Willow Street in Brooklyn Heights betreten wollte, in dem ich damals wohnte, spürte ich plötzlich eine Hand auf meiner Schulter. Im selben Moment hörte ich eine hämische Stimme ganz nah an meinem Ohr: »Wie geht's denn so, Freddy-Boy?« Verblüfft fuhr ich herum und sah mich einem muskulösen blonden Mann in Jeans und Turnschuhen gegenüber. Sein mir vage bekanntes Gesicht direkt vor meinem, grunzte er: »Wir haben auf dich gewartet.« Es dauerte einige Sekunden, bis ich ihn richtig untergebracht hatte, dann platzte ich heraus: »Bob Greve!« Er war ein Bulle, der nebenher als Leibwächter für meine ehemalige Chefin arbeitete – Yoko Ono.

»Was willst du?« fragte ich nervös. Statt einer Antwort drehte Greve mir die Arme herum und fesselte sie hinter meinem Rücken mit Handschellen. Erst dann rückte er damit heraus, daß er einen Haftbefehl gegen mich hätte. Während ich sprachlos vor Schreck dastand, sah ich einen anderen Mann aus dem Schatten des nächsten Hauseingangs treten. Der stämmige Barry Goldblatt mit seinem Schnurrbart war nicht zu verkennen. Er war Kriminalbeamter der Career Criminal Apprehension Unit beim New Yorker Police Department und arbeitete ebenfalls nebenher als Leibwächter für Yoko und Sean Ono Lennon.

Schüchtern bat ich darum, den Haftbefehl sehen zu dürfen. Greve sagte mir, er sei in seinem Wagen. Die beiden Männer sahen sich mit nervösen Blicken auf der stillen, baumgesäumten Straße um. Als sie sicher waren, daß uns niemand beobachtete, zerrten sie mich über die Straße zu einem braunen Wagen und stießen mich auf den Rücksitz. Als ich meinen Mund öffnete, um zu protestieren, packte Goldblatt mich an der Kehle und zischte: »Schnauze!«

Ich wagte kaum zu atmen, während wir die Brooklyn Bridge

überquerten und uns dann in einem Gewirr dunkler Straßen im West Village verloren. Schließlich parkte Greve den Wagen in einer einsamen Straße in der Nähe des Schlachthofs. Goldblatt drehte sich zu mir um. Mit drohendem Gesichtsausdruck verkündete er, sein Partner und er sollten John Lennons 1980er Tagebuch zurück zu Yoko Ono ins Dakota bringen. Sobald ich wußte, worauf sie aus waren, war ich erleichtert. Obwohl ich vor über anderthalb Jahren das Tagebuch aus dem Dakota mitgenommen hatte, befand es sich nicht mehr in meinem Besitz. Was daraus geworden ist, war eine lange Geschichte, aber ich erklärte mich bereit, sie bis in die kleinste Einzelheit zu erzählen. Doch ich stellte fest, daß die Cops sie nicht hören wollten.

»Wir glauben dir gar nichts«, schnarrte Goldblatt, während er einen Regenmantel vom Vordersitz nahm und ihn sorgfältig um eine seiner fleischigen Fäuste wickelte. Dann packte er mich beim Kragen und schlug mich auf Gesicht und Brustkorb. *»Wenn wir mit dir fertig sind«*, schrie er, *»haben wir entweder das Tagebuch, oder du bist tot.«*

Vor Angst von Sinnen schrie ich: *»Ich habe das Tagebuch nicht! Ihr macht einen schrecklichen Fehler!«*

Nichts, was ich sagte, machte Eindruck auf sie. Goldblatt prügelte weiter auf mich ein, bis mein ganzer Körper schmerzte. Nachdem er mich einige Minuten lang geprügelt hatte, ging sein Atem schwerer, und ich konnte seine Alkoholfahne riechen. Gelähmt vor Angst und benommen vor Schmerzen kauerte ich auf dem Rücksitz, während Greve den Wagen anließ und zum West Side Highway fuhr. Bei der Fahrt in nördlicher Richtung auf dem Highway unterhielten sich die beiden Männer gedämpft. Einmal konnte ich einige Worte aufschnappen. Sie sprachen davon, mir eine Kugel durch den Kopf zu schießen und meinen Körper in den Hudson River zu werfen. Obwohl ich Todesangst hatte, kam ich mir langsam vor wie in einem billigen Gangsterfilm.

Kurz darauf hielt Greve neben dem Highway an und zerrte mich aus dem Wagen. »Wo ist das Tagebuch, Freddy?« herrschte er mich wütend an. Ich erklärte ihm noch einmal, daß er beim Falschen suchen würde. Ohne meine Worte zu beachten, stieß er mich gegen die Seite des Wagens. Dann schlug er mir dreimal hart in den Magen. Als ich mich vor Schmerz krümmte, zwang er mich auf dem Gras niederzuknien. Plötzlich spürte ich die Mündung seiner Waffe an meinem Hinterkopf. »Das ist deine letzte Chance, reinen Tisch zu machen«, sagte er. »Wenn du nicht mitspielst, blase ich dir dein Hirn weg!« Unter Tränen beteuerte ich noch mal, daß ich das Tagebuch nicht hätte. Als ich den Kopf drehte, um Greve anzusehen, sah ich, daß er Goldblatt, der grinsend vor mir stand, einen fragenden Blick zuwarf. Plötzlich verwandelte sich Goldblatts Grinsen in ein Stirnrunzeln. Er warnte mich grimmig, sollte ich jemals weitererzählen, was eben passiert war, würde er mich aufspüren und »den Job zu Ende bringen«.

Als ich in dieser Nacht in meiner Gefängniszelle lag, ließ ich die Ereignisse Revue passieren, die zu meinem Martyrium geführt hatten. Es hatte vor drei Jahren angefangen, als ich meinen Job bei John Lennon im Dakota antrat. Während mir alles wieder und wieder durch den Kopf ging, muß ich jedes meiner Erlebnisse mit John Lennon gestreift haben. Schließlich kehrte ich ganz zum Anfang zurück – zu dem Tag, an dem ich als Johns persönlicher Assistent eingestellt worden war.

1

Nutopia

Als ich in John Lennons Dienste trat, fiel es mir zunächst schwer, das Bizarre vom lediglich Exzentrischen zu unterscheiden. Alles war verwirrend, angefangen bei meinem Arbeitsplatz, den Dakota Mansions. Geschwärzt von den Rußablagerungen eines Jahrhunderts sah dieses schmuddelige Baudenkmal weniger aus wie ein New Yorker Apartmenthaus, sondern wie die Kulisse für einen Horrorfilm – und als genau das hatte es ja in *Rosemary's Baby* gedient. Das Dakota, gebaut wie eine deutsche Burg mit Wassergraben, ist an drei Seiten von einem massiven Eisengitter umgeben. In regelmäßigen Abständen ziert es der Kopf eines grimmigen Neptun, von zwei Meeresungeheuern flankiert. Die höhlenähnliche Eingangshalle wird von einem uniformierten Türsteher bewacht, der in einem bronzenen Wachhäuschen steht, das an einen aufrecht stehenden Sarg erinnert. In der Nacht wird es durch ein gigantisches schmiedeeisernes Tor geschützt.

Noch ungewöhnlicher als das Gebäude war die Denkweise, die ich innerhalb dieser abweisenden Festung kennenlernte. Über dem Vordereingang ist ein in Stein gemeißelter Indianerkopf, umgeben von den Ziffern 1-8-8-1. Einem unvoreingenommenen Betrachter sagen diese Ziffern nichts weiter aus, als das Jahr, in dem das Dakota erbaut wurde, aber nachdem ich einige Jahre für die Lennons gearbeitet hatte, sah ich sie in einem ganz anderen Licht: Acht plus eins ist neun, die höchste Ziffer, die Veränderung und Vergeistigung symbolisiert; 99 addiert mit 1881 ergibt 1980 – das Jahr, in dem John Lennon genau an dieser Stelle im Kugelhagel starb; wenn eine Glückssträhne zu Ende geht, sind acht minus eins minus acht minus eins gleich Null.

An meinen Job bei John Lennon kam ich durch eine Familienverbindung und einen glücklichen Zufall. Mein Onkel, Norman Seaman, ein Theater- und Konzertagent, hatte Anfang der sechziger

Jahre Yokos erste Avantgarde-Performances in New York produziert. Im Lauf der Jahre war er ihr zuverlässiger Freund und Vertrauter geworden. Als Yoko John Lennon heiratete, wurden mein Onkel und seine Frau Helen in den engsten Freundeskreis von John und Yoko aufgenommen. Mitte der Siebziger spielten Norman und Helen eine aktive Rolle im Kampf gegen die von Nixons Außenministerium betriebene Abschiebung Johns. Als stellvertretende Vorsitzende des Hilfskomitees für John Lennon organisierte Tante Helen eine landesweite Unterschriftensammlung, um für John die Aufenthaltsberechtigung durchzusetzen, und Norman sagte zu Johns Gunsten in der Anhörung zur Abschiebung aus.

Ich lernte John und Yoko im Herbst 1975 kennen, kurz nachdem John seinen Kampf um das Aufenthaltsrecht in den Vereinigten Staaten gewonnen hatte. Die Lennons besuchten eine Veranstaltung, bei der mein Vater Eugene als Pianist und Onkel Norman als Anekdoten-Erzähler und Geiger im Biltmore Hotel auftraten. Danach luden die Lennons die Familie Seaman in den Russian Tea Room, ein exklusives New Yorker Künstlerlokal, ein, wo John und Norman uns mit witzigen Anekdoten unterhielten, während Yoko, in ihren weißen Pelzmantel gehüllt, schweigend neben John saß. John war von Kopf bis Fuß in konservatives Schwarz gekleidet, aber auf seinem Schlips prangte das Bild einer nackten Frau.

Als mein Onkel den Lennons erzählte, daß ich in der Nähe von Frankfurt geboren war, als Sohn eines jüdisch-amerikanischen Vaters und einer deutschen, protestantischen Mutter, witzelte John, wie glücklich ich mich schätzen könnte, sowohl dem auserwählten Volk als auch der Herrenrasse anzugehören. Dann löcherte er mich mit deutschen Sätzen, an die er sich aus alten Beatles-Tagen auf der Hamburger Reeperbahn erinnerte, zum Beispiel: *»Um zweiundzwanzig Uhr müssen alle Jugendlichen den Saal verlassen«* oder *»Ficken, Lecken, Blasen«.*

Ich gratulierte John zu seiner hervorragenden deutschen Aussprache und sagte ihm, ich könnte mich erinnern, daß ich »Instant Karma« und »Give Peace A Chance« bei der Kirmes in meiner deutschen Heimatstadt Dillenburg auf dem Autoskooter gehört hatte. Das brachte Norman darauf, wie er und Helen im Mai 1969 von John und Yoko in ihre Suite im Queen Elizabeth Hotel in Montreal bestellt worden waren und sie gerade rechtzeitig zu einer Stegreif-Aufnahmesession eintrafen, in deren Verlauf Johns berühmte pazifistische Hymne entstand.

John und Norman schwelgten in Erinnerungen an diese chaotische Session und erzählten sich Geschichten über einige der berühmten Teilnehmer: Timothy Leary, Dick Gregory, Murray the K und die Smothers Brothers. Ich hörte ehrfürchtig zu. John war ein fesselnder Erzähler. Er hatte einen herrlichen Sinn für Humor und sprach mit singendem, schleppendem Liverpooler Akzent, unterbrochen von kurzen Lachern. Seine Augen funkelten und schossen hinter dicken Brillengläsern hin und her. Ich fand seine Ausstrahlung charismatisch gewinnend, und es verblüffte mich, wie offensichtlich unbeeindruckt Yoko davon war. Ihre desinteressierte Haltung war ziemlich irritierend. Sie sah verbittert und gelangweilt aus.

Während einer Gesprächspause erwähnte ich aus einem Impuls heraus, daß Norman mich vor zwei Jahren zu einem Auftritt von Yoko Ono in Kenny's Castaways, einen verrufenen Musikclub in Manhattan, mitgenommen hatte. Meine Bemerkung trug mir ein frostiges Lächeln von Yoko ein. Norman wechselte rasch das Thema. Er erzählte Yoko, daß mein Vater in Berlin Ägyptologie studiert hatte. Damit gelang es ihm endlich, ihr Interesse zu wecken, da Yoko seit kurzem eifrige Sammlerin alt-ägyptischer Kunst war. Als Yoko meinen Vater – der als ehemaliges Wunderkind Klavier an der Juilliard School of Music studiert hatte – fragte, warum er angefangen habe, sich mit Ägyptologie zu beschäftigen, erklärte er, er sei Ende der vierziger Jahre nach Deutschland gereist, um seine Musikausbildung fortzusetzen. Während er in Berlin studierte, hatte er die Faszination der Musik des Nahen Ostens entdeckt, und das hatte dazu geführt, daß er Ägyptologie studierte. 1953 hatte er während einer Studienreise zu den Pyramiden den Rückflug nach Deutschland verpaßt und ohne Geld im Nahen Osten festgesessen.

Nachdem mein Vater beschrieben hatte, wie er sich im Nahen Osten mit Musikunterricht und Klavierspielen in Hotelbars durchgeschlagen hatte, bis er schließlich in Aleppo in Syrien gelandet war, regte John an, er solle ein Musical schreiben, das auf seinem Leben im Ausland basierte. Dann sagte John, daß er und Yoko ein gemeinsames Musical über ihre Beziehung planten und daß sie auf Norman zählten, eines Tages »The Ballad of John and Yoko« am Broadway herauszubringen. Meine letzte Erinnerung an diesen denkwürdigen Abend ist, daß John mir herzlich die Hand schüttelte und auf Deutsch *»Auf Wiedersehen«* sagte.

Dreieinhalb Jahre später, am 18. Februar 1979, rief Onkel Norman Yoko an, um ihr zum sechsundvierzigsten Geburtstag zu gratulieren. Im Verlauf des Gesprächs erzählte Yoko meinem Onkel, daß Johns Assistent gekündigt hatte. Sie sagte, daß John gerne wissen würde, was aus dem Neffen Fred geworden war. Als mein Onkel ihr erzählte, daß ich kürzlich mit Auszeichnung meinen Abschluß am City College of New York gemacht hatte und Arbeit suchte, verlangte Yoko unverzüglich mein Geburtsdatum zu wissen. Kaum hatte sie gehört, daß ich am 10. Oktober geboren war, entschied sie, ich sei der ideale Mitarbeiter für John, der am 9. Oktober Geburtstag hatte.

Für den nächsten Tag wurde ich zu einem Einstellungsgespräch in die Lennon-Residenz bestellt. In Erwartung dieses wichtigen Anlasses beschloß ich, soviel wie möglich über das berühmte Paar zu lesen und mich außerdem wieder mit Johns Musik vertraut zu machen. Anders als viele Amerikaner meiner Generation wuchs ich nicht mit den Beatles auf. Da ich die späten Sechziger in Deutschland verbracht hatte, wo sie wohl populär, aber nicht das kulturelle Phänomen wie in den Staaten waren, kannte ich die meisten ihrer Platten kaum. Die einzigen Beatles-LPs, an die ich mich erinnerte, waren das Weiße Album und *Abbey Road,* die letzte Aufnahme der Gruppe. Außerdem kannte ich einiges von Johns Soloarbeiten, zum Beispiel »The Ballad of John and Yoko«. Der Song, den ich vor einem Jahrzehnt in Dillenburg zum ersten Mal gehört hatte, beschreibt die Schwierigkeiten, mit denen das Paar bei der Heirat zu kämpfen hatte.

*

John und Yokos erste, schicksalhafte Begegnung war am 9. November 1966 in der Indica Gallery in London. Yoko erzählte John, sie sei eine wichtige New Yorker Avantgarde-Künstlerin auf der Suche nach einem Mäzen. Kurz nach ihrer ersten Begegnung gab sie John eine Ausgabe ihres Buchs, *Grapefruit* – eine Sammlung humorvoller Aphorismen. Dann begann sie ihn mit Bettelbriefen zu bombardieren und drohte sogar mit Selbstmord, wenn er nicht bereit wäre, ihre Arbeit zu unterstützen. Für John, unglücklich verheiratet mit der braven Cynthia Powell, seiner ehemaligen Mitschülerin an der Kunstakademie, waren Yokos aggressive Avancen eine prickelnde Neuheit. »Es war schon immer mein Traum gewesen, eine Künstlerin kennenzulernen und mich in sie zu verlieben«, erklärte er später. »Weil ich außerordentlich schüchtern war, besonders im Umgang mit schönen Frauen, setzten meine Tagträume immer voraus, daß sie (Yoko) aggressiv genug sei, mich zu ›erlösen‹, das heißt, mich aus all dem rauszuholen.« Eines Tages, als Cynthia zu Besuch bei ihrer Mutter war, stimmte John einer »geschäftlichen Besprechung« mit Yoko zu, die prompt über Nacht blieb. Schon bald kam es zu heimlichen Rendezvous auf dem Rücksitz seines Rolls-Royce.

Die heimliche Affäre dauerte bis Mai 1968, als John Cynthia nach Griechenland in Ferien schickte, worauf Yoko unverzüglich bei ihm einzog. Im Juni präsentierten John und Yoko ihre erste künstlerische Gemeinschaftsarbeit, eine »Skulptur«, bestehend aus zwei Frieden und Schlichtheit symbolisierenden Eicheln, die in einem »Event« auf dem Grund der Kathedrale von Coventry in die Erde gegeben wurden.

Daß John seine Frau für eine umstrittene japanische Künstlerin verlassen hatte, die in erster Linie bekannt war für bizarre Eskapaden, wie die Löwenstatue auf dem Trafalgar Square mit weißen Laken zu umwickeln, löste einen ungeheueren Skandal aus. Die britischen Medien waren voll von Schmähungen gegen Yoko. Aber je schärfer sie angegriffen wurde, desto unbeugsamer stand John ihr zur Seite. Der Skandal weitete sich aus, als das umstrittene Paar im Oktober 1968 festgenommen und wegen Haschischbesitzes angeklagt wurde. Im November wurde Cynthia von John geschieden, und Yoko, immer noch mit ihrem zweiten Mann, Tony Cox, verheiratet, erlitt eine Fehlgeburt. Im selben Monat flammte der Skandal erneut auf, als John und Yoko *Two Virgins* veröffentlichten, auf deren Cover die beiden Ehebrecher splitternackt abgebildet waren.

Am 20. März 1969 wurden John und Yoko heimlich im britischen Konsulat auf Gibraltar getraut. Dann flogen sie nach Paris, wo Yoko die internationale Presse informierte: »Wir werden viele Happenings und Events zusammen veranstalten. Die Heirat war eins davon.« Wie sich herausstellte, wurden die Flitterwochen das erste der versprochenen Happenings. Als die Lennons bekanntmachten, daß sie im Dienste des Weltfriedens eine Woche im Bett verbringen wollten, glaubten die meisten der Reporter, die die Honeymoon-Suite des Amsterdamer Hilton belagerten, die Frischvermählten beabsichtigten, sich in aller Öffentlichkeit zu lieben. Dementsprechend war die Presse bitter enttäuscht, als das sogenannte »Bed-In« sich als Marathon-Pressekonferenz auf der Bettkante entpuppte. Ende Mai fand in Montreal ein zweites Bed-In statt.

Anfang der Siebziger zogen die Lennons nach New York und

engagierten sich in der Antikriegs-Bewegung. Aber als die Ausländerbehörde 1972 Johns Ausweisung beantragte, begann er sich Sorgen zu machen. Als ihm klar wurde, daß die Nixon-Regierung ihn auf der Abschußliste hatte, distanzierte sich John von seinem politischen Engagement und schränkte seinen Umgang mit der Gegenkultur ein. 1973 zogen er und Yoko aus einem verwahrlosten Loft im Greenwich Village ins elegante Dakota. In diesem Sommer begann John eine Affäre mit seiner und Yokos Sekretärin, May Pang. John und May ließen sich daraufhin in Los Angeles nieder, und so begann eine Periode, die John »The Lost Weekend«, das »verlorene Wochenende«, nannte – das insgesamt achtzehn Monate dauerte. Die ersten neun Monate verbrachte er mit Trinken und Auf-den-Putz-Hauen, und er nahm mit ein paar Musikerfreunden – unter anderem Ringo Starr, Keith Moon und Harry Nilsson – ein Album mit Rock'n'Roll-Standards auf.

Folgt man der offiziellen Version, wie sie in den Medien dargestellt wurde, dann war Yoko Johns geistige Führerin und Lehrerin, und seine »Verbannung« war ein Teil der »Ausbildung«. Nachdem John seine »Lektion« gelernt hatte, erlaubte Yoko ihm die Rückkehr ins Dakota. Erst sehr viel später fand ich heraus, daß es Yoko gewesen war, die May gedrängt hatte, Johns Annäherungsversuchen nachzugeben, weil sie es satt hatte, Johns überwältigenden Sexhunger zu stillen. Die Lösung war, ihm eine Geliebte zu suchen. May Pang fand sich erst nur widerstrebend bereit, verliebte sich aber bald in John.

Daß John und May an die Westküste zogen, steckte Yoko leicht weg. Sie hatte sich in David Spinozza verknallt, einen Studiogitarristen, der maßgeblich an den Aufnahmen ihres neuen Albums, *Feeling the Space,* beteiligt gewesen war. Als John aus dem Weg war, hatte Yoko Gelegenheit, an ihrer Solokarriere zu arbeiten und gleichzeitig ihre Beziehung zu Spinozza zu vertiefen. Im Herbst 1973 arrangierte Onkel Norman Yokos Auftritt in Kenny's Castaways. Dort hatte ich Yoko zum ersten Mal gesehen, als sie in schwarzen Leder-Hotpants und kniehohen, schwarzen Lederstiefeln mit Pfennigabsätzen auf die Bühne kam. Die Musik war weniger eindrucksvoll als Yokos provozierender Outfit.

Während Yoko sich in New York in Szene setzte, machte John in Los Angeles Plattenaufnahmen mit dem legendären Produzenten Phil Spector. In dieser Periode tauchte John öfter betrunken in der Öffentlichkeit auf und war für die Presse ein gefundenes Fressen.

Trotz alledem gelang John 1974 ein eindrucksvolles Comeback mit *Walls and Bridges* und seiner ersten Nummer Eins seit den Beatles, »Whatever Gets You Through the Night«.

John fing sich wieder und zog mit May Pang zurück nach New York. In der Zwischenzeit hatte Yoko eine Japan-Tournee angetreten. Überzeugt, auf der Schwelle zum Starruhm zu stehen, hatte Yoko ihre komplette Band für eine Reihe von Konzerten in ihr Heimatland geflogen. Die Tour war ein künstlerisches und finanzielles Desaster.

Als Yoko erkannte, daß ihre Karriere festgefahren war, während John sich als edler Statesman des Rock neu etablierte, wußte sie, daß sie sich John zurückholen mußte. Das erreichte sie auf fast dieselbe Art, mit der sie ihn beim ersten Mal geangelt hatte – durch ständige Anrufe, durch gutes Zureden und Drohungen, bis sein Widerstand gebrochen war. Als sie John erst mal zurück hatte, übernahm Yoko die totale Kontrolle über seine Finanzen. Außerdem wurde sie schwanger. Im Alter von vierundvierzig bekam sie an Johns fünfunddreißigstem Geburtstag, dem 9. Oktober 1975, einen Sohn, Sean. Am Ende des Jahres hatte sie John eisern im Griff.

Vier Jahre nachdem John wieder mit Yoko zusammengezogen war, machte ich mich auf den Weg zum Vorstellungsgespräch bei dem zurückgezogen lebenden Paar. Als ich am Montagmorgen, dem 19. Februar, zum Dakota ging, konnte ich meine Erregung kaum zügeln. Nachdem ich mein Anliegen beim Türsteher vorgebracht hatte, trat ich in die tunnelartige Eingangshalle. Auf der rechten Seite führte hinter einem Vorbau aus Glas und Holz eine Treppe zu einem kleinen Vestibül, das als Rezeption diente. Hinter dem Empfangspult saß die Concierge, eine kleine alte Dame, die, wie ich später erfuhr, einen hervorragenden Ruf hatte, wenn es darum ging, die Privatsphäre der reichen und oft berühmten Bewohner des Gebäudes, wie Leonard Bernstein, Roberta Flack, Lauren Bacall und Rex Reed, zu schützen. Ich ging durch einen langen, schmalen Korridor in ein Marmor-Foyer mit schwarzer Treppe und einem Aufzug mit fast vier Meter hohen Türen. Als die Türen sich öffneten, trat ich in die luxuriöse, holzgetäfelte Kabine, deren Knöpfe in schimmernde Bronze eingelassen waren. Langsam fuhr ich hoch zum sechsten Stock, ganz überwältigt von den Ausmaßen und der Großartigkeit des Gebäudes. Als die Türen sich öffneten, fand ich mich in einem kleinen Foyer einer weiteren massiven Tür gegenüber.

Tante Helen, die eingezogen war, als sie vor einem Jahr Seans Kindermädchen geworden war, ließ mich in die Wohnung der Lennons ein. Die äußere Tür führte zu einem kleinen Vestibül mit einem Tischchen und einer Lampe und einer weiteren schimmernden Holztür, die in die geräumige Eingangshalle führte. Direkt geradeaus war das Pyramidenzimmer, das Yokos kleine Sammlung ägyptischer Kunstgegenstände beherbergte, darunter einen glasverkleideten, mit bunten Hieroglyphen bemalten Sarkophag. Helen führte mich durch einen langen Flur, den Kinderzeichnungen und Yokos seltsame Avantgarde-Arbeiten auf Plexiglas-Sockeln zierten. Unser Ziel war die riesige, hell erleuchtete Küche. Der Mittelpunkt des Raums war ein großer, massiver Metzgertisch, umgeben von vier Regiestühlen aus Segeltuch. Der Tisch wurde an einer Seite flankiert von einer Koch- und Backzeile und an der anderen von Spüle, Spülmaschine und Wasserkühler. In einer Ecke standen zwei Sofas und dazwischen ein kleiner Tisch.

Meine Tante sagte mir, ich sollte es mir bequem machen, und verschwand dann. Ich setzte mich auf eins der Sofas, das an der Wand stand. Hinter mir hingen einige gerahmte Farbkopien von Schnappschüssen von Sean, John und Yoko. Über den Fotos hing ein großer Spiegel, und daneben waren Borde mit Büchern und Zeitschriften mit Titeln wie *Bewußt Essen, Besser Leben, Vegetarian Times, New Age* und *Coevolution Quarterly,* außerdem Vitamintabellen und Plakate von Yokos Kunstausstellungen. Ein paar Meter entfernt stand eine massive Regalwand aus weißem Kunststoff, in der eine ganze Batterie von Phono- und Videogeräten untergebracht war, unter anderem ein Sony-Fernseher mit 77-Zentimeter-Bildschirm, Videorecorder, ein McIntosh-Steuergerät, ein Tonbandgerät, ein Plattenspieler und um die tausend Platten. Ich war noch damit beschäftigt, mir die Phono- und Videogeräte anzusehen, als die Tür aufging und John Lennon, gefolgt von Yoko, ins Zimmer rauschte. Überrascht sprang ich auf und stellte mich vor. John hatte einen Bart und trug eine Jeanskappe in keckem Winkel auf dem Kopf. Er trat zu mir und legte mir sanft die Hand auf die Schulter.

»Relax, Fred«, sagte er, als er merkte, wie nervös ich war. Eine Reaktion, an die er gewöhnt war.

Er fragte, was ich seit unserem letzten Treffen getrieben hatte. Ich antwortete, daß ich Redakteur bei der Studentenzeitung des City College gewesen war und jetzt als freier Journalist zu arbeiten begonnen hatte. John sah irgendwie besorgt aus, als er mich fragte, worüber ich geschrieben hätte. Als ich ihm sagte, daß ich Musikkritiken schrieb, fragte er wie aus der Pistole geschossen zurück: »Was für Musik?«

»Jazz«, antwortete ich schnell. Ein erleichterter Ausdruck trat auf Johns Gesicht. Er sagte mir, er habe einen Moment lang befürchtet, ich könnte mich als Beatles-Fan entpuppen. Ich war verblüfft von dieser Bemerkung. Es war für mich der erste Hinweis, daß John im Konflikt mit seiner Beatles-Vergangenheit lebte. Ich beschloß, das Thema zu meiden. Statt dessen erwähnte ich, daß kürzlich in einer Jazz-Zeitschrift ein Artikel von mir über einige neu aufgelegte, seltene Aufnahmen von John Coltrane veröffentlicht worden war. John wurde lebhaft und erzählte, daß Graham Nash ihm einmal Coltranes avantgardistisches Orchesterstück *Ascensions* vorgespielt hatte, als sie beide auf LSD waren. »Das ist ein Trip, den ich nie vergessen werde!« gluckste er und setzte hinzu, daß er halluziniert hätte, er würde über afrikanische Landschaften schweben. An diesem Punkt warf Yoko John einen ungeduldigen Blick zu. Wie auf Kommando entschuldigte er sich und verließ die Küche.

Yoko kam gleich aufs Geschäftliche zu sprechen und erklärte, daß sie jemanden brauchte, um »nach John zu sehen, ein paar Einkäufe zu machen, John beim Kochen von Naturreis zu helfen, Fanpost zu beantworten, etcetera, etcetera«. Ich sagte Yoko, daß die Erledigung der Fanpost kein Problem sei und ich es im Einkaufen mit den Besten aufnehmen könne – aber reistechnisch etwas unterqualifiziert sei. Yoko sagte, ich solle mir keine Sorgen machen, John würde mir alles beibringen, was ich über Naturreis wissen müßte. Sie sagte, ich hätte mehr oder weniger die üblichen Arbeitszeiten und fragte mich, welche Bezahlung mir vorschwebte. Als ich zögerte, bot sie mir 150 Dollar die Woche an.

Ich überlegte es mir einen Moment und rief mir ins Gedächtnis, daß viele Menschen ihren rechten Arm dafür geben würden, für John Lennon zu arbeiten. Ich sagte Yoko, ich sei interessiert, aber das Gehalt sei etwas niedrig. Immerhin hatte ich einen Collegeabschluß. Wir einigten uns auf 175 Dollar die Woche, und Yoko informierte mich, daß mir außerdem wöchentlich 1000 Dollar für laufende Ausgaben zur Verfügung standen. Ich konnte mir nicht vorstellen, jede Woche eine so gewaltige Summe auszugeben.

Als ich am nächsten Morgen meine Arbeit antrat, traf ich den Assistenten, dessen Nachfolger ich wurde, einen japanischen Fotografen namens Nishi. Er hatte seit 1975 für die Lennons gearbeitet und wollte nun nach Japan zurückkehren, um zu heiraten. Nishi sagte mir in stockendem Englisch, er hätte nicht viel Zeit, mir den Laden zu zeigen, und wir sollten besser gleich anfangen. Wir gingen zu einer Garage im Keller des angrenzenden Wohnhauses, des Mayfair, wo wir den »Firmenwagen« holten, einen verbeulten dunkelgrünen Chrysler-Kombi. Wir fuhren in der Nachbarschaft herum, im Schnee schlitternd – die Reifen des Wagens waren völlig abgefahren, die Bremsbeläge runter –, und Nishi zeigte mir einige der Läden, in denen ich einkaufen würde. Er stellte mich den Ladenbesitzern vor und erklärte mir, John und Yoko hätten Kundenkonten bei einer benachbarten Apotheke, im Haushaltswarengeschäft, der Reinigung, im Schreibwarenladen und im Naturkost-Kaufhaus. Außerdem hielten wir an einem unauffälligen Wohnhaus an. Nishi sprang aus dem Wagen und verschwand im Gebäude, aus dem er bald mit einer kleinen braunen Tüte in der Hand wieder auftauchte. Zuerst wollte er nicht mit der Sprache heraus, aber auf wiederholtes Nachbohren vertraute er mir an, daß die Tüte einige Thai-Sticks enthielt.

»Für John nur das Beste«, betonte er und erklärte mir, daß John diese starke Form von Marihuana bevorzugte. Auf meine Frage, ob von mir erwartet würde, Drogen für John zu kaufen, zuckte er die Achseln und sagte: »Nur wenn Yoko-San sagt.«

Unsere letzte Station an diesem Morgen war der Nevada Meat Market auf dem Broadway, wo wir eine Riesenportion Kalbsleber für acht Dollar das Pfund kauften. Ich war erstaunt, als Nishi mir sagte, sie sei für Johns Katzen. Er erklärte mir, John sei extrem vernarrt in seine vierbeinigen Hausgenossen, und es sei Teil meines Jobs, sie immer wohlgenährt und gepflegt zu halten. Auf dem Rückweg in die Garage warnte mich Nishi, daß sowohl John wie Yoko schwierige Arbeitgeber und fast unmöglich zufriedenzustellen seien. Er fügte hinzu, daß keiner von beiden viel ausging, und wenn, dann nur zum Essen oder um einzukaufen. Als Folge kam ein ständiger Strom von Lieferungen ins Dakota, und es war meine Aufgabe, dafür zu sorgen, daß die Waren unverzüglich ausgepackt und in einem der vielen Räume verstaut wurden, die der Familie gehörten. Zusätzlich zur Wohnung Nummer 72 gehörte John und Yoko noch die angrenzende Wohnung Nummer 71, die sie als Warenlager benutzten, und ein großes Wohnstudio im ersten Stock, ein Zimmer im siebten Stock, zwei große Kellerräume und im Erdgeschoß Yokos Büro, Studio One.

Studio One war viele Jahre lang das Büro des berühmten Designers Jo Mielziner gewesen, der 1976 vor dem Dakota in einem Taxi an einem Herzschlag gestorben war. Yoko hatte die Zwei-Zimmer-Suite aus seinem Nachlaß erstanden und zur Geschäftszentrale der Familie umfunktioniert. Die Firma hieß Lennono, und Yoko war die Präsidentin. Obwohl ich als Johns Assistent eingestellt worden war, brauchte Yoko immer noch dringend eine Chefsekretärin, und mangels Masse fiel der Job mir zu. Ich war dafür zuständig, die Post zu sortieren und zu beantworten, Besucher zu überprüfen und fungierte als Verbindung der Lennons zur Außenwelt. Mein Posten war ein Schreibtisch im Vorzimmer von Studio One, einem modernen, gut ausgestatteten Büro, das Tag und Nacht hell erleuchtet war. An einer Wand befanden sich deckenhohe Aktenschränke, insgesamt einhundert schneeweiße Schubfächer mit einer Schiebeleiter, um die obersten Fächer zu erreichen; ich hörte, John hätte mit einem Pinsel die Worte »Helter Skelter« an die Wand geschrieben, ehe die Aktenschränke angebracht wurden. Mein Schreibtisch stand neben der Tür, über die Yoko ein Stück weißen orientalischen Stoff mit drei schwarzen Streifen angebracht hatte. Es war eine Art spiritueller Rauchmelder, der zu Boden fallen sollte, wenn jemand mit »bad vibes« darunter durchging.

An einem anderen Schreibtisch gegenüber der Tür saß Lennons junger Buchhalter, Rich DePalma, der Ringo Starr ähnlich sah. DePalma saß immer über seinen Schreibtisch gebeugt, schrieb Schecks aus und überwachte die komplizierten finanziellen Transaktionen zwischen den zahlreichen Bankkonten der Lennons; manchmal stöhnte er, als habe er echte Schmerzen. Er mußte ständig um Yokos Aufmerksamkeit ringen und hatte gegen die Schar der Astrologen, Kartenleger, Hellseher, Erdstrahlenexperten und Numerologen, die Yoko in allen persönlichen und geschäftlichen Belangen zu Rate zog, einen schweren Stand.

Eine Teeküche verband das Vorzimmer mit einem schmalen Flur, der zu Yokos privater Suite führte – das Allerheiligste, wie wir es nannten –, einem dunklen Raum hinter einer weißen Tür. Außerdem gab es noch ein luxuriöses, marmorgekacheltes Bad und, am anderen Ende des Korridors, einen zweiten, unauffälligeren Eingang zum Studio One. Er wurde von Yokos mysteriösen Besuchern und geschäftlichen Beratern benutzt, die sie früh morgens oder spät in der Nacht zu Beratungen empfing.

Am Ende meines ersten Tages im Dakota machte Nishi mit mir

eine schnelle Führung durch das verwirrende Labyrinth von Treppenhäusern und Korridoren im Gebäude. Er warnte mich, die alten Personenaufzüge seien zermürbend langsame und oftmals unzuverlässige Transportmittel; er hatte sich angewöhnt, die ebenso alten, aber etwas schnelleren Lastenaufzüge zu benutzen. Außerdem konnte man immer noch sechs Stockwerke über eine schmale Treppe hochlaufen, die direkt zum Küchenhintereingang führte, auf dem ein kleines Messingschild mit der Aufschrift »NUTOPIAN EMBASSY« (Botschaft von Nutopien) angebracht war. Als ich an diesem Abend mit Tante Helen und Sean in der Küche zu Abend aß, fragte ich meine Tante, was das Schild an der Tür zu bedeuten habe. Helen erklärte, es sei eine Anspielung auf Johns Einlassung während des Kampfes gegen die Abschiebung, er und Yoko seien beide Botschafter von »Nutopia«*, einem imaginären »kosmischen Königreich«, und würden deshalb diplomatische Immunität genießen. Als ich Helen nach dem Grund für John und Yokos Abwesenheit beim Dinner fragte, sagte sie mir, sie würden nicht immer mit ihr und Sean zusammen essen. Nach dem Dinner setzte ich mich zu Sean, während er sich wie jeden Abend Zeichentrickfilme ansah, ehe er schlafen ging. Seans entzückendes Gesicht war von schulterlangem schwarzem Haar umrahmt. Er saß vor dem Fernseher, lachte und kommentierte die Bilder. Er schien einiges von Johns Witz und schneller Auffassungsgabe geerbt zu haben. Gegen neun schlief Sean ein, und Helen trug ihn in sein Zimmer am Ende des Flurs. Er hatte eine kleine Schlafkoje, und dem Bett gegenüber stand ein Fernseher mit einem Betamax-Videorecorder. Unter der wachsenden Videosammlung des Vierjährigen waren auch Videos von *Yellow Submarine* und *Magical Mystery Tour.*

Helen schlief meistens in Seans Zimmer oder in einem großen Einbauschrank, in dem sie ein Notbett hatte. Als meine Tante im letzten Jahr eingestellt worden war, um auf Sean aufzupassen, hatte Yoko ihr und Onkel Norman zunächst angeboten, in Apartment 4 auf dem zweiten Stock zu ziehen; aber Yoko vergaß regelmäßig, daß die Seamans nun dort auch lebten; ständig lud sie andere Leute ein, in diesem Apartment zu wohnen. Wenn die Gäste eintrafen, erging Yoko sich in kichernden Entschuldigungen, und Helen zog in Seans Zimmer um, während Norman in sein Haus in Westchester zurückkehren mußte. Dieses Arrangement erwies sich als so untrag-

* »nut«: Verrückter, Spinner (engl. Slang)

bar, daß Norman schließlich auszog. Helen wollte wegen des Kindes nicht ausziehen. Sie sagte sich, daß Sean sie mehr brauchte als Norman.

Nachdem Helen Sean zu Bett gebracht hatte, schien es mir Zeit, nach Hause zu gehen. Plötzlich kam John auf einen Sprung in Seans Zimmer, barfuß, in Jeans und einem schwarzen T-Shirt. Er gab Sean einen Gutenachtkuß und fragte mich dann, ob ich ihm bei einer Tasse Tee Gesellschaft leisten wollte. Ich folgte ihm in die Küche und stand verlegen herum, während er einen Kessel mit Wasser füllte. Er sagte mir, ich solle am Metzgertisch Platz nehmen. Dann setzte er sich mir gegenüber und zündete sich eine Gitane Filter an. Es schien mir wie Ironie, daß John, der aus Liverpool kam und wiederholt um die halbe Welt gereist war, ehe er sich in New York niederließ, eine französische Zigarette rauchte, deren Name übersetzt »Zigeunerin« hieß. Er nahm einen hörbaren Zug und fragte mich, während er eine weiße Rauchwolke ausstieß, wie mein erster Tag gelaufen sei.

Nervös beschrieb ich ihm meine morgendliche Rundfahrt mit Nishi, wobei ich erwähnte, daß die Bremsen des Chrysler nach dem Zufallsprinzip zu funktionieren schienen. John sagte, obwohl er eine »sentimentale Beziehung« zu dem Kombi hätte, sei es vielleicht an der Zeit, ihn durch ein sicheres, moderneres Fahrzeug zu ersetzen. Er setzte hinzu, er würde mit »Mutter« über einen neuen »fahrbaren Untersatz« reden. Ich brauchte einige Sekunden, ehe mir klar wurde, daß er mit »Mutter« Yoko meinte. Mittlerweile kochte das Wasser, und John drückte seine Zigarette ungeduldig in einem Aschenbecher aus, ohne darauf zu achten, daß der kurze, zerdrückte weiße Stummel in seinem kleinen Aschehaufen weiterkokelte. Er sprang auf, griff in einen nahen Schrank und holte eine Schachtel Earl Grey heraus. Er riß sie auf, nahm zwei Teebeutel heraus und legte sie in zwei Becher. Er goß das Wasser darüber und stellte die Becher auf den Metzgertisch. Ehe er sich wieder hinsetzte, griff er noch einmal in den Schrank und nahm eine Dose Ovaltine, die er schwungvoll in den Mülleimer schmiß. Als er meine Verblüffung bemerkte, sagte mir John, Ovaltine sei »Dreck«, weil es chemische Zusätze enthielte. Er zündete sich eine neue Zigarette an und kam wieder auf das Auto zu sprechen.

John erzählte mir, daß er und Yoko mit dem Chrysler einmal quer durchs Land gefahren seien, um einen chinesischen Akupunkteur aufzusuchen, der in San Francisco lebte. John erklärte, dieser Arzt hätte ihm und Yoko beim Heroinentzug geholfen, ihnen eine gesunde makrobiotische Ernährungsweise nahegebracht und Yoko entgegen alle Voraussagen eine Schwangerschaft ermöglicht. Ich war erstaunt über seine Offenheit. Im weiteren Gespräch sagte John, er halte sich nicht mehr an streng makrobiotische Diät, würde aber immer noch lieber vollwertige, natürliche Nahrung essen. Während er seine Worte mit beiläufigen Handbewegungen unterstrich, erzählte er von seiner starken Abneigung gegen konservierte Nahrungsmittel und alles, was Zucker oder künstlichen Süßstoff enthielt. Dann begann er einen leidenschaftlichen Vortrag über die Gefahren des Zuckers und riet mir, bei Better Nature, einem Naturkost-Laden in der Nachbarschaft, in dem ich den Großteil unserer Lebensmittel kaufte, nach einem Buch mit dem Titel *»Sugar Blues«* Ausschau zu halten. Er rühmte dieses Buch von Gloria Swansons Ex-Mann, William Duffy, weil es Zucker als »Gift« anprangerte. Er unterstrich, daß er Sean nicht zum »Zucker-Junkie« werden lassen wollte. Mit hochgezogenen Augenbrauen warf John mir einen vielsagenden Blick zu und sagte, daß er vom »Personal« erwartete, Sean mit gutem Beispiel voranzugehen. Er verschwand für einen Moment und kam dann mit einem Stapel gerahmter Bilder von Sean zurück, die in einem Schrank verstaut gewesen waren. Er bat mich, sie in der Küche aufzuhängen und zeigte auf ein paar passende Stellen.

Trotz Johns freundlicher und ungezwungener Haltung erstarrte ich in seiner Gegenwart vor Ehrfurcht. So sehr ich mich auch bemühte, ich konnte mir einfach nicht einreden, John Lennon sei ein Arbeitgeber wie jeder andere. Er war für mich eine so mythische Gestalt, daß selbst eine harmlose Unterhaltung mit ihm am Küchentisch zu einem surrealen Erlebnis wurde. Als ich etwas in dem Sinne murmelte, er sei für mich eine lebende Legende, eine leibhaftige Ikone der sechziger Jahre, sah mich John mit resigniertem Blick an.

»Keine Sorge«, lachte er dann. »Das wird sich ändern.«

2

Nowhere Man

Am nächsten Morgen bestellte Yoko mich ins Allerheiligste. Die Jalousien waren heruntergelassen, aber die Decke des dunklen, weitläufigen Raums war angemalt wie ein blauer Himmel mit vorbeischwebenden flauschigen Wölkchen. Ein napoleonisches Feldbett nahm die Mitte des Raums ein. Kleine Palmen standen überall herum. In einer Ecke stand ein kleines Klavier, und in einer anderen, neben den Fenstern zum Hof, stand ein massiver pseudoägyptischer Schreibtisch. Daneben standen eine weiße Couch und ein dazu passender Sessel um einen gläsernen Couchtisch. Yoko saß in dem weißen Sessel, eins ihrer Beine unter sich gezogen. Sie trug Jeans und ein schwarzes Hemd. Sie sagte, sie hätte einiges zu besprechen, und bat mich, auf dem Sofa Platz zu nehmen.

In sanftem, eindringlichem Ton sagte Yoko, sie würde meist bis spät in der Nacht aufbleiben, um Telefonate zur Westküste, nach England und Japan zu führen. Sie ergänzte, sie benötige nur wenig Schlaf und würde normalerweise auch dann früh aufstehen, wenn sie erst im Morgengrauen zu Bett gegangen sei. Es sei meine Aufgabe, erklärte sie, Studio One zu öffnen, also alle Lichter anzumachen, das Allerheiligste aufzuräumen und Nachrichten auf dem Anrufbeantworter der Lennons abzuhören. Yoko sagte, sie werde mich als erstes am Morgen anrufen, um mich wissen zu lassen, ab wann sie Anrufe entgegennehmen wolle. Nach dem Eintreffen von Rich DePalma könnte ich nach oben in die Wohnung gehen und mir Johns Anweisungen für den Tag holen.

Yoko sagte mir auch, es sei mein Job, »John bei Laune zu halten«, indem ich ihm alles kaufen solle, was er verlange, und ihm ganz allgemein Gesellschaft leiste, wenn er sich einsam oder gelangweilt fühle. Ich müsse es ihr mitteilen, falls er ungewöhnliche Wünsche äußern oder sich seltsam benehmen sollte. Außerdem warnte sie mich, alle möglichen Leute würden versuchen, mit John Kontakt aufzunehmen, und sie machte unmißverständlich klar, daß ich ohne ihre Erlaubnis niemanden zu ihm durchstellen dürfe. Das galt ganz besonders für Anrufe von Johns älterem Sohn Julian oder der Mutter des Jungen, Cynthia, ebenso wie für Paul McCartney oder die anderen Ex-Beatles.

Als ich an meinen Schreibtisch zurückkam, klingelten die Telefone bereits Sturm. Tatsächlich hörten die Telefone im Studio One selten auf zu klingeln. Einer der ersten Anrufe, die ich annahm, kam von jemandem, der Treffen von Beatles-Fans im ganzen Land organisierte. Ich war mehr als vertraut mit diesen Veranstaltungen, da ich für meine College-Zeitschrift einen Artikel über eins dieser »Beatlefeste« geschrieben hatte. Der Anrufer fragte, ob John und Yoko etwas zu einer Auktion beitragen könnten, die an diesem Wochenende auf einem Beatlefest stattfinden sollte; die Erlöse waren für die One-to-One-Stiftung der Lennons bestimmt. Bald tauchte Rich DePalma auf, und ich ging nach oben, um Seans Bilder aufzuhängen. John saß am Metzgertisch, trank Kaffee und las die *Daily News.* Ich beäugte ihn nervös aus dem Augenwinkel, während ich verlegen im Zimmer herumbosselte und ungeschickt Nägel in die Wand hämmerte.

»Himmel nochmal, Fred!« rief er plötzlich. »Kannst du dich bitte scheißnochmal *abregen?* Du machst *mich* nervös.« Zu Tode erschreckt von Johns unerwartetem Ausbruch stammelte ich eine Entschuldigung. »Schon gut«, sagte John, als er merkte, wie verstört ich war. »Es ist nur so, daß mir mein Leben auch so schon genug auf die Nerven geht, da brauchst du es nicht noch schlimmer zu machen.« Dann lud er mich ein, eine Tasse Kaffee mit ihm zu trinken. Ich erwähnte den Anruf wegen der Auktion beim Beatlefest, und John sagte, er hätte nichts dagegen, eine Weihnachtskarte von Paul McCartney beizusteuern, müßte aber »erst mit Mutter darüber reden«. Er tat ein paar Teelöffel Instantkaffee in zwei Tassen und gab heißes Wasser und Milch dazu. Er beklagte sich, ihm sei sein Lieblingskaffee ausgegangen, Brown Gold Instant, und bat mich, neuen zu kaufen. Ich machte mir eine Notiz auf einem Block.

Dann zündete sich John eine Gitane an und sagte mir, ich solle mich erkundigen, wo Nishi die Zigaretten kaufe. Er zeigte mir eine große Schublade voll mit Gitanes-Kartons und Yokos Sherman-Cigarettellos, und er wies mich an, von beidem immer einen reichlichen Vorrat anzulegen.

Als nächstes schwärmte er von einer schwarzen Sängerin, die in der *Gong Show* einen Stevie-Wonder-Song vorgetragen hatte. Da wir schon einmal beim Thema Musik waren, beschloß ich, John zu fragen, ob er denn plane, in Zukunft Schallplatten aufzunehmen. Er warf mir einen verärgerten Blick zu und sagte nüchtern, er sei zum ersten Mal in seinem Leben frei von vertraglichen Verpflichtungen zu neuen Aufnahmen. Er sagte, er habe beschlossen, sich aus dem Musikgeschäft zurückzuziehen. Diese Neuigkeit war für mich extrem enttäuschend. John rauchte jetzt gierig und schnippte die Asche seiner Gitane achtlos in den Aschenbecher. Er sagte, er höre sich kaum Rockmusik im Radio an, da der aktuelle Rock größtenteils scheußlich sei. Und wenn er etwas hören würde, das ihm gefiele, würde er sich nur ärgern, daß er es nicht selbst geschrieben hätte. John sagte, er höre lieber Musik, in der er weniger drinstecke, beispielsweise klassische oder sogar seichte Unterhaltungsmusik.

Als er sich erinnerte, daß mein Vater klassischer Pianist gewesen war, fragte mich John, ob ich als Kind Klavierstunden genommen habe. Ich sagte ihm, daß mein Vater mir ein paar Stunden gegeben hatte, meine musikalische Ausbildung jedoch ein abruptes Ende gefunden hatte, als meine Eltern sich trennten. Da John sehr an meiner Kindheit interessiert zu sein schien, gab ich ihm einen Überblick über meine Familienverhältnisse. Ich erzählte, daß mein Vater meine Mutter kennengelernt hatte, als sie beide in einer Münchner Pension lebten. Sie heirateten 1951, und ein Jahr später wurde ich geboren. John kam darauf zu sprechen, was mein Vater uns 1975 während des Abends im Russian Tea Room über seine mißglückte Reise zu den Pyramiden erzählt hatte und fragte mich nach dem Ausgang des Nahost-Abenteuers.

Ich erzählte, mein Vater habe eine Musikschule in Aleppo gegründet und dann meine Mutter nachholen wollen, die inzwischen meinen Bruder Matthias geboren hatte. Wir waren Richtung Naher Osten unterwegs, als meine Mutter ein Telegramm erhielt, in dem es hieß, mein Vater habe wegen eines Militärputschs aus Syrien fliehen müssen. Daraufhin ließen wir uns zunächst in Palma, der Hauptstadt Mallorcas, nieder, um auf meinen Vater zu warten. John warf ein, daß er in Palma einmal unter dem unbegründeten Verdacht, Yokos Tochter Kyoko entführt zu haben, festgenommen worden war. Ich sah ihn erwartungsvoll an, weil ich glaubte, er würde Näheres erzählen, aber er drängte mich, mit meiner Geschichte fortzufahren. Ich nahm meinen Bericht wieder auf und erzählte John, daß die Familie, nachdem sie in Mallorca wieder vereint war, eine Wallfahrt in das Dörfchen Valldemosa unternommen hatte, wo Frederic Chopin, das große Vorbild meines Vaters, den Winter 1838/39 verbracht hatte. Meine Eltern beschlossen, sich in diesem pittoresken Bergdorf niederzulassen. Wir zogen in ein kleines Haus, und mein Bruder und ich taten unser Bestes, um uns in unsere neue Umgebung einzufügen. Das erwies sich jedoch als problematisch, da wir die einzigen Nicht-Katholiken am Ort waren. John platzte fast vor Lachen, als ich beschrieb, daß meine Spielkameraden mich tatsächlich davon überzeugt hatten, daß ich in der Hölle braten würde, weil ich ein Heide sei. John witzelte, daß er sich schon lange als »wiedergeborenen Heiden« betrachtete, weil er von der Engstirnigkeit und der Heuchelei der offiziellen Religionen die Schnauze voll habe.

Nach zehn Jahren in Mallorca hatten meine Eltern 1964 beschlossen, in die Staaten zu ziehen. So kam es, daß ich im Alter von elf Jahren – ohne ein Wort Englisch zu sprechen – auf einer Junior High School in Washington D.C. angemeldet wurde, die hauptsächlich schwarze Schüler besuchten. Als wir sechs Wochen später nach Arlington, Virginia zogen, sprachen mein Bruder und ich fließend Englisch, hauptsächlich, weil wir ständig vor dem Fernseher hingen. An dieser Stelle lachte John laut heraus. Es amüsierte ihn sogar noch mehr, als ich erklärte, meine Mutter hätte sich entschieden, nach Arlington, Virginia zu ziehen, weil sie JFK verehrt hatte und Kennedys Grab auf dem dortigen Ehrenfriedhof nahe sein wollte.

Trotzdem war meine Mutter bald von Amerika enttäuscht, und 1967 gingen mein Bruder und ich mit ihr zurück nach Deutschland. Wir lebten in Garmisch und Berlin, ehe wir schließlich zurück nach Dillenburg, in die Heimatstadt meiner Mutter, zogen.

Ich erwähnte, daß ich 1970 in einer lokalen Rockband Schlagzeug gespielt hatte, und John fragte mich sofort, welche Art Musik wir gemacht hätten. Er rollte die Augen, als ich sagte, daß wir hauptsächlich Songs von den Ventures, Jethro Tull und den Rolling Stones nachgespielt hatten. Ich schloß meinen Bericht damit, daß ich John erzählte, seit meinem Umzug nach New York im Jahre 1973 hätte ich mich als Hörer und gelegentlicher Kritiker intensiv mit der Jazz- und Rockszene befaßt. Als John mich fragte, in welche Clubs ich normalerweise ging, sagte ich ihm, mein Lieblingsladen sei das CBGBs, ein Rock-Club auf der Bowery, der Bands wie die Ramones, die Talking Heads und Blondie hervorgebracht hatte. John sagte, er sei ein großer Fan der Blondie-Sängerin Debbie Harry. Außerdem mochte er Todd Rundgren, Donna Summer und die

Gruppe Devo. Er bat mich, ihm Devos Remake des Stones-Klassikers »Satisfaction« für seine Musikbox zu besorgen. Er sprang auf und winkte mir, ihm in den angrenzenden Raum zu folgen. Das war Seans Spielzimmer, aber es sah mit seiner Dschungel-Spielecke sowie mit Trampolin, Strickleiter und den großen viereckigen Kisten voll mit allem erdenklichen Spielzeug eher wie ein Abenteuerspielplatz aus. Der Fußboden war übersät mit Seans jüngsten Kritzeleien. John wies mich an, sie stets mit Datum zu versehen, sicherzustellen, daß Sean sie signierte – und falls nicht, sie selbst mit seinem Namen zu unterzeichnen – und rahmen zu lassen. In Seans Spielzimmer stand außerdem eine riesige Wurlitzer-Musikbox.

»Mach schon, sieh sie dir an«, sagte John stolz, während er einige von Seans herumliegenden Wachsmalstift-Zeichnungen aufklaubte.

Ich begutachtete die eindrucksvolle Jukebox. John sagte, sie sei ein Geschenk von Record Plant, einem Studio, in dem er Anfang der Siebziger Aufnahmen gemacht hatte. Mir fiel auf, daß die Musikbox hauptsächlich mit Rock'n'Roll-Singles aus den Fünfzigern und Sechzigern bestückt war, darunter etliche Klassiker von Elvis Presley, Chuck Berry, Little Richard, Jerry Lee Lewis, Carl Perkins und Buddy Holly und eine Handvoll aktueller Hits von Blondie und Donna Summer. John drückte ein paar Tasten, und Jerry Lee Lewis' »Great Balls of Fire« dröhnte aus den Lautsprechern.

Als er mein verdutztes Gesicht sah, fragte er: »Das hast du doch schon mal gehört, oder?«

Auf mein Geständnis, daß dem nicht so war, sah er mich entsetzt an.

»Lieber Himmel, Fred!« John schüttelte ungläubig den Kopf.

Zu meinen Aufgaben gehöre auch, die Jukebox immer mit seinen Lieblingssingles zu versorgen, z. B. mit B. B. Kings »The Thrill Is Gone«, einem Song, den er schon immer brennend gern in seiner Sammlung gehabt hätte. Ich versprach, bei Bleecker Bob, einem auf Oldies spezialisierten Plattenladen, danach zu suchen.

Als wir in die Küche zurückgingen, sagte John immer wieder, wie erstaunt er sei, daß ich so wenig Ahnung von den Rock-Klassikern hatte. Er fand es sehr erheiternd, daß der dreieinhalbjährige Sean, der mit Papas Lieblingssongs aufwuchs, mehr als ich von den frühen Rock-'n'-Roll-Hits verstand. Zu meiner Verteidigung machte ich geltend, daß ich meine Jugend in Deutschland verbracht hatte, wo man unter »Rockklassikern« Hendrix, Cream, die Rolling Stones und eine Handvoll anderer Gruppen, darunter natürlich auch die

Beatles, verstand. John warf mir einen angewiderten Blick zu und fragte mich, was ich an Jazz gerne hörte. Als ich Ornette Coleman nannte, erzählte er mir stolz, daß Yoko ein paar Aufnahmen mit Ornette gemacht hatte. Er kramte in seiner Plattensammlung, fluchend, weil die Platten so in Unordnung waren, daß man unmöglich etwas finden konnte.

Nach längerer Suche fand John das Album, das er gesucht hatte, und legte die Platte auf. Wenige Sekunden später hörte man Yokos Stimme, die leise jaulte und wimmerte, während Ornette im Hintergrund kurze Trompeten-Salven blies. John erklärte, das Stück, das wir hörten, sei eine Probe für ein Konzert in der Royal Albert Hall. Dann drehte er die Platte um und sah mich erwartungsvoll an. Plötzlich schrillte ein Schrei, der das Blut gefrieren ließ, aus den Lautsprechern. Ich sprang fast aus dem Stuhl. Erfreut über meine verblüffte Reaktion, huschte ein tückisches Grinsen über Johns Gesicht. Yokos Stimme produzierte nervenzerfetzende Kreischlaute, während im Hintergrund frenetische Gitarrenriffs und treibendes Schlagzeug zu hören waren.

»Das sind Ringo und ich!« schrie John über die Musik. Ich sagte ihm, es sei ein erstaunliches Stück, und daß Yokos Stimme mich an die freie Improvisation eines Jazz-Saxophonisten erinnerte. »Ja«, nickte John. »Ist eine der besten Sachen, die sie gemacht hat.« Er hielt das Plattencover hoch – ein Schwarzweißfoto von Yoko als kleines Mädchen – und sprudelte heraus: »Ist sie nicht süß?« Wirklich, die kleine Yoko in ihrem schwarzen Matrosenanzug sah entzückend aus, aber ihre großen Augen schauten traurig und verloren. John erzählte mir, daß auf seinem ersten Solo-Album, das zur gleichen Zeit wie Yokos aufgenommen war, ein Foto von ihm als kleiner Junge war. Er wühlte weiter in seinen Platten und schien verärgert, weil er es nicht finden konnte. Er sagte mir, daß Ersatzkopien seiner Platten im Keller gelagert seien, und bat mich, sie herauszusuchen und ins Apartment 71 nebenan zu bringen.

*

Die zwei Lagerräume im Keller sahen aus wie das Requisitenlager eines alten Filmstudios. Die Ansammlung von Sachen ließ einem den Kopf schwirren – manches Tinnef, manches unbezahlbar: Johns riesige surrealistische Ölgemälde, Collagen und Zeichnungen, Goldene Schallplatten der Beatles, Poster, Kulissen und Sound-Equipment von Konzerten, Bongos und andere Percussion-Instrumente, Klaviere, alte Möbel, beschädigte Antiquitäten, Aktenschränke, ausrangiertes Spielzeug von Sean, Kartons und Einkaufstüten voller Fanpost sowie ein Toilettensitz und eine Badewanne mit Klauenfüßen.

Nach gründlichem Suchen entdeckte ich endlich mehrere Kartons mit Johns und Yokos Plattenaufnahmen. Ich packte sie auf eine Handkarre und nahm den Lastenaufzug zum Apartment 71, das ähnlich gebaut war wie Nummer 72. Es gab eine lange Eingangshalle mit alten Fotos von John und Andenken an die Beatles-Jahre. Vom Hauptflur gingen mehrere Zimmer ab, die mal mehr, mal weniger mit unterschiedlichstem Krimskrams und großen Kartons vollgestellt waren. Überall standen Möbelstücke herum, moderne und antike, Stereoanlagen – manche brandneu und noch verpackt –, Verstärker, Mikrophone, Gitarren und ein E-Piano. Ich war fasziniert vom Anblick der Instrumente; es war das erste Anzeichen irgendeiner musikalischen Beschäftigung, das ich bei John sah. Später fand ich heraus, daß er in diesem Zimmer gelegentlich Zuflucht suchte, wenn das Leben in Apartment 72 allzu hektisch wurde; von Zeit zu Zeit zog er sich hier eine Ladung Hasch rein und nahm manchmal sogar ein Demo-Tape auf. In einem großen angrenzenden Raum mit verdrecktem blauem Teppichboden lagen Seans alte Spielsachen und neue Kleidung der Lennons herum.

John und Yoko schienen kaufsüchtig zu sein, wie Kleptomanen, die zahlten. Das meiste, was sie kauften, wurde weder benötigt noch jemals benutzt. Kleidung, Antiquitäten, Kunst, Hi-Fi-Ausrüstungen, elektronische Spielereien, Möbelstücke – alles wurde angeliefert, verstaut und unverzüglich vergessen. Apartment 71, ein Teil von Apartment 4, Zimmer 265 im siebten Stock, zwei Kellerräume und sogar ein Teil eines Lagerhauses auf der West Side Manhattans waren vollgestopft mit Johns und Yokos Einkäufen. Ich hörte nie auf, mich zu wundern, wie der Mann, der die unvergeßliche Zeile »Imagine no possessions« verfaßt hatte, zum Sklaven des Konsums geworden war. Der einzige echte Wert vieler dieser Sachen war, daß sie John Lennon gehörten.

Den Rest des Tages verbrachte ich im Studio One und sortierte die Post. Ich entdeckte ganze Schubladen voller ungeöffneter Briefe und ungehörter Tapes. Rich erzählte mir, daß Helen, die offiziell für die Beantwortung der Fanpost zuständig war, hoffnungslos in Verzug geraten war. Daher landeten die Briefe stapelweise in leeren

Aktenfächern. Als ich mich durch die Haufen von Briefen und Tapes arbeitete, lernte ich allmählich, zwischen den verschiedenen Arten von Fanpost zu unterscheiden. Da waren Autogrammwünsche, Einladungen zu Hochzeiten, Bar Mizwahs und allen möglichen anderen Partys; Bittgesuche von Musikern, die sich nach oben zu kämpfen versuchten, oft versehen mit Demo-Aufnahmen; Interviewanfragen und geschäftliche Vorschläge.

Einige der Fanbriefe waren wirre, oftmals unzusammenhängende oder vage drohende Elaborate von Leuten, die scheinbar unter Drogen standen oder unzurechnungsfähig waren. Ein paar dieser Fans hielten sich für Figuren aus Beatles-Songs, einer zum Beispiel unterzeichnete mit »Billy Shears«, einer Figur des *Sergeant Pepper's*-Album. Daß einige der seltsamen Briefe aus Heilanstalten kamen, konnte kaum überraschen.

Für viele Fans schien irgendwie die Zeit stehengeblieben zu sein, für sie waren die Beatles noch immer vereint. Fans schickten John sogar Briefe, die an die ehemaligen Bandkollegen adressiert waren. Einmal fand John den Brief eines brasilianischen Mädchens, die im Nachsatz darum bat, einen zweiten beigelegten Brief an Ringo weiterzugeben. John fand das gar nicht lustig.

»Wofür hält die uns«, schnaubte er, »einen Kurierdienst?«

Zusätzlich zur Fanpost gab es noch eine beträchtliche Sammlung Briefumschläge eines Pressedienstes mit den neuesten Zeitungsartikeln, in denen John und Yoko erwähnt wurden. Diese Zeitungsausschnitte sollten eigentlich sortiert und dann in Sammelordner eingeklebt werden. Eine Zeitlang hatte einer meiner Kusinen den Job, diese Sammelordner auf dem neuesten Stand zu halten, aber es hatte sich als hoffnungsloses Unterfangen erwiesen. Daß die Lennons sich in den letzten Jahren so bedeckt hielten, hatte offensichtlich dem weltweiten Medieninteresse keinen Abbruch getan.

Als es auf 18 Uhr zuging und Rich immer noch in Telefonanrufen und Papierkram unterzugehen schien, fragte ich ihn, wie lange er normalerweise arbeitete und erwähnte, daß Yoko mir meinen Job als »normalen Arbeitstag« beschrieben hatte. Der Buchhalter lachte. Er sagte, er würde oft zehn Stunden am Tag arbeiten und sagte mir dasselbe Schicksal voraus. Wie sich herausstellte, sollte er recht behalten. Yokos Beschreibung des Jobs war mehr als irreführend gewesen.

*

Meinen dritten Arbeitstag begann ich mit einer Runde durch die Geschäfte der Nachbarschaft, kaufte Lebensmittel und Vollwertkost, gab Seans neueste Zeichnungen zum Einrahmen ab und besorgte Büromaterial. Auf meinem Weg zurück ins Dakota begegnete ich John auf der 72nd Street. Er trug Jeans und Sweater und hatte schwarze Cowboystiefel an, in denen er mindestens zwei Meter groß aussah. Er sah mich durch seine Kassengestell-Sonnenbrille an und fragte fröhlich: »Was hast du eingekauft?«

Ich fischte ein Glas Brown Gold Instantkaffee aus der Einkaufstasche, und John sah hochzufrieden aus. Er dankte mir dafür, daß ich Seans künstlerische Versuche in der Küche aufgehängt hatte, fand sie jedoch ein wenig zu hoch und bat mich, sie tiefer zu hängen. Dann gab er mir Anweisung, später im Schlafzimmer vorbeizuschauen, weil er »Sonderaufträge« für mich hätte. Mittlerweile hatten einige neugierige Passanten angefangen, John anzustarren, der die Fremden aus dem Augenwinkel musterte.

Plötzlich tauchte ein plumper, draller Teenager, der John gefolgt war, neben ihm auf. »Hi John«, gurrte das Mädchen. »Party gefällig?«

John warf ihr einen vernichtenden Blick zu und murmelte kaum hörbar: »Leck mich am Arsch.« Dann drehte er sich auf dem Absatz um und ging abrupt fort. Mit verstörtem Gesicht fragte mich das Mädchen, ob ich Johns Freund sei. Als ich ihr sagte, daß ich für ihn arbeite, flehte sie mich an, ihm eine Nachricht zuzustecken und lud mich im selben Atemzug ein, mit ihr Dope zu rauchen.

Verschämt murmelnd sammelte ich meine Einkäufe ein und verzog mich schleunigst ins Dakota.

An diesem Nachmittag machte ich meinen ersten Besuch im Schlafzimmer, in dem John den größten Teil seiner Zeit zu verbringen schien. Der Eingang zu diesem Zimmer lag in einer Ecke des Foyers, neben einem großen offenen Kamin, über dem ein farbenfrohes japanisches Gemälde hing, das eine Geisha mit einem gitarrenähnlichen Instrument zeigte. Auf dem Kaminsims standen lebensgroße Büsten von John, Yoko und Sean; jede hatte einen anderen Hut auf, und manchmal wechselte John die Hüte oder drapierte Halstücher um die Büsten. Anderthalb Meter neben dem Kamin öffnete sich eine unauffällige weiße Tür zu einem kleinen, verwinkelten Korridor, den Fotos von Sean, Julian und Yokos Tochter Kyoko schmückten. Als ich den schmalen Durchgang betrat, sah ich mich einem mannshohen Spiegel gegenüber; als ich links um die Ecke ging, lief ich in einen Perlenvorhang. Am anderen Ende des kurzen Flurs war eine zweite Tür, und dahinter lag das Schlafzimmer.

Johns Schlupfwinkel war dunkel und unordentlich. Es miefte nach abgestandener Luft und kaltem Zigarettenrauch. John saß mit gekreuzten Beinen auf einem Bett von königlichen Ausmaßen, das zwischen zwei alte Kirchenbänke geklemmt war, die als Kopf- und Fußstützen dienten. Umgeben von Büchern und Zeitschriften sah er sich auf dem riesigen Sony-Fernseher auf der gegenüberliegenden Seite des Zimmers eine Seifenoper an. Das Radio war auch an; leise erklang klassische Musik. Der Raum hatte ein großes Fenster, aber die weißen Läden waren geschlossen. Überall flogen Kleider, Kassetten, leere Kaffeetassen und überquellende Aschenbecher mit dicken weißen Zigarettenstummeln herum.

Kaum hatte John mich gesehen, nahm er mich schon wegen der übergewichtigen Beatles-Verehrerin ins Gebet, die ihn zu der »Party« eingeladen hatte. Er wollte wissen, ob ich mit ihr gesprochen hatte und warnte mich davor, mir Informationen entlocken zu lassen. »Die wickelt dich ein, kauft dich oder fickt dich sogar, nur um an mich ranzukommen. Laß dich auf nichts ein.«

Ich verdaute immer noch Johns Vortrag, als er vom Bett aufsprang und an mir vorbei in den verwinkelten Flur rauschte, der das Schlafzimmer mit dem Rest des Apartments verband. Ich folgte ihm ins ägyptische Zimmer. Als ich sah, daß er sich abmühte, ein Paar schwere Schiebetüren zu öffnen, schob ich sie zu hastig auf und fiel fast in einen dunklen Raum mit dickem Teppichboden. Er ging schnurstracks auf eine Tür zu, die zu einem großen Abstellraum führte. Darin standen Johns sämtliche Gitarren aus fünfundzwanzig Jahren Musikkarriere, wild durcheinander in die Kammer gestapelt. Er zeigte mir seine Lieblingsgitarre, eine schwarz-weiße Rickenbacker, die er während der ersten Amerikatournee der Beatles benutzt hatte. Die Songliste aus dem Konzert im Shea-Stadion war noch mit Tesafilm daran festgeklebt. Außerdem zeigte er mir eine seltene Vincent-Bell-E-Gitarre und zwei Fender-Klassiker: eine Stratocaster und eine Mustang.

»Wenn du nicht zu beschäftigt bist«, sagte er, »könntest du nebenan etwas Platz schaffen und sie alle nebeneinander legen? Es ist nicht gut, wenn sie so aufeinander liegen wie hier.« Er bat mich, ihm Bescheid zu sagen, wenn ich fertig wäre, verzog sich dann wieder in sein Zimmer und ließ mich allein mit den Gitarren zurück.

Der Anblick der achtlos in der Rumpelkammer abgestellten Gitarren machte mich traurig, weil es mich daran erinnerte, welch schöpferischer Musiker John gewesen war, ehe er von der Musikszene verschwand.

Ich räumte einen Raum in Apartment 71 frei und machte mich an die mühselige Arbeit, alle Instrumente rüberzutragen. Als ich fertig war, war der ganze Boden mit zwei Dutzend Gitarren in allen Formen, Farben und Größen, zwei Banjos und einer Sitar bedeckt. Ich rief John über die Sprechanlage an, und in einer Minute stand er neben mir, wehmütig seine Gitarrensammlung inspizierend. Dann gingen wir zu den Plattenkartons, die ich aus dem Keller hochgeholt hatte und öffneten sie.

Im ersten Karton war ein Doppelalbum aus den frühen Siebzigern, *Some Time In New York City,* Aufnahmen einer Studiosession mit der Band Elephant's Memory und eine Liveaufnahme mit Frank Zappa und den Mothers of Invention. John sagte, ihm sei die Live-Platte lieber, weil die Studioaufnahme viele politische Songs enthalte, die in der Rückschau »ziemlich daneben« wirkten.

»Damals dachte ich, wir müßten die Welt retten«, sinnierte John. Er erzählte, daß einer der Songs, »Woman is the Nigger of the World«, als feministische Hymne gedacht war, dann aber nicht im Radio gespielt werden durfte, weil das Wort »Nigger« als Volksverhetzung galt. »Wir haben dann einfach den Radioboykott umgangen und Anzeigen mit einer Telefonnummer aufgegeben, unter der die Leute anrufen und den Song hören konnten. Es war toll!«

Als wir auf einen Karton von Johns *Plastic Ono Band* stießen, dem Album, das wir gesucht hatten, erklärte John, es sei seine mit Abstand beste Platte, »nur Fleisch, kein Fett«. Er sagte, sein zweites Album, *Imagine,* sei schlechter als die erste Platte, weil es »in hübsche musikalische Effekte verpackt« und durch Streicher »verwässert« wurde. Über seine drei letzten LPs, *Mind Games, Walls and Bridges* und *Rock'n'Roll,* sagte John abschätzig: »Je unausgeglichener ich wurde, desto matschiger wurden meine Platten.« Ich war wie vor den Kopf gestoßen von dieser harten Selbstkritik.

John verlor bald die Lust, weitere Kartons aufzumachen und ging zurück ins Schlafzimmer, nachdem er mich angewiesen hatte, ein paar LPs aus jedem Karton in die Küche zu bringen. Außerdem sagte er, ich könnte je eine für mich selbst mitnehmen. Als ich ihm dafür und für den Schnellkurs in seiner Diskographie dankte, sagte John, ich solle gelegentlich ein komplettes Set von seinen und Yokos

Aufnahmen zusammenstellen, in chronologischer Reihenfolge. »Ich blicke da längst nicht mehr durch«, sagte er fast entschuldigend.

An diesem Abend fand in Apartment 4 eine kleine Abschiedsfeier für Nishi statt. Unter den Gästen waren Helen, Rich DePalma, Rosa, die spanische Haushälterin und gelegentliche Köchin, und Mike Tree, der Gärtner der Lennons, der sich um die zahlreichen Pflanzen kümmerte, die über Büro und Wohnung verteilt waren. Er war ein langer, dünner, lockiger Brillenträger, etwa in Johns Alter. Sein Nachname war eigentlich Medeiros, aber John hatte sich angewöhnt, ihn Mike Tree zu nennen, weil er sich seinen richtigen Namen nicht merken konnte. Alle warteten auf John und Yoko, aber sie ließen sich nicht blicken.

Am Ende meiner ersten Woche im Dakota zeigte ich erste Anzeichen von Erschöpfung. Am Freitag fuhr Nishi mit mir zu Tillie's, einem Laden im East Village, in dem Hühner und Gemüse von einem Bio-Bauernhof in New Jersey verkauft wurden. Ich lernte Tillie und ihren Mann kennen, das fröhliche Farmerehepaar, das zweimal pro Woche seine Produkte aus biologischem Anbau an die Städter verkaufte. Die Lennons waren Stammkunden. Nishi sagte mir, ich solle jeden Freitag ein Freilandhühnchen und ein paar Pfund Gemüse kaufen.

Als wir wieder im Dakota waren, sagte mir Helen, John und Yoko seien zum Einkaufen bei Bergdorf Goodman. Ich hatte also Zeit zum Luftholen und sah mir mit Sean Zeichentrickfilme an, während Helen in der Küche das Abendessen machte.

Im Laufe des Abends kamen die Lennons von ihrem Einkaufsbummel zurück. John führte uns einen extravaganten Satin-Morgenmantel vor, den er gekauft hatte. Er machte Faxen und alberte mit Sean herum. Ehe ich mich ins Wochenende verabschiedete, erinnerte ich John an das Beatlefest und fragte ihn, ob er sich entschieden hätte, Pauls Weihnachtskarte für den Wohltätigkeitsbasar zur Verfügung zu stellen. Es war Yoko, die antwortete; sie sagte, es sei keine gute Idee, da Paul sie verklagen könnte. Ich fand diese Befürchtung sonderbar, sagte aber nichts weiter dazu.

»Wahrscheinlich ist das sowieso Beschiß«, lästerte John. Er fügte hinzu, er würde stark bezweifeln, daß irgendwelche Erlöse aus der Auktion wirklich den Weg zur One-to-One-Stiftung finden würden.

»Genau, ich bin sicher, sie sagen nur, es wäre für 'ne gute Sache«, bestätigte Yoko sofort Johns Meinung, »aber das Geld behalten sie dann einfach.«

John schlug vor, ich sollte trotzdem hingehen, und bat mich, ein paar Fotos zu machen, weil er neugierig auf die Beatles-Devotionalien geworden war, die zum Verkauf standen. Er bat mich besonders, alle Platten von *Two Virgins* zu kaufen. Das Cover der Platte, Johns und Yokos erste, zeigte das berühmte Paar nackt. John war das peinlich.

»Tu einfach, als wärst du ein Spion«, witzelte er.

»Ja, sag keinem, daß du für uns arbeitest«, setzte Yoko mit nervösem Kichern hinzu.

Ich versicherte den Lennons, ich hätte sie völlig verstanden, und versprach, absolut diskret zu sein.

Nachdem ich das Wochenende als Undercoveragent auf dem Beatlefest verbracht hatte, Fotos geschossen und alle *Two-Virgins*-Platten aufgekauft hatte, meldete ich mich am Montagmorgen frisch und munter zur Arbeit zurück. Meine zweite Arbeitswoche sollte nicht weniger aufreibend werden als die erste.

Am 27. Februar, dem Karnevalsdienstag, rasierte sich John den Bart ab. Er feierte diesen Anlaß mit einem Besuch im Büro, in der Hoffnung, er könnte Yoko von ihren ewigen Meetings fortlocken, um vielleicht irgendwo zu Mittag zu essen. Als er vergnügt im Studio One hereinschneite, in Jeans, Sportmantel und Turnschuhen, war ich angenehm überrascht, wieviel jünger er ohne den Bart aussah.

Während er irgendwie verlegen darauf wartete, daß Yoko ihn im Allerheiligsten empfangen würde, bat John mich, in den Akten nach einer alten Korrespondenz mit der Britischen Gesellschaft für Genealogie über Nachforschungen nach seinen Vorfahren zu suchen. Ich sollte an die Gesellschaft schreiben und einen Bericht über die Fortschritte anfordern. Meine Sprechanlage summte, und Yoko bat mich, John zu ihr vorzulassen.

John marschierte resolut ins Allerheiligste, aus dem er wenige Augenblicke später wie ein geprügelter Hund wieder herauskam. Yoko war zu beschäftigt, um zum Lunch zu gehen. Ich konnte Johns Enttäuschung und Frustration spüren, als er an meinem Schreibtisch herumlungerte. »Irgendwas Interessantes zu unterschreiben?« fragte er.

Ich zeigte ihm eine Mappe mit Briefen von Fans, die Fotos von John und den Beatles zum Signieren geschickt hatten. John sagte, er hätte es sich zur Regel gemacht, Autogrammwünsche nur zu erfüllen, wenn ein adressierter, frankierter Rückumschlag beilag. Ich fischte eine Handvoll formgerechter Anfragen heraus, und John beugte sich über den Tisch, kritzelte ein paarmal achtlos seinen Namen. »Ich bin oben, falls mich jemand sucht«, sagte er niedergeschlagen.

John verbrachte die Tage meistens zurückgezogen in seinem Zimmer, manchmal in Gesellschaft seiner drei Katzen. Alles im Schlafzimmer war um das große Bett angeordnet, über dem immer eine bunte, handgearbeitete Steppdecke lag. Am Fußende stand eine schwere Kommode voll mit Ausgaben von *Playboy, Penthouse* und *Oui.* Dort lagerte er auch sein Marihuana. Johns Lektüre umfaßte alle Zeitungen und Klatschblätter, die er in die Finger bekam, unter anderem die *New York Times,* die *New York Post,* die *New York Daily News,* den *Boston Globe,* den *National Star* und den *National Enquirer, Newsweek, Time, Scientific American, Interview* und den *Rolling Stone,* gelegentlich die britischen Boulevardblätter. Er war fasziniert von Klatschgeschichten über Politiker und Prominente, und besonders interessierte ihn, welche Prominenten ein Toupet trugen. Ich war verblüfft über Johns fanatisches Interesse am Haupthaar der Reichen und Berühmten – bis ich eine sich lichtende Stelle an seinem Hinterkopf entdeckte.

Wenn er sich im Bett aufsetzte, hatte John durch ein großes Fenster nach Südosten einen Panoramablick auf die Wolkenkratzer Manhattans, aber die meiste Zeit sah er nur einen provisorischen Vorhang vor festverschlossenen weißen Läden. Zwischen dem Bett und dem Fenster stand ein Steinway-Spinett, und in rechtem Winkel dazu, in bequemer Reichweite für John, standen Plattenspieler, Tape-Deck, Kontrollpult für Kabelfernsehen, Platten und Kassetten in einem weißen Formica-Regal. Über dem Kopfteil des Betts war ein Bord mit zwei schwarzen ADS-Boxen und den Büchern, die John gerade las. Wie James Joyce las er an einem Abend oft sieben Seiten aus sieben verschiedenen Büchern.

John verschlang seine Bücher über oft gewichtige Themen, als würde er irgendwelche wichtigen Forschungen betreiben. Er gab mir ständig neue Bücherlisten. Viele handelten von Religion, psychischen Phänomenen, Okkultismus und besonders dem Tod. Andere Lieblingsthemen waren Frühgeschichte, Archäologie, Anthropologie und alles, was mit dem Meer zu tun hatte. Eine typische Buchliste umfaßte zum Beispiel *Color and Personality* von Dr. Audrey Carger; *Rebel in the Soul* von Bika Reed; *The Secret Science* von Ischa Schwaller de Lubitz; *Bringing Down the Moon* von

Morgana Adler; *A Slaver's Logbook* von Captain Theophilus Conmean; *The Anatomy of Swearing* von Ashley Montague; *Working* von Studs Terkel; *The Manila Galleon,* eine Geschichte der Handelsschiffahrt zwischen Manila und Acapulco; *Greek Homosexuality* von H. T. Dover; und *How to Be Really With It* von Father Bernard Basset, S. J.

An der Decke über dem Bett hatte John einen riesigen runden Spiegel angebracht. Ein überdimensionaler Fernseher nahm eine andere Ecke des Zimmers ein. John hatte ihn in Japan gekauft, weil es Fernseher mit solch riesigen Bildschirmen in den Staaten nicht gab. Da er extrem kurzsichtig war, bevorzugte er Großbildschirme. John konnte tagein, tagaus stundenlang an einem Streifen auf seinem Bett vor dem Fernseher sitzen und von Programm zu Programm hüpfen. Er war nicht wählerisch bei dem, was er sich ansah, aber er hatte seine Lieblingssendungen, wie *Dallas, Three's Company* und *The Tonight Show.* Auch wenn er mit etwas anderem beschäftigt war, lief der Fernseher ohne Ton. Während die Bilder lautlos im Hintergrund flimmerten, blätterte John in Büchern und Zeitschriften und hörte Radiosender, die seichte Plüsch-Versionen seiner eigenen Songs spielten.

An den meisten Tagen erhob sich John bei Sonnenaufgang, verließ still das Schlafzimmer und ging durch den verwinkelten Flur und den langen Korridor, der sich durchs Apartment schlängelte, zur Küche am anderen Ende. Anderthalb Meter neben dem Tisch, an dem John die meisten Mahlzeiten einnahm, standen mehrere kleine Regale und Schränkchen mit Naturreis und anderen Vollwertgetreiden und -flocken, Honig, löslichem Kaffee, Twinings English Breakfast Tea und Kräutertees von Celestial Seasoning. Außerdem stand daneben ein gigantischer Kühlschrank, immer wohlgefüllt mit Fisch, Hühnchen, Obst und Gemüse, Joghurt, unpasteurisierter Milch und Fruchtsäften.

John verbrachte den frühen Morgen in der Küche, frühstückte – oft Weizenschrot mit unpasteurisierter Milch –, rauchte, las die Zeitung und schrieb mir auf, was ich zu tun hatte. Eine typische Nachricht begann mit einer mit Stern gekennzeichneten Überschrift: »Sehr wichtig!« Jede Position war numeriert: »1. Klebe die Beine der Küchenstühle; 2. Katzenfutter (hart); Katzenfutter in Dosen (keine Nieren, keine Leber); 4. Kunst des Sehens (Aldous Huxley); 5. Honigkonfekt; 6. Ist der kleine Staubsauger schon repariert? (Rosa fragen); 7. Tragbaren Fernseher umtauschen? 8. Ich möchte eine Platte auf Band überspielt haben (mich fragen); 9. Keine Procter & Gamble-Seife mehr für Küche usw., nur organische Seife (sie benutzen sie für Sean); 10. Besorg mir ein paar Bänder, um das Haar aus dem Gesicht zu halten & Haarklammern & Gummibändchen (fürs Haar); 11. Gestern KEINE SUNDAY NEWS: Heute ÜBERHAUPT KEINE ZEITUNG – Finde heraus, warum wir heimgesucht werden!« Manchmal bestand der Zettel nur aus einer Einkaufsliste für Lebensmittel. John war sehr eigen mit seinem Essen, und er bestand darauf, daß ich seine Anweisungen wortwörtlich befolgte. »Keine Improvisationen«, schrieb er mir einmal, nachdem ich von seiner Liste abgewichen war. »IMMER SCHÖN VOM BLATT SPIELEN!«

John machte sich ständig Sorgen um sein Gewicht und war ein Ernährungsfanatiker. Nachdem er ein Leben lang Essen und Drogen mehr oder weniger wahllos in sich hineingestopft hatte, war es ihm schließlich gelungen, seinen ungesunden, fast selbstzerstörerischen Appetit zu zügeln. Früher ein schwerer Mann mit Hang zum Übergewicht, war er mittlerweile so dünn, daß sein Gesicht hohl und eingefallen wirkte, auch wenn es hinter einem Bart verborgen war. Bei einer Größe von einsachtundsiebzig wog er keine 63 Kilo. Trotzdem war Johns Erscheinungsbild irreführend, denn er besaß grenzenlose Energie. Von Natur aus rastlos und unruhig, strömte er, sogar wenn er reglos vor dem Fernseher saß, nervöse Energie aus, wie eine Rakete flüssigen Sauerstoff.

Weil Yoko oft erst im Morgengrauen zu Bett ging, war der frühe Morgen eine geruhsame, beschauliche Zeit für John, eine kurze Phase, in der er sein eigener Herr war. Aber seine Herrschaft über die Küche war nie von langer Dauer. Kaum hatte John gefrühstückt, seinen Kaffee getrunken und ein paar Zigaretten geraucht, stand Yoko schon wieder auf, schwirrte durchs Haus, telefonierte, schnauzte Befehle. Dann tauchten Sean und Helen am Frühstückstisch auf, zu denen sich später am Morgen oft Seans Spielkameraden gesellten. Seine beste Freundin war ein kleines blondes Mädchen mit dem Spitznamen Mimi, dessen Mutter, Marnie Hair, zu einem regelmäßigen Gast des Hauses wurde.

Später am Morgen, wenn der Betrieb in der Küche reger wurde, zog sich John wieder in sein Schlafzimmer zurück. Während das Mädchen sein Zimmer putzte, drehte er Däumchen im Weißen Zimmer, einem großen Wohnzimmer mit Blick auf den Central Park. Ein weißer Flügel, auf dem John »Imagine« eingespielt hatte, beherrschte das Zimmer. Darauf standen mehrere Familien-Schnappschüsse: Yoko als kleines Mädchen; ihre Mutter und ihr Vater; John als kleiner Junge in kurzen Hosen auf dem Fahrrad zu Hause in Liverpool. Weiße mehrsitzige Sofas einander gegenüber auf weißem Teppichboden, dazwischen ein Tisch aus Chrom und Glas und ein passender Sessel gegenüber einem Fenster zur 72nd Street. Wenn John schlief oder spätabends fernsah, setzte sich Yoko manchmal hierher und sah aus dem Fenster, während sie telefonierte. Im Zimmer standen mehrere weiße Telefone. Der einzige Farbtupfer war ein großer, von Farnwedel umstandener Feigenbaum, der eine grüne Insel im blütenweißen Dekor bildete. John saß gerne unter dieser zwei Meter fünfzig hohen Pflanze und schaute hinaus auf den Central Park. Wenn Rosa das Schlafzimmer aufgeräumt hatte, nahm John seine übliche Beschäftigung wieder auf, las, sah fern oder hörte sich im Radio leichte Musik und Talkshows an. Normalerweise verließ er das Schlafzimmer nur zu den Mahlzeiten.

Meistens bekam ich morgens einen Anruf von John, der mich zu sich bestellte, um seinen Tagesplan durchzugehen. Während er mir seine Anweisungen gab, versuchte ich, seine Laune abzuschätzen. Das Schlimmste an seinen Stimmungen war, daß sie so unberechenbar waren. An einem Tag war er aufgekratzt und witzig, am nächsten mürrisch und verschlossen. Er schwankte zwischen übersteigertem Selbstbewußtsein und tiefsten Selbstzweifeln. Wenn er schlechter Stimmung war, war er sehr reizbar: der kleinste Zwischenfall konnte einem einen scharfen Verweis eintragen. In solchen Zeiten ließ man ihn am besten allein.

Auch Yoko unterlag unberechenbaren Stimmungsschwankungen. Sie schien zwei grundverschiedene Persönlichkeiten zu vereinen. Als anspruchsvolle und ungeduldige Chefin war sie oft unnahbar, kratzbürstig und herablassend. Trotzdem konnte sie sich gelegentlich charmant, liebenswert und sogar kokett geben.

Am Aschermittwoch traf ich sie an Richs Schreibtisch sitzend an. Sie trug eine schwarze Seidenbluse, deren obere Knöpfe offen standen und den Blick auf ihre üppige Oberweite freigaben. Sie war am Telefon und gab jemandem die Anweisung, Gold zu kaufen. Als sie den Hörer auflegte, sagte ich »guten Morgen« und sah sie erwartungsvoll an.

»Jaja, guten Morgen!« sagte sie ungeduldig. Ihr Benehmen war brüsk und einschüchternd. »Hör mal, ich bin wirklich sauer auf Richie. Ich weiß nicht, was wir jetzt anfangen sollen!« Sie bat mich, den Buchhalter zu Hause anzurufen, aber als ich es tat, hob niemand ab. Ich wußte, daß Rich gelegentlich Gold und Silber für Yoko kaufte, und ich schloß, daß sie verärgert war, weil sie es selbst erledigen mußte. Dann sagte sie, ich solle Marlene Weiner anrufen, eine Parapsychologin, die sie bei geschäftlichen Entscheidungen zu Rate zog. Während Yoko mit Marlene sprach, summte die Sprechanlage. Es war John.

»Mutter beschäftigt?« fragte er kurz angebunden. Ich warf Yoko einen fragenden Blick zu. Sie schüttelte heftig den Kopf und flüsterte, ich solle sagen, sie führe gerade ein dringendes Gespräch nach Übersee. John erwiderte daraufhin, ich möge Yoko bitten, ihn im Schlafzimmer anzurufen, sobald sie frei sei. Dann erinnerte er mich an die Wiederaufnahme seiner Ahnenforschung. Als ich John sagte, bislang hätte ich die alte Korrespondenz mit der Britischen Genealogischen Gesellschaft noch nicht finden können, schnappte er: »Ist alles in den dämlichen Akten, klar?« Da ich schon Stunden erfolglos damit verbracht hatte, die Akten zu durchforsten, fragte ich ihn, ob er irgendeine Ahnung hätte, wo die Akten mit dem Schriftwechsel zu finden sein könnten. Diese Frage machte ihn nur noch gereizter. »Woher zum Teufel soll ich das wissen?« explodierte er. »Frag Mutter, frag Rich oder Helen, was weiß ich.«

Sobald Yoko ihr Telefonat beendet hatte, sagte ich ihr, daß John ihren Rückruf erwartete. Sie ging ans Haustelefon, und ich hörte, wie sie sich beschwerte, Rich sei nicht da, sie hätte komplizierte Geschäfte abzuwickeln und nicht die geringste Zeit, zum Lunch zu gehen. Als sie den Hörer auflegte, sagte sie mir, John sei sehr ärgerlich auf mich, weil ich den alten Schriftwechsel noch nicht gefunden hätte. »Du solltest dich besser darum kümmern«, sagte sie nervös.

Ich vergrub mich in die Akten. Unglücklicherweise waren sie in totaler Unordnung. Eine Handvoll Schubladen mit aktuellen Geschäftsberichten und Korrespondenz, die Aktenschränke vollgestopft mit alter Fanpost, Schallplatten und Kassetten, Zeitungen und Zeitschriften, Kleidungsstücke und sogar Spielzeug von Sean. Schließlich fand ich einen Karteikasten mit Briefen aus den späten Sechzigern, darunter auch eine Mappe mit der Aufschrift: »J. L. VORFAHREN«. Ich war überglücklich. In dem gelben Pappordner befand sich die alte Korrespondenz mit der Britischen Genealogischen Gesellschaft. Ich setzte sofort einen Brief auf mit der Bitte, die Nachforschungen nach Johns Abstammung wieder aufzunehmen.

Als ich John den Brief vorlas, hatte er nur eine Änderung: Er wollte, daß die Ahnen-Schnüffler nicht nur das Todesalter, sondern auch die Todesursachen seiner Vorfahren feststellten.

Am Ende meiner zweiten Arbeitswoche, am Freitag, den 1. März 1979, freute ich mich nach einem hektischen Tag voller Anrufe und Botengänge durch die ganze Stadt auf einen Abend mit Freunden. Aber als ich am Abend Tillies Freilandhuhn und das organische Gemüse in der Küche ablieferte, lud mich John überraschend ein, mit ihm und Yoko zu Abend zu essen. Helen und Sean konnten nicht mit uns essen, weil Sean sich nicht gut fühlte. John bat mich, das Huhn zu tranchieren, während er für drei den Tisch deckte.

Yoko saß an einem weißen Pult an der anderen Seite der Küche und ratterte auf Japanisch etwas ins Telefon. Als das Telefonat beendet war, plauderte John mit ihr über die Farbe des neuen Wagens. Plötzlich sah er mir fest in die Augen und fragte: »Was glaubst du, warum wir dich eingestellt haben?«

Ich war überrumpelt von dieser unerwarteten Frage, aber während ich mir das Hirn nach einer passenden Antwort zermarterte, erkannte ich, daß sie rein rhetorisch gewesen war. John fuhr fort, es sei kein reiner Zufall gewesen, der mich ins Dakota geführt habe, sondern Schicksal. Jetzt schaltete sich Yoko ins Gespräch ein und erzählte mir, wie erstaunt sie und John gewesen waren, als sie erfuhren, daß ich am 10. Oktober geboren war, einen Tag nach Johns Geburtstag. Sie hatten sofort gewußt, daß ich der ideale Assistent sein würde.

John erklärte weiter, daß nicht nur mein Geburtsdatum – was bedeutete, daß wir nach astrologischen Maßstäben wunderbar harmonierten – ausschlaggebend gewesen war, sondern auch mein Name. Ich nahm zuerst an, er würde auf meine Verwandtschaft mit Norman und Helen anspielen, die John und Yoko als Seans Ersatz-Großeltern betrachteten, aber John meinte etwas völlig anderes. Er setzte mir auseinander, mein Vorname sei der seines Vaters, Freddie Lennon, der sein Leben lang *Seemann* (engl.: seaman) gewesen sei. In dem Zusammenhang erwähnte er auch, »Yoko« heiße auf Japanisch »Meerestochter«, und er eröffnete mir außerdem, auch er habe einen Onkel namens Norman. Schließlich faßte John zusammen, es sei also unzweifelhaft eine Fügung des Schicksals, daß ich für ihn und Yoko arbeite.

Sprachlos von dieser verschlungenen Erklärung sah ich Yoko an, die gelassen auf einem Stück Huhn kaute und mich und John mit kühler Distanziertheit beobachtete. Mein verblüffter Gesichtsausdruck mußte ihr aufgefallen sein, denn sie ergänzte Johns Ausführungen. Mein Vor- und Nachname hätten insgesamt zehn Buchstaben, erklärte sie, ein weiterer Beweis, daß ich eine »10« sei. John warf ein, das sei eine »gute Zahl«. Er sagte, er sei eine »9« – eine Zahl, die »Vergeistigung« symbolisiere – und zählte diverse Gelegenheiten auf, bei denen diese Zahl eine wichtige Rolle in seinem Leben gespielt hatte.

Ich erinnerte mich, daß er die Zahl auch in mehreren Songtiteln verwendet hatte, unter anderem »Revolution 9« und »# 9 Dream«.

Ich wußte nicht recht, was ich auf Johns und Yokos Gerede von Vorbestimmung, Astrologie und Numerologie erwidern sollte. Ehe mir eine passende Antwort einfiel, erzählte John mir von einem Buch von Noël Cowards Assistent, der von einer Prophezeiung berichtete, an seinem Geburtstag würde ihm noch vor Mitternacht ein Job als Cowards Assistent angeboten werden. Genauso war es gekommen, und der Assistent wurde später Cowards Freund und Biograph.

»In jeder Biographie«, sagte John, »finden sich Beispiele für Voraussagen, die später eingetroffen sind.« Dann fragte er mich, wie meine Zukunftspläne aussähen. Als ich sagte, ich würde an ein Publizistikstudium denken, tat er die Idee, wieder zur Schule zu gehen, verächtlich ab. Er sagte, wenn es mir ernst damit sei, Journalist zu werden, solle ich einfach schreiben. Die Schule, beharrte John, wäre ein Rückschritt, eine »Flucht in die Sicherheit einer vertrauten Institution«. Er sagte, ich könne mehr durch die Arbeit für ihn und Yoko lernen, die für mich eine unschätzbare »zweite Ausbildung« sei, eine einmalige Gelegenheit, tieferes Wissen zu erlangen und »kosmische Energie« zu erfahren.

»Du bist jetzt in unserer Energie-Aura«, sagte John. »Wenn du uns verläßt, wirst du in ein Energie-Vakuum stürzen.« Mir schien es, als würde der große Lennon selbst in einem Energie-Vakuum leben – in der Isolation und schöpferischen Leere jenes gotischen Grabmals, des Dakota. Trotzdem faszinierte mich der Gedanke, an Astrologie und Numerologie könnte etwas dran sein. Ich war sogar bereit, die Möglichkeit in Erwägung zu ziehen, daß das Schicksal mich ins Dakota geführt habe. Wenn John in guter Stimmung war und mitreißend über esoterische Themen sprach, konnte er sehr überzeugend sein.

Wenn John nicht in Stimmung war, gefiel er sich in der Rolle des Superstars im Ruhestand, der alles hinter sich hatte. Mehr als einmal sprach er zu mir darüber, daß er es als seine Pflicht betrachtete, einiges von seiner gesammelten Weisheit weiterzugeben. Er hielt gerne Vorträge über religiöse Themen, Gesundheit und Ernährungsfragen, die neuesten wissenschaftlichen Entdeckungen, aktuelle Vorkommnisse, Prominentenklatsch und die unzähligen anderen Themen, in denen er Experte war. Die Bandbreite von Johns Wissen erstaunte mich immer wieder. Er schien sich in fast allem besser auszukennen als jeder andere, den ich je kennengelernt hatte; kein Wunder, daß ich bald zu seinem Jünger wurde. Mehr noch, ich konnte mein Glück kaum fassen, an einen Guru wie John Lennon gekommen zu sein.

John hing keiner speziellen Philosophie an: Er studierte sie alle und nahm sich von jeder Schule des Denkens, östlich oder westlich, was ihm brauchbar erschien. Sein rastloser, forschender Geist hielt alles für möglich, bis es eindeutig widerlegt war. Viele der Ideen, mit denen er sich befaßte, waren zu hoch für mich, aber er empfahl mir immer wieder Bücher, die mich auf den neuesten Stand brachten. Unglücklicherweise ließ mir mein umfängliches Arbeitspensum wenig Zeit für solche intellektuellen Beschäftigungen. Trotzdem war ich dankbar, daß John seine Einsichten mit mir teilte.

Wenn er sich nicht den Mund fusselig redete oder mir Anweisungen für den Tag aufschrieb, kritzelte John kurze Eintragungen in einen »New Yorker« Kalender, der immer neben seinem Bett lag. Johns Tagebuch sah ich zum ersten Mal, als er mir die Karikatur der Szene eines häuslichen Chaos zeigte: zwei Eltern und mehrere Kinder in einem schlampigen Zimmer. John hatte in der Zeichnung herumgekritzelt und die Gesichter so verändert, daß sie Norman, Helen und meine Vettern darstellten. Die Unterzeile lautete: »Die Seamans daheim.« Ich brüllte vor Lachen.

Plötzlich ernst geworden fragte John mich, ob ich je ein Tagebuch geführt hatte. Ich sagte, ich hätte seit meiner Teenagerzeit ab und zu ein Tagebuch geführt. Er warf mir einen scharfen Blick zu, als wolle er sich über etwas klarwerden, und sagte dann, ich sei gut beraten, diese Angewohnheit beizubehalten. Tatsächlich hatte ich von meinem ersten Tag im Dakota an mein Tagebuch wieder aufgenommen, und ich hatte den Verdacht, er wußte, daß ich mir Notizen machte.

*

Eines Nachmittags schickte mich John in sein Schlafzimmer, um eine Ausgabe des *Sunday Times Book Review* zu holen, in dem er die Titel mehrerer Bücher angestrichen hatte, die ich kaufen sollte. Als ich ins Zimmer trat, sah ich das Tagebuch aufgeschlagen auf dem Klavier liegen. Es war voller Zeichnungen. Er hatte viele von ihnen mit ein paar schlauen Strichen verändert. Die handschriftlichen Notizen am Rande der Illustrationen wirkten wie ein Logbuch über banale häusliche Vorkommnisse, philosophische Grübeleien, seelische Konflikte, Gedichte, Songfragmente, sexuelle Phantasien und Träume. John schien eine bemerkenswerte Gabe zu haben, sich in sein Unterbewußtsein zu versenken. Viele der Eintragungen waren minutiöse Beschreibungen seiner Träume.

Menschen und Schauplätze aus seiner Kindheit in Liverpool; sein Vater Fred und seine Mutter Julia; seine Tante Mimi und besonders die Beatles schienen eine wichtige Rolle in Johns Träumen zu spielen, als würden Szenen seines außergewöhnlichen und oft traumatischen Lebens sich in seinem Kopf wiederholen wie eine komplizierte Fuge – flüchtig und immer einen Herzschlag entfernt von der Auflösung.

In gewisser Weise war John Gefangener seines enormen Ruhms – nicht nur wegen seiner Rolle als wichtigster Beatle, sondern auch, weil er sich in einer so dichtbebauten Stadt eins der auffälligsten Häuser als Wohnsitz gewählt hatte. Seltsamerweise trieb es mehr Fans zum Dakota, wenn Paul McCartney auf Tournee war oder wenn irgendein Ereignis die anderen Beatles ins öffentliche Interesse rückte. Es war, als würden die Fans die Beatles noch immer als Einheit betrachten, als Person mit vier Köpfen, und immer, wenn einer von ihnen etwas tat, weckte es das Interesse an den anderen. Horden von Fans kamen und gingen am Tor des Dakota wie Taubenschwärme, und John war immer sehr unsicher, wenn er sich mit ihnen abgeben mußte. Normalerweise hielt er die Fans mit einigen gutgewählten Worten auf Distanz, mit irgendeiner witzigen, manchmal auch leicht abfälligen Bemerkung. Aber oft zog er es vor, einfach im Haus zu bleiben, anstatt solche Begegnungen zu riskieren. Er schmückte sich mit seiner Paranoia wie mit einer Auszeichnung.

»Paranoia«, sagte John gerne, »ist nichts als ein höherer Grad des Bewußtseins.«

Paradoxerweise machte Johns Einsiedlerleben im Dakota ihn nicht weniger verwundbar. Niemand stellte sich vor den König. Seit

John sich ganz den Launen seiner Frau ausgeliefert hatte, war sie sein einziger Schutz. Er hatte keinen Leibwächter, obwohl Sean oft mehrere hatte. Selbst in seinem eigenen Apartment war John in keiner Weise sicher. Fans versuchten immer wieder, sich auf der Suche nach John ins Haus einzuschleichen.

Glücklicherweise wurden die meisten Leute, die ins Apartment der Lennons einzudringen versuchten, vom Personal des Dakota gestellt. Sobald Fremde – ganz besonders Teenager – im Haus gesehen wurden, wurde Studio One verständigt, und ein »Fan-Alarm« gab John genügend Zeit, sich hinter verschlossenen Türen zu verbarrikadieren.

John wußte, daß das Hauspersonal manchmal kein Gegner für die einfallsreichsten Fans war. Ein besonders hartnäckiger Fan, ein feister Amateurfotograf namens Paul Goresh, verschaffte sich zum Beispiel in der Verkleidung eines Videotechnikers Einlaß ins Apartment 72. Mit einer gefälschten Auftragsbestätigung und Phantasieuniformen hatten Goresh und ein Komplize es bis ins Schlafzimmer geschafft. Als John über die Eindringlinge stolperte, traf ihn fast der Schlag.

Ein andermal erreichten zwei kleine Jungen unentdeckt den Vordereingang von Apartment 72. Sie klingelten, als John gerade durch den Flur ging. Er öffnete die Tür ohne nachzudenken, weil er glaubte, Yoko hätte wie üblich ihre Schlüssel vergessen. Ich war am anderen Ende des Flurs und hängte einige neue Bilder von Sean auf, da hörte ich Johns überraschten Ausruf. Als ich zu ihm lief, war ich erstaunt, zwei zehn- oder elfjährige Jungen zu sehen, die ihn mit großen Augen anstarrten. Einer der Jungen fragte höflich, ob sie kurz mit John sprechen könnten. Ich war platt, als er sie in die Wohnung bat. Wir marschierten alle in die Küche, und ich gab den Jungen Apfelsaft, während John Tee kochte. Er hatte wohl gesehen, daß die zwei Kleinen in Ordnung waren, und beschloß, sich mit ihnen zu unterhalten, da er nichts Besseres zu tun hatte. Die beiden unerschrockenen Fans waren hochintelligent und erstaunlich wortgewandt für ihr Alter.

Da ich noch im Apartment zu tun hatte, verabschiedete John mich fröhlich und sagte, er würde sich selbst um seine »Gäste« kümmern. Als ich einige Zeit später in die Küche zurück kam, fragte einer der Jungen John gerade, wie es sei, älter zu werden. John erklärte seinen gefesselten Zuhörern, das Leben sei wie ein Film, der immer weiter geht, und desto mehr Sinn ergibt, je älter man wird. Gerade in diesem Moment bückte ich mich, und eine Sonnenbrille fiel mir aus der Tasche. Ohne innezuhalten erweiterte John seine Antwort mit einem Zwinkern in meine Richtung: »Aber manchmal verkalkt man natürlich auch einfach.«

Dann, auf eine Frage nach dem Tod, theoretisierte John, das Leben würde einfach in umgekehrter Reihenfolge zurücklaufen. Im Tod, erklärte er, werde der Film des Lebens zurückgespult, angefangen mit den jüngsten »Szenen«. Anschließend gab er den Jungs einige Buchtips, die ihnen auf der Suche nach weiteren Antworten nützlich sein konnten. John unterhielt sich fast eine Stunde mit ihnen, jeder Zoll der brillante Ex-Beatle, den sie zu sehen gehofft hatten. Aber als die Jungs fragten, ob sie sich wieder melden dürften, verzog sich John schleunigst in sein Schlafzimmer und überließ mir die Erklärung, es sei nicht seine Art, mit den Fans »rumzuhängen«.

John sah selten jemand anderes als Familie oder Angestellte und nahm buchstäblich nie Telefongespräche an, es sei denn, sie wurden über die Sprechanlage durchgestellt. Wenn er telefonierte, dann in der ständigen Überzeugung, er würde vom FBI abgehört. Dadurch war er fast vollständig von der Welt abgeschnitten. In gewisser Weise hatte Yoko mich als seinen Mittelsmann engagiert, auch um John zu zerstreuen, damit er sie nicht belästigte. Wenn er etwas wollte, konnte er mich danach schicken. Wenn ihm etwas durch den Kopf ging, konnte er es mir erzählen. Und wenn er sauer war, konnte er auf mich sauer sein. Ich brauchte nicht lange, bis ich dahinter kam, daß die Beziehung zwischen John und Yoko alles andere als die legendäre Romanze war, die sie den Medien verkauften. Langsam wurde mir klar, daß John und Yoko überhaupt keine nennenswerte Beziehung hatten. Yokos Leben war ein hektischer Strudel – sie stürzte sich rund um die Uhr in Meetings mit den unzähligen Besuchern, die Tag für Tag ins Büro strömten, und verbrachte die halbe Nacht am Telefon. John lebte in Zeitlupe, vertrödelte im Schlafzimmer, im Weißen Zimmer und in der Küche die Zeit. Er lebte oben. Sie lebte unten.

Die Folge war, daß alle Kommunikation innerhalb der Abgeschiedenheit des Dakota sich auf äußerst wunderlichen Kanälen abspielte. Überall waren Telefone, die alle an eine ausgeklügelte Sprechanlage angeschlossen waren, die es Yoko ermöglichte, John ständig zu überwachen und gleichzeitig von ihrem Hauptquartier

Studio One aus Anweisungen zu geben und sämtliche Schritte zu lenken. Aber wenn John mit Yoko sprechen wollte, rief er meistens zuerst mich an, um zu fragen, ob sie sehr beschäftigt sei, denn falls sie in einer Besprechung oder am Telefon war und sich weigerte, mit ihm zu sprechen, oder ihn kurz abfertigte, würde es ihm den ganzen Tag verderben. Die vorherige Anfrage bei mir war sein Schutzschild. Es machte mich traurig, manchmal sogar etwas zornig, daß der große John Lennon sich dazu erniedrigen mußte, mich, einen Fremden, zu fragen, ob seine Frau »nicht zu beschäftigt« für einen gemeinsamen Lunch oder einen Schwatz am Telefon sei.

Gelegentlich, wenn John sich langweilte oder nicht stillsitzen konnte, kam er herunter ins Büro, las in der Fanpost und schrieb ein paar Autogramme oder aß mit Yoko zu Mittag, meist im Allerheiligsten, manchmal auch im La Fortuna, einem Café in der Nachbarschaft. Wenn sie viel zu tun hatte, hing er oft noch ein Weilchen im Büro herum und überspielte seinen Ärger und seine Enttäuschung mit einem Schwall witziger Bemerkungen. Wenn der Tag schön war und er sich die Beine vertreten wollte, ging er einkaufen, schlenderte zum Zeitungsstand an der Ecke, um sich mit neuem Lesestoff zu versorgen, oder ging in ein japanisches Restaurant in der Nähe. Ehe er aus dem Haus ging, bat er mich meistens, nachzusehen, daß keine Fanhorde vor dem Haus herumlungerte. Mit einem oder zweien konnte er fertig werden. Es gelang ihm, sie mit ein paar wohlgesetzten Worten, einer witzigen Bemerkung oder manchmal auch milder Herablassung in Schach zu halten.

Wenn er die 72nd Street entlangging, schossen Johns Augen ständig hin und her und musterten furchtsam alle Passanten, in der ständigen Erwartung, erkannt und angesprochen zu werden. John haßte es, sich überrumpeln zu lassen. Das war einer der Gründe, warum er die meiste Zeit zurückgezogen in der vertrauten Umgebung des Dakota verbrachte.

Einmal nahm mich John beiseite, um mir klarzumachen, wie wichtig meine Aufgabe sei, ihn vor zufälligen Kontakten mit der Außenwelt abzuschirmen: »Es ist ein verdammtes Schachspiel, verstehst du? Ich bin der König, und jeder Kontakt mit den Bauern schwächt mich. Du bist mein Läufer, und es ist dein Job, mich zu schützen, indem du als Mittelsmann auftrittst. Was die Öffentlichkeit anbelangt, bin ich ein Phantom. Ich existiere nur in der Vorstellung der Menschen. Je weniger man von mir sieht, desto stärker bin ich.« Ich begann zu verstehen, daß Johns Berühmtheit und seine

Abgeschiedenheit im Dakota es für ihn unmöglich machten, normale Beziehungen zu haben. Deshalb schickte er sich immer wieder in seine Isolation, in der Hoffnung, Yoko würde ein wenig Zeit für ihn erübrigen oder ihn wieder ein wenig lieb haben.

Nach weniger als einem Arbeitsmonat im Dakota konnte ich mich der deprimierenden Erkenntnis nicht entziehen, daß John Lennon, obwohl ihm mehr Zimmer im Haus gehörten, als all den anderen schwerreichen Bewohnern, wie ein Gefangener lebte. Er war nicht gekidnappt worden; er hatte sich freiwillig gestellt. Die Türen waren nicht verschlossen. Er konnte jederzeit gehen. Aber er war ein Gefangener – nicht nur der massiven Steinmauern, sondern auch seiner Frau, seiner Angestellten, seiner Ängste und seines Aberglaubens. Manchmal saß John seine Zeit locker ab, manchmal schwermütig. Manchmal schien ihn die Gefangenschaft so zur Raserei zu treiben, daß er wild um sich schlug und auf jeden in seiner Umgebung losging. Vielleicht kann man sich über die Bezeichnung »Gefangenschaft« streiten, aber schließlich hat John in einem seiner Songs, »Watching the Wheels«, etwas ganz Ähnliches gesagt: *»I'm just sitting here doing time«*.

3

Mother Superior

Yoko lebte nur durchs Telefon. Ihre Verbindung zur Welt waren Hochgeschwindigkeits-Netze in Pennsylvania, riesige Schaltzentralen den Hudson hinauf, die ihre Signale hoch in den Weltraum zirpten, wo sie von Satellit zu Satellit zitschten und in alle Welt verstreut wurden. Sie telefonierte, wenn ich morgens kam, sie telefonierte, wenn ich abends ging, und wenn ich nach Hause kam und das Telefon klingelte, war meistens sie in der Leitung. Manchmal sprach sie die ganze Nacht, schlief unruhig und unregelmäßig und weckte John durch ihr ständiges Flüstern in der Dunkelheit. Wenn ich tagsüber darauf wartete, daß sie mir ihre Aufmerksamkeit zuwandte, hörte ich sie selbst auf Japanisch oder in kaum weniger kryptischem Englisch schnattern: »Ja, ja, gute Idee . . . und außerdem . . . Aber warum? . . . Nein, nein . . . oder, noch besser . . . und die andere Sache ist . . .«

Das Telefon. John nannte es höhnisch »mind candy«, Psycho-Schnuller. Yoko vergötterte es als einzigen Ausweg aus der Leere, die ihr Leben bestimmte. Es diente als Schutzwall zwischen ihr und John, als Droge, als Insignie ihrer Macht und Wichtigkeit. Nichts konnte sie von ihren Anrufen ablenken: weder Mahlzeiten noch Meetings noch Massagen. Manchmal lag Yoko auf dem Teppich, und Kimi, die Masseurin, die sie sich mit John teilte, lief über ihren Rücken, während sie ins Telefon schnatterte, ein angelötetes Glied im Telefonnetz. Und mit wem redete sie? Mit Tarotkartenlegern, Anwälten, Buchhaltern, Innenarchitekten, Immobilienmaklern, Angestellten, Parapsychologen, Speichelleckern, Kunsthändlern, mit all den Leuten, die ihr irgendwas andrehen wollten, weil sie Zugriff zu Johns ganzem Vermögen hatte.

Einer ihrer Dauertelefonpartner war Elliot Mintz, ein Discjockey und Klatschjournalist aus Los Angeles. Wie Yoko litt auch Mintz unter Schlaflosigkeit und war immer bereit, Yokos Mitternachtspalavern sein Ohr zu leihen. Für seine Dienste, die auch Public-Relations-Beratung und Krisenmanagement umfaßten, erhielt er eine beträchtliche Aufwandsentschädigung. Bei seinen gelegentlichen Besuchen im Dakota machte Mintz außerdem Inventur der Lennonschen Besitztümer und durchsuchte Apartment und Büro mit bombastischer Spionageabwehr-Ausrüstung ostentativ nach Abhöranlagen. Er schürte gewieft den Verfolgungswahn der Lennons. Mintz war Spezialist für Nacht-und-Nebel-Aktionen, sogenannte »Kaperfahrten«.

Eines verregneten Nachmittags rief Mintz mich aus dem Plaza-Hotel an und raunte verschwörerisch: »Ich habe einen Sonderauftrag für dich.« Dann bestellte er mich zur Grand Central Station, von wo ich ihn um Punkt 13 Uhr anrufen sollte, um weitere Instruktionen zu erhalten. Es dauerte eine Weile, bis ich ein Taxi bekam. Als ich Mintz schließlich anrief, war es 13 Uhr 15. Mit Grabesstimme informierte er mich, ich hätte durch meine Verspätung einen »Kontrollanruf« versäumt. Er sagte, er müsse einen weiteren Anruf abwarten, ehe wir weitermachen könnten, und wies mich an, ihn um Punkt 13 Uhr 30 wieder anzurufen. Als ich es tat, schickte Mintz mich zu F. A. O. Schwartz, dem Spielzeugladen auf der Fifth Avenue. Dort sollte ich ihn vom zweiten Telefon einer Reihe von Telefonen im zweiten Stock aus wieder anrufen. »Und Fred«, sagte Mintz dramatisch, »sieh zu, daß dir niemand folgt!« Um eventuelle »Schatten« abzuhängen, sollte ich die U-Bahn nehmen und mehrmals die Wagen wechseln, kurz bevor sich die Türen wieder schlossen.

Ich konnte mir ein Lachen kaum verbeißen. Mir schien es, als hätte Mintz zu viele Spionagethriller gesehen. Also ging ich die fünfzehn Blocks bis zu F. A. O. Schwartz zu Fuß. Als ich im Spielzeugladen angekommen war, lief ich schnurstracks zur angegebenen Telefonzelle und rief Mintz zurück. »Ist jemand in der Nähe?« fragte er. Ich sagte ihm, daß einige Zellen weiter ein alter Mann stand, der aber schon vor mir da gewesen war und mir daher kaum auf den Fersen gewesen sein konnte. Mintz wirkte erfreut, daß ich langsam den Dreh raus hatte. Er wies mich an, unter das Plastikbord unter dem Telefon zu greifen und das Objekt an mich zu nehmen, das er dort festgeklebt hatte. Als ich seinen Anweisungen folgte, fand ich einen kleinen weißen Umschlag. Mintz erklärte, in dem Umschlag sei der Schlüssel für ein Schließfach in der Grand Central Station, dem New Yorker Hauptbahnhof. In dem Schließfach, erfuhr ich, sei eine als Geschenk verpackte Schachtel in einer Plastiktüte. Ich sollte die Schachtel an mich nehmen, den Plastikbeutel aber im Schließfach lassen. Dann sollte ich eiligst zurück ins Dakota gehen und die Schachtel Yoko geben, die, wie mir Mintz versicherte, schon ungeduldig darauf warten würde.

»Was soll das alles?« fragte ich mich, während ich mir durch die Menschenmassen auf der Fifth Avenue meinen Weg bahnte. Vielleicht hatte Mintz eine exotische Antiquität für Yoko, irgendwas Kostbares und Seltenes, das illegal ins Land geschmuggelt worden war. Als ich die Grand Central Station erreicht hatte, waren meine Nerven bis zum Zerreißen gespannt. Fahrig öffnete ich das Schließfach und nahm eine kleine Schachtel in Geschenkverpackung an mich. Dann sprang ich in ein Taxi, fuhr zum Dakota zurück, stürzte atemlos ins Allerheiligste und präsentierte Yoko triumphierend die Schachtel.

»Wo hast du gesteckt?« fragte sie scharf.

Als ich sie daran erinnerte, daß ich in den letzten beiden Stunden Mintz' »Spezialauftrag« ausgeführt hatte, sah Yoko mich verdutzt an.

»Was ist das?« fragte sie und zeigte auf die Schachtel.

»Das ist von Elliot«, sagte ich.

Sie bat mich, es aufzumachen. Ich platzte vor Neugierde, als ich das Geschenkpapier aufriß und die kleine Pappschachtel öffnete. Sie enthielt mehrere kleine Flaschen mit GH3 Formula »Verjüngungspillen«. Plötzlich erinnerte sich Yoko, daß sie Mintz um Pillennachschub gebeten hatte. Jetzt hielt sie mir ihre Hand hin und bat um zwei Pillen. Ich gab sie ihr, und sie würgte sie herunter. »Ich weiß nicht«, murmelte sie unschlüssig, »sie scheinen nicht zu wirken.«

Yoko hatte in einem von Johns Klatschblättern von den Pillen gelesen. Sie waren nicht von der Gesundheitsbehörde freigegeben und schwer zu bekommen, da der Verkauf in den meisten Staaten illegal war. Mintz war nur zu gerne zur Stelle, um Yoko auf raffinierten – und kostspieligen – Wegen mit dem Präparat zu versorgen. In Rumänien war es allerdings frei verkäuflich, und als Yoko hörte, daß meine Großeltern eine Balkanreise machen wollten, bat sie Norman, dafür zu sorgen, daß sie das umstrittene Jugendserum in die Staaten schmuggelten. Meine Großeltern fügten sich widerstrebend.

Yoko war ständig in Sorge um ihre Gesundheit und krankhaft auf ihre Haut fixiert, weil sie fürchtete, sie würde »absterben«. In panischer Angst vor dem Alter suchte sie ständig nach einer Wunderdroge, die den Alterungsprozeß aufhalten könnte. Sie hatte zum Beispiel gehört, daß es Mütter verjüngt, wenn sie die Plazenta essen. Yoko war nicht der Typ, der sich ein mögliches Heilmittel gegen den Zahn der Zeit entgehen ließ, also hatte sie angeordnet, die Plazenta nach Seans Geburt einzufrieren. Aber ein Hausmädchen hatte versehentlich die Kühlschranktür offen gelassen, und daher war diese Frischzellenkur in den Müll gewandert.

Yoko hatte mir zwar gesagt, sie würde meistens oben sein, wenn ich morgens ankam. Ich stellte aber fest, daß es ebenso möglich sein konnte, sie im Büro anzutreffen, ihren Glastisch übersät mit Tassen, Tellern und Essensresten. Oft schlief sie auf ihrem napoleonischen Feldbett. Manchmal verbrachte sie den frühen Morgen im Badezimmer, in und um dessen Marmorbecken sich Vitamine, Bienenpollen-Pillen, Knoblauch- und Grapefruit-Extrakte, GH3 »Verjüngungspillen« und zig andere Mittelchen stapelten – und das ein Telefon neben dem Klo hatte. Yoko schluckte immer große Dosen eines pflanzlichen Abführmittels, Swiss Kriss. Außerdem hatte sie die irritierende Angewohnheit, sich ohne Vorwarnung zu erbrechen, als sei dies das natürlichste auf der Welt. Dann stürzte sie ins Bad, kotzte und setzte anschließend ihre Besprechung oder ihr Telefongespräch fort.

Wenn sie nicht telefonierte, brasselte Yoko meistens im Büro herum und verbreitete eine Atmosphäre zerstreuter Geschäftigkeit. Eines Nachmittags, Ende Februar, kam sie an meinen Schreibtisch und starrte abwesend in meine Richtung. Dann verkündete sie stirnrunzelnd: »Mein Magen ist leer.« Zögernd, als würde sie laut nachdenken, sagte sie: »Was läßt sich da machen?« Als ich ihr anbot, etwas zu essen zu besorgen, lächelte sie und dankte mir für meine »Umsicht«. Dann murmelte sie: »Was will ich denn?« Sie grübelte kurz nach und bestellte ein Thunfisch-Sandwich auf Pumpernickel aus dem Deli nebenan.

Yoko schlang das Essen herunter, schaufelte sich den Thunfischsalat in den Mund, ohne das Brot anzurühren. Zwischen den Bissen brüstete sie sich, Johns Vermögen vervielfacht zu haben. Yoko sagte, nachdem sie ihn »rausgeschmissen« hätte, sei John »ziemlich abgestürzt«. Schließlich habe ihr Verantwortungsbewußtsein gesiegt, und sie habe John wieder aufgenommen. Er hatte fast sein ganzes Geld verloren, aber als sie wieder im Sattel saß, hätte sie sein Vermögen innerhalb von vier Jahren vervierfacht und außerdem zehn anhängige Gerichtsverfahren auf bloße vier reduziert, die demnächst beendet werden sollten. Sie prahlte, sie habe ein Vermögen gemacht, weil sie in ägyptische Kunst und Edelmetalle investiert habe. Aber da Gold jetzt im Preis so gestiegen sei, werde sie ins Immobiliengeschäft einsteigen. Sie sagte, ich solle nach Virginia Beach fahren und mich nach geeigneten Häusern umsehen.

Als ich mich wenig begeistert zeigte, den ganzen Weg nach Virginia in dem klapprigen Chrysler zu fahren, schlug Yoko vor, einen neuen Wagen zu kaufen, mit dem ich meine Aufträge erledigen könnte. »Was hältst du von Mercedes?« fragte sie. Ich versicherte ihr, das sei ein Spitzenwagen. Yoko bat mich daraufhin, ihr einen Mercedes-Katalog zu zeigen, damit sie ein Modell aussuchen könnte. Zuerst glaubte ich, sie würde Witze machen, aber als ich ihr am nächsten Tag den Katalog zeigte, blätterte sie ihn schnell durch und bat mich, sie bei der Auswahl zu beraten. Ich riet ihr zu einem schnittigen neuen Mercedes 300 Kombi. Laut Katalog wurde das Modell zum ersten Mal in den USA verkauft. Viel mehr brauchte es nicht, um Yoko zu überzeugen. Die Aussicht, den ersten Mercedes-Kombi in New York zu haben, schien Yoko zu begeistern. »Sag' einfach Rich Bescheid«, sagte sie. »Er soll dir einen Scheck ausstellen.« Immer noch unsicher, ob sie mich nicht doch auf den Arm nehmen wollte, sagte ich dem Buchhalter, Yoko hätte gesagt, ich soll einen Mercedes kaufen. Rich zog eine Schublade auf, nahm ein Scheckbuch heraus und zückte seinen Füller. »Wieviel?« fragte er müde. Ungefähr 30 000 Dollar.

Geld war bei Lennono kein Thema. Rich stellte ungerührt Schecks über zehntausende, manchmal hunderttausende Dollar aus. Zusätzlich wurden Tausende von Dollars »Klimpergeld« an die Lennons und ihre Angestellten ausgezahlt. Mindestens einmal die Woche wurde ich zur Bank geschickt, um drei- bis fünftausend Dollar abzuheben. Ungefähr ein Drittel war für meine laufenden Ausgaben bestimmt. John bekam ein paar hundert Dollar, und immer, wenn ich ihm ein Bündel Geldscheine gab, stopfte er sie achtlos in seine Jeanstasche. Da er so selten ausging, hatte er kaum Gelegenheit, sein Taschengeld auszugeben. Meistens gab ich sein Geld für ihn aus. Yoko verwahrte ihr Geld in verschiedenen Schubladen und Geldbörsen, und Rich hatte auch noch beträchtliche Geldmengen in seiner Schreibtischschublade, als Bargeldreserve für Yoko, die oft kurzfristig große Summen brauchte.

Ich verdiente 175 Dollar die Woche, aber ein Spesenkonto und ein

Firmenwagen gaben mir die Illusion großen Reichtums. Das war einer der Gründe, warum es mir nichts ausmachte, zehn oder mehr Stunden am Tag zu arbeiten und rund um die Uhr abrufbereit zu sein. Gelegentlich kam ich nach einem langen Tag im Dakota nur nach Hause, um einen Anruf von Yoko zu erhalten, oder auf meinem Anrufbeantworter war eine Nachricht mit seltsamen Überraschungs-Aufträgen. Einmal rief sie mich spät in der Nacht an und sagte mir, ich sollte mit Rich zu ihrem Loft in der Broome Street in SoHo fahren – wo Yokos Tarotkartenleger, Charlie Swan (eigentlich hieß er John Green), mietfrei wohnte. Wir sollten dort ein mysteriöses Objekt abholen, über das sie keine näheren Angaben machen wollte; sie sagte, es sei in einem Sitar-Koffer. Rich hatte einen Hauptschlüssel, und wir tapsten wie Einbrecher mit der Taschenlampe durch das riesige Loft. Weder Rich noch ich hatten die leiseste Ahnung, wie ein Sitar-Koffer aussah, aber als wir einen länglichen Holzkasten fanden, vermuteten wir, das müßte er sein.

Nervös öffneten wir den Kasten. Darin lag eine neutrale braune Tüte, in der sich ein gigantischer Gummipenis befand. Rich und ich lieferten den Schwanz pflichtgemäß im Dakota ab, aber natürlich konnten wir Yoko nicht darauf ansprechen. Der Buchhalter erzählte mir, er habe sich daran gewöhnt, ausgefallene Aufträge ohne Fragen zu erledigen. »Yoko ist der Boß«, sagte er stoisch. »Ich tue einfach, was mir gesagt wird.« Und dann, als wäre ihm noch ein Gedanke gekommen: »Hey, Mann, ich bin nicht sicher, ob ich überhaupt wissen will, warum ich die Sachen mache, die ich für sie mache!«

Oft schien es, als würde Yokos Arbeit darin bestehen, Geld auszugeben. Unter den Dutzenden von Kaufleuten und Großhändlern, bei denen Yoko bestellte, waren Sam Havadtoy und Sam Green ihre wichtigsten Lieferanten. Beide Männer gingen bei Studio One ein und aus, und ihre Termine mußten so gelegt werden, daß sich ihre Wege nicht kreuzten. Yoko bestand darauf, so zu tun, als würden die beiden Sams nichts voneinander wissen, obwohl sie zweifellos wußten, daß sie direkte Konkurrenten um Yokos Gunst und Geld waren.

Samuel Adams Green jr. war ein distinguierter, bärtiger Herr Anfang Vierzig. Der Nachfahre einer alteingesessenen Familie aus New England war Lesern der Klatschkolumnen als ehemaliges Mitglied von Andy Warhols engstem Kreis und Begleiter von Greta Garbo ein Begriff. Er war spezialisiert auf esoterische Vermögenswerte wie präkolumbische Kunst, ägyptische Antiquitäten oder exotische Amulette, die pro Stück 20 000 bis 30 000 Dollar kosteten. Ich rechnete immer halb damit, er würde eines Tages den Malteser Falken anschleppen. Tatsächlich verkaufte er Yoko einmal einen Alabasterfalken für 29 000 Dollar.

Sam Havadtoy war ein gutaussehender ungarischer Antiquitätenhändler und Innenarchitekt Ende Zwanzig. 1978 war er engagiert worden, um Studio One einzurichten; anschließend hatte er Yoko weiterhin antike Möbel im Wert von hunderttausenden Dollars aus seiner Galerie auf der East Side Manhattans verkauft.

Yokos Leben drehte sich um ihre Anschaffungen, aber ihre wertvollste Erwerbung war John. Durch die Heirat mit Lennon hatte sie sich als Gesellschafts- und Finanzgröße etabliert, mit der man rechnen mußte. Es war der Reiz des Erwerbs – nicht das Objekt selbst –, der Yoko in Schwung hielt. Antiquitäten wurden wie am Fließband geliefert, begutachtet und ins Apartment 71 oder in den Keller gekarrt und verstaut. Kleider wurden gekauft und weggehängt, um niemals getragen zu werden. Sobald sie hatte, was sie wollte, verlor Yoko jedes Interesse daran. Sie hatte das Interesse an John verloren, nachdem sie wieder zusammengefunden hatten, und sie hatte das Interesse an Sean verloren, sobald er geboren war. Sie behandelte beide so eisig reserviert, daß es schon an Geringschätzung grenzte.

Was Yoko das Leben schwermachte, war, daß John kein lebloses Möbelstück war, sondern ein menschliches Wesen, und eins mit wacher Phantasie, starkem Sextrieb, grenzenloser Energie und einem höllischen Temperament. Tatsächlich lebte Yoko in ständiger Angst vor Johns plötzlichen Ausbrüchen von Wut und Frustration. Obwohl er sich meistens still hinter verschlossenen Türen beschäftigte, wußte sie, daß hinter Johns lammfrommem und selbstgenügsamem Verhalten eine unbändige Rastlosigkeit lauerte. Wie ein alter Löwe konnte sich John blitzschnell wenden und einem den Kopf abreißen, wenn man am wenigsten damit rechnete. Immer, wenn John oben Anzeichen von Zellenkoller zeigte und »schwierig« zu werden drohte, tat Yoko alles, um ihn mit vagen Versprechungen zu beschwichtigen, oder sie schüchterte ihn mit ominösen Prophezeiungen und mystischem Mumpitz ein.

Normalerweise konnte Yoko John mit ein paar wohlgesetzten Worten in Schach halten. Am einfachsten konnte sie ihn kontrollieren, indem sie ihm sagte, Merkur würde sich retrograd bewegen, eine riskante astrologische Konstellation, in der erhöhte Unfallgefahr herrschte. Als ich John fragte, was es bedeutete, wenn Merkur sich »retrograd« bewegt, erklärte er mir, es sei eine astrologische Periode, in der der Planet Merkur, der »Himmelsbote«, sich rückwärts auf die Sonne zubewegt, dabei massive Kommunikationsstörungen auslöst und ganz allgemein »den Kosmos ins Chaos stürzt«.

Yoko versuchte immer, mir einzureden, daß wir John zu seinem eigenen Besten isolieren müßten. Ab und zu versuchte John, Yokos strikte Regeln im Umgang mit der Außenwelt zu umgehen, aber meistens hatte er es kurz darauf zu bereuen. Eines Tages hörte John zum Beispiel den Radiosender WBAI, als sie einen sehr eindringlichen, beredten Spendenaufruf brachten, um das Weiterbestehen des Senders zu sichern. Neue zahlende Hörer sollten als Prämie ein Buch mit dem Titel *The Devil Was a Woman* erhalten. John wollte das Buch haben, und da WBAI einer der Radiosender war, die er regelmäßig hörte – besonders die Gesundheitssendung des Ernährungsberaters Gary Null interessierte ihn –, gab er mir kurzentschlossen den Auftrag, anzurufen und in seinem Namen 1000 Dollar zu spenden. Der Sender gab sofort die Spende bekannt. Als Yoko davon hörte, las sie mir die Leviten. Wütend erinnerte sie mich daran, daß ich sie von Johns Verhalten zu unterrichten hätte, ehe ich seine Anweisungen ausführte, wenn er sich unbedacht benahm. Ich hatte sie in allen Fragen bezüglich Johns »zwischenmenschlicher Kontakte« und jedem Umgang mit der Außenwelt zu Rate zu ziehen. »Schließlich«, sagte Yoko, »bin ich hier, um ihn zu beschützen.«

Ich versicherte ihr, daß ich sie völlig verstanden hätte.

*

Yoko hatte den Schlüssel zu John Lennon, und sie benutzte ihn, indem sie ihn vom öffentlichen Leben ausschloß, um John ganz in ihren Besitz zu bringen. Der alte Löwe hatte sich freiwillig die Krallen stutzen lassen und dem Rock 'n' Roll und seinem aufreibenden Lebensstil abgeschworen. Weil er, auf sich allein gestellt, ein so selbstzerstörerisches Verhalten an den Tag legte, glaubte John, die einzige vernünftige Alternative sei, sich abzuschotten.

Darüber hinaus hatte Yoko ihm die Möglichkeit gegeben, als Vater noch einmal ganz von vorne anzufangen. Als es ihr entgegen allen Voraussagen gelang, Sean das Leben zu schenken, sah John darin einen göttlichen Ratschluß. Er sagte mir, er und Sean lebten unter »Mutters gutem Stern«. Seine kindliche Abhängigkeit von Yoko war so groß, daß er in ständiger Angst lebte, Yoko könnte vor ihm sterben. »Ich hoffe, ich gehe zuerst«, hatte John zu mir gesagt, »denn wenn Mutter vor mir sterben würde, käme ich alleine mit dem Leben nicht zurecht.« Er hatte sich ganz der Vorstellung hingegeben, er sei nicht lebensfähig ohne Yoko. Darum opferte John willig seine Freiheit für eine Illusion von Sicherheit.

Ein Teil von Yokos Teufelspakt war, daß sie an John gekettet war und ein Anhängsel seines Ruhms und der allgegenwärtigen Beatles-Legende blieb, so sehr sie auch nach Unabhängigkeit und persönlichem Erfolg strebte. Kein Wunder, daß sie John gegenüber heftige Ressentiments hatte, obwohl ihr die Notwendigkeit, sich seiner Loyalität zu versichern, immer vor Augen stand.

Ohne John Lennon war Yoko Ono nur eine exzentrische Dame ohne Geld und Macht, und das konnte sie ihm nicht verzeihen.

4

Hello Good-Bye

Im März 1979 beschloß Yoko, daß wir einen Frühlingsurlaub in Florida verbringen würden. Sie mietete in Palm Beach ein Haus am Meer, das der bekannten Gesellschaftsdame Brownie McLean gehörte. Es sollte ein großer Familienurlaub werden. Yokos drei japanische Nichten, die Kinder ihres älteren Bruders, Keisuke, sollten zu uns nach Florida kommen. Julian Lennon, Johns Sohn aus seiner ersten Ehe mit Cynthia, wollte aus seiner Heimat in Nord-Wales einfliegen, um seinen sechzehnten Geburtstag mit uns zu verbringen, und Helen kam mit, um sich um Sean zu kümmern, der zum ersten Mal seinen Halbbruder Julian treffen sollte.

John, Yoko, Helen und Sean flogen zusammen hin, ich sollte Johns Kleider und Gitarren im Mercedes-Kombi nach Florida fahren. Wie immer vor einer Reise zermarterte sich John bis zum letzten Moment den Kopf, welche Kleidung er mitnehmen sollte. Er reiste immer mit einer Menge Kleiderkoffer, betonte aber gleichzeitig, er hätte eigentlich gar nicht vor, auszugehen. Ich wußte, wie wichtig Kleidung für John war. Er hatte mir erzählt, daß er früher mal eine Karriere als Modeschöpfer ins Auge gefaßt hatte, aber in dem proletarischen Umfeld, in dem John aufgewachsen war, galten Männer, die in der Modewelt beschäftigt waren, als »Schwuchteln«, und John wollte nicht riskieren, als Schwuler abgestempelt zu werden. Er sagte, er wäre auch gerne Friseur geworden, hätte die Idee aber aus denselben Gründen verworfen.

Am Tag vor meiner Abreise bestellte John mich ins Ankleidezimmer, wo wir Stunden damit verbrachten, seine Kleidung für Palm Beach auszusuchen: Sommeranzüge, Sportjacketts, formelle Kleidung, Strandklamotten, Jeans, Shorts, Sweater, T-Shirts, Hemden, Schlipse, Hüte, Stiefel, Schuhe, Turnschuhe. Als wir endlich fertig waren, hatten wir genug Klamotten zusammen, um einen riesigen Übersee-Koffer zu füllen. John entschuldigte sich einfältig für seinen neurotischen Kleiderbedarf und witzelte, das Wichtigste, was er auf eine einsame Insel mitnehmen würde, sei ein großer Kleiderschrank. Kleidung, sagte er, sei seine Maske. Er wußte sehr gut, daß er durch Kleidung und Frisur sein Erscheinungsbild – sein Image – willkürlich ändern konnte. Die Vorstellung, in einem Image gefangen zu sein, versetzte ihn in Panik. Ständig haderte er mit sich wegen dieses Images: nicht nur, wie es war und wie es sein sollte, sondern auch, ob er überhaupt eins haben sollte.

Um die lange Fahrt interessanter zu machen, nahm ich eine Auswahl Beatles- und Lennon-Tapes mit. Als ich die Interstate 95 entlangschnurrte und Johns Stimme über die erstklassige Autoanlage hörte, wurde mir wieder bewußt, daß John einst einer der originellsten und produktivsten Musiker seiner Generation gewesen war – was es mir nur noch schwerer machte, seinen jetzigen Zustand des Dahinvegetierens zu verstehen. Es war eine traurige Erkenntnis, daß der John Lennon, für den ich arbeitete, nur noch ein Schatten seines früheren Selbst war.

Zwei Tage nach meiner Abfahrt aus New York traf ich in Palm Beach ein. Es war spät in der Nacht, und *El Solano,* die weitläufige Strandvilla in mediterranem Stil, war völlig dunkel. Leise öffnete mir das Hausmeisterehepaar, Greg und Gloria, die ein Häuschen im Garten bewohnten. Sie zeigten mir mein Schlafzimmer, das mit grünen Keramikfröschen dekoriert war. Erschöpft von 2500 Kilometern Fahrt, schälte ich mich aus meinen verdreckten Klamotten, freute mich auf eine Dusche und eine Nacht erholsamen Schlafs.

Als ich ein Klopfen hörte, machte ich einen Satz fast quer durch den Raum. Ich konnte mir nicht vorstellen, wer es sein könnte. Als ich die Tür öffnete, stand John vor mir, in abgeschnittenen Jeans und T-Shirt, mit seiner dicken Brille mit dem durchsichtigen Plastikgestell, frisch rasiert – oder doch beinahe, die Haare offen auf den Schultern. Er sah für die nachtschlafende Zeit ziemlich aufgekratzt aus.

»Willkommen in unserer bescheidenen Hütte«, sagte er ironisch. Er sagte, er und Yoko seien besorgt gewesen, ich hätte vielleicht einen Autounfall gehabt, und witzelte, *ich* sei natürlich »entbehrlich«, aber der Gedanke, seinem Auto, seinen Gitarren oder seiner Kleidung könnte etwas zugestoßen sein, hätte ihn schier verzweifeln lassen. Er sagte, er wäre froh, mich gesund und munter wiederzusehen. Ich lächelte zurück. Zum ersten Mal, seit ich für ihn arbeitete, fühlte ich mich wirklich akzeptiert. »Warum kommst du nicht mit in die Küche, und ich mach' dir eine Tasse Tee?« lud er mich ein.

Ich wollte mich entschuldigen, ich sei zu müde und brauchte meinen Schlaf, aber gleichzeitig wollte ich mir nicht die Chance entgehen lassen, in seiner neuen Umgebung eine Weile mit ihm allein zu sein. Ich merkte, daß John sich unterhalten wollte, und ich dachte, das sei eine gute Gelegenheit, ihn besser kennenzulernen. Die Küche war ein großer Raum mit Linoleumboden, Einbauherd und -spültisch, moosgrünen Einbauschränken und einer Anrichte in der Mitte des Raums. Ich lehnte mich an die Anrichte, während John den Gasherd anmachte, einen Wasserkessel aufsetzte und in einem der Schränke kramte, bis er eine kleine Packung »Morning Thunder«-Tee gefunden hatte. John erzählte, während er den Tee bereitete. Ich war zu übermüdet, um zu antworten, aber das kümmerte John nicht. Wenn ihn Adrenalin, Koffein oder Nikotin beflügelten, konnte er in seinem unverwechselbar jungenhaften Überschwang über fast jedes Thema fast unbegrenzt lange reden.

»Die Nixon-Regierung ist mit meiner Ausweisung nur deshalb nicht durchgekommen«, sagte er irgendwann, »weil Yoko alle ihre Schritte bei der Verhandlung vorausahnte.« Ich nickte und wollte gerade erwähnen, daß ich mit meinem Onkel Norman im Gerichtssaal gewesen war, als John im Oktober 1975 seine Aufenthaltsberechtigung zugesprochen bekommen hatte. Aber ehe ich etwas sagen konnte, legte John schon wieder los. »Ihre Parapsychologen sagten uns, was die Anwälte der Regierung vorhatten. Also waren wir immer einen Schritt voraus«, kicherte er. »Wir haben die Gegenseite einfach ausmanövriert, weil Yoko all ihren Winkelzügen zuvorkam, verstehst du?« Er sah mich erwartungsvoll an. Ich hatte keine Ahnung, worauf John hinauswollte. »Sie wußten gar nicht, wie ihnen geschah!« fuhr John mit wachsender Begeisterung fort. »Einmal holten wir eine alte schwarze Frau aus Chicago, Mother Gibson. Sie war eine mächtige Hexe, Voodoo-Priesterin oder sowas, und sie gab mir ein Taschentuch, das einen Zauberduft ausstrahlte – Kräuter, Wurzeln, Baumrinde oder was auch immer, ich weiß es nicht mehr. Damit konnte ich den Richter behexen, zu unseren Gunsten zu entscheiden.« John lächelte und goß kochendes Wasser über die Teebeutel, während ich ihn mit offenem Mund anstarrte.

Dann erklärte er, Mother Gibson hätte ihn instruiert, das magische Taschentuch auf bestimmte Art und Weise im Gerichtssaal zu entfalten. Die Absicht war, wie John sagte, das Herz des Richters »zu öffnen«. Dann beschrieb John, wie er unter dem Verteidigertisch verstohlen das Taschentuch entfaltet hatte. »Ich war mit den

Nerven am Ende«, sagte er. »Zuerst hielt ich die ganze Sache für Schwachsinn, aber der Richter war so ein mieser alter Habicht, der mit der Anklagevertretung unter einer Decke steckte, und ich wußte, ich hatte nichts zu verlieren.«

John sagte, sobald er das Taschentuch entfaltet hatte, wäre es drunter und drüber gegangen. »Jeder im Gerichtssaal fragte sich, woher ›dieser Geruch‹ plötzlich käme. Der Richter war äußerst ungehalten und ordnete an, die Fenster zu öffnen.« John fuhr fort, nachdem er den »Taschentuchtrick« am nächsten Tag wiederholt hatte, hätte der Richter seine unnachgiebige Haltung aufgegeben.

In meinem extrem übermüdeten Zustand hatte ich aufgehört, mich zu fragen, ob er wirklich selbst glaubte, was er mir da erzählte. Ich dachte nur: »Wow, die Voodoo-Gerichtsbarkeit! Das ist mal eine Nummer!« Wir tranken unseren Tee, und ich versuchte, das Schweigen mit Smalltalk zu überbrücken. Aber eigentlich lag John nichts daran, ob ich redete oder nicht. Später sagte er mir einmal: »Ich rede einfach gerne, also reicht es schon, wenn du einfach da bist und zuhörst. Ich meine, wenn du reden willst, nur zu, aber du brauchst nicht das Gefühl zu haben, du wärst dazu verpflichtet.« Tatsächlich war John, ehe ich geschaltet hatte, schon zum nächsten Thema übergegangen, das ihn beschäftigte, seit er in Florida angekommen war – sein Sohn Julian, mittlerweile ein Teenager, den er 1977 zuletzt gesehen hatte. John plagten Schuldgefühle und Ängste vor der kommenden Begegnung.

»Es wird eine Woche dauern, bis wir uns berühren können«, sagte John reuevoll, »und noch eine Woche, bis wir unverkrampft genug sind, uns zu umarmen.«

John sah Julian fast nie und telefonierte selten mit ihm, teilweise, weil er Julians Mutter Cynthia verabscheute. John argwöhnte immer, sie würde versuchen, sich über Julian wieder in sein Leben zu drängen, und auch Yoko tat ihr Bestes, um Johns Mißtrauen gegen seine erste Frau zu schüren. Yoko nahm jeden Kontakt zwischen John und Julian übel, so selten er auch zustande kam, weil Tony Cox, ihr zweiter Mann, jeden Kontakt mit ihrer Tochter unterbunden hatte. Tony war mit Kyoko, die mittlerweile in Julians Alter war, untergetaucht, und Yoko sagte sich, solange sie von ihrer ältesten Tochter getrennt sei, wäre es nur fair, wenn auch John den Kontakt mit seinem ältesten Sohn einschränkte.

Obwohl John und Julian so viele Hindernisse trennten, die jede Kommunikation extrem erschwerten, sehnte sich John verzweifelt danach, seinen Sohn zu berühren, ehe es zu spät war. Johns Vater, Freddie Lennon, war während Johns ganzer Kindheit kaum zu Hause gewesen, tauchte jedoch 1964, als die Beatlemania gerade begann, wieder auf. Er arbeitete damals als Tellerwäscher in einem Hotel in der Nähe von Johns Haus in London, und ein Treffen zwischen Vater und Sohn, die einander siebzehn Jahre lang nicht mehr gesehen hatten, wurde arrangiert. Obwohl John sich danach sehnte, eine Beziehung zu seinem Vater wieder aufzubauen, konnte er ihm die vielen Jahre der Vernachlässigung nicht verzeihen; Ende der sechziger Jahre unternahm John mehrere gequälte halbherzige Versuche einer Versöhnung, aber schließlich gewannen Wut und Verbitterung die Oberhand. Beim letzten Zusammentreffen am 9. Oktober 1970, Johns dreißigstem Geburtstag, geriet John solchermaßen in Rage, daß er seinem Vater drohte, ihn umbringen zu lassen. Freddie starb 1976 an Krebs, ohne seinen Sohn noch einmal gesehen zu haben, aber er gab seiner zweiten Frau Pauline den Auftrag, Johne eine Kopie seiner Autobiographie zu schicken.

John erzählte, daß ihm erst bei der Lektüre der Lebensgeschichte seines Vaters klar wurde, das Freddie von Tante Mimi bewußt aus seinem Leben ausgeschlossen worden war, weil Mimi befürchtete, daß er auf John einen schlechten Einfluß ausüben würde. Johns Miene verzerrte sich zu einem traurigen Lächeln, als er mir erklärte, daß erst die Lektüre der Aufzeichnungen seines Vaters es ihm ermöglicht hatte, seinen Vater zu verstehen und ihm zu verzeihen, und daß er deshalb beschlossen habe, Julian sollte nach seinem Tode Johns eigene Tagebücher erhalten. Ihm war offensichtlich klargeworden, daß er das Vorbild väterlicher Vernachlässigung bei Julian wiederholt hatte, dessen Geburt 1963 für John im ungünstigsten Moment überhaupt kam. Es war das Jahr, in dem die Beatles von einer beliebten britischen Band zum einzigartigen, musikalisch – und kulturell – richtungsweisenden Phänomen der westlichen Welt aufstiegen, und John konnte sich auf diesem Wahnsinnstrip nicht mit Vaterpflichten belasten.

»In den ersten Jahren«, sinnierte er, »als die Beatles groß rauskamen, führte ich ein Junggesellenleben, auch nachdem Cynthia und ich geheiratet hatten. Ich meine, ich wußte, daß ich eine Frau und einen kleinen Sohn zu Hause hatte, aber ich wollte die Verantwortung nicht übernehmen. Julian ist aufgewachsen wie eine Halbwaise, wie ich auch. Ich kann es einfach nicht fassen, daß ich jetzt diesen sechzehnjährigen Sohn habe. Er steht auf Rush, Led Zeppelin, diese ganzen komischen Bands, und weißt du, manchmal frage ich mich ›Wer ist dieser Fremde?‹ Ich hab keine Ahnung, was er denkt oder fühlt.« John unterbrach sich und zündete eine neue Gitane an. »Ich muß zugeben, daß es fast so ist, wie zwischen meinem Alten und mir, und ich wünschte, wir würden uns näherstehen. Ich weiß nicht, was in seinem Kopf vorgeht. Ich weiß nichts über seine Gefühle oder was er wirklich von mir denkt. Ich kenne keinen seiner Freunde. Ich hab keine Ahnung, ob er Freundinnen hat. Ich weiß noch nicht mal, ob er überhaupt auf Mädchen steht!«

Ich fragte mich, warum John mir all das erzählte. Einerseits fühlte ich mich geschmeichelt, daß er mir seine intimsten persönlichen Geheimnisse anvertraute. Andererseits war es mir peinlich für ihn, daß er einem völlig Fremden sein Herz ausschüttete. Im Verlauf des Monologs änderte sich sein Tonfall. Bald beschwerte er sich verärgert, daß Julian jedesmal, wenn er mit ihm sprach, um Geld und Geschenke bat; außerdem mißbilligte John Julians neue Motorradbesessenheit. Er hatte ihm vor einigen Monaten widerstrebend Geld geschickt, um eins zu kaufen.

Ich bemerkte einen hellen Schimmer an den Küchenfenstern. Der Morgen graute. Langsam versiegte Johns Redestrom. Die Aschenbecher waren jetzt voller Kippen. Die kalten, toten Teebeutel lagen auf dem Grund der Tassen. Vages Unbehagen beschlich uns, wie aus dem Nichts gekommen. Es umgab uns, wie die See eine Insel umspült.

»Komm mit«, sagte John und sprang auf. »Ich will dir was zeigen.«

Ich folgte ihm durchs Eßzimmer in einen reichverzierten Ballsaal. Es war der monströseste Raum, den ich je gesehen hatte, ein verirrtes Stück Versailles, Überbleibsel einer großen Epoche, in der die Menschen einen Lebensstil pflegten, der für uns heute unvorstellbar ist. Gesäumt mit antiken Möbeln und behangen mit antiken Ölgemälden, sah der Ballsaal aus wie die zentrale Halle eines europäischen Museums, abgesehen von der zimmerhohen Fensterfront zur Seeseite hin. Die Fenster müssen mindestens sechs Meter hoch gewesen sein. Die Dämmerung schimmerte durch diese gigantischen Scheiben, die ewig nicht geputzt worden waren.

Bald konnten wir den South Ocean Boulevard sehen, dahinter ein gleißendes Licht und etwas, das wie eine zweite, glühend rote Straße aussah, die sich senkrecht zur ersten in die Unendlichkeit erstreckte – die Bahn der aufgehenden Sonne. John und ich starrten schweigend zum Horizont, während die Sonne langsam aus dem Meer aufstieg. Die Erhabenheit des Moments war so überwältigend, die Inszenierung so dramatisch, daß ich hörbar nach Luft schnappte und mir Tränen in die Augen traten. John war so überrascht angesichts meiner Rührung über einen Sonnenaufgang, daß er auflachte. Der Bann war gebrochen.

»Du solltest früher aufstehen«, sagte er fröhlich. »Sonnenaufgänge verjüngen. Das lädt die Batterien wieder auf!«

Nach dieser plötzlichen Dosis Sonnenaufgang vergaß ich, daß ich die ganze Nacht wach gewesen war und lebte tatsächlich wieder auf. Wir gingen zurück in die Küche. John machte Kaffee und steckte einige Scheiben Brot in den Toaster. Als wir uns zum Frühstück setzten, begann er, eine lange Einkaufsliste der Dinge zu machen, die ich im nächsten Health-Food-Store kaufen sollte, sobald ich wieder »einsatzfähig« war. Ich merkte, daß er selbst wieder neue Energie getankt zu haben schien. Er sah so fit aus wie vorher, als er an meine Tür geklopft hatte. Ich dankte ihm für das Frühstück und erklärte, ich würde zusammenbrechen, wenn ich nicht ein bißchen Schlaf bekäme. John winkte mich fröhlich zu Bett und ging nach draußen, um am Pool Gitarre zu spielen. Ich verschlief fast den ganzen Tag. Als ich aufwachte, entdeckte ich, daß Julian angekommen war. Er war seinem Vater wie aus dem Gesicht geschnitten, und er schien sehr schüchtern zu sein. Ich spürte unwillkürlich den Drang, ihn zu beschützen.

Am Morgen nach der Ankunft seines Sohns ließ sich John im Pool treiben, während Julian nervös herumstand und darauf wartete, daß John seine Gegenwart zur Kenntnis nahm. Er wollte John nicht bitten, aus dem Pool zu steigen, um zu ihm zu kommen, also stieg er schweigend zu John in den Pool. Als John mich einlud, auch in den Pool zu springen, spürte ich, daß ich den Puffer zwischen Vater und Sohn spielen sollte. Ich schwankte zwischen dem Impuls, sie allein zu lassen, damit sie sich beschnuppern konnten, und dem deutlichen Gefühl, daß weder John noch Julian die damit verbundene emotionale Belastung verkraften könnten. Es hätte mich nicht überrascht, wenn John mich beauftragt hätte: »Könntest du Julian ausrichten, daß ich ihm einen guten Morgen wünsche?«

Julian wußte nicht, wie er sich verhalten sollte. Für ihn war John ein verklärter Superstar – ein völlig Fremder. Yoko war sogar noch rätselhafter. Sie behandelte Julian mit kaum verhohlener Ablehnung und beschwor mich unentwegt, ihm kein Geld zu geben, ihm keine

Sachen zu kaufen und keinerlei Sonderrechte einzuräumen. Julian war in kleinbürgerlicher Umgebung in Nord-Wales aufgewachsen und wußte mit Palm Beach, der Zuflucht der Reichen und Berühmten, kaum etwas anzufangen. Selbst der Mercedes flößte ihm Ehrfurcht ein. Als er mich fragte, ob ich ihn mal ans Steuer lassen würde, erlaubte ich ihm, den Wagen durch die Ausfahrt zu fahren. Gerade als er sich mit den Armaturen einigermaßen vertraut gemacht hatte, tauchte John auf.

»Bist du noch richtig im Kopf?« brüllte John, als er Julian hinterm Steuer sah. »Wie kannst du es wagen, einem sechzehnjährigen Jungen einen Dreißigtausend-Dollar-Wagen anzuvertrauen?« Mir machte Johns Anschiß nicht viel aus, aber es tat mir leid für Julian. Ich konnte sehen, daß der Wutausbruch seines Vaters ihn erschüttert hatte, obwohl er sich nicht gegen ihn richtete. Später erzählte mir Julian, es sei für ihn ungewohnt gewesen, daß sein Vater so starke Emotionen zeigte.

Johns Verhalten gegenüber Sean und Julian war eine Studie der Gegensätze. Julian gegenüber war er reserviert. Aber bei Sean gab er sich ganz offen, knuddelte ihn, lachte mit ihm, ermahnte ihn, verlor die Geduld mit ihm und schrie ihn sogar an, wenn es der Anlaß erforderte. Julian war kaum je in den Genuß der Annehmlichkeiten gekommen, die ein Millionär seinem Sohn bieten kann, während Sean ein behütetes Leben mit allen erdenklichen Spielzeugen, Leibwächtern und eigenem Chauffeur führte. Doch trotz dieser unfairen Benachteiligung zeigte sich Julian nie verbittert. Die Halbbrüder schienen sich sehr gern zu haben und tobten fröhlich zusammen durch Haus und Garten und im Pool.

Während der nächsten Tage verbrachten Julian und ich viel Zeit miteinander. Wir gondelten im Mercedes durch Palm Beach, machten Besorgungen und hörten Rockmusik. Julian erzählte mir von seiner Heimatstadt in Nord-Wales, Ruthin, wo er ein typisches sorgloses Jungenleben führte, Mädchen nachlief, Motorrad fuhr und Billard spielte. Er beklagte sich, daß die anderen Kinder manchmal auf ihm herumhackten, weil sie ihn darum beneideten, daß sein Vater zufällig ein Ex-Beatle war.

Julian schien einiges von der musikalischen Begabung seines Vaters geerbt zu haben. Er hatte eine akustische Gitarre mitgebracht und war begierig, von John zu lernen. Abends setzten sich Vater und Sohn manchmal nach dem Essen zusammen, und John brachte Julian ein paar neue Griffe bei, gab einen kleinen Teil seines

Vermächtnisses persönlich weiter. Aber John ließ sich leicht ablenken und verlor bald die Lust, auf der Gitarre zu klimpern. Die Stimmung verflog, und dann saßen sie wieder zusammen vor dem Fernseher, ohne ein Wort zu wechseln. Meistens machte John keinerlei Anstalten, sich ernsthafter mit Julian zu beschäftigen, und Julian buhlte nicht um mehr Aufmerksamkeit. Oft schien er schon zufrieden zu sein, wenn er nur in Johns Nähe war. Sie machten Fahrradtouren, mit Sean im Kindersitz auf Johns Gepäckträger. Oder sie hingen am Pool unter den großen Palmen herum – John und Sean barfuß, Julian in japanischen Sandalen. Aber sie wirkten immer wie drei einzelne Menschen in drei verschiedenen Träumen befangen. Sie fanden nicht zueinander, so sehr sie sich auch bemühten.

*

Eines Morgens fand ich Julian und John gemeinsam am Frühstückstisch. John las aus dem *National Enquirer* einen Artikel über eine Frau vor, die von Außerirdischen entführt worden war. Die Frau sagte, die Außerirdischen hätten ein langes, nadelähnliches Objekt durch die Nase aus ihrer Stirn entfernt, und schloß daraus, sie hätten es ihr in der Kindheit implantiert, alle Erinnerungen daran ausgelöscht und seien nun zurückgekehrt, um es zu bergen. John war überzeugt, viele Menschen hätten in frühester Jugend Kontakt mit Außerirdischen, würden aber hypnotisiert, damit sie alles vergessen.

»Das läßt sich durch Rückführung unter Hypnose feststellen«, sagte John zu mir. Julians Augen wurden immer größer, während sein Vater darüber spekulierte, ob er als Kind so ein Erlebnis gehabt haben könnte. »Das würde erklären, warum ich die Dinge immer so anders gesehen habe«, fuhr John fort. Er fragte sich laut, ob diese »Außerirdischen« vielleicht Menschen der Zukunft sein könnten, die das Geheimnis der Zeitreise ergründet hätten. Sie hätten vielleicht eine andere Molekularstruktur und würden unerkannt mitten unter uns leben. Julian war die Kinnlade runtergefallen. Ich fürchtete schon, er würde anfangen zu sabbern, wenn er den Mund nicht wieder zumachte. Als ich und Julian später mit dem Auto unterwegs waren, zeigte er sich ernstlich besorgt um den Geisteszustand seines Vaters. Ich mußte selbst lachen, als ich daran dachte, wie ich mich am Anfang gefühlt hatte, und hätte am liebsten gesagt: »Nur keine Sorge, Kleiner, du kommst auch noch dahinter, was in Lennon-Land abgeht.«

»Ich frage mich, ob Yoko ihm diesen Blödsinn in den Kopf setzt«, sagte Julian mit besorgtem Gesicht. »Ich bezweifle es«, sagte ich. »John glaubt das Zeug wirklich. Außerdem, was schadet es schon, wenn man aufgeschlossen ist. Man weiß ja nie, es könnte schließlich was dran sein.« Julian sah mich an, als wäre ich auch durchgedreht.

Eines Abends, als wir zusammen am Pool saßen, sah John ein Licht am Himmel und stellte begeistert Vermutungen an, ob es wohl ein UFO sein könnte. Er starrte das Licht eine Zeitlang an und erzählte dann lebhaft von einer UFO-Erscheinung, die er Anfang August 1974 gehabt hatte, als er von Yoko getrennt mit May Pang lebte.

»Ich sah mir aus dem Fenster den Sonnenuntergang über dem East River an, als ich plötzlich ein großes, leuchtendes Objekt sah, das sich Richtung Süden langsam auf die Skyline von Brooklyn zu bewegte. Zuerst dachte ich, ›Scheiße, die Bullen!‹ – weil ich kurz vorher einen Polizeihubschrauber hatte rumschwirren sehen. Aber dann fiel mir auf, daß dieses Ding über den Fluß schwebte, ohne das leiseste Geräusch zu machen!«

John sagte, er hätte aus dem Fenster gestarrt, gebannt von dem mysteriösen Objekt, während er fieberhaft nach einer rationalen Erklärung suchte – ohne sie zu finden. »Während ich noch grübelte, was das sein könnte, war es mir im Innersten schon klar.« Er sagte, die Nackenhaare hätten sich ihm gesträubt. »Aber ich wollte es immer noch nicht glauben, also rief ich May: ›Komm mal her, sieh dir das verdammte Ding da an!‹ Zuerst dachte sie, ich wollte sie aufziehen, aber dann sah sie es auch.« John sagte, er sei aufs Dach gerannt und habe gerade noch gesehen, wie das Objekt mit der Brookylner Skyline verschmolz. »Ich war so enttäuscht!« lachte er. »Ich schrie immer: ›Hier, hier bin ich! Nehmt mich mit! Ich bin bereit!‹«

John zweifelte nicht daran, daß er wirklich ein Raumschiff aus einer anderen Welt gesehen hatte. Er vermutete, das einsame UFO sei die Vorhut einer Flotte, die im Norden des Staates New York stationiert war, in der Nähe der Talsperren und Kraftwerke, von denen die Flugobjekte Energie abzapfen konnten, um die Erdanziehungskraft zu neutralisieren.

»Wahrscheinlich waren die UFOs für den letzten Stromausfall verantwortlich«, sagte John. »Es ist doch möglich, daß sie zuviel Saft auf einmal vom Con Ed-Kraftwerk abgezapft hatten.« Außerdem hatte er den Verdacht, es gäbe auf höchster Ebene eine Verschwörung, um glaubhaft nachgewiesene UFO-Erscheinungen und Begegnungen mit Außerirdischen zu vertuschen. »Wenn die Massen die UFOs als Tatsache akzeptieren, würde das ihre Haltung zum Leben, zur Politik, zu allem, grundlegend verändern«, erklärte er. »Es würde den Status quo ins Wanken bringen.« Er fügte hinzu, wann immer die Menschen zu der Erkenntnis kämen, daß es mehr gebe als ihr eigenes mittelmäßiges Leben, fördere das ihre Bereitschaft, das eigene Leben radikal zu ändern. In der Folge könne dies zu einer politischen Revolution der gesamten Gesellschaft führen.

»Christus, Buddha, Mohammed, alle waren Abgesandte des höchsten Wesens«, fuhr John fort. »Sie alle sagten im Grunde dieselben Dinge, brachten die Gesetze des Universums in eine Sprache, die ihrem Kulturkreis angemessen war.« Neben diesen Hauptpropheten gab es John zufolge auch niedere Gesandte – die Gurus, die großen Poeten, Wissenschaftler, Künstler, Musiker. »Sie wissen nicht mehr, als das, was auch wir in diesem Moment gerade wissen«, sagte er eindringlich. »Der Trick ist nur, das ganze im Unterbewußtsein gespeicherte Wissen dem Bewußtsein zugänglich zu machen.«

John war tiefreligiös, wenn auch auf äußerst unkonventionelle Art. Für ihn war die Bibel ein universelles symbolisches Drama, das jeden Tag aufs neue vor unseren Augen aufgeführt wurde. Besonders war John vom Leben Jesu Christi fasziniert. Ende der Sechziger hatte er eine Phase gehabt, in der er sich ernstlich für eine Reinkarnation des Christus hielt, dessen Mission es sei, der Erde Frieden, Liebe und Erleuchtung zu bringen. Er hatte sogar eine Aufsichtsratssitzung der Beatles-Firma Apple einberufen, um zu erklären, er sei der Messias, und verlangt, eine entsprechende Presseerklärung herauszugeben. Als ich ihn kennenlernte, hatte er allerdings wieder zu seiner ursprünglichen Respektlosigkeit gegenüber dem Christentum zurückgefunden.

Als John, Julian und ich eines Abends *Jesus von Nazareth* im Fernsehen sahen, steigerte John sich in eine Tirade gegen das Christentum, weil es die letzten Überreste heidnischer Religion und Kultur buchstäblich ausgemerzt hätte – ein großer Verlust für die Zivilisation. »Ich bin ein wiedergeborener Heide«, sagte John genüßlich mit seiner Lieblingsredewendung. Julian sah ihn nur an, zuerst verwirrt, dann entgeistert, als John weiterstichelte: »Los, kommen wir gleich zur Hauptattraktion, wo bleibt die Kreuzigung?« Ich spürte zwar Julians Unbehagen, aber ich wußte, daß John es nicht böse meinte. Es war einfach seine sarkastische Ader, seine

Vorliebe fürs Ausgefallene. Als wir uns *Deliverance* im Fernsehen ansahen, sagte John zum Beispiel ständig: »Ich kann's kaum erwarten, daß die Arschfick-Szene kommt.« Unnötig zu betonen, daß sie rausgeschnitten worden war.

*

Am ersten April charterten wir eine kleine Yacht für eine Kreuzfahrt vor Palm Beach. Wir wollten den Tag alle gemeinsam verbringen: Yoko und ihre Nichten Reiko, Akiko und Takako, Julian, Sean, Helen und ich. Ben Johnson, der bekannte Immobilienmakler aus Palm Beach, der das Haus für uns gesucht hatte, brachte seine zwölfjährige Tochter für den Tag zu Besuch. Sein Rolls-Royce fuhr an der Spitze des Konvois, der diesen Morgen an den Docks vorfuhr, gefolgt von John und Yokos schwarzem Cadillac und dem Rest der Bande im Mercedes.

Wir kraxelten alle an Bord des geräumigen weißen Kabinenkreuzers. Kaum hatte er einen Fuß auf Deck gesetzt, tobte Sean auch schon über das Boot, als wäre er mit Methedrin gedopt. Helen hatte ihre liebe Not mit ihm und war ständig in Sorge, der kleine Brummkreisel könnte über Bord gehen. Er wurde schleunigst mit einer leuchtend orangefarbenen Schwimmweste ausstaffiert, die er für den Rest des Ausflugs anbehielt. Yoko und John machten es sich im Heck des Boots bequem und posierten dann mit Sean und Julian für ein Familienfoto. Während ich meine Kamera auf die Lennons einstellte, mußte ich mich doch wundern, welch bunt zusammengewürfelter Haufen sie waren. Yoko trug eine schwarze Hose, keine Schuhe und ein kurzärmeliges Herrenhemd mit kleinen schwarzen Karos. John hatte eine bunte Kappe auf und trug ein rotes T-Shirt, und Julian trug ein blaues T-Shirt. Außerdem würdigte er den Anlaß mit einem Vampirgebiß aus Plastik. John fand es lustig, aber Yoko schien Julians Albernheit zu ärgern. Während der ganzen Zeit an Bord wirkte sie nervös und gereizt.

Nachdem wir eine Weile herumgeschippert waren, brachte ich die Kinder in einem Beiboot zu einer nahegelegenen Insel – ein Ausflug, der es John ermöglichte, das Boot für eine Überraschungsparty zu Julians sechzehntem Geburtstag herzurichten, obwohl der eigentliche Geburtstag erst in einer Woche war. Die kleine Insel war völlig verlassen, also latschten wir ziellos durch die Gegend, Julian und ich vorneweg, gefolgt von Sean und seinen japanischen Kusinen. Die

»Japannichten«, wie John sie nannte, waren acht, elf und fünfzehn Jahre alt und sprachen kaum ein Wort Englisch, dafür kicherten sie um so mehr. Sie schienen sich blendend zu amüsieren, ganz egal, wo wir hingingen. Die drei Mädchen schienen ganz vernarrt in ihren kleinen Vetter Sean zu sein und schnatterten japanisch auf ihn ein. Manches davon schien er sogar zu verstehen, weil er den letzten Sommer in Japan verbracht hatte. Sean war begeistert, daß er soviel Beachtung fand.

Als wir zurückkamen, war das Boot schon mit Partyzubehör geschmückt, und ein Kuchen mit sechzehn Kerzen stand bereit. John sprang herum und hielt die Feier mit der Polaroid fürs Familienalbum fest. Später saßen John und Julian nebeneinander vorne im Boot. Da tauchte aus heiterem Himmel ein schnelles Sportboot auf und begann, unser Boot zu umkreisen. Darin saßen ein paar junge Mädchen, denen irgendwer gesteckt haben mußte, daß John hier auf dem Boot war. Über den Motorenlärm hörte man sie rufen: »Wir lieben dich, John!« Als John merkte, daß er erkannt worden war, blies er zum ungeordneten Rückzug, und wir fuhren volle Kraft voraus zum Ufer zurück. Die Party war vorbei.

Ich saß mit Julian oben an Deck und schaute auf unser Kielwasser, traurig über das abrupte Ende seiner Geburtstagsparty. Ich sah ihn verstohlen an. Er hatte so gehofft, daß es schön werden würde, und jetzt konnte ich seinem Gesicht den Schmerz, die Frustration und Enttäuschung über das klägliche Ergebnis der langen Reise zu seinem Vater ansehen. Es war ein herrlicher Tag am Meer gewesen, 28 Grad warm und sonnig. Es hatte einen Kuchen mit sechzehn Kerzen gegeben. Aber schon bevor die Fans uns verscheucht hatten, war die Atmosphäre beim Ausflug gespannt gewesen. Es waren zu viele Menschen auf dem Boot, und zu viele Barrieren zwischen Vater und Sohn.

Einige Tage nach seinem Geburtstag wurde Julian zurück nach England geschickt. Wir waren uns sehr nahe gekommen, und ich hatte angenommen, ich würde ihn zum Flughafen fahren. Aber statt dessen wurde eine Limousine bestellt, und Julian und ich nahmen bewegt Abschied. Dann brachten Yoko und John ihn zum Flughafen.

John und Julian sollten einander niemals wiedersehen.

5

Beautiful Boy

Einige Wochen, nachdem wir von Palm Beach nach New York zurückgekehrt waren, waren John und Yoko schon wieder auf Achse, um den Sommer in Japan zu verbringen. Eine friedliche Zeit für die Angestellten des Dakota. Yoko rief nur gelegentlich an, um sich nach dem Stand der Geschäfte zu erkundigen, und John schickte mir eine Postkarte, auf die er ein Rätsel gekritzelt hatte: »What's the sound of one maid cleaning?« Ich nutzte die Gelegenheit, um etwas Ordnung ins Chaos von Studio One und Apartment 72 zu bringen, arbeitete die Fanpost auf, ordnete die Karteikästen neu und sortierte Johns Plattensammlung alphabetisch. Außerdem nahm ich mir die Zeit, mehr über John zu lesen. Mittlerweile war ich wirklich fasziniert von meinem rätselhaften Boß. Mir wurde klar, daß ich eine emotionale Bindung zu ihm entwickelt hatte. Ich vermißte John und wollte mehr über sein außergewöhnliches Leben wissen. Ich glaubte, der Schlüssel zu Johns Verständnis sei seine Beatles-Vergangenheit. So oft wie möglich ging ich mit einem Arm voller Bücher über John und die Beatles an den Strand; während ich las, hörte ich mir auf einem tragbaren Kassettenrecorder Beatles-Tapes an. Am Ende des Schnellkurses in Beatles-Geschichte glaubte ich, John Lennon sehr viel besser zu verstehen.

*

Johns Mutter, Julia Stanley, war eine hübsche, eigensinnige Siebenundzwanzigjährige, die über zehn Jahre lang mit einem Schiffsteward namens Freddie Lennon gegangen war. 1938 heirateten sie heimlich, zwei Jahre später wurde John Lennon geboren. Kurz nach Johns Geburt ging Freddie zur Handelsmarine. Julia zog in ein Häuschen im Vorort Woolton, das dem Mann ihrer älteren Schwester Mimi gehörte. Julia ging regelmäßig zum Tanzen ins Dorf, dessen Pubs voll waren von Männern in Uniform; manchmal gabelte sie während ihrer nächtlichen Kneipentouren Männer auf, die sie mit ins Cottage brachte, wo der kleine John bald Angst vor den immer neuen Fremden bekam.

1946 tauchte Freddie Lennon wieder auf und prügelte sich vor den Augen des sechsjährigen John mit dem Liebhaber seiner Frau, einem ständig betrunkenen Kellner namens John Dykins. Verstört durch die chaotischen häuslichen Zustände bei seiner Mutter, flüchtete John sich regelmäßig zu seiner Tante Mimi. Bald begann John, den seine Mutter niemals an die Kandare genommen hatte, feindseliges Verhalten gegenüber anderen Kindern zu zeigen. Er terrorisierte seine Kameraden auf der Mosspits Infants' School und flog aus dem Kindergarten. Später im selben Jahr nahm Freddie John zu einem Ausflug nach Blackpool mit, einen Badeort an der Küste bei Liverpool. Freddie hatte vor, mit John nach Neuseeland auszuwandern, aber als Julia unerwartet auftauchte und John zurückhaben wollte, war der Junge gezwungen, sich zwischen seinen Eltern zu entscheiden. Er wählte seinen Vater, aber sobald seine Mutter durch die Tür ging, rannte er ihr impulsiv nach. Kaum war Julia mit ihrem Sohn nach Liverpool zurückgekehrt, schob sie ihn an ihre Schwester Mimi ab.

Obwohl er Mimi dankbar war, weil sie ihm ein Heim geschaffen hatte, hegte er gleichzeitig tiefen Groll gegen seine Tante. Mimi war eine kalte, strenge Zuchtmeisterin, die anfangs versuchte, John durch gutes Zureden oder Erniedrigungen zu disziplinieren. Als er auf diese psychologischen Taktiken nicht reagierte, nahm sie Zuflucht zur guten alten Prügelstrafe. Später machte er ihr Vorwürfe, weil sie ihn gegängelt und mit ihrem Beharren auf Disziplin und Ordnung erdrückt hatte. Er verzieh seiner Tante nie, daß sie seine kreativen Gehversuche entmutigt hatte. Einmal hatte sie sogar einige seiner Zeichnungen weggeworfen.

Johns einsame und von Lieblosigkeit geprägte Kindheit führte dazu, daß er sich in sich selbst zurückzog. Er lernte zum Beispiel schon früh, sich in Trance zu versetzen, indem er in einem Spiegel in seine Augen schaute, bis er halluzinierte, wie sich sein Gesicht veränderte. Als er neun Jahre alt war, wußte John, daß er ganz anders war als die anderen Jungen, aber er war nicht sicher, ob wahnsinnig oder genial. Als er anfing, über Vincent van Gogh und andere exzentrische Künstler zu lesen, gefiel sich John in der Rolle des verrückten Genies. Seine Persönlichkeit entwickelte zwei grundverschiedene Züge. Einerseits war er passiv und introvertiert, andererseits ein aggressives Großmaul. Später faßte John diese Dichotomie zusammen: Er sei »halb Mönch, halb Zirkusfloh«. Als ich anfing, für John zu arbeiten, hatte der Mönch in ihm die Oberhand gewonnen.

1952 kam der zwölfjährige John auf die Quarry Bank Grammar School, deren Motto lautete: *Ex hoc metallo Virtutem,* »Aus rohem Metall Vorzügliches schmieden«. Die Schulältesten achteten auf Einhaltung strikter Disziplin, und der Direktor vollstreckte in seiner schwarzen Robe die Prügelstrafen mit dem Rohrstock. John, der sich schnell einen Ruf als einer der ungebärdigsten Schüler der Schule erwarb, steckte mehr als seinen Anteil an Prügel ein. Mimis Bemühungen, John zu disziplinieren, waren längst gescheitert, und die Züchtigungen des Direktors trieben John nur zu neuen und schlimmeren Streichen. Bald fand er eine Verbündete in seinem Aufbegehren gegen die Schule und Tante Mimi – seine Mutter Julia, die um diese Zeit wieder in sein Leben trat.

Mit fünfzehn Jahren hörte John Elvis Presleys »Heartbreak Hotel«. Das gab den Anstoß, Rocker zu werden. Julia, die Klavier und Banjo spielte und Rock 'n' Roll liebte, kaufte ihrem Sohn eine gebrauchte Gitarre und brachte ihm die ersten Griffe bei. Wie nicht anders zu erwarten, stieß Johns Rock 'n' Roll-Leidenschaft bei Mimi auf wenig Gegenliebe, aber sie war unfähig, Johns neue Obsession zu zügeln. Nacht für Nacht nahm er sein Radio mit ins Bett und hörte Radio Luxemburg, Europas führenden Rock 'n' Roll-Sender. Mit sechzehn kannte John Lennon sich bestens aus mit Little Richard, Carl Perkins, Jerry Lee Lewis, Chuck Berry, Buddy Holly, Eddie Cochran, Ray Charles, Fats Domino, Ike Turner, B. B. King und anderen frühen amerikanischen Rock-, Rockabilly-, Blues- und Rhythm & Blues-Künstlern. Schließlich wurde John einer der führenden Rock'n'Roll-Kenner in England. Wie auch Mick Jagger, Ray Davies, Van Morrison, Eric Burdon, Jimmy Page, Pete Townshend und andere aus der aufkeimenden ersten Generation englischer Rocker, begriff John schon früh, daß die Herausforderung der Zukunft darin lag, diese schwarze amerikanische Musik dem Geschmack weißer britischer Jugendlicher zugänglich zu machen.

Skiffle war in England des Jahres 1957 das große Ding, also gründete John eine Skiffle-Band. Da die meisten Mitglieder der Band auf die Quarry Bank School gingen, nannte John die Band The Quarry Men. Ihr erstes richtiges Engagement hatte die Band am

21. Juni 1957. Mit akustischen Gitarren und einem Mikrophon, das über ein Radio verstärkt wurde, spielten die Quarry Men auf einem Straßenfest zwei Sets auf der Ladefläche eines LKWs. Zwei Wochen später spielte die Band auf dem alljährlichen Gartenfest der St. Peter's Church in Woolton. Dort lernte John Lennon sein musikalisches Alter ego Paul McCartney kennen. Obwohl zwei Jahre jünger als John, war der fünfzehnjährige Paul ein vielseitigerer und technisch versierterer Musiker. Als er im Sommer 1957 den Quarry Men beitrat, drängte er darauf, daß auch sein Kumpel George Harrison in die Gruppe kommen sollte. Kurz darauf gehörten den Quarry Men drei zukünftige Beatles an.

1958 kam Julia bei einem Verkehrsunfall ums Leben, als sie ein Polizist außer Dienst überfuhr, während sie gerade eine Straße überquerte. Der Tod seiner Mutter hatte einen verheerenden Effekt auf John. Er fing an, viel zu trinken, und verbrachte die nächsten zwei Jahre »betrunken oder zornig«, wie er selbst sagte. John hatte sich mittlerweile am Liverpool Art College eingeschrieben, dort lernte er seine spätere Frau kennen, Cynthia Powell. Cynthia war verknallt in John, und kaum waren ihm ihre Gefühle bewußt geworden, verlor John keine Zeit, intimere Bekanntschaft mit seiner schüchternen, hübschen Klassenkameradin zu machen.

Anfang 1960 zog John mit Stu Sutcliffe zusammen, Liverpools vielversprechendstem Nachwuchsmaler. John überredete Stu, der keinerlei musikalisches Talent hatte, die Art School zu schmeißen und sich einen Baß zu kaufen, um bei Johns neuer Band mitzumachen – Johnny and the Moondogs. Die Band, bald umbenannt in Long John and the Silver Beatles, bestand aus Paul McCartney und George Harrison an der Gitarre und einer Reihe ständig wechselnder Drummer. Im Sommer spielten die Silver Beatles, jetzt mit Pete Best als Drummer, im Club Indra, einem Strip-Lokal auf der Hamburger Reeperbahn. Das Publikum im Indra bestand hauptsächlich aus verstört dreinblickenden Männern, die in den Club gekommen waren, weil sie die übliche Sex-Show erwarteten. Über Nacht mußte John sich eine Show einfallen lassen. Und nicht nur das, die Band mußte auch jede Nacht sechs Stunden praktisch ohne Pause spielen. Nachdem sie früher nur einstündige Sets gespielt und in jeder Show dieselben Songs gespielt hatten, mußten die Beatles ihr Repertoire nun gewaltig aufmotzen. Sie fügten aus dem Stegreif neues Material ein und streckten die alten Nummern weit über ihre übliche Länge hinaus.

Aufgepeitscht von John, der angefangen hatte, starke Amphetamine, »Prellys«, in rauhen Mengen zu nehmen und gleichzeitig reichlich Bier soff, steigerten sich die Jungs regelmäßig in Raserei, stampften mit den Füßen und tobten über die Bühne – alles, um die Aufmerksamkeit des apathischen Publikums zu erregen. Eine von Johns besten Einlagen war ein waghalsiger Sprung ins Publikum, eine Tradition, die auch zukünftige Generationen von Rockern fortführen sollten. Je betrunkener und aufgedrehter John wurde, desto unbändiger und schamloser zog er über die Gäste her; zum Beispiel lief er im Stechschritt über die Bühne und schrie *Sieg Heil!* Die Deutschen, so schien es, waren begeistert.

Nach sieben Wochen im Indra brachte der Inhaber, ein zwergwüchsiger ehemaliger Zirkusclown namens Bruno Koschmider, die Beatles in den größeren Kaiserkeller. Ursprünglich ein Kellerclub mit hauptsächlich jugendlichem Publikum, war der Kaiserkeller zur Zeit der Beatles zu einem Treff britischer und amerikanischer Seeleute und der örtlichen Fraktion der Hell's Angels geworden. Außerdem waren einige deutsche Studenten im Publikum – Klaus Voorman, Jürgen Vollmer und Astrid Kirchherr –, die bald die treuesten Fans der Band wurden. Im Kaiserkeller spielten die Beatles abwechselnd mit einer anderen Band aus Liverpool, Rory Storm and the Hurricanes, deren Drummer, Richard Starkey alias Ringo Starr, später Pete Best als Beatles-Drummer ablöste. Der Hamburgaufenthalt der Band fand im November 1960 ein abruptes Ende, als die Beatles ausgewiesen wurden, nachdem Paul versehentlich einen kleinen Brand in dem Kino auslöste, hinter dessen Leinwand sie ihre Schlafquartiere hatten. Wieder in Liverpool, begann die Band auf örtlichen Tanzveranstaltungen zu spielen, außerdem traten sie mittags im Cavern Club auf.

Stu blieb in Hamburg, weil er sich in Astrid, ebenfalls Künstlerin, verliebt hatte. Am Vorabend der dritten Reise der Beatles nach Hamburg, Anfang April 1962, starb Stu zweiundzwanzigjährig an einem Gehirntumor. Als John die Nachricht erhielt, brach er zusammen. Er war überzeugt, der Tumor sei die direkte Folge einer Verletzung, die Stu sich vor zwei Jahren nach einer Prügelei im Anschluß an ein Beatles-Konzert zugezogen hatte, und er gab sich die Schuld am Tod seines Freundes. Stus Tod verwand John sein Leben lang nicht.

Im April 1961 kehrten die Beatles für ein längeres Engagement im Top Ten Club nach Hamburg zurück. In diesem Frühjahr engagierte

Bert Kaempfert, ein bekannter deutscher Bandleader und Produzent bei Polydor, die Band, um als Studioband eine auf den deutschen Popmarkt zielende LP mit dem englischen Sänger Tony Sheridan aufzunehmen. Die Songs, die im Laufe des Jahres bei Polydor veröffentlicht wurden, waren »My Bonnie Lies Over the Ocean« und »When the Saints Go Marching In«. Im Oktober kam ein Junge in einen Plattenladen in Liverpool und fragte Brian Epstein, den Besitzer, nach der Beatles-Single »My Bonnie«. Als er die Platte nicht auftreiben konnte, hörte sich Epstein etwas um und fand heraus, daß die fragliche Band regelmäßig im Cavern Club spielte.

In diesem Winter wurde Brian Epstein der Manager der Band, und im nächsten Frühjahr arrangierte er für die Beatles Demoaufnahmen bei George Martin, einem Produzenten und A&R-Chef bei Parlophone Records, einer Tochterfirma des gigantischen EMI-Unterhaltungskonzerns. John schaute ehrfürchtig zu George Martin auf, der schon mit Peter Sellers und Spike Milligan gearbeitet hatte, den Vätern von Johns Lieblingsradiosendung, der subversiven »Goon Show«. Die erste Aufnahmesession fand im September 1962 in den EMI-Studios auf der Abbey Road statt. Der erste Song, den sie aufnahmen, eine Lennon-McCartney-Komposition mit dem Titel »Love Me Do«, schaffte es auf Platz 17 der britischen Hitparade. Die zweite Single, »Please Please Me«, wurde im März '63 Nummer eins in den Charts des *Melody Maker.* Am Jahresende waren die Beatles die populärste Rockband Englands.

In der Zwischenzeit hatte John widerstrebend Cynthia geheiratet, weil sie schwanger war. Am 8. April 1963 wurde Julian geboren. Eine Woche später bequemte sich John endlich ans Bett seiner Frau. John war nicht bereit, die Verantwortung der Vaterschaft zu übernehmen. 1963 sah Cynthia sehr wenig von ihrem Mann. Auch in den kommenden Jahren begegnete John Cynthia entweder mit Ablehnung oder mit Gleichgültigkeit. John verzieh ihr nie, daß sie ihn durch die Schwangerschaft zur Heirat »gezwungen« hatte, und er war Julian nie ein richtiger Vater. John hatte wirklich allen Grund, sich schuldig zu fühlen, weil er Julian, das hilflose Produkt dieser gescheiterten Beziehung, verstoßen hatte.

*

Am Ende des Sommers war ich gut gebräunt und hatte ein viel tieferes Verständnis über das Wesen meines Arbeitgebers gefunden.

Ich freute mich auf seine Rückkehr. Als John und Yoko im September aus Japan zurückkamen, brachten sie eine japanische Dienerin namens Uneko Uda mit. Sie war ihr persönliches Zimmermädchen im exklusiven Hotel Okura in Tokyo gewesen, und die Lennons hatten sie überredet, in New York für sie zu arbeiten. Uda-San, wie John und Yoko sie nannten, war eine winzige Ex-Polizistin, deren Eltern buddhistische Priester gewesen waren, die sie in einem buddhistischen Tempel aufgezogen hatten. Obwohl ihr Englisch jämmerlich war, machte sie sich durch wildes Gestikulieren durchaus verständlich. Uda-San war die ideale Dienerin. Sie arbeitete gleichzeitig als Hausmädchen und Köchin und paßte auch auf Sean auf, wenn Helen einen freien Tag brauchte. Schließlich war meine Tante eine Großmutter mit einer vielköpfigen eigenen Familie.

Schon wenige Tage nach der Rückkehr der Lennons war das Leben im Dakota wieder in vollem Gange – als wären sie nie weggewesen. Der erste Punkt auf der Tagesordnung: eine gemeinsame Geburtstagsfeier für John und Sean. Beide waren am 9. Oktober geboren. Als ich davon erfuhr, machte ich John gegenüber eine Bemerkung über diesen erstaunlichen Zufall. »Oh, es war kein Zufall«, sagte er und warf mir einen vielsagenden Blick zu. »Mutter versucht immer, Babys an meinem Geburtstag zu bekommen.«

Tatsächlich erinnerte ich mich, gelesen zu haben, daß Yoko bei dem Versuch, an Johns Geburtstag niederzukommen, mehrere Fehlgeburten erlitten hatte. Das erste ihrer Babys hatte sie am 9. Oktober 1969 verloren. Am 9. Oktober 1975, Johns fünfunddreißigstem Geburtstag, war Sean durch Kaiserschnitt zur Welt gekommen. Als ich kurz darauf dahinter kam, daß einer der zahlreichen Aberglauben, denen John und Yoko anhingen, der alte Hinduglaube war, daß in einem Sohn, der am Geburtstag seines Vaters geboren wird, die Seele des Vaters nach dessen Tod weiterlebt, verstand ich endlich, warum Yoko solche Strapazen auf sich genommen hatte, um an Johns Geburtstag ein Kind zu bekommen: Sean war vorzeitig operativ zur Welt geholt worden, damit die Seele seines Vaters in ihm weiterlebte, wenn John starb! Yoko war stolz, daß sie es endlich durchgezogen hatte.

Die gemeinsame Geburtstagsfeier für den neununddreißigjährigen John und den vierjährigen Sean fand am 9. Oktober 1979 im Tavern on the Green im Central Park statt. Das Restaurant gehörte Warner LeRoy, der ein Stockwerk unter den Lennons im Dakota wohnte und dessen Kinder Seans Spielkameraden waren. An diesem frischen und sonnigen Herbstnachmittag sah das verglaste Atrium der Tavern on the Green aus wie ein Wunderland, in dem Kinder und Erwachsene den lieben langen Tag aßen und lachten. Ein Dutzend große runde Tische mit blauen Tischdecken waren verschwenderisch gedeckt und mit knallroten Blumengestecken dekoriert. Eine kleine Armee uniformierter Kellner tranchierte und servierte die Unmengen von Fleisch und Kuchen, während überall bunte, heliumgefüllte Luftballons schwebten und titschten. Sean quiekte vor Begeisterung, sauste durch den Saal und sprang zwischen den Gästen herum wie eine Flipperkugel. Er war erst vier Jahre alt, aber er hatte den Frühling in Palm Beach verbracht, den Sommer danach in Japan – und jetzt hatte er eins der elegantesten Restaurants von New York als Spielplatz. Er war im siebten Himmel.

Yoko hatte für sämtliche Gäste T-Shirts drucken lassen, alle mit dem jeweiligen Namen unter einem großen roten Herz. John hatte einen Vollbart, den er sich in Japan hatte wachsen lassen, und trug sein schulterlanges Haar offen. Er war schwarz gekleidet und trug eine gelbe Plastiksonnenbrille. Auf dem Höhepunkt der Party überreichte Yoko John und Sean ihre Geburtstagsgeschenke – zwei lebensgroße handgenähte Gliederpuppen, die Vater und Sohn darstellten. Sam Greene hatte die Herstellung der beiden Puppen überwacht, denen man T-Shirts und Jeansjacken angezogen hatte. Johns hatte rötliches Haar und trug eine Hornbrille, Seans hatte dessen schulterlanges schwarzes Haar, das eine Eisenbahnermütze krönte. John schien sich über Yokos ungewöhnliches Geschenk zu amüsieren, aber Sean wirkte enttäuscht.

Nach der Geburtstagsparty kehrte John zu seinem Einsiedlerleben im Dakota zurück. Er setzte keinen Fuß mehr vor die Tür bis zum 31. Oktober, an Halloween also, wo er auftauchte, um sich mit Sean eine Kindervorstellung von *Peter Pan* anzusehen. Es sollte ein Familienausflug werden, aber Yoko drückte sich und sagte, sie sei zu beschäftigt. Während John versuchte, sie in letzter Minute doch noch umzustimmen, wartete Sean im Vorzimmer von Studio One und musterte Rich spitzbübisch aus schwarzen Augen. Dann platzte Sean, wie Kinder es oft tun, aus heiterem Himmel mit einer Frage heraus: »Was ist dein Lieblingssong von den Beatles?« Rich starrte Sean verdutzt an. Ehe der Buchhalter antworten konnte, sagte Sean: »Meiner ist ›Yellow Submarine‹.« Dann kreischte er los: »Weeeee all liiiive in a yellow submarine . . . Weeeee all liiiive in a yellow submarine!« bis John aus dem Allerheiligsten auftauchte und ihm sagte, er sollte den Rand halten. Dann gingen die zwei ins Theater und ließen Yoko am Telefon zurück.

Als ich am Tag nach Halloween ins Schlafzimmer kam, um John seine Post zu bringen, saß er mit Sean auf dem Bett. John blätterte zerstreut in einer Zeitschrift. Die weißlackierten Fensterläden standen offen, Sonnenlicht durchflutete den Raum. Der Fernseher murmelte in einer Ecke vor sich hin, und das Radio brabbelte leise im Hintergrund. Sean wirkte niedergeschlagen. Er schaute zu mir hoch, als ich ins Zimmer kam, und sagte: »Daddy sollte wieder bei den Beatles spielen.«

»Davon verstehst du nichts, Sean«, schnappte John. »Wir könnten nicht mehr rausgehen, um *Peter Pan* zu sehen, oder in den Spielwarenladen gehen, wir könnten gar nichts mehr draußen machen.«

Sean preßte die Lippen zusammen, als würde er es nicht glauben – als wäre es nur eine der Ausreden, mit denen einen die Erwachsenen abspeisen, wenn sie nicht länger mit Fragen behelligt werden wollen. In letzter Zeit war er in manchen Dingen erstaunlich gereift. Er hatte keine Trotzanfälle mehr, wenn Yoko das Apartment verließ, und er war so wortgewandt, daß man ihn am Telefon fast für einen Erwachsenen halten konnte. Aber wenn er nicht seinen Willen bekam, konnte er einen schlimmeren Aufstand machen, als man es einem so kleinen Bürschchen mit Engelsgesicht zugetraut hätte. Manchmal fegte er durchs ganze Haus, ging auf jeden los, der ihm in den Weg kam, und machte seinem Ärger Luft, oft, indem er Beatles-Texte brüllte. *»Do you need anybody? I need somebody to love!«* war einer, der es ihm besonders angetan hatte, und eine Zeitlang hörte man es ständig in Apartment 72.

John sprach wenig über seine Beatles-Vergangenheit, aber Sean sah die Platten und Videos, hörte die Musik im Radio. Er wurde von Tag zu Tag neugieriger, was die Beatles gewesen waren, was sie bedeutet hatten. Allmählich wurde ihm klar, daß sein Vater an etwas sehr Großem teilgehabt hatte, an etwas Magischem und Wichtigem und ganz und gar Außergewöhnlichem, das vor langer, langer Zeit stattgefunden hatte, noch bevor er geboren war. Es muß ein bißchen gewesen sein, als sei er der Sohn eines alten, sagenumwobenen Ritters, den noch immer die Aura vergangener Siege und heroischer Großtaten umgab.

Sean begegnete ständig dem Widerhall der Vergangenheit seines Vaters. Wenn er in der Limousine oder im Mercedes fuhr, hörte er

Johns Stimme im Radio. Er stellte den Fernseher an, und plötzlich tauchten die Beatles auf (»Da ist Daddy!«). Und wenn er im Central Park spielte, sah er vielleicht ein entgegenkommendes Fahrrad mit einem großen silbernen Radio im Fahrradkorb, aus dem die Stimme seines Vaters leise über den Rasen zu ihm drang: »Why am I so shy when I'm beside you?«. John schien ständig und überall auf mysteriöse Art gegenwärtig zu sein, als hätte er die Gabe, von jedem Ort der Welt aus zu Sean zu sprechen, zu jeder Tages- und Nachtzeit. Es war wirklich ein bemerkenswertes Zeugnis der Magie der Beatles, daß Sean trotz des schützenden Kokons, der ihn umgab, nicht unberührt bleiben konnte von ihrem Mythos, selbst ein Jahrzehnt später.

Während sich Yoko im Alltag kaum um Sean kümmerte, sprach John ständig mit ihm, lobte und belehrte ihn, ließ allerdings manchmal die Tatsache außer acht, daß Vierjährige nur begrenzt aufnahmefähig sind. John versuchte zum Beispiel, Sean zu erklären, wie ein Gitarrenverstärker funktionierte, aber Sean reagierte mit Unverständnis und wurde bald unruhig. Dann wurde John sauer, und über kurz oder lang bekamen sie Streit. Einmal traf ich John und Sean, die auf dem Weg zum Lunch in einem japanischen Restaurant auf der Columbus Avenue waren. John lud mich ein, mitzukommen. Sean hatte die Kunst, mit Stäbchen zu essen, noch nicht richtig gemeistert. John fand, es sei eine gute Gelegenheit, es uns beiden beizubringen. Ich fungierte als Modell, und John demonstrierte an meiner Hand, wie man die Stäbchen halten mußte. Ich schaffte es zwar, sie in die richtige Position zu bringen, aber ich war so ungeschickt damit, daß mir ein Stück Sushi in mein Schälchen mit Sojasoße klatschte. Sean heulte schadenfroh auf, was ihm einen strengen Verweis von John eintrug. Sean war sichtlich verletzt.

Immer wenn John und Sean sich gestritten hatten, hatte John ein schlechtes Gewissen, und er versuchte oft, es bei Sean durch teure Geschenke wiedergutzumachen. Einmal gab er bei F. A. O. Schwartz über tausend Dollar aus für eine Mini-Jukebox namens »Disco Highboy«. Sie wurde mit Kassettenrecorder betrieben, hatte zwei dicke Lautsprecher und jede Menge flackernder Lämpchen. Sean verlor trotzdem schnell das Interesse daran, da das Spielzeug keine Konkurrenz für die echte Jukebox im Spielzimmer war. Sean war schon sehr geschickt darin, Daddys Jukebox zu programmieren und spielte für sein Leben gern Discjockey. Die LeRoy-Kinder oder andere Spielkameraden von Sean kamen oft vorbei und tobten stundenlang zu Johns Lieblingshits herum.

John tat alles, um Sean ein guter Vater zu sein. Er las ihm Kinderbücher vor, sie sahen zusammen fern, John sah sich sogar Seans Zeichentrickfilme an – *Dumbo, Mighty Mouse, Heckle & Jeckle.* Aber wenn Sean trotzig wurde und sich langweilte, riß John die Geduld, und er rief Helen, um Sean mitzunehmen.

Schon Johns Geduld mit Sean hatte ihre Grenzen, aber Yoko konnte ihn gar nicht um sich haben. Er brauchte seine Mutter – und ihre ungeteilte Aufmerksamkeit –, aber genau wie John bekam er sie nie, und das schien ihn in Raserei zu versetzen. Wer immer es wagte, sich Sean in den Weg zu stellen, wurde weggestoßen oder mittschiffs gerammt – niemandem war es erlaubt, den kleinen Wüterich aufzuhalten. Die Angestellten drehten meist nur die Augen gen Himmel, wenn Sean auf dem Kriegspfad war.

Yoko war normalerweise in ihrem Büro, wo sie von dem Aufruhr nichts mitbekam, und John hinter verschlossenen Türen in seinem Schlafzimmer. So blieb die Aufgabe, Sean in Schach zu halten, an Helen hängen. Meine Tante war eine freundliche sechzigjährige Frau, der perfekte Muttterersatz, aber sie konnte nur trösten und versuchen, Sean zu beruhigen. Es war ihr nicht erlaubt, ihn zurechtzuweisen, wie sie es bei ihren Kindern und Enkelkindern getan hätte. Selbst auf Reisen war Sean der Boß, und wenn sich jemand seinen Wünschen widersetzte, bekam Yoko sofort Wind davon, und dann war der Teufel los. Im Alter von vier Jahren war es Sean bereits unwissentlich gelungen, seinen eigenen Stab an Kriechern heranzuziehen. Wenn er zum Beispiel in den Park ging, waren er und Helen meistens umgeben von etlichen anderen Erwachsenen und Kindern: Leibwächter, Freunde, Nachbarn, Assistenten – es war, als würde der Kronprinz mit seinem Gefolge verreisen.

Sean war sehr verzogen und völlig undiszipliniert. Das Problem war, daß er Disziplin nie kennengelernt hatte. »Sean bekommt alles, was er will«, lautete Yokos Anweisung an die Angestellten. John dagegen war ständig um Sean besorgt, konnte sich endlos darüber den Kopf zerbrechen, was Sean anziehen sollte, womit er gewaschen wurde, was er über alles und jedes dachte und fühlte. John setzte strikte Ernährungsregeln für Sean fest. Er überwachte Seans Diät fast so peinlich genau wie die eigene. Sean durfte niemals Eiscreme bekommen, weil John Eiscreme für ein wertloses Nahrungsmittel hielt. Aber wenn Sean trotzig war und John ihn beruhigen wollte, fand er nichts dabei, ihn mit Eis zu bestechen.

John sah seine Aufgabe nicht nur darin, Sean physisch gesund zu erhalten, sondern auch darin, das kreative Potential seines Sohnes zu fördern. Alles, was Sean zu Papier brachte, wurde entweder gerahmt oder archiviert. Da er glaubte, der Geist sei der Schlüssel fürs Überleben, war John entschlossen, Seans Bewußtsein zu »trainieren« – in der Hoffnung, Sean könnte so eines Tages das emotionale Handicap wettmachen, als Sohn eines introvertierten Ex-Beatles und einer gleichgültigen Mutter aufzuwachsen, deren einziger Anteil an der Erziehung ihres Sohns darin bestand, der Dienerschaft die Anweisung zu geben, jeder seiner Launen nachzugeben.

John wußte, daß Seans Erziehung ihn nicht gerade optimal auf die rauhe Wirklichkeit vorbereitete. In einer Art Wunschdenken pflegte er zu sagen: »Wenn er erst mal acht oder neun ist, wird er stark genug sein, sich selbst zu heilen, und die ganze Scheiße abzuschütteln, die er als kleines Kind durchmachen mußte. Er kann immer noch zu einem ganz normalen Erwachsenen werden.«

6

Voodoo-Gerechtigkeit

Im Herbst 1979 gerieten die Lennons in einen wahren Immobilien-Kaufrausch. Sie besaßen bereits eine Farm im Norden des Staates New York, auf die sie nie einen Fuß setzten, und ein Loft in der Broome Street im New Yorker Avantgarde-Viertel Soho, ganz zu schweigen von den drei Wohnungen im Dakota. Es war mir schleierhaft, warum sie noch mehr Grundbesitz brauchten, aber ich hatte den Verdacht, daß Yoko John und Sean abschieben wollte. Und zwar so, daß sie sie aus dem Weg, aber trotzdem »zu Hause« hatte. Und was John betraf, schwärmte er über die Annehmlichkeiten eines Landhauses, in dem er Pot rauchen und gelegentlich in Ruhe und Frieden LSD oder psychedelische Pilze nehmen konnte.

Die ausschlaggebenden Kriterien bei Johns und Yokos Suche nach neuen Grundstücken waren: Abgeschiedenheit, Sicherheit und Schutz vor Erdbeben, Flut- und anderen Naturkatastrophen. Marlene Weiner, eine von Yokos Parapsychologen, hatte geweissagt, Long Island, der Norden des Staates New York, Virginia und Florida seien »sicher«, also konzentrierten sie ihre Häusersuche auf diese Gebiete. Yoko abonnierte einen Hochglanz-Maklerkatalog, *Holiday Homes International,* und suchte mit Marlenes Hilfe die Häuser aus, die für sie und John in Frage kamen.

Telefonsüchtig wie sie war, wagte sich Yoko nicht gerne in die wirkliche Welt hinaus, ehe es unumgänglich wurde, also fiel mir die Aufgabe zu, geeignete Grundstücke auszukundschaften. Die Standardprozedur war, einen Immobilienmakler anzurufen, mich als Bevollmächtigter eines schwerreichen Paars von »internationalem Ruf« vorzustellen, und so maximale Kooperation durch Makler und Hausbesitzer zu erreichen, ohne den großen Namen Lennon zu nennen. John glaubte, es sei taktisch klüger, anonym zu bleiben. »Wenn sie herauskriegen, daß wir dahinterstecken, gehen sofort die Preise hoch«, murrte er.

Etliche Wochenenden fuhr ich in New Jersey, Long Island, im Norden des Staates New York, in Maryland, Virginia, Pennsylvania, Newport und sonstwo herum, um mit Maklern zu verhandeln und Häuser zu fotografieren. Ich flog sogar nach Toronto, um mir Grundstücke anzusehen. Ich kehrte von diesen Trips beladen mit umfänglichen Notizen, Werbebroschüren und stapelweise Polaroidfotos zurück, die ich den Lennons zeigte und mit meinen eigenen Eindrücken kommentierte. Wenn es nach Yoko gegangen wäre, hätte ich gleich die in Frage kommenden Häuser mitbringen müssen. »Ich liebe jedes einzelne dieser Häuser!« begeisterte sich Yoko einmal, als sie einen Stapel Polaroids von einem meiner Streifzüge durchsah. »Wenn ich Geld genug hätte, würde ich sie alle kaufen.«

John teilte ihre Begeisterung nicht immer.

Nach meiner Besprechung mit den Lennons hatte ich immer eine ähnliche Sitzung mit Marlene, der Immobilien-Seherin, die mit zahlreichen großen Hunden ein beengtes Apartment einige Blocks weg vom Dakota bewohnte. Sie war eine gutmütige, enorm fette Frau, die ständiger Zufuhr von Schokoladenkeksen und anderen Süßigkeiten bedurfte, um ihre Leibesfülle zu erhalten. Marlene hielt ihre Hände über die Fotos, um so die »Vibes« der Häuser in sich aufzunehmen. Dann rief sie Yoko an, um ihr die Ergebnisse ihrer übersinnlichen Prüfung mitzuteilen. Als Bezahlung für diese Dienste schickte Yoko mich manchmal mit einem Blankoscheck zu Marlene, den diese dann ausfüllte. Zum Glück für Yoko nutzte Marlene die Situation niemals aus.

John fand Yokos Methode, durch eine Parapsychologin entscheiden zu lassen, welche Grundstücke in Frage kamen, zweifelhaft. Er bemängelte oft, das sei eine idiotische Art, Immobiliengeschäfte zu machen, und bestand schließlich darauf, die Grundstücke selbst in Augenschein zu nehmen. John war bereit, mich bei meiner Häusersuche im Mercedes zu begleiten, aber Yoko weigerte sich, einen Fuß in den Wagen zu setzen. Sie war an Stretch-Limousinen gewöhnt. Die Tatsache, daß sie noch kein einziges Mal im Mercedes gefahren war, wollte John einfach nicht in den Kopf.

Eines Morgens, Ende Oktober, wollte ich gerade aufbrechen, um mir ein Haus im Norden des Staates New York anzusehen, als Yoko mich zu John ins Schlafzimmer bestellte.

»Mach dich auf was gefaßt«, sagte John. »Diesmal fahren die Lennons mir dir.«

Er sagte, sie wären beide die ganze Nacht aufgewesen und hätten sich gestritten, ob sie fahren sollten oder nicht. Offensichtlich hatte John sich durchgesetzt. Yoko nörgelte und trödelte an diesem Morgen stundenlang herum, und als wir endlich glücklich auf der Straße waren, kauerte sie in ihren Pelzmantel gehüllt auf dem Rücksitz, buchstäblich gelähmt vor Angst. »Fred, bitte fahr langsam«, sagte sie. »Das ist sehr gefährlich . . . bitte fahr ganz vorsichtig.«

Ich konnte sie im Rückspiegel sehen. Ihr Haar war dick und schwarz und schimmerte im Sonnenlicht fast bläulich. Sie hatte es hinter die Ohren zurückgestrichen, und es fiel ihr auf die Schultern. Ihre Lippen waren fest zusammengepreßt, ihr Gesicht flach und am Kinn spitz zulaufend, eine grimmige Maske. John saß neben mir und quasselte vergnügt vor sich hin, während er Yoko immer wieder versicherte, ich sei ein Klassefahrer, und sie hätte nichts zu befürchten. Aber als der Werkzeugkasten im Kofferraum zu rappeln anfing, geriet Yoko sofort in Panik.

»Was war das?« fragte sie nervös.

John und ich taten unser Bestes, sie zu beruhigen, es sei nichts Gefährlicheres als ein paar herumkullernde Werkzeuge, aber sie war nicht zu überzeugen. »Kannst du das nicht abstellen?« jammerte sie.

Kurz bevor wir auf den West Side Highway fuhren, hielt ich am Straßenrand an und sortierte die Werkzeuge um. Aber nach wenigen Minuten Fahrt fingen sie trotzdem wieder an zu rappeln.

»Bitte Fred, stell das Geräusch ab!« flehte sie. »Es macht mich wahnsinnig!«

Ich hatte die Schnauze gestrichen voll, als ich mit einem Affenzahn an der engen Ausfahrt 158th Street vom Highway abfuhr. Yoko kreischte so laut auf, daß fast die Fensterscheiben zersprungen wären. Sie dachte wohl, ich hätte vor, sie für immer von ihren Leiden zu erlösen. Als das Werkzeug endlich sicher verstaut war und ich mit 100 Stundenkilometern auf der mittleren Spur fuhr, bekniete mich Yoko plötzlich, auf der rechten Spur zu fahren. John meinte, das sei keine gute Idee.

»Was ist, wenn wir zwischen zwei Wagen hängen und uns jemand erkennt?« gab er zu bedenken. »Dann sitzen wir fest und können nicht abhauen.« Als Yoko eigensinnig darauf beharrte, ich sollte auf die rechte Spur wechseln, schnauzte John sie wütend an: »Hör mal, halt die Klappe und schlaf, ja?«

Yoko wirkte verletzt und wurde sehr still.

Als wir am Ziel unserer Reise ankamen, Livingston Manor im

Norden des Staates New York, entdeckte John eine Gruppe Jugendlicher, die vor einem Lebensmittelgeschäft Bier tranken. »Schlägertypen«, murmelte er nervös. »Die Bande gefällt mir gar nicht. Wenn die uns sehen, kommen wir hier nicht lebend raus.«

Das war nur halb im Scherz gesagt. John hatte eine fast krankhafte Angst vor biertrinkenden Jugendlichen. Als ich schließlich das Büro des Immobilienmaklers erreichte, hatten John und Yoko sich gegenseitig bis zur Panik hochgeschaukelt. Sie hatten beide eine erstaunlich lebhafte Vorstellungskraft bezüglich möglichen Unheils, das über sie hereinbrechen könnte. Sie hatten zuviel Angst, um den Wagen zu verlassen, und schickten mich Thunfisch-Sandwiches und Hühnersuppe kaufen, die sie im Wagen verzehrten, während ich mich mit dem Makler taf. Der Mann bestand darauf, John und Yoko sollten ins Büro kommen, damit er seinen üblichen Sermon über das Haus ablassen konnte, ein einsames Cottage namens Irongate. Ich versuchte, zu erklären, meine Klienten – ich hatte ihre Namen nicht genannt – seien ein sehr menschenscheues Paar, und wenn ich sie hereinbitten würde, würden sie höchstwahrscheinlich auf dem Absatz kehrtmachen und heimfahren.

»Pah«, sagte der Makler zuversichtlich. »Nicht, nachdem sie vier Stunden hierher gefahren sind.« Da kannte er die Lennons nicht. Als ich den Wunsch des Maklers ausrichtete, flippte Yoko aus. »Sag ihm, er soll sich ins Knie ficken!« kreischte sie. »Los, weg hier.« Schließlich kaufte sie das Anwesen – unbesehen.

Auf dem Heimweg nahm ich die landschaftlich schönere Strecke über die Verrazano Narrows Bridge. John fand die Aussicht atemberaubend. Yoko hatte Angst, wir könnten in den unter uns fließenden Fluß stürzen. Ich fuhr auf den Franklin-Delano-Roosevelt-Drive, Manhattans östliche Autobahn. John beschloß plötzlich, in einem der Fisch-Restaurants am South-Street-Hafen zu Abend zu essen. Eine von Johns phänomenalsten Eigenarten war sein untrüglicher Orientierungssinn. Er wußte intuitiv, wo's langging. Irgendwie dirigierte er uns zu einem düsteren schrägen alten Schuppen mit Holztischen und Holzdielen. John stolzierte verwegen herein, die kleine Yoko mit ihrem weißen Pelzmantel im Schlepptau. Sie sah aus, als hätte er ein kleines kugelrundes Tier im Arm. Die Gesichter an der Theke drehten sich zu uns. Ich konnte mir denken, was sie dachten: Wer ist denn der moderne Pirat da, und wo hat er den Koalabär her?

Und dann erkannten sie John Lennon und Yoko Ono.

Sobald wir am Tisch saßen, redete John doppelt so schnell wie vorher; sein alter Schutzmechanismus trat sofort in Kraft. Unablässiges Reden dämpfte Johns Angst und hielt gleichzeitig potentielle Störenfriede auf Distanz. Die Leute beobachteten uns und warteten, daß er aufhörte, aber John war nicht so dumm, das Tempo zu drosseln. »Sieh dir bloß mal den Typ da vorne an – der fällt gleich vom Hocker.« John warf einem jungen, bärtigen Mann, der uns gebannt anstarrte, einen schnellen Blick zu. »Der kommt in spätestens fünf Minuten rüber, um mir die Hand zu schütteln. Sieh dir mal den da vorne an – der wird ein Autogramm schnorren.« Das Seltsame war, wie gut er sie einschätzen konnte.

»Mr. Lennon, Ihre Musik hat mir soviel Freude geschenkt, ich muß Ihnen einfach die Hand schütteln.« Es war der Mann, auf den John kurz vorher gezeigt hatte. John war höflich, aber man spürte, daß ihm die Rituale, die sein Weltruhm ihm aufzwang, auf die Nerven gingen.

Die Bestellung gestaltete sich etwas problematisch. Yoko überlegte es sich dreimal anders. Jedesmal, wenn der Kellner die Speisekarte wegnahm, rief Yoko ihn zurück und bestellte etwas Neues. Schließlich bestellte sie Fish und Chips, aber als sie kamen, wollte sie statt dessen Sushi, was den Kellner endgültig aus dem Konzept brachte. An diesem Punkt griff John gelassen und entschieden ein. »Das ist jetzt genug, Mutter«, sagte er streng. »Mach hier keinen Aufstand.« Dann wandte sich John an den Kellner und sagte: »Sie nimmt Fish und Chips.« Yoko saß mißmutig da, sagte aber nichts. Sie warf John vorwurfsvolle Blicke zu und rührte ihr Essen kaum an.

John und ich langten kräftig zu, und ich hörte mir fasziniert an, wie er erzählte, daß ihn das Restaurant an die Pubs seiner Heimatstadt erinnerte. Er erzählte, wie er Matrosen von Schiffen, die in die USA fuhren, bekniet hatte, ihm Platten von damals unbekannten amerikanischen Musikern mitzubringen, deren Platten in England nicht zu bekommen waren. John war stolz darauf, daß er als Jugendlicher so einen »hippen« Musikgeschmack gehabt und den Rock 'n' Roll in seinen Entstehungsjahren »entdeckt« hatte. »Ich hatte immer den Verdacht, daß ich und meine Kumpel mehr Ahnung von amerikanischer Musik hatten, als die meisten amerikanischen Jungs«, kicherte er. Ich war überrascht, als ich hörte, daß es damals in Liverpool sogar eine kleine Blues- und Country & Western-Szene gegeben hatte. Es war einer der unbeschwertesten Momente, die ich mit John erlebte. Er wirkte ganz so, wie ich ihn mir immer vorgestellt hatte – stark, beherrscht, überlegen und mit sich selbst im reinen. Aber am Abend, in seinem Zimmer im Dakota, war er wieder rastlos und gelangweilt, schaltete von Fernsehsender zu Fernsehsender und hörte sich seichte Unterhaltungsmusik im Radio an.

Unter den Dutzenden von Häusern, die ich für John und Yoko 1979 besichtigt hatte, konnte es kein passenderes geben, als ein Haus mit Aussicht auf Cold Spring Harbor an der Nordküste von Long Island. Das Haus im Tudor-Stil, nach der Kanone, die neben dem Swimming-Pool stand, Cannon Hill getauft, lag am Ende eines gewundenen Zufahrtsweges und sah aus der Ferne aus wie ein Knusperhäuschen. Kaum hatte ich den ersten Blick auf das efeubewachsene Haus geworfen, als ich auch schon wußte, daß es ideal für John und Yoko wäre. Es hatte mehr als ein Dutzend Zimmer auf zwei Stockwerken, unter anderem ein großes Schlafzimmer mit Balkon, von dem aus man einen herrlichen Blick auf die Bucht hatte. Es hatte sogar einen kleinen Strand und einen privaten Anlegeplatz. John spielte mit dem Gedanken, ein Boot zu kaufen, und dafür schien dieses Haus goldrichtig zu sein.

Es gelang mir, John und Yoko zu einem Besuch in Cannon Hill zu überreden, und als auch Marlene ihr Okay gab, begann Yoko mit den Kaufverhandlungen. Ende November gehörte das Haus den Lennons, und wir wollten es mit einem großen Thanksgiving-Dinner einweihen. Yoko lud sogar den Sohn ihres Bruders ein, ihren fünfzehnjährigen Neffen Kousuke, der in Vermont zur Schule ging. Am Tag vorher fuhr ich John und Yoko zum neuen Haus. Es war wenig Verkehr, und die Fahrt dauerte etwa eine Stunde. Sean, Uda-San und Kousuke folgten in einer Limousine. Nach der Ankunft schwärmten wir alle durch das Haus und steckten unsere Claims ab. John und Yoko bezogen das große Schlafzimmer, eine geräumige Suite im ersten Stock. Ich übernahm ein kleines Schlafzimmer am Ende des Flurs, und der Rest der Gang zog ebenfalls in diverse Zimmer im ersten Stock. Der ganze zweite Stock blieb unbewohnt.

Ich packte aus und half Uda-San, die Küche für das große Essen vorzubereiten, das ich bei einem französischen Ehepaar bestellt hatte, das ein Restaurant in New Jersey betrieb. Bald hing Yoko am Telefon, Uda-San beschwerte sich über die unzulängliche Küchenausstattung, und Sean fiel über seinen japanischen Cousin her. Damit herrschte das gleiche Chaos, das wir schon aus dem Dakota kannten, allerdings ohne die gewohnten Annehmlichkeiten. Es gab keinen Fernseher – für John eine echte Strafe. Und natürlich hatte Sean weder sein verschwenderisch ausgestattetes Spielzimmer noch seine geliebten Zeichentrickfilme. Er wurde unter wütendem Protest ins Bett gesteckt.

Der Abend zog sich hin. Da waren wir nun, in diesem halbleeren Haus, und mußten die Zeit bis zum großen Dinner am nächsten Tag totschlagen. Wir latschten alle gelangweilt herum, und während der Abend gnadenlos langsam vorrückte, gingen uns die Gesprächsthemen aus. Eins war seltsam: alle schien es zu jucken. Überall sah ich Leute, die sich kratzten. Es war ansteckend. Nach einer Weile hatte ich auch das Gefühl, als würden Tierchen auf mir krabbeln.

Am großen Tag wurde von einem liebenswerten älteren Ehepaar das vorbereitete Dinner angeliefert. Sie erschienen mit etlichen Containern mit Essen, deponierten alles auf dem Küchentisch und verschwanden wieder. Jetzt blieb es uns überlassen, halbwegs überzeugend die ganz normale kleine Familie zu spielen, der Uda-San ihr ganz normales kleines Thanksgiving-Dinner serviert. John tranchierte sogar den Truthahn und bat mich, diesen großen Moment mit der Kamera festzuhalten. Es war ein perfektes Mahl. Ein klassisches Norman-Rockwell-Thanksgiving-Dinner, mit einem riesigen gefüllten Truthahn, Süßkartoffeln, Geflügelfond, Brokkoli, grünen Bohnen und Preiselbeersoße.

Wir aßen im gemütlichen Eßzimmer mit den alten bleiverglasten Fenstern. Unter dem Messingleuchter war ein großer ovaler Tisch mit weißer Tischdecke für acht Personen gedeckt. John, die Haare zu einem Samurai-Knoten zurückgebunden, trug ein weißes T-Shirt, eine schwarze Hose und keine Schuhe. Er sprach über die Vorzüge von Lebensmitteln aus heimischem Anbau. Aber irgendwie kam die Stimmung nicht in Schwung. Alle am Tisch waren verlegen. Und was noch schlimmer war, alle kratzten sich unentwegt. Ich selbst wäre am liebsten aus der Haut gefahren. Sogar Uda-San, die so gesittet war, daß sie lieber gestorben wäre, als etwas Ungehöriges zu tun, kratzte sich den Arsch vor Gott und der Welt. Normalerweise konnte John eine Tischgesellschaft so lange unterhalten, wie er Lust hatte, aber diesmal gingen selbst ihm die Ideen aus. Schließlich verfiel auch er in Schweigen und stocherte geistesabwesend im »toten Vogel«, wie er unser nicht-vegetarisches Essen nannte.

Als das Abendessen vorbei war, verzogen wir uns ins leere Wohnzimmer, dessen lange Regalreihen nackt dastanden. Die Vorbesitzer hatten einige Möbelstücke zurückgelassen, und John warf sich in einen Ohrensessel, der einen knalligen Bezug mit orangefarbenen Marine-Motiven hatte. Seine Füße legte er auf einen anderen Sessel mit haarsträubendem Chrysanthemenmuster. Dann beäugte er die Welt durch seine getönten Brillengläser, stöhnte vernehmlich auf und kratzte sich zünftig am ganzen Körper. Er bat mich, so bald wie möglich einen Sony-Fernseher und Videorecorder im Wohnzimmer anzuschließen, und einen zweiten im großen Schlafzimmer. »Ohne Fernseher werde ich bekloppt«, klagte er.

Kurz darauf ging ich nach oben auf mein Zimmer, um an meinem Tagebuch zu schreiben. Es war schon recht spät, als ich ein Klopfen an meiner Tür hörte, und zu meiner Verblüffung stand John vor mir und hielt mir einen unangezündeten Joint hin. »Wenn du Lust hast, kannst du später noch runterkommen«, sagte er, ehe er wieder die Treppe hinunter verschwand. Ich rauchte Johns Grass, bis ich total stoned war, und schlenderte dann nach unten, um nachzusehen, ob noch was los war. Alle waren zu Bett gegangen, bis auf John, der allein im Wohnzimmer saß, rauchte und in alten Ausgaben von *National Geographic* blätterte. Er grinste einfältig, als ich ins Zimmer trat.

»Ah ja, die Fleischeslust«, seufzte John und linste mich aus blutunterlaufenen Augen hinter dicken Brillengläsern an. Er lud mich ein, ihm gegenüber Platz zu nehmen, und zündete den Rest eines dicken Joints an, den er vorher geraucht hatte. Er ging eine Zeitlang schweigend umher. Dann sprach er über ein einsames Mönchskloster in Tibet, von dem er gelesen hatte, einen Ort, an dem Mönche ihr ganzes Leben in völliger Einsamkeit und Meditation verbringen. »Kennst du dich mit Kundalini-Yoga aus?« fragte er plötzlich. Ich mußte meine Unkenntnis zugeben. »Wenn man auf körperliche Genüsse verzichtet, besonders auf Sex« – er nahm einen schnellen Zug aus dem Joint, hielt ihn einen Moment ein und blies dann den dicken Rauch durch das schummerige Wohnzimmer – »da gibt es so eine Substanz am unteren Ende der Wirbelsäule« – er hustete und reichte mir den Joint – »wie eine fest aufgerollte Spirale.« Ich nahm einen kleinen Zug und versuchte, Sinn in seine unzusammenhängenden Bemerkungen zu bringen. »Wenn man lange fastet und keusch lebt«, fuhr John fort, »entrollt sie sich und schießt die Wirbelsäule hoch, verstehst du?« Ich gab ihm den Rest des Joints, und John nahm einen weiteren Zug, ehe er mit seinem Monolog fortfuhr. »Man kann verschiedene Stufen geistiger Erkenntnis erreichen, je nachdem, wie weit diese Flüssigkeit deine

Wirbelsäule hochsteigt, verstehst du?« Ich nickte. »Und wenn man lange genug auf Essen und Sex verzichtet«, sagte John mit wachsender Begeisterung, »schießt dieses Zeug bis ganz hoch ins Gehirn – und dann wird man hellsichtig!«

Ich saß nur da, zweifellos mit hängendem Kinn. Ich war nicht nur ziemlich high von dem erstklassigen Grass, das wir geraucht hatten, ich fragte mich auch, ob ihm das Yoko verzapft hatte, um ihm den Zusammenbruch ihres Sexlebens schmackhaft zu machen. John hatte sich mehr als einmal beschwert, daß er »nie einen reinkriegte«. Ich konnte förmlich vor mir sehen, wie sie ihm sagte: »Also, John, wenn wir nicht ficken, wirst du zum Hellseher. Das sollten wir mal ausprobieren.« Aber ich sagte nichts. Wir gingen beide zu Bett und kratzten uns.

Am nächsten Morgen weckte mich ein lautes, energisches Klopfen aus meinem Drogendusel. Wieder stand John vor der Tür; er sah übernächtigt, aber irgendwie aufgekratzt aus, als hätte er gerade einen guten Witz entdeckt.

»Wir müssen sofort weg hier!« sagte er eindringlich und kratzte sich den Arm. »Das ganze Haus ist flohverseucht.« Er fing an zu lachen und konnte sich kaum wieder einkriegen. »Ich meine, hier *wimmelt* es von den Biestern!« John verzog in gespielter Abscheu sein Gesicht und machte ein Kotzgeräusch. Er bat mich, Rosa, das Hausmädchen im Dakota, anzurufen und ihr zu sagen, sie solle uns an der Tür mit einem großen Müllsack empfangen, in den wir unsere »kontaminierten« Kleider werfen konnten. John hatte bereits die ganze Logistik unserer »Quarantäne« durchgeplant. Er sagte, wir müßten alle unter die Dusche. Er lachte und kratzte sich immer noch, als er ging.

Kurz darauf quetschten wir uns alle in den Mercedes. Die japanische Abteilung – Yoko, Kousuke und Uda-San, die Sean auf dem Schoß hatte – drängten sich auf dem Rücksitz des Benz, John machte es sich auf dem Beifahrersitz bequem. Während der Heimfahrt war John erstaunlich guter Laune. Es war fast, als würde die Existenz von Flöhen alles schlechte Karma (wie er es genannt hätte) der Thanksgiving-Party irgendwie erklären oder rechtfertigen. Sean dagegen war verwirrt über unseren plötzlichen Aufbruch. Ich wußte, daß es nur eine Frage der Zeit war, bis er uns alle mit Fragen löchern würde. Als John mir die Anweisung gab, einen Kammerjäger zu bestellen und das Haus ausräuchern zu lassen, fragte Sean sofort: »Daddy, was ist ein Kammerjäger?«

Geduldig schilderte John seinem wißbegierigen Vierjährigen den Prozeß der Schädlingsbekämpfung. Als John erklärte, Flöhe seien so klein, daß man sie nicht sehen könne, wollte Sean wissen, wie etwas Unsichtbares so jucken konnte.

Unverzagt erklärte John, das Jucken käme daher, daß die Flöhe die Haut »kitzeln«, was Sean einen hysterischen Lachkrampf entlockte.

»Aber wie sehen Flöhe aus, Daddy?«

»Ich weiß nicht, Liebchen«, seufzte John. »Du mußt sie dir unter dem Mikroskop ansehen.«

»Was ist ein Mikroskop, Daddy?«

John warf mir einen hilflosen Blick zu, also versuchte ich, Seans Frage zu beantworten. Ich sagte dem Kleinen, daß ein Mikroskop ein sehr starkes Vergrößerungsglas ist.

»Daddy, bleibt Fred jetzt für immer bei uns?« fragte Sean plötzlich.

»Ja«, sagte John. »Wir haben ihn adoptiert.«

Als wir die Queensboro Bridge erreichten, war Johns ursprüngliche Albernheit in leichte Reizbarkeit umgeschlagen. Er war nicht nur durch Seans endlose Fragerei genervt, sondern auch durch Yokos Gleichgültigkeit. Die meiste Zeit während der Fahrt lehnte sie an der Seite des Wagens und machte ein Nickerchen. Zuerst schien John sie schlafen lassen zu wollen, aber als wir uns dem Dakota näherten, beobachtete er sie im Rückspiegel und versuchte mehrmals, ihre Aufmerksamkeit zu wecken. Als Yoko keine Reaktion zeigte, hänselte er: »Ich glaube, Mutter ist von uns gegangen.«

Plötzlich kam Leben in Yoko. Als ich aufs Dakota zufuhr, befahl sie mir, eine Flasche Hamamelis zu kaufen. Schließlich fand ich welches in einer Oliver-Cromwell-Drogerie auf der anderen Straßenseite und ging dann zu den anderen nach oben. Wir zogen uns nacheinander in der Diele von Apartment 71 aus, schmissen unsere verseuchten Klamotten in eine große Mülltüte und hüllten uns dann für den Weg zur Dusche in eins von Yokos Kleidern. John ließ ein Paar Jeans, ein Hemd und Unterwäsche von sich für mich in der Eingangshalle.

»Was für ein Tag«, kicherte John, nachdem wir geduscht und uns umgezogen hatten. Für ihn war es ein großer kosmischer Witz, daß wir so einen Riesenaufwand trieben, nach Long Island hinausfuhren, ein Truthahn-Dinner aus New Jersey bestellten, versuchten, uns wie eine typisch amerikanische Familie aufzuführen – nur um dann von abermillionen Flöhen heimgesucht zu werden. Ich glaube, John fand, es sei uns recht geschehen.

*

Eines Morgens Mitte Dezember trug ich die Post in Johns Schlafzimmer und fand ihn ganz aufgeregt über einen »Guru«, den er im Kabelfernsehen gesehen hatte. »Der Typ ist einfach unglaublich!« schwärmte John. »Er transportiert diese schweren, abstrakten Konzepte durch ganz einfache Bilder. Es ist toll; sieh dir das bloß mal an.« Er kniete sich hin, und bat mich, auch hinzuknien. Er starrte mich durchdringend an, als wir einander vor dem Fernseher gegenüberknieten, und ballte die Hand zur Faust. »Weißt du«, sagte er, »der Trick, sich aus einem nervösen und verkrampften Zustand zu befreien, ist, sich klarzumachen, daß es nur Teil eines ganz normalen Prozesses ist.« Er öffnete langsam die Faust. Dann hob er ein Stück Papier mit einem viereckigen Loch auf und hielt es sich vors rechte Auge. »Die meiste Zeit lassen wir nur so viel von uns raus«, fuhr John fort, und sah mich durch das Loch an. »Wir zeigen der Welt eine Maske. Das Problem ist, wenn wir das, was wir ausstrahlen, beschränken, ist auch das, was wir von anderen – von der Außenwelt – aufnehmen können, automatisch eingeschränkt. Für die meisten von uns ist es ja schon eine echte Prüfung, einem anderen Guten Morgen zu sagen!«

Er stand auf und setzte sich aufs Bett, während ich einen halben Meter daneben stehen blieb. John zog eine Verbindung zwischen den »Lehren« dieses Fernseh-Gurus und seinem eigenen Leben und sprach über die frühen Beatles-Jahre, in denen »*Es* kam« – seine Kreativität nämlich. »Wenn *es* nicht mehr fließt«, sagte John reuevoll, »gibt es nur eine Möglichkeit: auch das zu akzeptieren, anstatt *es* erzwingen zu wollen, denn je mehr man sich bemüht, desto flüchtiger wird *es*. Die meisten Menschen können sich damit nicht abfinden. Sie gehen ein, sie klappen einfach zusammen, wenn *es* nicht mehr fließt. Howard Hughes ist ein gutes Beispiel für einen, der *es* verloren hat und dann die Kontrolle über sein Leben verlor. Danach wurde er von seinen Dienern beherrscht.« Mir fiel die Ironie in Johns Worten auf, aber ich bin nicht sicher, ob er es auch merkte. Ich wußte zumindest, daß er glaubte, er hätte durch Yokos Hilfe alles völlig im Griff, während er in Wirklichkeit jede Autorität abgetreten hatte, als er alles in ihre Hände legte.

John erzählte mir, daß er, ehe die Beatles den ganz großen Durchbruch schafften, völlige Kontrolle über seine Inspiration zum Songschreiben erlangt hätte, nachdem er endlich eine Art magischer Formel gefunden hatte, die es ihm ermöglichte, Hits wie am Fließband zu schreiben. Er nahm sich Versatzstückchen von verschiedenen gerade populären Stilen und recycelte sie zu ansteckenden Popsongs, die darauf angelegt waren, einem möglichst breiten Publikum zu gefallen. John sagte, in den Anfangsjahren der Beatles, als er noch »heiß« war, sei es wie Magie gewesen. Er fühlte sich immer stark, erregt, als Herr seines Schicksals, berauschte sich am Leben. Jeder Song, den er schrieb, war ein Hit. Alles, was er anfaßte, wurde zu Gold.

»Ein Instrument zu spielen und Musik zu schreiben ist eine Gabe«, fuhr John fort. »Man muß alles geben, was man hat – es braucht viel harte Arbeit, viel Übung – aber wenn man einmal die Grundzüge raus hat und die richtige Einstellung hat, dann ist man in der Lage, die Eingebung fließen zu lassen. Sie kommt von Gott oder wem auch immer. Die Musik fließt dann einfach. Wenn sie kommt, ist es wie Zauber. Und wenn nicht«, faßte er traurig zusammen, »gibt es keine Möglichkeit, es zu erzwingen.«

Während Weihnachten näherrückte und mein erstes Jahr als John Lennons Assistent zu Ende ging, eskalierte das Treiben im Dakota zu fieberhafter Geschäftigkeit. Zum Beispiel stand die monumentale Aufgabe bevor, Weihnachtskörbe für ein paar Dutzend Freunde und Geschäftspartner der Lennons zu packen. Wir hatten zwei Listen, eine Deluxe-Weihnachtskorb-Liste für den A-Zirkel und eine andere für die B-Gruppe. Auf der A-Liste standen unter anderem die zwei Sams (Green und Havadtoy); Marlene Weiner und John Green (die Parapsychologen); David Warmflash und Eli Garber (die wichtigsten der diversen Anwälte und Buchhalter in Diensten der Lennons); Leon Wildes, der Anwalt, der John erfolgreich gegen die Ausweisung durch die Regierung Nixon verteidigt hatte; Dr. Hong, der Akupunkteur aus San Francisco, der John und Yoko beim Heroinentzug geholfen hatte; Loraine und Peter Boyle, Helen und Norman; und die LeRoys und Marnie Hair. Jedes Mitglied dieser Gruppe erhielt einen Korb mit Obst, Nüssen, Schokolade und Käse. Dazwischen steckte eine Flasche Wein für ungefähr zweihundert Dollar.

In der B-Gruppe waren allerlei Freunde und Bekannte der Lennons, darunter viele Künstler, die Yoko aus den Sechzigern kannte – Charlotte Moorman, Jonas Mekas, John Cage und Merce Cunningham –, eine Handvoll bevorzugter Journalisten wie Jann Wenner, der Herausgeber des *Rolling Stone,* und die Angestellten und Verwalter im Dakota. Sie alle bekamen den gleichen Geschenkkorb, aber die Flasche Wein bewegte sich mehr in der Preislage um vierzig Dollar. Während Weihnachten immer näher rückte, verbrachte ich die meiste Zeit damit, die beiden Listen zu revidieren, abzutippen und Adressen auf den neuesten Stand zu bringen. Die Arbeit schien gar kein Ende zu nehmen.

Die andere Herausforderung an unser Organisationstalent war, neben den ausgehenden Geschenkkörben, die Geschenklawine, die über uns hereinbrach. Spielzeug für Sean, Geschenke für Yoko und John, alles nur Vorstellbare, Legales und Illegales, Wertvolles und Wertloses, trafen um Weihnachten ein. Meist blieb dieser unerbetene Krimskrams im Büro liegen, weil wir vollauf damit beschäftigt waren, die Geschenkkörbe der Lennons zu verschicken. Nicht nur das; aus irgendeinem Grund inspirierte die Weihnachtszeit die Fans auch zu einer Flut von Kunstwerken. Beatles-Fans hatten immer Bilder der Band gemalt und eingeschickt, und jetzt konzentrierten sich ihre Versuche auf Yoko und John. Manche dieser Arbeiten waren kunstvolle, sorgfältig gemalte Portraits, andere ungelenke Krakeleien. Die meisten spiegelten eine romantische, verklärte Vorstellung von John und Yokos Beziehung. Die Fans konnten eine Plage sein, aber die Verehrung der meisten war aufrichtig.

John war gleichzeitig geschmeichelt und genervt durch die Bewunderung der Fans. Aus der Ferne angebetet zu werden, machte ihm zumeist wenig aus. Was John fürchtete, waren Zusammenstöße mit aggressiven Fans. So vorsichtig, geradezu paranoid John auch war, ließen sich gelegentliche »Begegnungen der vierten Art«, wie er einen nervenaufreibenden Zwischenfall mit einem aufdringlichen Fan einmal bezeichnet hatte, nicht immer vermeiden.

Eines Tages Ende Dezember hatte John zum Beispiel einen häßlichen Zusammenstoß mit Paul Goresh, demselben Fan, der sich schon einmal Zugang zu Johns Schlafzimmer verschafft hatte, indem er sich als Handwerker ausgab. Der Tag hatte ganz normal begonnen. John rief mich am Morgen ins Büro runter und bat mich darum, *The Zionist Connection* zu besorgen, ein umstrittenes Buch, von dem er in einer Talkshow-Diskussion gehört hatte. Kurz vor zwölf hatte John auf dem Weg zu seinen Weihnachtseinkäufen im Büro vorbeigeschaut. Er bewunderte die neueste Sammlung gerahmter

Zeichnungen von Sean, während er darauf wartete, daß Yoko sich klar wurde, ob sie mitkommen wollte oder nicht. Nachdem er einige Minuten ungeduldig gewartet hatte, ohne ein Wort aus dem Allerheiligsten zu hören, hatte John sich entschieden, allein zu gehen. Einige Minuten, nachdem John gegangen war, ging ich ebenfalls, um das Buch zu kaufen, um das er mich gebeten hatte.

Als ich zurückkam, war Studio One in Aufruhr. Anscheinend hatte Goresh John aufgelauert und gegen dessen Willen Fotos gemacht. John hatte ihn gestellt und die Herausgabe des Films verlangt. Ein junger weiblicher Fan war dabei, als Goresh sich weigerte, seinen Film herauszugeben; John hatte dem Mädchen die Kamera abgenommen und gedroht, sie auf dem Bürgersteig zu zerschmettern. Goresh hatte John seinen Film gegeben.

»Sowas kannst du nicht tun«, sagte Yoko. »Was ist, wenn sie uns verklagen? Du solltest den Leuten aus dem Weg gehen. Denk doch nur an den Ärger, den man sich damit einhandeln kann!«

»Der fette Bastard hat mich fast zu Tode erschreckt!« schrie John, um seine brutale Reaktion zu rechtfertigen. »Aber du hast recht, ich hätte mich nicht hinreißen lassen sollen. Das wird ihn nur noch ermuntern.«

Nach seinem Handgemenge mit Goresh bat Yoko mich, John eine Dose CS-Gas zu kaufen und außerdem eine Selbsthypnose-Kassette mit dem Titel *Nie wieder wütend.* John wollte das CS-Gas nicht. »Ich weiß, daß ich es ja doch nie benutzen könnte«, sagte er. »Es würde mir nur ein falsches Gefühl der Sicherheit geben.«

Am 18. Dezember, am Dienstagnachmittag, öffneten John und ich in der Küche Weihnachtspost der Fans, als vom Haupteingang die Nachricht kam, der Weihnachtsbaum würde angeliefert.

»Soll das heißen, daß hier lauter Muskelprotze rumlaufen?« fragte John besorgt.

Es gab keine sicherere Methode, John loszuwerden, als die Ankündigung stämmiger Fremdlinge. Aber als er später in die Küche zurückkam, um den Baum schmücken zu helfen, war er wie ein Kind. Wir hatten genug Kerzen und Christbaumschmuck, um vier oder fünf Bäume zu schmücken. Als wir fertig waren, sah der Baum ziemlich überladen aus.

»Ich frage mich, ob der von den LeRoys dagegen ankommt?« grübelte John.

Wenn Warner LeRoys Geschmack in Weihnachtsdekorationen seinem Geschmack in Kleidung und Möbeln halbwegs entsprach, mußte sein Baum noch deutlich prunkvoller sein als unserer. »Vielleicht sollten wir mal zu den LeRoys runtergehen und uns ihren Baum ansehen«, sagte John allen Ernstes. Pflichtgetreu ging ich ein Stockwerk tiefer, um den Baum unserer Nachbarn zu begutachten, und es überraschte mich nicht besonders, daß auch er sich unter Baumschmuck bog. Ich berichtete John, unser Baum hätte mehr »Soul«. Diese Vorstellung erfüllte ihn mit tiefer Befriedigung.

Um diese Zeit herum hatte John vorgehabt, eine Weihnachtsbotschaft an die Welt zu senden:

HIER SPRICHT DER GROSSE WOK ZU EUCH AUS DEM HERZEN DER WEST SIDE VON MANHATTAN, NEW YORK. ES IST MIR EINE FREUDE, DIE JÄHRLICHE NEUJAHRSBOTSCHAFT AN MEIN VOLK ZU SENDEN. ICH SELBST HABE DEN ENTSCHLUSS GEFASST, ALLEM ZU ENTSAGEN, UM MICH AUSSCHLIESSLICH DER SELBSTSUCHT UND DEM LUXUS HINZUGEBEN.

Falls John geplant hatte, diese ungewöhnliche Botschaft den Geschenkkörben beizulegen, so wurde es ihm ausgeredet. Stattdessen wurde eine von Seans Zeichnungen als Weihnachtskarte ausgesucht und beigelegt.

An Heiligabend war ich erschöpft und begeistert von der Aussicht, einen ganzen Tag frei zu bekommen. Zehn Monate Arbeit für John und Yoko hatten mich restlos ausgelaugt. Heiligabend schickte ich Boten durch Manhattan, Brooklyn, Queens und Yonkers, die die Geschenkkörbe auslieferten, so schnell ich sie zusammenstellen konnte. Außerdem war der Job an mir hängengeblieben, alle Geschenke der Lennons einzupacken. Als ich fertig war, trug ich alles nach oben in die Küche und legte die Geschenke unter den Weihnachtsbaum. Ich kam nicht vor Mitternacht aus dem Dakota weg und zurück in meine Wohnung.

Am Weihnachtsmorgen rief John mich an, um mir für die Elvis-Platte mit Weihnachtsliedern zu danken, die ich ihm geschenkt hatte, und für den goldenen Aschenbecher, den ich für Yoko gekauft hatte. An diesem Abend ging ich mit meiner Familie aus, die ich kaum noch sah. Mittwoch, am zweiten Weihnachtstag, erwachte ich mit dem Gefühl völliger Erschöpfung, aber ich trat pünktlich um 9 Uhr meine Arbeit an. Das war mein Jahresurlaub gewesen.

»Wie hat mein Leben ausgesehen, bevor ich anfing, für Lennon zu arbeiten?« fragte ich mich oft. Ich konnte mich kaum noch daran erinnern. Ich war vierundzwanzig Stunden am Tag im Einsatz, und es schien sich von selbst zu verstehen, daß ich immer auf Abruf bereitstand. Darüber hinaus konnten sich die Lennons gar nicht mit dem Gedanken anfreunden, daß ich ein Privatleben außerhalb des Dakota hatte. Es wurde befürchtet, daß ich meinen Freunden, falls ich welche hätte, intime Details aus dem Leben von John und Yoko erzählen würde. John warnte mich ständig vor der Versuchung durch frühreife Teenager, die mich, wie er sagte, nur ausnutzen würden, um an ihn heranzukommen. Als ich einmal eine junge Frau, eine Immobilienmaklerin, zum Dinner ausführte, drehten John und Yoko fast durch, als sie dahinterkamen.

Nach und nach wurden auch die letzten Reste meines Privatlebens beschnitten, bis ich kaum noch wußte, wie normale Menschen lebten. Wenn ich auf diese Zeit zurückblicke, erinnert sie mich an das Leben eines Geheimagenten, der noch nicht mal seinen Nachbarn erzählen darf, für wen er arbeitet. Erschwerend kam hinzu, daß das Leben im Dakota immer bizarrer und bedrückender wurde. Mein Tagebuch half mir über meine Einsamkeit hinweg. Manchmal bewahrte es mich davor, verrückt zu werden.

Einige Tage nach Weihnachten kam ich ins Schlafzimmer, um John zwei Selbsthypnose-Kassetten von Potential Unlimited zu bringen, *Erweitere dein Bewußtsein* und *Ich liebe meinen Körper.* Ich fand John unbehaglich hinter ein großes weißes Frühstückstablett aus Plastik geklemmt, ein Weihnachtsgeschenk von Sam Green. John beschwerte sich, irgendwer würde in einem anderen Apartment sehr laut Beatles-Platten hören, und das würde ihn zum Wahnsinn treiben.

Unglücklicherweise erlaubte es die Akustik im Dakota nicht, dem Übeltäter auf die Spur zu kommen. Oder vielleicht hatte John sich auch alles nur eingebildet. Ich konnte jedenfalls nichts hören. Als ich wieder an meinem Schreibtisch im Studio One saß, rief John mich über die Hausanlage an, um mir zu sagen, daß unter keinen Umständen jemand zu ihm durchgestellt werden sollte – »Noch nicht mal, wenn meine Mutter aus dem Jenseits anruft!« Ich wußte, das konnte nur bedeuten, daß John sich in Ruhe zukiffen wollte. Umgeben von seinen Angestellten im Dakota, war es ihm unangenehm, »high« zu sein. Wenn man von ihm erwartete, etwas zu tun, zu sprechen, vernünftig zu reagieren, verdarb ihm das den Spaß. Wenn er voll bis an die Kiemen war und kaum einen zusammenhängenden Satz sprechen konnte, sollte niemand an seine Tür klopfen, und keiner von Yokos Höflingen sollte anrufen, um zu fragen, ob italienischer schwarzer Marmor ihm für das neue Badezimmer recht wäre. Ich versprach John, daß ich ihm für eine Weile den Alltag vom Hals halten würde.

In der Zwischenzeit fegte Sean durchs Haus und brüllte: »We all live in a Yellow Submarine!« Er rief mich über die Sprechanlage, um mir zu sagen, ich solle den »Termin« mit seinem kleinen Freund Teddy absagen, mit dem er zum Spielen verabredet war, und ich tat folgsam, wie mir aufgetragen wurde. Yoko gab mir für die Akten einen Brief von einer Frau, die behauptete, die Mutter eines halbwüchsigen Sohns von Paul McCartney zu sein, und um Pauls Adresse bat. Wie John hatte auch Paul in den Anfangsjahren immer die Hose aufgestanden; ständig behaupteten Frauen, Mütter seiner Kinder zu sein. Ich führte sogar eine eigene Akte über *Pauls Frauen* für künftige Nachforschungen. Außerdem hatte Yoko mich gebeten, sie daran zu erinnern, den Schwangerschaftstest im Badezimmer zu überprüfen und neuen Preiselbeersaft zu bestellen, weil sie nicht genug Morgenurin für die tägliche Probe zusammenbekam.

Ich fand, daß uns ein verdammt ausgeflipptes Silvester bevorstand, und sah uns gemeinsam auf irgendeinen dramatischen Höhepunkt zusteuern. Ich hatte wiederholt Alpträume, wie das ausgehen würde. Daß John, stoned und alte Beatles-Songs halluzinierend, schließlich darüber durchdreht und seine alte Dame ein wenig mit dem Beil ein bißchen zerhackt. Oder daß Yoko sich im Größenwahn für so reich wie McCartney hält und ohne es John zu sagen das World Trade Center kauft und ihn in den Bankrott stürzt.

Silvester hatte die Verwirrung tatsächlich ihren Höchststand erreicht. Yoko versuchte offensichtlich wieder schwanger zu werden, im Studio One standen überall Schwangerschaftstests herum, die sie mit ihrer Zerstreutheit verpatzt hatte. Sie schien sich nie merken zu können, zu welcher Zeit sie nachschauen sollte, ob sich im Reagenzglas mit der Testflüssigkeit der kleine orangene Ring zeigte. Dann traf ein Brief von ihrem Arzt ein, der mitteilte, daß Yoko in den Wechseljahren war und keine Aussicht hatte, je wieder schwanger zu werden. Um sich zu trösten, kam Yoko auf den Kaviar-Trip und gab bei Zabar's und der Caviarteria hundert Dollar am Tag für Fischeier aus.

Yokos Benehmen wurde zusehends wunderlicher, und gleichzeitig verfiel sie körperlich immer mehr. Ihr Gesicht war verhärmt, ihre Augen waren glasig und die Pupillen wie Stecknadelköpfe. Sie verbrachte viel Zeit im Badezimmer, wo sie laute, röchelnde Laute von sich gab, gefolgt von beängstigenden Kotzanfällen. Zuerst glaubte ich, Yoko wäre krank, aber dann wurde mir klar, daß sie einfach fertig vom Heroin war. Schließlich blieb sie buchstäblich die ganze Zeit unten. Ihr Tag begann im Morgengrauen mit einem Besuch von Bart Gorin, einem schlaksigen jungen Mann, der für Sam Green arbeitete. Es war ein offenes Geheimnis, daß Sams Assistent Yoko mit ihrer Tagesdosis der Droge versorgte. Seltsamerweise machte das Heroin sie angenehmer im Umgang. Yoko wirkte freundlicher und entspannter. Ihr Wahnsinnstempo verlangsamte sich deutlich, und sie verbrachte den Tag damit, lethargisch zwischen ihrem Büro und dem Bad hin und her zu tapern, stieß gegen die Möbel und ließ die Zigaretten aus den Fingern fallen.

Bei den seltenen Gelegenheiten, zu denen John auf Yoko traf, umkreisten sie sich mißtrauisch. John lag Yoko wegen ihres Vampirlebens und ihrer schlampigen, zombiehaften Erscheinung in den Ohren. Klarerweise führten Johns Ausbrüche dazu, daß Yoko ihm erst recht aus dem Weg ging. Eines Morgens nach dem Frühstück, platzte ihm zum Beispiel der Kragen, und er warf ihr brüllend vor, daß sie so wenig Zeit oben mit ihm und Sean verbrachte. Yoko schlurfte schweigend aus dem Zimmer, und John fühlte sich sofort schuldig und bereute seinen Wutanfall. Er schrieb ihr sogar einen ergreifenden, humorvollen Entschuldigungsbrief.

John schien zu spüren, daß bei uns einiges schieflief, und tat, was er konnte, um die Stimmung zu heben. In einer anderen Mitteilung, die in Rot geschrieben war, bemängelte John, daß die *Daily News* noch immer nicht regelmäßig angeliefert wurde, und stellte am Schluß zur Auswahl: »Harakiri begehen, anders überlegen, ins Kloster gehen, anders überlegen, aufgeben.«

Während der ersten beiden Wochen von 1980 fragte ich mich oft, wer als erster den Verstand verlieren würde: Yoko, John oder ich. Es schien ein Kopf-an-Kopf-Rennen zu sein, nur konnte ich mich immer wieder mit dem Gedanken trösten, daß sie die Befehle gaben und ich sie nur ausführte.

Ich bin mir nicht sicher, wieso der Januar so problematisch verlief. Vielleicht waren es die trüben Aussichten, die sich uns allen fürs neue Jahr eröffneten: wieder zwölf sich endlos hinziehende Monate mit nichts als Beluga Gold, Hauskäufen, Fanpost, Fernsehen und Klatschmagazinen. Die Rettung – die hochwillkommene Erlösung aus diesem Elend – kam aus ganz unerwarteter Richtung.

Am Morgen des 15. Januar – einem Donnerstag – fand ich John in der Küche übellaunig über einer Schüssel Weizenschrot brütend. Ich konnte nur vermuten, daß es mit Paul McCartney zu tun hatte, der tags zuvor aus dem Stanhope Hotel auf der anderen Seite des Central Park angerufen hatte. Yoko hatte den Anruf angenommen, aber irgend etwas mußte zu John durchgesickert sein, was ihm die Laune verdorben hatte. Ich fragte ganz unschuldig, was Paul gesagt habe. »Nichts Besonderes«, gab John ausweichend zurück. Ich hing in der Küche herum, räumte die Regale auf und wartete auf den richtigen Moment. Ich wußte, irgendwann würde John nicht widerstehen können, darüber zu reden. Schließlich rückte er damit heraus.

Anscheinend hatte Paul dem Dakota einen Besuch abstatten wollen. Er hatte gesagt, seine Frau Linda hätte einen riesigen Batzen »mörderisches Grass« aufgetrieben. Wenn das auch kein offizielles Angebot war, die Friedenspfeife zu rauchen, kam es dem zumindest ziemlich nahe. Was auch immer Johns Probleme mit Paul waren, ich wußte, daß es nicht dieser Vorschlag allein sein konnte, der ihn so aufbrachte. »Paul tourt in Japan, und dann ruft er hier an, um darüber zu tratschen, daß er in *unserer* Suite im Hotel Okura absteigt«, fauchte John schließlich. »Der hat vielleicht Nerven!« Bei ihren jährlichen Besuchen in Japan hatten John und Yoko während der letzten Jahre immer darauf bestanden, in der Präsidentensuite des Okura zu wohnen – die exklusivsten Zimmer in Tokios luxuriösestem Hotel. »Wenn die beiden (Paul und Linda) da schlafen«, sagte John mit zusammengebissenen Zähnen, »werden wir nie wieder unseren Frieden haben, wenn wir in dem Zimmer wohnen. Die werden uns unser gutes Hotel-Karma versauen!« Ich war platt. Wenn ich nicht selbst gesehen hätte, wie verstört John über diese Nachricht war, hätte ich geglaubt, er würde Witze machen. »Ich habe schon mit Mutter gesprochen«, fügte er mysteriös hinzu. »Sie versucht, das in Ordnung zu bringen.«

Anscheinend sollte John Green, Yokos massiger, bärtiger Tarot-Leger, der außerdem Voodoo-Priester war, Paul mit einem »Bann« belegen, damit er und Linda nicht die Präsidenten-Suite des Okura bezogen. Rich informierte mich, daß Yoko unter keinen Umständen gestört werden durfte, da sie mit John Green am »Japan-Problem« arbeitete.

Als ich an diesem Abend heimging, dachte ich: »Na schön, das war's. Die Lennons sind endgültig ausgeflippt. Morgen kommen die kleinen weißen Männchen und nehmen sie mit.«

Am nächsten Tag taten sich bemerkenswerte Dinge. Paul kam nie bis zum Hotel Okura, weil er in Tokio am Flughafen vom Zoll festgenommen wurde, der ohne größere Schwierigkeiten ein Pfund Grass in einem von seinen und Lindas Koffern gefunden hatte. Ich eilte ins Dakota, um mich an die Front zu melden. Als ich ankam, grinste Rich wie ein Honigkuchenpferd. »Ist das nicht komisch«, zwinkerte er, »daß sie Paul heute in Japan hochgenommen haben? Besonders, wo er gestern noch angerufen hat und was zu rauchen vorbeibringen wollte?«

So ein Zufall, in der Tat.

Im Verlauf des Tages erfuhren wir durch die Medien und Yokos Informanten in Japan Näheres über die Festnahme. Anscheinend hatten die japanischen Behörden wirklich einen Tip erhalten, daß Paul und Linda Marihuana bei sich hatten. Um Aufsehen zu vermeiden, hatten sie Paul wiederholt gefragt, ob er irgendwelche illegalen Substanzen mit sich führte. Die Festnahme hätte sich wohl vermeiden lassen, wenn er stillschweigend das Grass übergeben hätte. Aber Paul und Linda hatten sich geweigert, Angaben zu machen, also wurde ihr Gepäck durchsucht. Nach wenigen Minuten hatten die Zollbeamten den Stoff gefunden. Paul nahm die Verantwortung auf sich und wurde prompt in Handschellen abgeführt.

Die Story stand rund um die Welt auf den Titelseiten. John und Yoko kreischten vor Schadenfreude bei dem Gedanken, daß das arme Paulchen in einer Zelle in Tokio schmachtete und die ausverkaufte Tour im Eimer war. Noch zwerchfellerschütternder war das Gerücht, von denen Yokos japanische Quellen zu berichten wußten: daß die Gefängniswärter Paul zwangen, wieder und wieder »Yesterday« zu singen. Natürlich wollte John Paul keinen wirklichen Schaden zufügen. Ganz bestimmt hätte er Paul nicht selbst auffliegen lassen. Aber Pauls Leiden waren harmlos genug – nach ein paar Tagen im Knast würde er sicher wieder freigelassen werden –, und John fand, es geschehe McCartney recht.

Ganz egal, wie die japanischen Behörden darauf gekommen waren, Paul zu filzen, John war fest davon überzeugt, daß es Yoko gelungen war, Paul mit einem Fluch zu belegen. John hatte immer behauptet, Yoko hätte magische Kräfte, und hier war der Beweis. Daß Yoko erfolgreich verhindert hatte, daß Paul und Linda in die

Präsidentensuite des Okura zogen, hielt er für die Bestätigung seines Lebensstils. Nicht nur sein Hotelkarma war wieder in Ordnung und seine Frau eine mächtige Zauberin, darüber hinaus waren die McEastmans – wie John Linda Eastman, ihren Bruder John und Lee, ihren Vater, verächtlich nannte – öffentlich gedemütigt worden. Es war fast zu schön, um wahr zu sein.

John war außer sich vor Schadenfreude und trug mir auf, jede Zeitung zu besorgen, die ich in die Finger bekommen konnte, besonders englische Zeitungen, damit er jede Minute von Pauls Elend mitverfolgen konnte. Ich ging zu Hotaling's, einem Zeitungsladen mit internationaler Presse am Times Square, und kaufte alle englischen Klatschblätter, die ich kriegen konnte. Ich lieferte John die Zeitungen ins Schlafzimmer, wo er durch die Fernsehprogramme schaltete und auf Neuigkeiten über Paul wartete.

»Ich sehe es richtig vor mir, wie Paul in seiner kahlen Arrestzelle sitzt«, kicherte John. »Sie haben ihm die Schnürsenkel und den Gürtel weggenommen, damit er sich nicht aufhängt, wenn er die ewige Singerei satt hat.« John fing an zu singen: *»Yesterday, all my troubles seemed so far away!«* Er prustete vor Freude. »Weißt du, es geschieht Paul recht«, fuhr John fort. »Im Unterbewußtsein wollte er wahrscheinlich festgenommen werden.« John spekulierte, daß Pauls Vorliebe für Marihuana nur sein Versuch war, »gegen dieses Image des braven Geschäftsmanns zu rebellieren«, das die Eastmans ihm verpaßt hatten. »Paul wollte der Welt – besonders der britischen Öffentlichkeit – zeigen, daß er immer noch ein wilder Junge ist«, schloß John. Er schaute bei Phil Donahue rein, der einen Transsexuellen interviewte, schaltete dann durch alle Programme, und kam schließlich wieder auf Donahues Talkshow zurück. »Wir könnten ihn im Handumdrehen rauskriegen«, sagte John und schnippte mit den Fingern. »Mutter hat erstklassige Verbindungen da drüben. Sie könnte ihn heute nacht noch rausholen, aber die Eastmans würden uns nie um Hilfe bitten. Das wäre unter ihrer Würde.«

An diesem Wochenende sollten John und Yoko ein Haus in Suffern, New-York-Staat besichtigen. Während der langen Fahrt im Mercedes zog John eine kleine Blechdose mit Pot heraus. Mit dämonischem Kichern öffnete er sie und hielt sie mir unter die Nase. »Der Stoff ist Dynamit«, protzte er, als er eine kleine Pfeife hervorholte und mit den feuchten grünen Blättern stopfte. Dann zündete er sie an, und sofort erfüllte der würzige Geruch von Cannabis den Wagen. Es war starker Stoff. Ich nahm nur einen kleinen Zug, aber das reichte, um mich für die ganze Fahrt angenehm entspannt zu halten. Ich hätte gerne mehr geraucht, aber ich glaube, Yoko hätte es nicht sicher gefunden, wenn ich unter Drogen gefahren wäre. Sie warf mir und John vom Rücksitz aus eisige, mißbilligende Blicke zu, aber ausnahmsweise war es mir egal.

»Weißt du, es war Pauls Arroganz gegenüber den Japanern, die ihm den Hals gebrochen hat«, sinnierte John, nachdem er einen weiteren Zug aus seiner Pfeife genommen hatte. »Ich weiß es.«

»Das stimmt!« sagte Yoko. Ja, dachte ich, so kann man es auch sehen.

7

Gardenias for Mother

Anfang Februar 1980 fuhren wir wieder nach Palm Beach. Die Lennons hatten *El Solano* gekauft, die Villa, die sie im letzten Frühjahr gemietet hatten, und wir wollten dort Yokos siebenundvierzigsten Geburtstag feiern. Um für etwas Abwechslung zu sorgen, hatten John und Yoko Peter und Loraine Boyle eingeladen. Loraine hatte Yoko mal für den *Rolling Stone* interviewt. Als sie den Schauspieler Peter Boyle heiratete, freundeten sich die beiden Paare an. John, der Boyle 1974 in einem Club in Los Angeles kennengelernt hatte, respektierte den bekannten Schauspieler für seine Kinoarbeit und auch, weil er aus einem christlichen Orden ausgetreten war, um Schauspieler zu werden. John betrachtete Peter als Mit-Ketzer.

Die Lennons und die Boyles, die sich lange nicht gesehen hatten, feierten fröhliches Wiedersehen im *El Solano,* und Peter war schnell ein Herz und eine Seele mit Sean, der von diesem unbeschwerten Hausgast fasziniert war. Beim Abendessen schnitt Peter Grimassen und unterhielt Sean zu jedermanns Ergötzen mit lustigen Geschichten. Nach dem Dinner gingen die beiden Paare ins Wohnzimmer, um fernzusehen und sich zu unterhalten. Am nächsten Tag nahm John nach dem Frühstück seine Gitarre und schlug vor, am Pool »abzuhängen«. Yoko nahm ein Buch mit, setzte einen Hut auf und machte es sich im Schatten eines Sonnenschirms bequem. John schlenderte ziellos herum und klimperte auf der Gitarre. Die Boyles standen verlegen herum, und schließlich tanzte Peter zu Johns Gitarrenspiel tapsig herum, und ich machte Fotos davon.

Die Boyles vertrieben sich die Zeit im Haus, aßen mit uns und sahen mit uns fern. John und Peter blieben bis spät in die Nacht auf, um sich im Wohnzimmer zu unterhalten und fernzusehen. John nutzte es weidlich aus, daß er ein wehrloses Publikum für seine bedeutungsschweren Monologe hatte. In der Hoffnung, die Monotonie, die sich bald ausbreitete, etwas aufzulockern, schlugen die Boyles den Lennons einen Restaurantbesuch vor. Aber John und Yoko widerstrebte es, sich in der Öffentlichkeit zu zeigen. Wenn die Lokalpresse Wind von ihrer Anwesenheit in Palm Beach bekommen hätte, wäre es nur eine Frage von Stunden gewesen, bis die Fans das Haus belagerten. Nach ein paar langweiligen und befangenen Tagen willigten John und Yoko schließlich ein, sich von den Boyles in ein angesagtes französisches Restaurant einladen zu lassen. Abends erschien John mit Vollbart, weißer Hose, schwarzem Jackett, weißem Hemd, schwarzem Schlips und einem Strohhut mit schwarzrotem Band. Er setzte sich im Wohnzimmer ans Klavier und improvisierte eine Melodie, während er darauf wartete, daß Yoko aus dem Schlafzimmer kam.

Ich machte von allen die obligatorischen Fotos in Ausgehkleidung. Dann fuhren die beiden Paare in einer Limousine zum *La Petite Marmite* und ließen den gemieteten roten Eldorado da; so konnte ich auch eine Nacht in der Stadt verbringen. Als ich gegen Morgen zurück ins *El Solano* kam, war das Haus in Aufruhr. Ich hörte, wie John lautstark Peter und Loraine abkanzelte, weil sie ihn in einen Laden geschleppt hatten, in dem sich die lokale Schickeria traf, um zu sehen und gesehen zu werden. Anscheinend hatten Fotografen während des Dinners Schnappschüsse von ihnen gemacht und John auf die Palme gebracht. Jetzt zahlte John es Peter heim.

»Uns immer in irgendwelche zweitklassigen angesagten Freßtempel zu schleppen, um dich mit uns fotografieren zu lassen – kommt dir das nicht selbst etwas hirnlos vor, Peter?«

»Was zum Teufel soll das heißen, hirnlos?« explodierte Boyle.

John schien die Ruhe selbst.

»Nun, Peter, ich meine einfach dumm. Findest du es nicht auch ein wenig *dämlich?«*

»Wen nennst du hier dämlich?« schrie Boyle mit hochrotem Kopf. »Wofür hältst du dich eigentlich, mir sowas an den Kopf zu werfen? Du bescheuerter Drecksack! Ich schlag' dir den Schädel ein!«

Johns Augen funkelten spöttisch, während er Peter ansah, der wie eine Marionette am Faden sprang und zuckte. Als John leise zu lachen anfing, ging Boyle langsam ein Licht auf. Dann stand er noch dümmer da als vorher.

John liebte es, Leute aufzuziehen, zu provozieren. Er beklagte oft, daß die meisten Menschen gekünstelt und oberflächlich miteinander umgehen, und er legte gerne die wahren Emotionen bloß, die hinter der Fassade schlummerten. John war ein Experte darin, den schwachen Punkt eines Menschen zu finden. Er wußte, daß Boyle fürchtete, an seinem Leinwandimage – der große Trottel, wie in seinen Filmen *Joe* und *Frankenstein Junior* – könnte etwas Wahres sein. John hatte einfach das »Dummkopf«-Knöpfchen gedrückt und sich den Spaß gemacht, zuzusehen, wie Peter in die Luft ging.

Ganz plötzlich senkte sich betretenes Schweigen über den Raum. Es war drei Uhr morgens; alle waren müde, schlecht gelaunt und gereizt. Sie gingen alle zu Bett. Am nächsten Morgen waren die Boyles so sauer, daß sie nicht am Frühstückstisch erschienen.

»Letzte Nacht habe ich Peter ganz schön drangekriegt, was?« sagte John, während er einen Klumpen Weizenschrot mit seinem Löffel zerdrückte. »Die undurchdringliche Fassade angeknackst. Ich meine, das war ja der reinste *Urschrei!«* Er kicherte herzlich. John war blendender Laune. Es freute ihn, daß Peter einen hohen Preis hatte zahlen müssen, um sein Foto in die Zeitung zu bekommen: Er hatte mit seinem Ego zahlen müssen, denn anders konnte man seine Schulden bei John nicht begleichen.

Die Boyles kamen schließlich zum Lunch herunter und taten nach besten Kräften so, als sei nichts geschehen. Alle waren so fröhlich wie eine Fernsehfamilie. Am Sonntag schien es John allerdings leid zu tun, wie er Peter behandelt hatte, denn er willigte ein, noch mal mit den Boyles auszugehen, die am nächsten Tag abreisen wollten. Am Sonntag gab es für jeden in Palm Beach, der *irgendwas* darstellte, nur einen Ort: The Breakers, ein exklusives Hotel, wo im Speisesaal ein üppiger Brunch serviert wurde. Die Boyles wollten mit einer Limousine hinfahren, aber John bestand darauf, den Cadillac zu nehmen, der, wie er meinte, »weniger auffällig« wäre.

Wir klemmten uns alle in den roten Eldorado. John und Sean saßen zusammen neben mir auf dem Beifahrersitz, während sich Peter zwischen seiner Frau und Yoko auf den Rücksitz quetschte. Irgendwann kamen wir an einem Basketball-Platz vorbei, auf dem einige Kinder spielten, und Peter schlug begeistert vor, wir sollten anhalten und ein kurzes Spiel machen. John warf Peter einen ungläubigen Blick zu, sagte aber nichts. Er ignorierte Peter einfach, der den Rest der Fahrt still vor sich hin kochte.

Als wir im Restaurant ankamen, wollte der Oberkellner uns nicht einlassen. John trug eine alte Lederjacke und einen Strohhut, Peter hatte einen Sweater an, die Frauen trugen Hosen, Sean war in

Shorts, und ich trug eine blaue Samtjacke und abgerissene Jeans. Anscheinend herrschte im Breakers Krawattenzwang. Peter nahm den Oberkellner freundlich beiseite und zeigte ihm seine wohlgefüllte Brieftasche. Außerdem wies er darauf hin, daß der abgerissene Gentleman im Strohhut niemand anderer sei als der weltberühmte Multimillionär und Ex-Beatle John Lennon. Unverzüglich wurden wir von Eindringlingen zu Ehrengästen befördert und zu einem großen Tisch in der Mitte des Speisesaals geführt, der ungefähr die Ausmaße der Radio City Music Hall hatte. Den Brunch stellte man sich am Buffet zusammen. Das gab allen reichlich Gelegenheit, zu sehen und gesehen zu werden. Bald hingen alle Augen im Saal an John, der redete wie ein Wasserfall, um seine Nervosität zu überspielen, die ihn stets überkam, wenn er so auf dem Präsentierteller saß. Und das war bei ihm ein chronischer Zustand.

Er stürzte sich in einen endlosen Monolog, schätzte die Menge ab und zeigte uns die, die am ehesten den Mut aufbringen könnten, an unseren Tisch zu kommen und um ein Autogramm zu bitten. Außerdem pickte er die heraus, die sich produzierten, um seine Aufmerksamkeit zu wecken: Leute, die vorgaben, ihn nicht zu bemerken, sich dabei jedoch besonders auffällig benahmen, laut lachten und ihre Frauen oder Freundinnen mit Kunststückchen unterhielten, als wollten sie sagen: »Hey, wir hier an unserem Tisch haben mindestens soviel Spaß wie ihr an eurem Beatles-Tisch!« Dann gab es die düsteren Esser, die ganz in ihren Teller, ihr Gespräch und ihre morgendliche Bloody Mary vertieft waren, und uns nicht bemerken wollten. Andere glotzten aus Neugierde oder Langeweile, und manche starrten ehrfürchtig herüber – ungläubige, devote Fans. Bei all dieser Aufmerksamkeit, die ich erregte, fiel es mir schwer, mich daran zu erinnern, daß ich nicht selbst ein Star war – sondern nur für einen arbeitete. Wir standen den Brunch ohne Zwischenfälle durch und machten dann einen hastigen Abgang. John verzog sich für den Rest des Tages in sein Schlafzimmer.

Nachdem die Boyles abgereist waren, bat John mich, ihn in Palm Beach herumzufahren. Wir sahen uns nach interessanten Läden um und beobachteten die »Eingeborenen«, eine von Johns Lieblingsbeschäftigungen. Bei diesen Autofahrten ließ er Augen und Gedanken wandern. Manchmal dachte er laut vor sich hin und kommentierte alles, was er sah, mit einem seiner weitschweifigen Stream-Of-Consciousness-Monologe. John war schwer beeindruckt von der »Atmosphäre des Reichtums« und den »piksauberen Straßen«, aber er mäkelte auch über die Überzahl gutgekleideter, frischfrisierter und gebräunter Männer und Frauen. Es war doch ein bißchen zu fein für Johns Geschmack. Er sagte, »ein bißchen Schlampigkeit« würde die Gegend »farbiger« machen, und fragte sich, was wohl passieren würde, wenn ein bizarrer Punk mit grüner oder knallrosa Stachelfrisur plötzlich in die friedliche Szenerie von Palm Beach einbrechen würde. Er malte sich aus, daß das sicher Leben in diese abscheulich feine Umgebung bringen würde. Wenn er Geschäftssinn hätte, sinnierte John, würde er eine »Rent-a-Punk«-Agentur gründen, die exotisch aussehende Typen vermietete, um Partys und ähnliche Anlässe aufzupeppen. John sprach oft von an den Haaren herbeigezogenen Geschäftsideen oder tollen Geräten, die er erfinden wollte. Eine »Erfindung«, auf die er besonders stolz war, war eine Zahnpastatube, die sich selbst aufrollte, wodurch das Quetschen per Hand und die sich daraus ergebende »Verschwendung« vermieden würde.

*

Eines Morgens saßen John und ich zeitunglesend im Wohnzimmer, als ihm die Anzeige eines Antiquariats auffiel. John sagte, die nackten Bücherregale im Haus würden ihm auf die Nerven gehen; er bat mich, ihn in den Buchladen im Westen von Palm Beach zu fahren, um zu sehen, ob sie okkulte oder esoterische Literatur hätten. Es war ein kleiner, vollgestopfter Laden mit Reihen über Reihen antiquarischer Bücher über zahllose Themen. Ich erwartete, John würde ein paar Bücher für zu Hause aussuchen, aber er hatte etwas anderes vor. Er bat mich, genau achtzugeben, während er durch den Laden wetzte, nur kurz vor verschiedenen Regalen stehenblieb und auf Gruppen von Büchern deutete, die ihn interessierten. Er wies mich an, am nächsten Tag wieder herzukommen, alle Regale zu kaufen, die er mir gezeigt hatte, und außerdem den kompletten Vorrat an okkulter Literatur.

Als ich wiederkam, um Johns Anordnung auszuführen, beäugte mich der Besitzer des Ladens mißtrauisch durch seine dicken Brillengläser und fragte mich, ob ich vorhätte, selbst einen Laden aufzumachen. Ich versicherte ihm schleunigst, ich hätte nicht die Absicht, ihm Konkurrenz zu machen, und erklärte verlegen, ich würde für ein exzentrisches Ehepaar arbeiten, das einfach ohne große Umstände seine leeren Bücherregale gefüllt haben wollte. Ich machte ihm ein Angebot, das er nicht ablehnen konnte, und er packte sofort mehrere Pappkartons mit Johns Instant-Bibliothek.

Zu Hause führte sich John auf wie ein Kind unter dem Weihnachtsbaum. Er half eifrig mit, den Wagen auszuladen, und machte sich dann daran, die alten Bücher abzustauben. Er begutachtete alle sorgfältig und zeigte sich erfreut, wenn ihm ein besonders interessanter Band unterkam. Begierig, das Erlebnis mit Yoko zu teilen, zeigte er ihr aufgeregt ein Buch des berühmten Parapsychologen Edgar Cayce. Yoko lächelte John nachsichtig zu, aber in Gedanken war sie eindeutig bei ihren eigenen Angelegenheiten. Als sie gehen wollte, entdeckte John ein schlankes Bändchen mit blauem Einband.

»Sieh dir das an, Mutter!« rief er und rannte Yoko nach. Er zeigte ihr ein Buch von H. P. Blavatsky mit dem Titel *Practical Occultism*. Yoko blätterte es zerstreut durch, gab John dann das Buch zurück und murmelte: »Wirklich erstaunlich.«

John war offensichtlich sehr neugierig auf den kleinen Band. Er erzählte mir, die Autorin, Madame Blavatsky, sei eine führende Theosophin, Vertreterin einer uralten okkulten Wissenschaft, die ihn fasziniere. Dieses Buch befaßte sich unter anderem eingehend mit dem Unterschied zwischen okkulter Theorie und Praxis. Als er entdeckte, daß das letzte Kapitel »Praktische Vorschläge für den Alltag« überschrieben war, verzog er sich mit seinem Schatz ins Schlafzimmer. »Ich kann's gar nicht erwarten, das zu lesen!« sagte er und fügte hinzu, er hätte sich schon immer für Theosophie interessiert, die meisten Schriften zum Thema seien ihm aber wie »intellektuelles Gewichse« vorgekommen.

*

Als wir eines Tages durch Palm Beach fuhren, kamen John und ich an einem Anlegeplatz vorbei, in dem ein Boot namens *Imagine* festgemacht hatte. Das weckte seine Neugier, und er bat mich, herauszufinden, ob das Boot nach seinem berühmten Song benannt worden war. Ich schlug die Nummer der *Imagine* im Telefonbuch nach. Ein kurzes Gespräch mit dem Kapitän bestätigte Johns Vermutung. Mehr noch, das Schiff stand auch für einen Tagesausflug zur Verfügung. Als ich mit dieser Information zu John kam, schlug er vor, ich sollte unter meinem Namen reservieren, und machte sich dann daran, Yoko zu überzeugen, daß eine Schiffstour mit der *Imagine* ein idealer Familienausflug wäre. Yoko weigerte sich kategorisch, auf den Vorschlag einzugehen, und brachte tausend Argumente vor, warum so ein Ausflug nicht in Frage käme. Normalerweise hätte John angesichts solcher Opposition von Yoko klein beigegeben. Aber diesmal blieb er hart. Schließlich gab Yoko widerstrebend nach, und es wurde ein Termin abgemacht.

Am vereinbarten Tag nörgelte und zögerte Yoko immer noch. Sie und John brauchten den halben Morgen dazu, sich für den großen Ausflug umzuziehen. John entschloß sich schließlich, ganz in Weiß und mit Strohhut zu gehen. Um die Mittagszeit fuhr ich endlich zum Hafen; John saß neben mir und schwatzte fröhlich darüber, wieviel Spaß wir haben würden. Er amüsierte sich königlich bei dem Gedanken, plötzlich auf der *Imagine* aufzukreuzen. »Ich kann's gar nicht abwarten, wie diese Typen ausflippen werden!« kicherte er fröhlich, als wir ankamen. Sean hüpfte buchstäblich auf dem Rücksitz auf und ab, begeistert von dieser aufregenden Abwechslung in unserer alltäglichen Routine. Yoko schwieg und machte ein saures Gesicht.

Die *Imagine* war ein sechs Meter langer Segler, der Skipper war ein gutaussehendes Rauhbein Ende Dreißig. Seine blonde Frau fungierte als Maat und Köchin, die Tochter half ihr dabei, und der Sohn drückte sich nutzlos herum. Als die Lennons an Bord kamen, waren der Kapitän und seine Frau im ersten Moment sprachlos. Yoko war nicht zu verkennen, auch wenn John durch Bart, Sonnenbrille und Strohhut getarnt war. Ich beobachtete das Ehepaar, als sich auf ihren Gesichtern die üblichen widerstreitenden Gefühle spiegelten. Zuerst wollten sie es gar nicht glauben, dann wollten sie John am liebsten berühren, vereinnahmen, überall betatschen, ihm tausend Fragen stellen. Aber dann sahen sie, daß er, wie ein exotischer Vogel, der sich verflogen hat, davonflattern würde, sobald sie sich bewegten. Bald versuchten sie unbeholfen, so zu tun, als seien John und Yoko ein ganz normales Touristenpaar, das eine Rundfahrt um Palm Beach machen wollte.

John versuchte, seinen Gastgebern die Befangenheit zu nehmen, indem er sie fragte, warum sie ihr Boot *Imagine* getauft hatten.

»Wir waren Blumenkinder«, erklärte die Frau. »Wir sind mit den Beatles aufgewachsen.« Dann erzählte ihr Mann, wie sie Anfang der Siebziger auf LSD die Dick Cavett Show gesehen und auf die amerikanische Fernsehpremiere eines Ausschnitts aus dem *Imagine*-Film gewartet hatten, in dem John in dem sonnendurchfluteten Wohnzimmer seines Landhauses in Ascot, England, auf einem weißen Flügel den Titelsong spielte. »Es war ein überwältigendes Erlebnis«, sagte der Ehemann. »Damals haben wir uns entschieden, wenn wir ein Boot kaufen würden, würden wir es *Imagine* nennen«, schloß seine Frau.

John lehnte sich zurück und lächelte.

Nachdem sie entspannt genug waren, um sich normal zu unterhalten, begann sich das Ehepaar Sorgen wegen Yoko zu machen, deren Benehmen nur den Schluß zuließ, sie würde mühsam einen Tobsuchtsanfall unterdrücken.

John legte zärtlich den Arm um Yokos Schulter. Yoko blieb grimmig und stumm. Auf Booten war sie immer nervös. In Autos war sie immer nervös. Genaugenommen war sie überall nervös, außer, wenn sie in ihrer eigenen Wohnung sicher hinter verriegelten Türen und verschlossenen Fensterläden saß. Und nicht nur das, sie war auch die ganze Nacht wach gewesen, weil sie mit einem Antiquitätenhändler, der eingeflogen worden war, über den Ankauf einer kompletten Kirchen-Ausstattung verhandelt hatte. Yoko sah seekrank aus. Unsere Gastgeber verdoppelten ihre Bemühungen, es ihr angenehm zu machen, aber ohne Erfolg.

Schließlich nahm John den Kapitän beiseite, entschuldigte sich für Yokos Benehmen und erklärte ihm, daß es nicht an ihm oder seiner Familie läge. Dann ging er zurück zu Yoko und beugte sich über sie, um sie zu küssen. Er tat wirklich alles, damit sie sich besser fühlte. Trotzdem saß sie versteinert da und ignorierte ihn. Ich fragte mich, wie es wohl gewesen war, als sie sich kennengelernt hatten – ob sie ebenso zärtlich gewesen war wie er – und was sich geändert hatte. Als sie sich küßten, machte ich ein Foto von ihnen. Es war eine der seltenen Gelegenheiten, bei denen ich sie unvorbereitet erwischte. John hatte einen sechsten Sinn für Fotografen (bei einem der meistfotografierten Männer der Welt wirklich kein Wunder). Aber diesmal hatte ich ihn überrumpelt. Von den Dutzenden Fotos, die ich von John und Yoko gemacht habe, war der Schnappschuß vom Kuß auf der *Imagine* sein Lieblingsfoto. Er bat mich, es vergrößern und rahmen zu lassen.

Die Kinder des Ehepaars, die junge Generation, erkannten John Lennon zuerst gar nicht. Als sie endlich begriffen, daß er ein Rockstar war, der früher zusammen mit Paul McCartney in einer Vorgänger-Band der Wings gespielt hatte, drehten sie ein bißchen auf. Der Junge holte seinen Windsurfer raus, sprang ins Meer und ertrank fast bei dem Versuch, John zu beeindrucken, der nachsichtig lächelte.

Eine Katze sprang auf Johns Schoß, und er ließ sie sitzen und streichelte sie sanft, während er darauf wartete, daß die Frau des Kapitäns den Lunch servierte. Es gab Wein, Käse und Obst, einen riesigen Krabbencocktail und köstliches Brot, das sie auf dem Schiff frisch gebacken hatte. Wir aßen alle mit gutem Appetit, außer Yoko, die sagte, sie hätte keinen Hunger, sich aber von John wenigstens zu einem Stück Brot überreden ließ. John machte der Frau Komplimente über ihre Backkunst und erzählte, er sei ein »Hausmann«, der im Dakota Brot backte, während seine Frau sich um die Geschäfte kümmerte.

Als es Zeit wurde, das Boot zu verlassen, gab es einen peinlichen Moment. Ich sah es in den Blicken, die das Ehepaar tauschte. Es war, als würden sie sich gegenseitig fragen: »War's das? Werden wir sie je wiedersehen?«

Einige Tage später liefen John und ich dem Kapitän in der Stadt über den Weg, und John nickte ihm kaum zu. Wir verzogen uns hastig. Obwohl er ab und zu nicht widerstehen konnte, sich in der hemmungslosen Verehrung seiner Fans zu sonnen, kannte er seine Bewunderer zu gut, um den Kontakt auszudehnen. Er sagte einmal: Wenn man ihnen ein Autogramm gibt, wollen sie ein Stück von deiner Kleidung. Gib ihnen ein Stück Kleidung, und sie wollen eine Locke. Gib ihnen eine Locke von deinem Haar, dann wollen sie mit dir ins Bett gehen; und wenn du mit ihnen schläfst, verschlingen sie dich.

*

Am Sonntag, dem 17. Februar 1980, einen Tag vor Yokos Geburtstag, fiel John ein, daß er sich noch keinerlei Gedanken über ein Geburtstagsgeschenk gemacht hatte. Es war zehn Uhr morgens, und ich hatte gerade in meinem Zimmer telefoniert, als ich Johns besorgte Stimme vor der Tür hörte. Er bat mich, ihn unten zu treffen. Er tigerte in der Küche auf und ab und zog nervös an seiner Gitane.

»Ah, endlich aufgewacht, Dornröschen«, sagte er sarkastisch. »Ich dachte schon, ich würde dich heute gar nicht mehr zu sehen bekommen. Los, mach dir schnell Frühstück. Wir müssen raus und ein Geburtstagsgeschenk für Mutter besorgen.« Ich goß mir eine Tasse Kaffee ein und machte mir schnell einen Toast, in aller Eile, weil John aussah, als sei er schon auf dem Sprung. »Wir hauen besser ab, bevor Mutter runterkommt«, sagte er. »Sonst müssen wir uns den halben Morgen rumstreiten, ob es sicher genug ist, rauszugehen oder nicht.« Ich schlang meinen Toast mit Marmelade herunter und hatte ein schlechtes Gewissen, weil ich überhaupt etwas aß.

»Wir . . . äh . . . hatten gestern abend einen kleinen Streit«, gestand John. »Oder eigentlich mehr heute morgen. Sie hat die ganze verdammte Nacht am Telefon gehangen, und ich konnte nicht schlafen, also hab' ich sie aus dem Bett geschmissen«, sagte John mit nervösem Kichern. »Ich wette, sie hat bis in den Morgen telefoniert, also wird sie wohl nicht so bald aufkreuzen, aber bei Mutter weiß man ja nie, stimmt's?« Ich wußte, daß Yoko oft nächtelang aufblieb, um Leute in England oder Japan anzurufen oder ihre Parapsychologen aus dem Bett zu klingeln. Ich hatte nie verstanden, wie John ihre Telefoniererei ertragen konnte, wenn er versuchte zu schlafen.

Während ich meinen Toast mit kochendheißem Kaffee herunterspülte, verschwand John in ein anderes Zimmer und kam mit ein paar Hüten zurück. Er probierte einen Strohhut mit grünem Schirm an. »Damit erkennen sie mich nie«, lachte John. Er trug Jeans, ein T-Shirt mit roter Marilyn Monroe auf weißem Grund und ein weißes Gabardine-Jackett. Der Strohhut mit grünem Schirm vervollständigte das Bild des Althippie-Touristen.

»Was meinst du?« fragte er. Ich meinte, er sähe aus wie ein schicker Dealer. John fand das gar nicht lustig. »Na, das wollen wir natürlich nicht, oder?« Er probierte schnell ein paar andere Hüte auf, die alle nicht das Richtige waren. Schließlich entschied er sich für einen schwarzen Schlapphut und warf mir einen fragenden Blick zu. Zu verschwörerisch, fand ich. Der Strohhut war doch besser gewesen. Ich wollte gerade vorschlagen, sich auf die Socken zu machen, als Yoko hereinmarschierte. Sie hatte keinen Versuch unternommen, die Spuren einer schlaflosen Nacht zu kaschieren. Ihr Gesicht war verhärmt und aschgrau, und sie trug einen bodenlangen grauen Morgenmantel. Ihre Augen hingen auf halbmast, und sie schlurfte, als hätte sie einen Schlaganfall hinter sich.

»Morgen, Schatz!« John klang so fröhlich, wie man es unter den Umständen erwarten konnte.

Yoko starrte ihn ausdruckslos an. Dann dämmerte ihr plötzlich, daß wir etwas vorhatten. »Was ist los?« fragte sie mit leicht belegter Stimme.

Mit hängendem Kopf gestand John widerstrebend, daß wir mit dem Gedanken gespielt hatten, eine kleine Autofahrt zu machen. Er sah sie hoffnungsvoll an.

»Oh, so ist das also!« Yoko lächelte vorwurfsvoll. Sie kratzte sich und starrte John abwesend an. Nach einer endlosen Pause sagte sie: »Merkur ist retrograd, weißt du.«

John tat mir leid, weil ich wußte, daß retrograder Merkur ein harter Brocken war, wenn es um astrologische Warnzeichen ging. Yoko hatte John und mich oft gewarnt, daß erhöhte Unfallgefahr bestand, wenn der Merkur retrograd zur Sonne verlief, und daß es besser sei, dann jeden Kontakt zur Außenwelt zu vermeiden. Jetzt starrte sie mich aus blutunterlaufenen Augen an.

»Wie spät ist es in England?« fragte sie streng.

Ich sagte, es sei Spätnachmittag.

»Hol mir Neil ans Telefon«, schnappte sie. Sie meinte Neil Aspinall, den früheren Tourmanager der Beatles und jetzigen Präsident von Apple.

»Verdammt noch mal, Yoko!« explodierte John. »Du hast die ganze Nacht telefoniert. Jetzt mach aber mal halblang!« Ich war sprachlos über Johns Ausbruch. Yoko ebenfalls. In bemerkenswerter Geschwindigkeit verwandelte sie sich von einer Hexe in ein fünfjähriges Mädchen.

»Warte besser im Auto, ich muß mit Mutter ein ernstes Wort sprechen«, sagte John.

Ich war froh, daß ich gehen konnte. Ich saß eine halbe Stunde im Wagen, ziemlich sicher, daß die Fahrt gestorben war, hörte mir einen Lokalsender an und beobachtete die Sonne, die auf den Wellen des Swimmingpools spielte. Schließlich stürmte John aus dem Haus. Er sprang in den Wagen, und ich startete gleich durch, während Led Zeppelins »Whole Lotta Love« aus den Lautsprecherboxen dröhnte. John krümmte sich und schaltete das Radio ab. Als unser roter Cadillac auf den South Ocean Boulevard einbog, fuhr ein zerbeulter blauer Sedan, der neben dem Tor gewartet hatte, ebenfalls an. Wir wurden von einer Wagenladung aufgekratzter Jugendlicher verfolgt.

»Leck mich am Arsch!« knurrte John besorgt und reckte den Hals, um sich umzusehen. Einer seiner schlimmsten Alpträume war, von Fans gehetzt zu werden, besonders, wenn sie betrunken oder stoned waren. »Haben die nichts Besseres zu tun?« stöhnte er. »Vielleicht sollten wir zurückfahren. Vielleicht hatte Mutter doch recht.«

Ich schlug vor, sie einfach abzuhängen. Das konnte nicht schwer sein, wenn wir erst in West Palm Beach waren. »Kannst du nicht *jetzt* was tun?« flehte John, als ich an einer roten Ampel anhielt, das

Fanmobil direkt hinter uns. Ich sagte ihm, er solle sich anschnallen. Dann schoß ich mit dem Cadillac bei Rotlicht über die Kreuzung. John kreischte auf und zog angstvoll die Knie an, als wir zwischen den Autos durchwischten, die geradewegs auf seine Tür zurasten. Wir schafften es um Haaresbreite über die Kreuzung, und die Fans saßen im Verkehr an der Ampel fest. Ich fuhr ein paar Blocks mit Höllentempo, bog dann in eine stille Seitenstraße ein und fuhr ein bißchen herum, um sicherzugehen, daß das Fanmobil nicht wieder auftauchte. Als ich sicher war, daß die Luft rein war, fragte ich John, wo er hinwollte.

Nachdem wir kurz angehalten hatten, um Zeitungen zu besorgen, und dann noch mal, um Yoko eine Schachtel Pralinen für den großen Tag zu kaufen, fuhren wir die Lakeview Avenue runter zu einem Naturkostladen, in dem John einen Vorrat seiner geliebten Rosinen und Erdnüssen mit Johannisbrot-Glasur kaufen wollte. Aber auf dem Weg dorthin entdeckte John einen Laden, der sich Metaphysische Buchhandlung nannte.

»Los, den sehen wir uns an!« sagte er, magisch angezogen von dem Namen. Im Laden stapelten sich obskure metaphysische Schriften, exotische Duftöle, Parfums, Kerzen und Räucherstäbchen. Die Wände zierten Bilder eines vornehm aussehenden alten Herrn mit weißem Haar.

Der Ladenbesitzer, ein ausgezehrter Mann Mitte Dreißig mit schulterlangem Haar, schaute John durchdringend an, und John schien gebannt von seinen stechenden blauen Augen. Während wir durch den Laden stöberten und ein paar Sachen aussuchten, blieb John immer wieder vor den Fotos eines weißhaarigen alten Mannes stehen und studierte sie mit neugierigem Gesichtsausdruck. Was ihn daran so fesselte, konnte ich nicht erkennen. Alles in allem kauften wir für mehrere hundert Dollar Bücher, Öle und Räucherstäbchen. Als der Verkäufer alles in Tüten packte, fragte John: »Wer ist der alte Mann?«

»Das ist mein Meister«, antwortete der Verkäufer mit einem leichten osteuropäischen Akzent. »Ein ungarischer Mystiker namens Beinsa Duono.«

John erbleichte. Ich hatte ihn noch nie so gesehen. Einen Moment lang geriet ich in Panik, als ich mir überlegte, wie ich ihn am schnellsten ins nächste Krankenhaus schaffen sollte. Aber als wir hinausgingen, schien er sich wieder zu erholen. Unfähig, meine Neugier zu zügeln, fragte ich John, was losgewesen sei. »Vor Jahren hat man mir gesagt, ich würde als alter Mann genauso aussehen wie Beinsa Duono«, erklärte John. »Ich habe mich immer gefragt, wie er wohl aussieht. Ich hatte noch nie ein Bild von ihm gesehen. Es war ein unheimliches Erlebnis.«

Die nächste Aufgabe war, einen Kuchen für Yoko aufzutreiben, aber wir fanden in ganz Palm Beach keine Bäckerei, die sonntags geöffnet hatte. John beschied sich mit einem Schokoladenkuchen aus dem Supermarkt und sagte: »Mutter liebt Schokolade.« Ich war schon auf der Heimfahrt, als ihm plötzlich die perfekte Geburtstagsüberraschung für Yoko einfiel. »Ich hab's!« rief er. »Wir kaufen ihr tausend Gardenien – das sind ihre Lieblingsblumen! Heute nacht, wenn sie schläft, schmücken wir damit das ganze Haus. Dann riecht sie morgens beim Aufwachen als erstes den Duft von Gardenien. Was für ein herrlicher Einfall! Los, das machen wir!«

Zu Hause zog sich John ins Schlafzimmer zurück, um sich von unserem anstrengenden Morgen zu erholen, und ich fing an, alle Floristen durchzutelefonieren. Gardenien hatten, wie ich bald lernte, keine Saison und waren in den meisten Blumengeschäften nicht erhältlich. Endlich fand ich doch noch einen Blumenladen, der eine Handvoll Gardenien vorrätig hatte, die pro Stück drei Dollar kosten sollten. Ich bezweifelte, daß John dreitausend Dollar für eine romantische Geste investieren wollte, aber ich wartete, bis er aufstand, ehe ich eine Entscheidung traf. Er trug die schlechten Nachrichten mit bemerkenswerter Fassung. »Geld spielt keine Rolle!« entschied er; Yoko hatte an ihrem Geburtstag mit einem üppigen Arrangement ihrer Lieblingsblumen erfreut zu werden. Ich überredete ihn, den Plan leicht zu modifizieren. Er stimmte mir zu, daß es hundert Blüten »duft-mäßig« (um es mit einem Yokoismus zu sagen) vielleicht auch tun würden.

Yoko war im Schlafzimmer und telefonierte. Also gingen John und ich zum Wagen, um die Einkaufstüten und den Kuchen auszuladen. »Am besten versteckst du alles erst mal in deinem Zimmer, bis wir einen Weg finden, es unauffällig an Mutter vorbeizuschmuggeln«, schlug er vor. Dann gab er mir seine American-Express-Karte und wies mich an, sofort die Gardenien zu bestellen. Es erforderte noch etliche zusätzliche Anrufe, bis ich endlich einen Floristen gefunden hatte, der hundert Gardenien liefern konnte. Selbst dann mußte ich erst erklären, für wen sie waren, ehe man sich bereit erklärte, so kurzfristig zu liefern. Am Telefon hatte ich allerdings leichte Probleme mit der Glaubwürdigkeit. Als der Junge am anderen Ende Beweise verlangte, blieb mir keine andere Wahl, als John um Hilfe zu bitten. John nahm den Hörer und bellte den Jungen persönlich an. Die Lennon-Stimme war nicht zu verkennen, und der junge Florist erklärte sich eifrig bereit zu einer nächtlichen Gardenienlieferung.

Abends nach dem Dinner kam John in mein Zimmer und bat mich, die Pralinenschachtel in Geschenkpapier einzupacken. Mir fiel siedendheiß ein, daß wir weder Geschenkpapier noch Kerzen gekauft hatten. Ich sprang in den Caddy und fuhr auf der Suche nach einem Nacht-Drugstore durch Palm Beach. Unterwegs schaute ich im Blumenladen vorbei, um mich zu vergewissern, daß an der Gardenienfront alles klar ging. Der Junge, mit dem ich am Telefon gesprochen hatte, entpuppte sich als freundlicher Florist im Teenageralter, der außerdem Beatles-Fan war. Sein Name war Mike. Um den Riesenauftrag rechtzeitig bewältigen zu können, hatte er noch seine Freundin Cindy rekrutiert. Wir verabredeten uns nach Mitternacht, um die Blumen zu holen, dann sollten sie mir helfen, die Gardenien heimlich im ganzen Haus zu verteilen.

Als ich in die Villa zurückkam, erwartete John bereits ungeduldig meinen Lagebericht. Nachdem ich ihm versichert hatte, es sei alles in bester Ordnung, befahl John mir, beim Arrangieren der Blumen extreme Vorsicht walten zu lassen, weil Yoko einen so leichten Schlaf hatte. Dann steckte er drei Kerzen auf den Kuchen, während ich die Pralinenschachtel verpackte.

Um Mitternacht stand ich mutterseelenallein vor dem Blumenladen. Nach zehn Minuten grenzenloser Panik sah ich endlich den Kombi mit Mike und Cindy. Cindy war fürchterlich aufgeregt, und sie versuchte, mich über meine berühmten Arbeitgeber auszufragen. Sie hoffte eindeutig, John kennenzulernen. Ich mußte sie daran erinnern, daß der Zweck dieser Reise eine Blumenlieferung war – kein gesellschaftliches Ereignis, sondern Arbeit. Im Laden stellte ich fest, daß die Gardenien noch nicht lieferfertig waren. Sie lagen überall herum. Wir brauchten noch mindestens eine Stunde, um sie einzusammeln, und bis dahin hatte mir Cindy durch unablässiges, gewieftes Nachfragen den Grund für diese Nacht-und-Nebel-Aktion aus der Nase gezogen. Jetzt waren sie und Mike nicht mehr zu halten, und sie begannen auf Autogramme zu spekulieren. Ich hatte die Schreckensvision, sie könnten sich hinter meinem Rücken ins Schlafzimmer von John und Yoko schleichen. Ich konnte mir lebhaft Johns Gefühle vorstellen, wenn er mitten in der Nacht den Atem von zwei fanatischen Fans im Gesicht spürte. Wahrscheinlich hätte er nie wieder ein Auge zugetan.

Es war schon nach zwei, als wir endlich in *El Solano* ankamen. Mäuschenstill packten wir die Blumen aus und schnitten die Stengel ab, damit sie in den großen Lasagne-Schalen aus Aluminium schwimmen konnten, die ich überall im Haus aufgestellt hatte – auf Tischen, Bücherregalen, Kaminabsätzen, sogar in den Badezimmern. Ich huschte herum und füllte die Schalen mit Wasser, während die Kinder die Blumen ins Wasser legten. Es war fast vier Uhr, als wir fertig waren. Ich gab dem aufgeregten jungen Paar hundert Dollar Trinkgeld für ihr Stillschweigen und schickte sie ihrer Wege. Dann lief ich noch eine Stunde durchs Haus, überprüfte das Arrangement der Schalen und vergewisserte mich, daß alle genau an der richtigen Stelle standen. Der Duft war jetzt schon überwältigend.

Ich beschloß, gar nicht erst schlafen zu gehen, weil ich nicht verpassen wollte, wie Yoko aufwachte. Endlich eine Gelegenheit, sie und John einmal glücklich zu sehen. Ich war gerührt von dieser verschwenderischen Geste und von Johns überwältigendem Bedürfnis, sich mitzuteilen, selbst wenn er nur Happy Birthday sagen wollte.

Ich duschte, machte mir einen Kaffee und setzte mich im Wohnzimmer in einen der leuchtend blauen Sessel, um darauf zu warten, daß hinter den Glastüren die Sonne über dem Ozean aufging. Als sie förmlich über dem Atlantik explodierte, mußte ich an den ersten gemeinsamen Sonnenaufgang denken, den ich im letzten Frühling mit John beobachtet hatte. Das erinnerte mich daran, daß ich seit fast einem Jahr für John arbeitete, und ich staunte darüber, wie sehr er ein Teil meines Lebens geworden war.

Um sechs Uhr kam John und dankte mir, daß ich die Blumen verteilt hatte. Dann fügte er hinzu: »Du siehst halbtot aus, Fred.« Er begutachtete das Gardenien-Arrangement. »Das ist herrlich!« sagte er und nahm einen tiefen Atemzug. »Ich konnte es im ganzen Haus riechen. Ich glaube, ich bin davon aufgewacht. Ich kann gar nicht erwarten, daß Mutter es riecht.«

Wir standen am Fenster und beobachteten den Sonnenaufgang.

»Schönere Sonnenaufgänge gibt es nur noch in Japan«, sagte John. »Japan heißt wirklich nicht umsonst das Land der aufgehenden Sonne.« Wenn sie so tief am Horizont steht, steigt die Sonne sehr schnell. Während wir zuschauten, löste sich eine riesige goldene Kugel aus dem Ozean und teilte den dunstigen und schimmernden

Himmel. »Ich würde Mutter heute abend gerne zum Dinner ausführen«, fuhr John fort. »Und vielleicht noch mal in der Metaphysischen Buchhandlung reinschauen. Der Laden gefällt ihr bestimmt.« Auf dem Weg nach draußen sagte er noch: »Halt die Kamera bereit, Mutter kann jeden Moment aufwachen. Zum Frühstück schneiden wir den Geburtstagskuchen an. Und dann bringe ich ihr ein Ständchen mit Liebesliedern.«

Ich ging die Treppe hoch in mein Zimmer, um die Kamera zu holen, und dann überwältigte mich die Müdigkeit. Ich weiß gar nicht, was passiert ist. Im einen Moment war ich noch auf der Treppe, im nächsten lag ich im Bett, und Sean sprang mir auf den Bauch und kreischte: »Schnell, komm, wir essen Mamas Kuchen!«

Ich schnappte mir die Kamera und rannte ins Eßzimmer. Es war neun Uhr morgens, und Yoko wollte gerade die Kerzen auf dem Kuchen ausblasen. John dokumentierte das Ereignis mit der Polaroid und lächelte zufrieden, während ich den Kuchen anschnitt. Nachdem wir alle ein Stück gegessen hatten, gingen Yoko und John ins Wohnzimmer, wo John seine Gitarre nahm und Yoko Liebeslieder vorspielte. Sie saßen auf zwei zusammenpassenden Sesseln mit geblümtem Bezug. Yoko hatte die Füße unter ihren violetten Bademantel gezogen, rauchte einen Cigarettello und starrte John zerstreut an. John war barfuß, wie immer, trug Jeans und ein lila T-Shirt. Er beugte sich vor und klimperte leise auf seiner Ovation-Gitarre.

Ich hätte mich selbst in den Hintern treten können, daß ich Yokos Erwachen und ihre erste Reaktion auf die Gardenien verpaßt hatte. »Sie sind so wundervoll!« sagte sie immer wieder. Aber ihre bewundernden Bemerkungen klangen mechanisch und sie wirkte unruhig. Ich fragte mich die ganze Zeit, was schiefgegangen war. Alles hatte doch so perfekt ausgesehen. Nach einer Weile hörte John auf zu spielen und ging aus dem Zimmer, um mehr Kaffee zu holen. Als er weg war, drehte sich Yoko zu mir um und sagte: »Vielen Dank für die Blumen, Fred. Der Duft ist herrlich. Aber, weißt du, sie passen eigentlich nicht für die Gelegenheit. In Japan sind Gardenien die Blumen des Todes. Man nimmt sie nur zu Begräbnissen.«

8

Mercury Retrograde

9. April 1980, acht Uhr morgens, und es geht bereits drunter und drüber. Ich war noch nicht ganz aus der Dusche, als ich einen Anruf von Yoko erhielt, ich würde John, Sean und Helen zu dem Haus in Long Island bringen, Cannon Hill, und ich sollte mich darauf einstellen, mindestens einige Tage dort zu verbringen. Ich wußte es besser und stellte deshalb keine der tausend Fragen, die mir durch den Kopf gingen. Schnell warf ich ein paar Sachen in eine Reisetasche, ehe ich mein Apartment auf der West 49th Street verließ. Es war ein kalter, feuchter Morgen, und es war kein Taxi in Sicht. Als ich im Dakota ankam, war ich klatschnaß.

Zu meiner Überraschung stand die Blonde Brenda, ein Fan, im Regen vor dem Haus. Sie war von irgendwo aus dem Mittelwesten, und in den letzten Wochen war sie jeden Tag zum Dakota gekommen. Plötzlich hatte ich das überwältigende Verlangen, sie kräftig durchzuschütteln und zu sagen: »Brenda, Brenda, was hast du hier verloren? In New York gibt es bestimmt eine Million Leute, die sich liebend gerne mit einem hübschen Mädchen wie dir unterhalten würden. John Lennon steckt auch ein Bein nach dem anderen in die Hose, genau wie jeder andere Mensch. Du verschwendest deine Zeit.« Aber ich sagte nichts zu ihr. Außerdem dachte ich: »Das könnte dein Glückstag sein, Kleine.«

Eine Limousine stand in der Einfahrt und brachte Winnie, die Concierge, zur Verzweiflung. »Die hat irgend jemand aus eurem Büro bestellt«, sagte sie mit gepreßtem Flüstern. »Sie steht schon eine Stunde hier herum, und die anderen Bewohner fangen an, sich über die blockierte Einfahrt zu beschweren.«

Ich versprach, mich darum zu kümmern. Ich wußte, daß der Wagen für Yokos Mutter war, Isoko Ono, die jeder »Baba« nannte.

Die alte Dame war Ende März unerwartet aus Japan angereist,

um einige Tage mit Sean und ihrem anderen Enkel Kousuke zu verleben, der seine Osterferien im Dakota verbrachte.

Sie stammte von einem verrufenen Zweig des immens reichen Yasuda-Clans ab und war nicht in der Lage gewesen, Yoko ohne die Hilfe Dutzender Kindermädchen, Hauslehrer, Köche, Hausmädchen und anderer Bediensteter aufzuziehen. Trotzdem war Baba im Alter von siebzig Jahren eine entwaffnend süße und sanfte alte Dame. Sie war überall unauffällig im Weg und wußte eigentlich nicht, mit wem sie sich unterhalten oder was sie tun sollte. Ihre Anwesenheit verkomplizierte Yokos Leben ungemein, denn jetzt hatte sie, gerade als sie John und Sean aus dem Weg schaffen wollte, ihre Mutter und ihren Neffen am Hals. Yoko schien beide zu verabscheuen und scheuchte sie herum wie Angestellte.

Ich rief über Haustelefon in der Küche an, um zu fragen, ob Mrs. Ono zu ihrer heutigen »Apartmentsuche« bereit war. Sie wollte eigentlich gar kein Apartment mieten, aber Yoko mußte einen Weg finden, ihre Mutter aus dem Dakota zu schaffen.

Tante Helen nahm ab und sagte, Mrs. Ono hätte nicht die Absicht, auszugehen, aber John wollte dringend aufbrechen. Die Aufgabe, seine Anverwandten zu hüten, hatte ihn geschafft. Beim Frühstück hatte Sean seinen japanischen Vetter mit Essen beworfen, und Yoko und ihre Mutter sprachen kein Wort. Mitten während dieser Mahlzeit hatte sich John in stummem Protest ins Schlafzimmer verzogen.

»Ich hoffe, wir können bald fahren«, sagte Helen. Sie klang, als würde sie aus einer Gefechtsstellung in Vietnam berichten. Im Hintergrund kreischte Seans Stimme erfolgreich gegen den Staubsauger und den laufenden Fernseher an. Ich rief John im Schlafzimmer an.

»Können wir los?« fragte er mit so entnervter Stimme, daß ich befürchtete, es würde ihm die Sprache verschlagen. Als ich ihm sagte, ich müßte erst noch Diesel für den Mercedes besorgen, stöhnte er auf. Dann bat er mich, an der Videothek vorbeizufahren und ein paar Filme auszuleihen, besonders *Kramer gegen Kramer, Breaking Away*, ein paar Elvis-Filme, klassische Comedy (d. h. Charlie Chaplin und die Marx Brothers), alles mit Peter Sellers, ein paar von Clint Eastwoods *Dirty Harry*-Filmen, Bibel-Monumentalfilme und massenweise Zeichentrickfilme für Sean.

Als ich gerade gehen wollte, um den Mercedes aufzutanken, wurde ich von Yoko aufgehalten, die sagte, Rich werde sich verspäten und sie brauche mich im Büro. Als der Geschäftsführer gegen 10 Uhr auftauchte, bestellte Yoko uns beide zu einer »Besprechung« in ihr Zimmer. Rich und ich nahmen auf Yokos elegantem weißen Sofa Platz, sie setzte sich uns gegenüber auf einen passenden weißen Sessel und fixierte uns mit durchbohrendem Blick.

»Das ist für uns alle eine sehr schwere Zeit«, begann Yoko und zündete sich nervös eine Zigarette an. »Meine Mutter macht John verrückt. Es ist vielleicht das beste, wenn er eine Zeitlang aufs Land fährt.« Yoko vertraute uns an, daß sie plante, während Johns Abwesenheit heimlich ein viertägiges »Reinigungsfasten« einzulegen und sich dazu oben ins Schlafzimmer einzuschließen. »Aber es ist sehr wichtig, daß alle glauben, daß ich mit John in Cold Spring Harbor bin«, fuhr sie fort. »Andernfalls werden sie ihn anrufen und versuchen, ihm irgendwas zu verkaufen.« Sie wies Rich an, ihren »engsten Freunden« zu sagen, sie sei mit John in Cannon Hill, während allen anderen gesagt werden sollte, sie sei »nicht in der Stadt«. Rich und ich wechselten verdutzte Blicke, als wir Yokos Büro verließen, sagten jedoch nichts.

Ich hetzte in die Garage und steckte wenige Minuten später mit dem Turbo-Diesel schon im Stau auf der Columbus Avenue. Ich beschloß, bei Harvey Electronics auf der West 45th Street haltzumachen, um die Videos zu kaufen, und nachher erst zu tanken, ein Entschluß, den ich bereute, als das »Reserve«-Licht plötzlich drohend aufzuleuchten begann, während ich durch den Central Park fuhr. Auf der Fifth Avenue mußte ich im Schrittempo Richtung Midtown fahren. Während ich vorwärtskroch, sah ich John vor mir, der in seinem Zimmer die Wände hochging und verzweifelt von Fernsehsender zu Fernsehsender schaltete, während mir das Benzin ausging. Schließlich erreichte ich Harvey Electronics und kaufte hektisch Videos für über tausend Dollar. Die Kassiererin drehte fast durch, als sie zusammenrechnete. Als ich sie bat, die Rechnung an Lennon zu schicken, sah sie mich mißtrauisch an und rief dann im Büro an, um die Sache mit Rich DePalma zu klären. Der Geschäftsführer versicherte der Kassiererin, der Kauf gehe in Ordnung, und wollte dann noch mit mir sprechen.

»Mann, bin ich froh, daß ich dich erwische«, rief Rich erleichtert aus. Er erzählte mir, Yokos Mutter sei bei einem Howard-Johnson-Restaurant in der Nähe des Times Square »gestrandet« und bat mich, sie dort abzuholen. Anscheinend hatte Mrs. Ono, nachdem sie von Yoko in die Limousine genötigt worden war, die in der Auffahrt wartete, den Fahrer angewiesen, den Broadway entlang über die 42nd Street und dann die 8th Avenue rauf zu fahren, hatte sich dann vor dem Howard Johnson an der 52nd Street absetzen lassen und den Wagen weggeschickt. Glücklicherweise hatte der Fahrer seine Zentrale angerufen, und die hatten in unserer Zentrale angerufen, um uns über den Verbleib von Baba aufzuklären. Ich versprach, die alte Dame aufzugabeln.

»Beeil dich besser«, sagte Rich. »Wenn Mrs. Ono verschwindet, flippt Yoko aus.« Ich verkniff mir die Bemerkung, daß ich nicht so sicher sei, ob Yoko über das Verschwinden ihrer Mutter allzu unglücklich wäre, und versicherte ihm statt dessen, daß ich der alten Dame sofort zu Hilfe eilen würde. Ich fand Yokos Mutter in einer Ecke des Speisesaals, wo sie friedlich saß und ein Täßchen Kaffee trank. Sie schien nicht im geringsten erstaunt, mich zu sehen, und bat mich fröhlich, an ihrem Tisch Platz zu nehmen. Sie fragte mich, ob ich frühstücken wollte. Da ich so schnell wie möglich zurück ins Dakota wollte, sagte ich, ich hätte keinen Hunger. Aber Baba ließ kein Nein gelten und bestand darauf, Eis zu bestellen. Wir studierten die Eiscreme-Karte. Baba entschied sich für Pfefferminz und ich nahm Pistazie. Dann machte Baba leichte Konversation. Sie erzählte mir, die Straßen seien viel sauberer gewesen, als sie vor dreiundzwanzig Jahren das letzte Mal in New York gewesen sei. Sie fragte mich, ob ich gebürtiger New Yorker sei, und als ich ihr erzählte, daß ich in Deutschland geboren sei, schien sie angenehm überrascht. Sie sagte, eines Tages würde sie gerne einen Besuch dort machen.

So sehr ich diesen freundlichen Schwatz mit Mrs. Ono genoß, wurde ich doch von Minute zu Minute ungeduldiger, da ich wußte, daß John im Dakota auf mich wartete. Sobald wir unser Eis gegessen hatten, bat ich um die Rechnung, aber als ich meine Brieftasche zog, schüttelte Baba ernst den Kopf. »Das geht auf mich«, sagte sie. Wir gingen zum Mercedes, den ich um die Ecke auf der West 52nd Street geparkt hatte. Ich hielt Mrs. Ono die Tür zum Fond auf, aber sie deutete mir an, sie würde lieber auf dem Beifahrersitz neben mir sitzen. Als ich den Wagen anließ und die rote Warnleuchte aufleuchtete, fiel mir ein, daß ich immer noch auf Reserve fuhr. Ich fuhr zur nächsten Diesel-Tankstelle auf der 10th Avenue. Bei meinem sprichwörtlichen Glück war sie natürlich geschlossen.

Als sie mein beunruhigtes Gesicht bemerkte, warf Baba mir einen neugierigen Blick zu. Ich erklärte ihr, dem Wagen würde gleich das Benzin ausgehen, und daß Tankstellen mit Diesel dünn gesät wären und weit auseinanderlägen. Ich beschloß, eine Tankstelle an der West 14th Street anzusteuern, von der ich wußte, daß sie Diesel hatte, und witzelte nervös mit Mrs. Ono, wenn uns der Treibstoff ausginge, müßten wir wohl per Anhalter nach Hause fahren. Die alte Dame wirkte nicht allzu besorgt; sie setzte vollstes Vertrauen in den Wagen.

»Mercedes sehr gutes deutsches Auto«, verkündete Baba fachmännisch. Sie lobte deutsche Sauberkeit und Arbeitsqualität und fragte mich, ob ich während des Krieges in Deutschland gewesen sei. Als ich ihr sagte, daß meine Eltern sich erst nach dem Krieg kennengelernt hatten, lächelte Baba und sagte, sie habe nicht gedacht, daß ich so ein »kleiner Junge« sei. Dann fragte sie mich, was mein Vater arbeitete. Als ich ihr erzählte, er sei Konzertpianist, sagte die alte Dame, ihr Ehemann sei auch Pianist gewesen, und einige ihrer Brüder seien Maler oder Bildhauer. Ich fragte mich, was Mrs. Ono von der künstlerischen Tätigkeit ihrer Tochter hielt. Also fragte ich sie, ob sie je eins von Yokos Kunstwerken gesehen habe. Die alte Dame zuckte vage die Achseln. Als ich sie fragte, ob sie Yokos Platten schon mal gehört habe, verneinte sie. Ich wünschte fast, ich hätte ein paar Tapes von Yoko, um sie Baba vorzuspielen.

Wir schafften es noch bis zur Diesel-Tankstelle an der 14th Street; nachdem ich den Wagen aufgetankt hatte, fuhr ich mit Bleifuß uptown, bretterte mit fast 120 Stundenkilometern über den West Side Highway. Baba schien das schnelle Tempo zu gefallen, und ich konnte mich nur wieder über die Verschiedenheit von Mutter und Tochter wundern.

Im Dakota fuhr ich den Benz rückwärts in die Einfahrt und ignorierte den Türsteher, der mir wild gestikulierend zu verstehen gab, der Wagen könne dort nicht bleiben. Ich sagte ihm, ich hätte einiges einzuladen, daß es nur ein paar Minuten dauern würde, daß es ein Notfall sei. Ehe der Türsteher Zeit hatte, mit mir zu streiten, kam die Blonde Brenda angerannt. »Ist das Johns Wagen?« fragte sie hochrot vor Aufregung. »Kommt er runter?« Ich murmelte etwas Ausweichendes, half Mrs. Ono aus dem Wagen und eskortierte sie dann durch den Empfang, während der Türsteher Brenda daran hinderte, uns ins Haus zu folgen.

Als ich ins Büro kam, schaute Rich anklagend auf die Uhr hinter seinem Schreibtisch – es war fast dreizehn Uhr – und schüttelte wütend den Kopf. »Mann, wo hast du so lange gesteckt?« schnauzte er mich an. »Oben drehen sie schon durch. John hat alle halbe

Stunde hier unten angerufen und gefragt, wo du bleibst. Wenn ihr nicht bald losfahrt, ist es zu spät.« Er erklärte, Yoko habe eine Besprechung mit John Green gehabt, der ihr gesagt hatte, heute wäre ein wirklich schlechter Tag für Autofahrten, da der Merkur retrograd sei. Ich hatte so eine Ahnung, daß Yoko ausnahmsweise den Rat ihres Kartenlegers ignorieren würde, da es durchaus zu häuslicher Gewalt führen könnte, John im Dakota festzuhalten. John hatte mir mal gesagt, er sei früher ein ziemlich brutaler Mann gewesen und erst Yoko habe ihn gelehrt, daß man nicht unbedingt brutal sein muß, um seine Männlichkeit zu beweisen. Jetzt, wo er darauf drängte, das Dakota zu verlassen und sich jede Minute mehr in Erregung steigerte, hatte ich plötzlich Angst, Yoko hätte John nicht völlig gezähmt, sondern hielte ihn nur mühsam im Zaum.

Böses ahnend, rief ich über die Sprechanlage im Schlafzimmer an. »Das wird aber auch Zeit!« schnappte John. Ich wollte ihm erklären, welche Schwierigkeiten ich gehabt hatte, Diesel aufzutreiben, aber er war nicht in der Stimmung, sich Entschuldigungen anzuhören. »Vergiß das jetzt mal«, sagte er ungeduldig. Dann rasselte er eine Checkliste mit Dingen herunter, die ich keinesfalls vergessen durfte. Am wichtigsten war die Fernbedienung für den neuen Fernseher in Cannon Hill, ein großzügiger Zigarettenvorrat, eine Polaroidkamera und jede Menge Filme. Ich packte schnell eine Einkaufstasche mit etlichen Stangen Gitanes und Fotomaterial. Aber als ich versuchte, die Fernbedienung für den Fernseher zu finden, konnte sich niemand erinnern, was aus ihr geworden war. Ich durchstöberte fieberhaft die Schreibtischschubladen und Aktenschränke, als die Sprechanlage klingelte. Richie nahm ab und warf mir einen strengen Blick zu, was nur bedeuten konnte, daß John am Apparat war.

»Was zum Teufel machst du im Büro, wenn ich hier oben auf dich warte?« bellte John mich an. Ich stammelte irgendwas, aber John interessierte sich nicht dafür, was ich zu sagen hatte. »Ich will, daß du sofort hier raufkommst, mir hilfst, meine Sachen zu packen, und dann fahren wir los, okay?« Er schien über Wut schon hinaus zu sein. Er wollte nur noch weg. Ich rannte nach oben, wo er auf dem Bett saß, nervös auf seiner Gitarre schrammelte und fernsah. »Jesus, heiliger Scheiß-Christus!« polterte er, als ich meine Nase zeigte. »Mir platzt noch der Kopf bei dieser Warterei den ganzen Tag. Ich bin schon seit heute morgen fahrbereit!«

Ich erwog kurz, John zu erklären, daß ich unerwartet aufgehalten worden sei, als ich Baba abholte, aber ich wußte, daß Entschuldigungen sinnlos waren. Ich sagte nichts. John gab mir die Gitarre, und ich legte sie in den Koffer, während er vom Bett aufsprang und sich nach seinen Schuhen umsah. Ich wollte ihm gerade suchen helfen, als ich aus der Küche Uda-Sans schrille Stimme hörte: »Bitte schnell kommen! Hilfe! Hilfe!«

»Sieh besser mal nach, was los ist. Wenn die auch noch anfangen Scheiße zu bauen, kommen wir hier nie mehr raus.« Ich rannte in die Küche. Uda-San deutete auf einen großen Pappkarton voller Naturreis, Honig-Kleie-Crackern, Hain's Orangenmarmelade (Johns Lieblingsmarmelade, die ich kartonweise beim Großhandel kaufte), Honig, getrockneten Seetang – Johns ganze Reformkost. »Bitte runterholen«, sagte sie mit süßem Lächeln. Ich sagte ihr, es sei nicht nötig, den ganzen Krempel mitzunehmen, da es in Long Island jede Menge Health-Food-Läden gebe, in denen wir alles kaufen könnten, was John brauche. Außerdem machte ich ihr klar, daß die Zeit drängte, weil John und Sean ungeduldig darauf warteten, endlich dieses Irrenhaus zu verlassen. Tatsächlich tobte just in diesem Moment Sean durch die Küche, kniff Helen in die Beine und kreischte: »Helen, wann fahren wir . . . Helen, wann fahren wir?«

Währenddessen saß Baba am Metzgertisch und kaute gelassen an einem Roastbeefsandwich. Der Tumult um sie herum schien sie nicht zu berühren. Ich schnappte mir ein paar Stangen Gitanes, die ich für alle Fälle in der Küche vorrätig hatte, und kehrte zu John zurück, der seine Turnschuhe gefunden hatte und jetzt im Ankleidezimmer versuchte, sich für ein Jackett zu entscheiden. Ich nahm seine Gitarre und eine Kleidertasche und ging dann nach unten.

Als ich den Wagen belud, kam die Blonde Brenda näher und fixierte den Gitarrenkoffer. »Ist das Johns Gitarre?« Sie hatte das Gefühl, die vielen Tage geduldigen Wartens würden sich endlich auszahlen. »Kommt er runter? Kommt Yoko auch runter? Wo fahren sie hin? Wie lange bleiben sie fort?«

Ich rannte ins Büro und rief in der Küche an, um den andern zu sagen, sie sollten zum Auto kommen; dann lief ich wieder nach oben. John tigerte im Schlafzimmer auf und ab wie ein Tier im Käfig. Er nahm einen schwarzen Diplomatenkoffer mit seinen Tagebüchern, und ich sammelte die restlichen Taschen ein. Ich folgte ihm ins Foyer und drückte den Knopf des Aufzugs.

»Ich frage mich, was wir wohl vergessen haben«, sorgte sich John, während wir warteten. Plötzlich schnippte er mit den Fingern. »Erinnerst du dich an meine Lieblingsjeans, diese Lee Riders? Ich kann sie nirgendwo finden. Ich wette, Uda-San hat sie irgendwo versteckt, um mir Psychoterror zu machen. Gestern ist mir bei ihr irgendwie der Kragen geplatzt. Sieh mal zu, ob du die Hose finden kannst.« Ich versprach John, danach zu suchen, wenn wir aus Cannon Hill zurück seien, und fragte ihn beiläufig, ob er wisse, wie lange wir dort bleiben würden. Er sagte mir, wir würden wahrscheinlich so lange in Cold Spring Harbor bleiben, bis der Merkur wieder in günstigen Bahnen verlaufe, aber er wisse nicht genau, wann das sein werde. Außerdem wirkte er etwas furchtsam angesichts der Kühnheit, das »Schicksal herauszufordern«, weil wir reisten, während der Merkur retrograd lief.

»Es ist eigentlich nicht deine Schuld, daß wir so spät loskommen«, sagte er in versöhnlichem Ton. »Verspätungen sind normal, wenn der Merkur retrograd verläuft.« Ich war erleichtert, daß er nicht mehr sauer auf mich zu sein schien, und erzählte ihm von meiner Diesel-Odyssee, die John als Beweis der unheilvollen Macht des retrograden Merkurs auffaßte, Pläne zum Scheitern zu bringen und das Leben auf Erden noch schwieriger zu machen. John scharrte ungeduldig mit den Füßen.

»Hast du die Videos bekommen?« fragte er. Ich versicherte ihm, wir hätten genug Videos, um unsere eigene Videothek aufzumachen. »Was ist mit Polaroid-Filmen? Haben wir davon genug?« Ich sagte ihm, wir hätten einen reichlichen Vorrat, ebenso wie an Blitzlichtern. »Nimm besser eine Ersatzkamera mit, nur für alle Fälle«, schlug er vor. »Und sieh zu, daß du die Fernbedienung findest. Ich will nicht hundert Mal am Tag aufstehen müssen, um den Fernseher umzuschalten.«

Ich hörte, wie sich der Aufzug den Schacht hocharbeitete. Schließlich kam er knirschend zum Stehen, und die Türen öffneten sich. John und ich traten in die luxuriöse, holzgetäfelte Kabine, die immer leicht nach Möbelpolitur roch, weil sie von unsichtbaren Händen stets auf dunklen Hochglanz poliert wurde. Gerade als ich spürte, daß John erleichtert aufatmen wollte – wir hatten es ja fast geschafft –, schlossen sich die Türen, und der Aufzug fuhr aufwärts statt abwärts.

»Was zur Hölle noch mal . . .« stammelte John und brach dann einfach ab, bestürzt und sprachlos.

Im achten Stock öffneten sich die Türen wieder, und ein junger Mann trat ein – wahrscheinlich einer der jungen Schauspieler oder Künstler, die in den kleinen Studiowohnungen im Dachgeschoß des

Dakota wohnten. John war sichtlich entsetzt über die Anwesenheit dieses Fremden, der ihn unverwandt, wenn auch verlegen anstarrte, als wüßte er, daß er dieses berühmte Gesicht eigentlich nicht ansehen sollte, sich jedoch nicht helfen könnte. Der Eindringling drückte sich ehrfürchtig in die Ecke und wirkte nervös, als würde er die unerwartete Begegnung noch mehr bedauern als John. Im Erdgeschoß ließen John und ich ihm zunächst den Vortritt, dann winkte John mir zu, vor ihm aus dem Aufzug zu treten – nur für den Fall, daß sich vor der Tür ein Sicherheitsrisiko ergeben sollte.

Ich trat vorsichtig nach draußen, spähte nach links und rechts. Als ich mich eben umwenden wollte, um John anzudeuten, daß die Luft rein sei, schlossen sich die massiven Aufzugtüren, und John war gefangen für einen weiteren unabsichtlichen Ausflug nach oben mit der atemberaubenden Geschwindigkeit von einer dreißigstel Meile pro Stunde. Da John nicht so bald zurück sein würde, ging ich raus in die Einfahrt, um die Taschen einzuladen. Es hatte aufgehört zu regnen, aber als ich hochschaute, sah der Himmel über dem Hof dunkel und drohend aus. Ich kehrte gerade rechtzeitig ins Haus zurück, um der Blonden Brenda zu entwischen und John in Empfang zu nehmen, als er aus dem Aufzug trat. Entgegen meinen Befürchtungen hatte er nicht die Wandtäfelung angenagt. Er war bemerkenswert gelassen, und auf seinem Gesicht lag ein trauriges, resigniertes Lächeln.

»Vielleicht hat Mutter recht gehabt«, sagte er. »Anscheinend paßt es irgendwem da oben nicht, daß wir heute fahren.«

Ich begleitete ihn nach draußen zum Wagen. Kaum hatte er auf dem Beifahrersitz Platz genommen, stürzte Brenda aus dem Hinterhalt mit der Kamera auf ihn zu. Ich wollte gerade eingreifen, aber John stoppte mich mit einer Handbewegung. »Ist schon gut, Fred«, sagte er. »Ich regle das. Hol' du die anderen runter, damit wir fahren können.«

Ich war verblüfft, wie ruhig John wurde, als ein Fan mit der Kamera vor ihm stand. Die Blonde Brenda war so verdattert über ihr unverhofftes Glück, daß sie kaum fähig war, die Kamera einzustellen. Außerdem sah man ihr an, wie befremdet sie von Johns wenig beatlehafter Erscheinung war. Er trug einen blauen Blazer über einem T-Shirt, graue Kordsamthose und weiße Sneakers. Sein Vollbart wucherte ungepflegt, sein Haar war zu einem Pferdeschwanz zusammengebunden, und seine Augen verbarg er hinter einer neuen Sonnenbrille mit gelbem Plastikrahmen.

Ich lief zurück ins Büro, um nachzusehen, wie weit die anderen waren. Sean hatte offensichtlich Schwierigkeiten, sich zu entscheiden, welche Videos er mitnehmen sollte. Ich sagte Helen, ich hätte reichlich neue Videos für ihn, aber Sean bestand darauf, seine Lieblings-Tapes von *Mighty Mouse* und *Heckle & Jeckle* mitzunehmen. Ich trieb noch eine Ersatzkamera auf und vergewisserte mich, daß ich die Schlüssel fürs Haus hatte; dann steckte ich den Kopf kurz in Yokos Büro, um zu sagen, daß wir jeden Moment fahren würden.

»Wie ist Johns Stimmung?« fragte sie besorgt. Ehe ich antworten konnte, flüsterte sie: »Weißt du, ich habe bei Charlie Swan nachgefragt, und er findet, es ist keine günstige Reisezeit, weil der Merkur retrograd verläuft.«

Ich nickte feierlich und versicherte ihr, daß John, Merkur hin oder her, in Cannon Hill besser aufgehoben wäre, als oben im Schlafzimmer die Wände hochzugehen. Yoko sah beunruhigt aus. »Es ist meine Mutter, weißt du«, sagte sie, als würde sie mir ein Familiengeheimnis enthüllen. »Sie treibt John zum Wahnsinn, aber ich kann sie nicht rausschmeißen. Also ist es wahrscheinlich besser, wenn er eine Zeitlang raus nach Cannon Hill fährt, und ich versuche, so oft wie möglich zu Besuch rauszukommen. Das ist jetzt eine sehr gefährliche Phase, astrologisch gesehen«, warnte mich Yoko, »also sei besonders vorsichtig.« Sie schärfte mir ein, daß mittlerweile viele Leute von ihrem Haus in Long Island wüßten, und sagte, sie befürchte, Fans könnten John »auflauern«. Ich dachte an John, der in der Einfahrt mit der Blonden Brenda flirtete. Ich hörte, daß Sean im Vorzimmer des Büros einen Aufstand machte, aber sie ignorierte ihn. Sie vertraute mir mit ernster Miene an, daß John und Sean im Moment nicht besonders miteinander auskämen und Sean von John ferngehalten werden sollte, bis ihr Verhältnis sich wieder »normalisiert« hätte. Zuletzt untersagte Yoko mir, John zu »erlauben«, das Haus in Long Island zu verlassen.

Und was, wenn John mich bat, ihn im Auto herumzufahren, fragte ich, weil ich Probleme auf mich zukommen sah.

»Sieh mal, ich weiß, daß John sehr impulsiv sein kann, und wenn er sich langweilt oder sich über Sean geärgert hat, sagt er vielleicht: ›Los, Fred, fahren wir zum Naturkostladen‹, oder etwas in der Art. Also, wenn du dich einfach weigerst, wird er vielleicht wütend auf dich, aber das ist immer noch besser, als wenn du tust, was er sagt, und dann passiert etwas. Laß dich also nicht in Versuchung führen.«

Sie versprach, telefonisch mit uns in Verbindung zu bleiben, und beschwor mich, sie zu benachrichtigen, falls es Schwierigkeiten gab. Als ich aus dem Allerheiligsten trat, stürmte Sean, gefolgt von Helen, herein. Die beiden kamen zusammen mit Yoko heraus, und wir marschierten gemeinsam zur Einfahrt, wo John mit Brenda plauderte und zwischendurch tiefe Züge aus seiner Zigarette nahm. Sie hatte wirklich das große Los gezogen. Während Helen, Sean und Uda-San sich auf die Rückbank des Mercedes klemmten, entschuldigte sich Yoko nervös bei niemand Bestimmten, weil sie uns nicht begleiten konnte.

»Ja, ich weiß«, sagte John mit einem vorwurfsvollen Blick, »Geschäft geht vor Familie.« Yoko sah verletzt aus, sagte jedoch nichts. »Ist schon gut, mach dir deshalb keine Gedanken«, sagte John kurz angebunden, als Yoko sich an der Beifahrerseite zu einer knappen, verlegenen Umarmung durchs Fenster lehnte. »Fred, fahr an, wir müssen los«, kommandierte John. Ich fuhr langsam aus der Einfahrt, während Yoko einen Moment neben dem Wagen herging, um uns zuzuwinken. Der lange Abschied war fast vorüber.

»Häng nicht zu lange hier draußen rum«, sagte John zu Yoko, als ich auf eine Lücke im Verkehr wartete, um links abbiegen zu können. »Sonst halten die Leute dich noch für einen gewöhnlichen Beatles-Fan.« Er warf Brenda, die offensichtlich hochentzückt über diese intime Familienszene war, einen verschmitzten Blick zu. Dann winkte er Yoko zu, die uns nachwinkte, während wir im tiefsten Herzen des Central Park verschwanden, während sich im gleichen Moment ein gigantisches Gewitter entlud.

»Was für ein Tag!« seufzte John. »Ich frage mich, was uns noch bevorsteht, was da draußen noch im Nebel lauert. Weißt du, es ist nicht nur der Merkur, im Moment läuft alles retrograd. Venus und Mars, der ganze verdammte Kosmos läuft rückwärts. Daher das ganze Chaos, verstehst du.« Als wir uns dem Haus näherten, wurde John zusehends nervöser, ob wir in diesem sturzbachartigen Regen überhaupt die Zufahrtsstraße finden würden. Aber ich war die Strecke im letzten Jahr so oft gefahren, daß ich keine Probleme hatte, die richtige Abzweigung zu finden. John atmete erleichtert auf, als Cannon Hill am Ende der gewundenen Straße undeutlich in Sicht kam.

»Wir haben's geschafft, Gott sei Dank!« rief John. Helen, Sean und Uda-San applaudierten. Ich fuhr unter den Torbogen vor dem Haupteingang und sprang aus dem Wagen, um das Haus aufzuschließen.

Einen Moment später hatte ich schlechte Nachrichten zu verkünden. Keiner der Schlüssel schien zu passen.

John stieg aus dem Wagen und sah zu, wie ich fieberhaft verschiedene Schlüssel durchprobierte.

»Mach schon, Fred, ich muß pinkeln!« Er wurde ungeduldig.

Trotzdem schien von den Schlüsseln keiner zu passen.

»Mach schnell, ehe ich mir in die Hose pisse!« John verzog das Gesicht, während ich ein weiteres Mal alle Schlüssel ausprobierte, aber die Tür rührte sich nicht. Er warf die Hände in die Luft und hetzte zum Wagen zurück, um seinen grünen Regenmantel und Hut zu holen. Dann schlug sich John wie ein grünes Gespenst ins Unterholz, fand einen passenden Busch und ließ es laufen. Um ihn her stieg Dampf aus dem zischenden Wald auf.

Ich dachte: »Brenda, jetzt müßtest du uns sehen!«

9

Cold Spring Harbor

Endlich fand ich den richtigen Schlüsselbund, und wir zogen in unsere neuen Quartiere. Am zweiten Tag auf Long Island klärte sich der Himmel, die Sonne kam heraus, und es versprach ein schöner und warmer Tag zu werden. Ich ging ins große Schlafzimmer, um ein Buch zurückzugeben, das John mir geliehen hatte, *Unseen Influences*, und fand ihn an seinem Schreibtisch, wo er in sein Tagebuch schrieb.

»Erinnerst du dich an diese schwarze Brother-Schreibmaschine, die ich hatte?« fragte er. »Laß sie von irgendwem hier raus bringen. Ich glaube, ich fange an, ein Buch zu schreiben, die wahre *Ballad of John and Yoko*«, kicherte John. »Da fallen den Leuten die Augen aus dem Kopf!«

Ich hob meine Augenbrauen. Zu dem Zeitpunkt wußte ich nicht, ob er und Yoko überhaupt schon darüber gesprochen hatten, aber ich hatte den Verdacht, wenn sie erfuhr, daß er »auspacken« wollte, würde sie mehr als sauer sein.

Am Nachmittag bat John mich, ihn ins nahegelegene Städtchen Cold Spring Harbor zu fahren, um sich »die Gegend anzusehen« und nach Antiquitäten Ausschau zu halten. Ich beschloß, nicht bei Yoko anzurufen und sie um Erlaubnis zu bitten, da ich wußte, daß sie niemals zustimmen würde. Auf der Fahrt meinte John, wir sollten ein Boot haben, wenn wir schon am Wasser lebten. Nach Jahren der Fügsamkeit gegenüber Yoko schien er zeitweilig nicht mehr allzuviel darauf zu geben, was Yoko wollte.

An unserem ersten Sonntag in Long Island, dem 13. April, beschloß John, auszufahren und Blumen zu besorgen. Yoko war am Vorabend zu Besuch gekommen, und John wollte sie mit einem Strauß überraschen. Wir gondelten über die malerischen Landstraßen und hörten uns auf Kassetten Lesungen von Alan Watts, dem renommierten britischen Kenner orientalischer Philosophie und

Religion, an. John hatte mich gebeten, zum Preis von über tausend Dollar Watts gesammelte Vorträge auf Kassette zu bestellen. Als er keine Lust mehr auf Watts' Vorträge hatte, spielte er Tapes von Fats Waller, Nöel Coward und Willie Nelson. Und genau wie in Palm Beach beobachtete John die »Eingeborenen« durch die dunkel getönten Wagenfenster und kommentierte das Treiben draußen. Ich war so vertieft in die Musik und Johns Geplauder, daß ich völlig übersah, daß der Wagen schon wieder auf Reserve lief. Ich wurde unruhig, als ich feststellte, daß die meisten Tankstellen geschlossen hatten, da Sonntag war, und die wenigen, die geöffnet hatten, keinen Diesel führten. Wie üblich, wenn ich nervös und fahrig war, blieb John zuversichtlich.

»Nur ruhig, Fred«, sagte er, als ich besorgt den Benzinstand überprüfte. »Wir fahren einfach weiter. Vielleicht sehen wir dann eine Straße, die uns bekannt vorkommt oder so.« Bald waren wir mit Johns sämtlichen Tapes durch, und ich fragte ihn, ob er Lust hätte, sich ein paar von den New-Wave-Rock- und Reggae-Kassetten anzuhören, die ich im Handschuhfach hatte. Ohne auf meinen Vorschlag einzugehen, fing John an, am Radio rumzufummeln. Normalerweise lag John nichts ferner, als den kompliziert aussehenden digitalen Blaupunkt Quadro-Radiorecorder anzurühren, den ich auf seinen Wunsch hin im Auto eingebaut hatte. Aber jetzt fummelte er an den Reglern, und plötzlich erklang Calypso-Musik im Wagen. »Das klingt ja nach Mighty Sparrow«, sagte er, während er Bässe und Höhen optimal einstellte. Als der Ansager Johns Vermutung bestätigte, strahlte er übers ganze Gesicht. »Gewonnen!« sagte er stolz.

Mittlerweile waren wir wieder auf einem vertrauten Abschnitt der Route 110, und ich fand bald eine Tankstelle, die Diesel führte. John drehte die Musik leiser und zündete sich eine Gitane an, während wir darauf warteten, daß ein langhaariger Junge den Wagen auftankte. Als ich dem Tankwart einen Zwanzigdollarschein gab, gratulierte er mir zu dem Wagen und sagte, er hätte noch nie einen Mercedes-Kombi gesehen. Er musterte John mit wachsender Neugier, während er in seinen Taschen nach Wechselgeld kramte.

»Hey, ich kenne Sie!« rief der Junge plötzlich, und blitzartiges Erkennen huschte über sein Gesicht.

»Ich kenne dich auch«, murmelte John verärgert und wandte den Kopf von dem aufgeregten Jungen ab.

»Behalt den Rest«, sagte ich dem Kleinen und brauste los.

Auf dem Highway atmete John erleichtert auf, rauchte noch eine Zigarette und drehte das Radio wieder lauter. John verlor schnell das Interesse an Musik. Er suchte zwanghaft das FM-Band ab, ohne sich je einen Song zu Ende anzuhören, wenn er ihn nicht ganz besonders mochte – wie zum Beispiel »Miss You« von den Rolling Stones. Als der Song auf einem Lokalsender lief, schrie John freudig auf, drehte lauter, und sagte, Mick Jagger könnte sich glücklich schätzen, daß ihm die Scheidung von Bianca immerhin diesen tollen Song beschert hatte. Zweimal schnappten wir Fetzen von Beatles-Songs auf, aber John zeigte kein Interesse. Er sagte, die meisten Beatles-Songs – besonders die frühen, die er als »Null-Acht-Fünfzehn-Songs« abtat – würden ihn langweilen. Er sagte, wenn er einen Beatles-Song hörte, müßte er meistens an die Aufnahmesession denken. Dann würden ihm meistens Einzelheiten einfallen wie, was sie an dem Tag gegessen hatten, welche Drogen sie genommen hatten, worüber man sich gestritten hatte – zumeist unerfreuliche Erinnerungen.

Wir fuhren an einer großen Einkaufspromenade in der Nähe von Walt Whitmans Geburtshaus vorbei, als eine vertraute Stimme aus den vier Lautsprechern dröhnte.

»Fick die Henne!« rief John. »Das ist Paul!«

Es war tatsächlich Paul McCartneys neue Hitsingle, »Coming Up«, eine eingängige Melodie, die auf einem hämmernden Stakkato-Riff basierte. John runzelte die Stirn, drehte lauter und begann, im Rhythmus zu nicken.

»Nicht schlecht«, sagte er am Ende des Songs. Er klang überrascht und fast ein wenig enttäuscht.

Als der Ansager erwähnte, daß Paul alle Instrumente selbst gespielt hatte, brummelte John irgendwas in dem Sinne, das sei ja naheliegend, da Paul immer schon am liebsten eine Ein-Mann-Band gewesen wäre. John drehte wieder leiser und wurde für eine Weile still. Dann bat er mich, Pauls neue LP zu kaufen und eine Stereoanlage in seinem Schlafzimmer anzuschließen. Ich ließ noch am selben Tag eine von Johns diversen Stereoanlagen per Limousine aus New York kommen, und Pauls neues Album, *McCartney II*, in einem der örtlichen Plattenläden zu finden, war ebenfalls kein Problem. Außerdem fügte ich Pauls neue Aufnahmen der Kassettensammlung in meinem Handschuhfach hinzu. Ich wußte, daß John früher oder später seine Vorbehalte gegen meine Tapes aufgeben würde, und wenn es soweit war, wollte ich jede Menge neue Musik für ihn haben, von der er sich inspirieren lassen konnte.

Seit ich vor über einem Jahr angefangen hatte, für John zu arbeiten, hatte ich insgeheim gehofft, daß er sich aus seiner völligen Gleichgültigkeit aufraffen und die Welt noch einmal mit seinen Songs in Erstaunen versetzen würde.

Am nächsten Tag summte John beim Frühstück die Melodie von Pauls neuer Single, die ihm, wie er sagte, nicht aus dem Kopf ging.

»Das macht mich noch bekloppt!« rief er fröhlich. Er sagte, das Album sei unausgegoren, mußte jedoch zugeben, daß es ein für Paul ausgesprochen gewagter Versuch war, und seiner letzten Veröffentlichung, *Back to the Egg*, die John wegwerfend als »Müll« bezeichnet hatte, weit überlegen. Er zollte Paul Anerkennung, weil er sich an etwas Neuem versucht hatte. Ich erkannte, daß Johns Ehrgeiz nach langen Jahren wieder angestachelt worden war. Solange Paul mittelmäßige »Dutzendware« auf den Markt geworfen hatte, sah John sich darin bestätigt, die eigene Kreativität im Schrank zu lassen. Aber daß Paul wieder gute Musik schrieb, war für John eine Herausforderung, die er sofort annahm. Es war ein anerzogener Reflex, der sich in den langen Jahren freundschaftlicher (und später bitterböser) Rivalität bei den Beatles eingeschliffen hatte. John sagte, Paul sei der einzige Musiker, der ihn dazu treiben könnte, großartige Songs zu schreiben – und umgekehrt. Das war es, was das Verhältnis von John und Paul ausmachte: die kreative brüderliche Rivalität.

John machte eine plötzliche Kehrtwendung um hundertachtzig Grad und bat mich, ihn sofort auf den neuesten Stand der Musikszene zu bringen. Während der nächsten Tage fuhren wir an der Nordküste von Long Island herum und hörten uns die neuesten New-Wave-Bands an. John war besonders angetan von den Pretenders und Lene Lovich, aber auch von Madness, einer englischen Ska-Band. Ska war ein Musikstil, der ursprünglich in den 50ern in Jamaika entstanden und später, unter der Bezeichnung »Bluebeat«, bei der westindischen Bevölkerung Londons populär geworden war. John erzählte mir, in den Sechzigern sei er großer Fan dieser Musikrichtung gewesen. Ich besorgte bald neue Tapes von Ska-Bands wie Selecter oder den Specials.

Außerdem schickte mich John um diese Zeit, unserer zweiten Woche in Cannon Hill, auf Bootskauf. Ich besuchte die örtliche Bootswerft, Coneys Marine, und kaufte ein Achthundert-Dollar-Dinghy mit einem British-Seagull-Außenbordmotor mit zwei PS. An einem sonnigen Freitagnachmittag Mitte April schoben John,

Helen, Sean und ich es ins flache Wasser gleich unter dem Haus. Dann kletterten wir alle an Bord. Helen und Sean kauerten sich in die Mitte des kleinen Boots, John krabbelte nervös an den Bug, und ich bezog Stellung am Heck. Sobald wir keinen Grund mehr hatten, riß ich an der Leine, um den Motor zu starten, und wir fuhren laut knatternd in die Bucht hinaus.

»Ich will navigieren!« sagte John eifrig. Ich übergab ihm das Ruder, und er steuerte uns eine Zeitlang durch die Bucht, ehe wir Kurs auf Oyster Bay nahmen. Als wir diese Bucht erreicht hatten, sagte John: »Laß uns den Motor abstellen, wir lassen uns einfach treiben.«

Stille umfing uns, und helles Sonnenlicht tanzte auf der leicht gewellten dunkelgrünen Wasseroberfläche. Möwen schrien in der Ferne, und die Wellen klatschten in unregelmäßigem, unruhigem Rhythmus gegen die Bordwände des Dinghys. Ich hatte Sean nie vorher so still erlebt. Als er fragte, ob er rudern dürfte, nickte John zustimmend. Ich gab Sean ein Paddel und zeigte ihm, wie er es benutzen mußte. Dann nahm ich das andere Paddel, und wir begannen, auf Cold Spring Harbor zuzurudern.

»Das ist toll!« rief John aus, während er die nicht allzu weit entfernte Küste erforschte. »Ist dir schon mal aufgefallen, wie die Oberklasse sich mit Kampfspielen amüsiert? Sie lernen Reiten und Segeln, Schießen und was weiß ich noch alles. Ich will, daß Sean dieses ganze Überlebenstraining auch mitmacht!«

John wollte lernen, den Außenbordmotor zu bedienen. Man mußte mit einem kräftigen Ruck an der Leine ziehen. Zuerst schaffte es John nicht, kraftvoll genug zu ziehen, um den Motor zu starten. Normalerweise hätte er schnell den Mut verloren und aufgegeben, aber diesmal blieb er hartnäckig. Nach etlichen Versuchen startete er mit einem schnellen Ruck seines Arms den Motor. Er schlug vor, Sean eine Zeitlang ans Steuer zu lassen, aber als wir in dem kleinen Boot herumrückten, um Sean an den Motor zu lassen, stieß John versehentlich mit dem Ellbogen dagegen, und der Motor ging wieder aus. Diesmal bekam ihn keiner von uns wieder in Gang. Wir trieben in der Bucht. John rief uns zu, wir sollten *»pullen!«* Er und ich schnappten je ein Paddel und ruderten zurück zum Ufer, während Sean am Steuer saß.

»Ein Glück, daß Mutter das nicht gesehen hat«, sagte John, als wir glücklich wieder daheim waren. »Das hätten wir nicht überlebt.«

Am selben Abend traf Yoko unangemeldet nach dem Dinner ein.

Ich leistete den Lennons im Wohnzimmer Gesellschaft, wo John einen Vortrag über die Geschichte der Nordküste von Long Island hielt. »Warum heißt das hier überhaupt Cannon Hill?« warf Yoko irgendwann ein. »Ist das die Gegend, in der wir wohnen, oder ist es der Name des Hauses?« Ich erklärte, der Name der Gegend sei Laurel Hollow, eine kleine Gemeinde an einem Meeresarm namens Cold Spring Harbor bei der nahegelegenen Stadt gleichen Namens. Dann erzählte John ihr, den Namen Cannon Hill hätte das Haus von der kleinen Kanone neben dem Pool. Yoko machte eine numerologische Analyse des Namens: »Das Haus ist eine Sieben!« verkündete sie. »Die Hausnummer ist vierzehn-zwanzig, also eins plus vier plus zwei gleich sieben.« Als er mein verdutztes Gesicht sah, wandte sich John zu mir und sagte: »Das ist gut, Sieben ist die Zahl, die man mit dem Planeten Neptun verbindet und auch mit dem Mond. Sie hat also mit Wasser zu tun. Und außerdem«, fuhr er an Yoko gewandt fort, »ist die Kombination für das Zahlenschloß am Bootschuppen fünfunddreißig-neun-fünfunddreißig . . . gleich neunundsiebzig. Sieben und neun ist sechzehn. Eins plus sechs macht sieben.«

»Erstaunlich, oder?« sagte Yoko begeistert.

Am nächsten Morgen, am Samstag, dem 19. April, nahm sie alle außer John um neun Uhr beiseite, um anzukündigen, daß John ein zehntägiges »Schweigegelübde« abgelegt hätte. Sie wollte sich vergewissern, daß wir alle verstanden, was vor sich ging, um so gut wie möglich zu kooperieren und die Sache für John leichter zu machen.

»Er wird sehr niedergeschlagen sein, wenn etwas schiefgeht«, warnte uns Yoko. Ich las daraus, daß dann die Hölle los sein würde. Außerdem konnte ich mich nur wundern, welchen Zweck dieses »Gelübde« haben sollte, aber ich wagte nicht zu fragen. Mit einem eindringlichen Blick auf meine Tante fuhr Yoko fort: »Helen, ich kann mich doch darauf verlassen, daß du Sean das klarmachst, okay?«

Meine Tante lachte nervös auf, während Sean das Gesicht verzog und fragte: »Warum darf Daddy nicht sprechen?«

»Es ist nur eine Übung, Sean-San«, sagte Yoko, »wie sie die Mönche manchmal machen. Denn wenn man zuviel spricht, hört man seine Gedanken nicht mehr.« Sean sah sie zweifelnd an. »Und außerdem ist es auch gut, um den Kopf sauberzumachen.« Dann wandte sie sich an Uda-San. »Also: während des Gelübdes darfst du in der Küche keinerlei Salz verwenden. Außerdem darf John keinen Kaffee bekommen – den gibt er auf.«

Der Autor heute. (Mit freundlicher Genehmigung von *David Palmore*.)

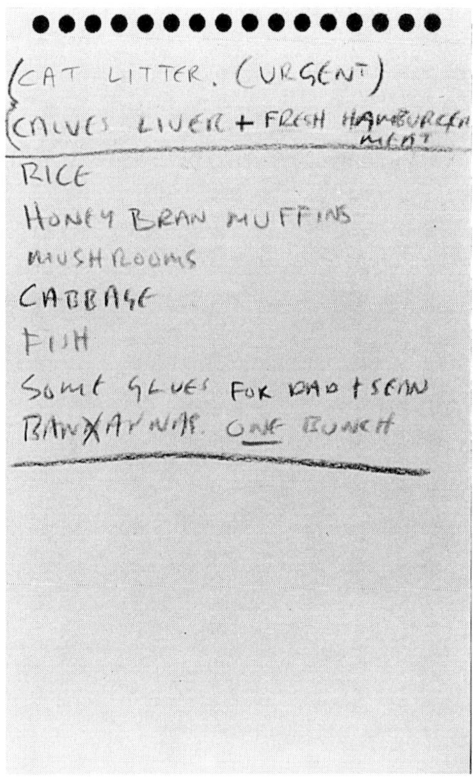

Eine von John Lennons typischen Einkaufslisten.

Die Lennons am Swimming-Pool ihrer Villa in Palm Beach, El Solano, März 1979. Von links nach rechts: John, Sean, Yoko, Julian.

Julian zeigt Sean, wie eine Sofortbild-Kamera funktioniert.

Sean spielt am Swimming-Pool.

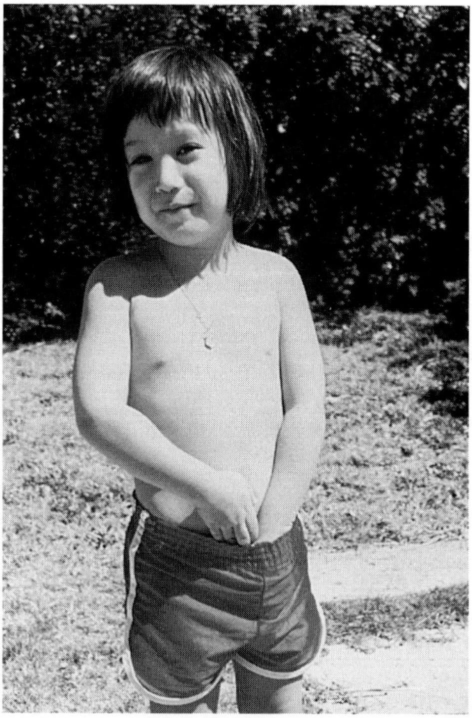

John, Sean und Julian am Swimming-Pool. Palm Beach, März 1979.

Yoko bereitet in der Küche von El Solano das Mittagessen vor. John und Julian sehen zu.

John und Sean in der Küche.

Yoko demonstriert Julian japanisches Origami.

Von links nach rechts: Ein Freund der Kinder mit Sean, Julian und John in Palm Beach.

Die Lennons machen zur Feier von Julians 16. Geburtstag einen Segelausflug. Im Uhrzeigersinn von oben: John und Yoko; Sean, Julian, John und Yoko; Tante Helen, Julian, Sean und zwei japanische Kusinen.

Sean und Tante Helen beim Abendessen in Palm Beach unter den wachsamen Augen von Seans Leibwächter Douglas McDougall.

Julian und der Autor in El Solano, 1979.

John und Ringo Starr im Dakota, bei einem von Ringos seltenen Besuchen.

Sean sieht sich auf der Party zu seinem 5. Geburtstag ein Puppentheater an. Tavern on the Green, 9. Oktober 1979.

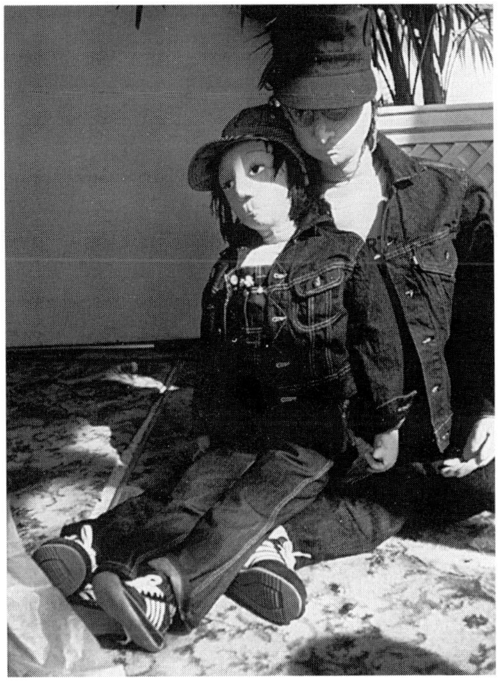

Yokos Geburtstagsgeschenke für Sean und John: zwei lebensgroße Stoffpuppen in ihrer Gestalt.

John führt eins der persönlichen Party-T-Shirts vor, die Yoko auf Seans Geburtstagsparty an alle Gäste verteilen ließ.

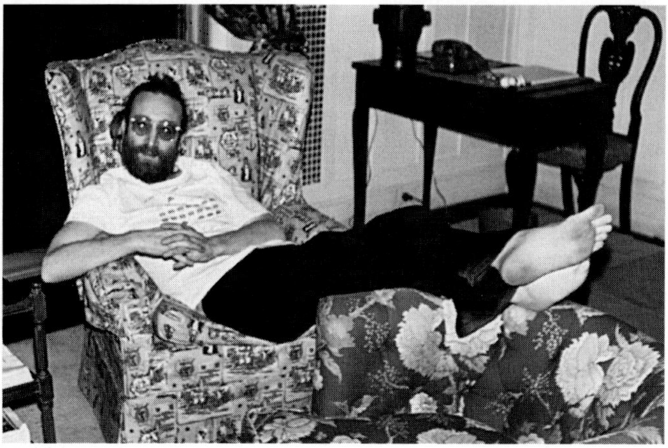

John macht es sich nach dem Abendessen im Wohnzimmer bequem.

Die Lennons in ihrem Haus in Cold Spring Harbor, Long Island. Thanksgiving-Dinner, 27. November 1979.

Eine Thanksgiving-Gruß-Karte der Lennons.

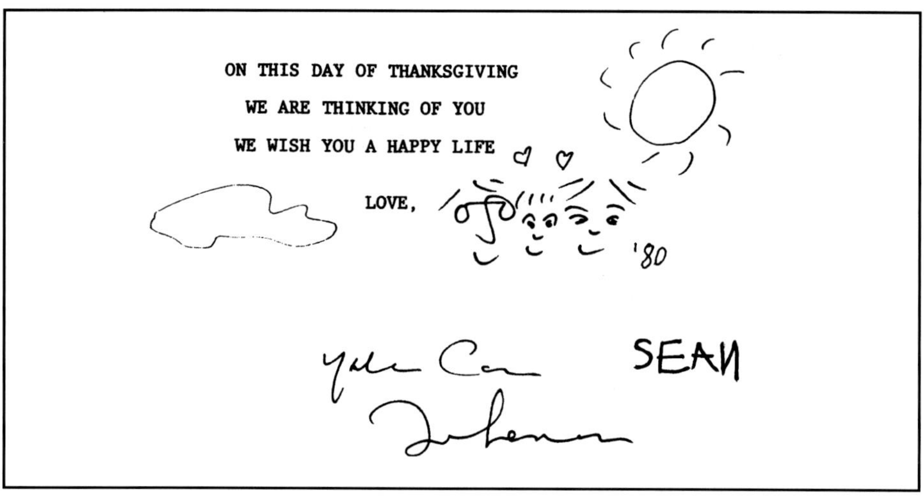

ON THIS DAY OF THANKSGIVING
WE ARE THINKING OF YOU
WE WISH YOU A HAPPY LIFE

LOVE,

'80

SEAN

Yoko, John und Sean in Palm Beach, Februar 1980.

Yoko und Sean, 1980.

Uneko Uda (Uda-San), die Haushälterin und Köchin der Lennons, mit Sean in Palm Beach.

John und Yoko mit Peter Boyle und seiner Frau Loraine, feingemacht zum Ausgehen. Palm Beach, Februar 1980.

John beim Klavier- und Gitarrespielen in Palm Beach.

John und Yoko an Bord der *Imagine*. Palm Beach, 1980.

John und Sean beim Lunch auf der *Imagine*.

Von links nach rechts: Yoko, Loraine Boyle und John (mit Gitarre) am Swimming-Pool in Palm Beach, Februar 1980.

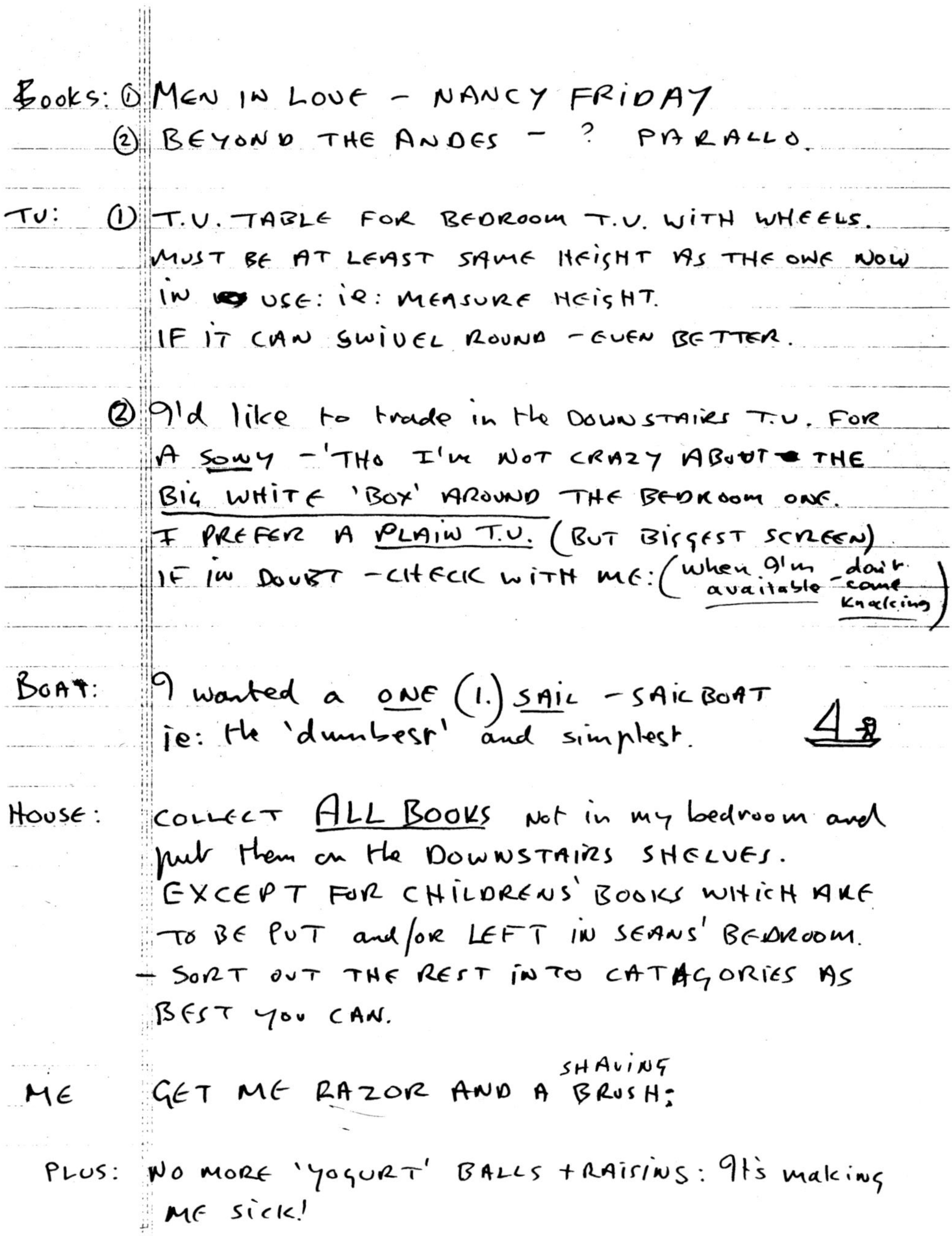

Books: ① MEN IN LOVE – NANCY FRIDAY
② BEYOND THE ANDES – ? PARALLO.

TV: ① T.V. TABLE FOR BEDROOM T.V. WITH WHEELS.
MUST BE AT LEAST SAME HEIGHT AS THE ONE NOW
IN USE: ie: MEASURE HEIGHT.
IF IT CAN SWIVEL ROUND – EVEN BETTER.

② I'd like to trade in the DOWNSTAIRS T.V. FOR
A SONY – 'THO I'M NOT CRAZY ABOUT THE
BIG WHITE 'BOX' AROUND THE BEDROOM ONE.
I PREFER A PLAIN T.V. (BUT BIGGEST SCREEN)
IF IN DOUBT – CHECK WITH ME: (when I'm available – don't come knocking)

BOAT: I wanted a ONE (1.) SAIL – SAILBOAT
ie: the 'dumbest' and simplest.

HOUSE: COLLECT ALL BOOKS not in my bedroom and
put them on the DOWNSTAIRS SHELVES.
EXCEPT FOR CHILDRENS' BOOKS WHICH ARE
TO BE PUT and/or LEFT IN SEANS' BEDROOM.
– SORT OUT THE REST INTO CATAGORIES AS
BEST YOU CAN.

ME GET ME RAZOR AND A SHAVING BRUSH:

PLUS: NO MORE 'YOGURT' BALLS + RAISINS: It's making
ME SICK!

Oben: Eine Nachricht vom 30. April 1980, die John Lennon dem Autor während des Aufenthalts in Cannon Hill gab. Rechts: Ein Auszug aus dem Tagebuch des Autors vom 30. April 1980.

58-300 - 150 PAGES
58-400 - 300 PAGES

Wed.
April 30

8^{30} - Bath. 9^{30} - Breakfast: Toast w. apricot butter, slice of honey cake, orange. As I'm sitting at kitchen desk eating JL walks in. Wears yellow T-shirt, hair in ponytail.

Responds to my "good morning" with an awkward glance & twisted, forced smile. I return my attention to article about Heart's Wilson sisters, who were inspired by the Beatles. Article starts off with a quote from Ann Wilson's prize-winning 1966 essay about how the Beatles changed America's youth, or s.th. like that.

10- Watch 'Deputy Dawg' w. Sean.

10^{15}- JL comes down just as kitchen phone rings. He comes up to me + makes shaving motion. "You want to shave?" I ask incredulously. He nods. "Are you sure". He gives me a playful jab from behind + follows me to kitchen. Uda-san hands me phone. Richie explains Y.O. isn't feeling too well + plans to stay in bed today. Meanwhile JL is gesticulating at me. I'm not sure what he wants, so he writes me a note: "Lend me your razor. Bring it upstairs."

I return my attention to Rich, who says I'm to tell JL Y.O.'s stomach pains are nothing serious and that we're to stay here until further notice.

Bring shaving stuff to JL in his bathroom + give him message about Y.O. He seems to take it in stride.

Go back downstairs and let Sean select another tape - "Impossible Possum".

10^{30} Richie rings again. Says Sam Green walked in on Y.O. and insisted on having her examined by his doctor, who diagnosed a case of highly contagious 'Russian Flu'.

We chat about movie 'Heartbeat' which Rich caught last Friday - sans Deb.

10^{40} Uda hands me a note from JL 'My 10 days are over today at Noon. Ask Uda-san to make me a strong miso soup & No more funny tea!'' *

John, Yoko, und Sean in Cannon Hill, Cold Spring Harbor, Long Island, April 1980.

John und Sean an Bord der *Megan Jaye,* Juni 1980.

John und Sean in Bermuda, Juni 1980.

Von links nach rechts: Ellen, Tyler und Kevin Coneys, John und Sean, Gretchen, die »himmlische Navigatorin«, und Captain Hank. Bermuda, 13. Juni 1980.

John spielt seine Ovation-Gitarre auf Bermuda.

John arbeitet in seinem Behelfs-Studio in der Villa Undercliff, Bermuda. Juli 1980.

John in der Hit Factory. August 1980.

John und Yoko mit Musikern, die auf Double Fantasy spielten. Hintere Reihe, von links nach rechts: Gitarrist Hugh McCracken, Drummer Andy Newmark, John, Yoko, Produzent Jack Douglas, Percussionist Arthur Jenkins jr.; sitzend auf dem Boden: Bassist Tony Levin, Gitarrist Earl Slick und Keyboarder George Small. Hit Factory, August 1980.

John und Sean in der Hit Factory.

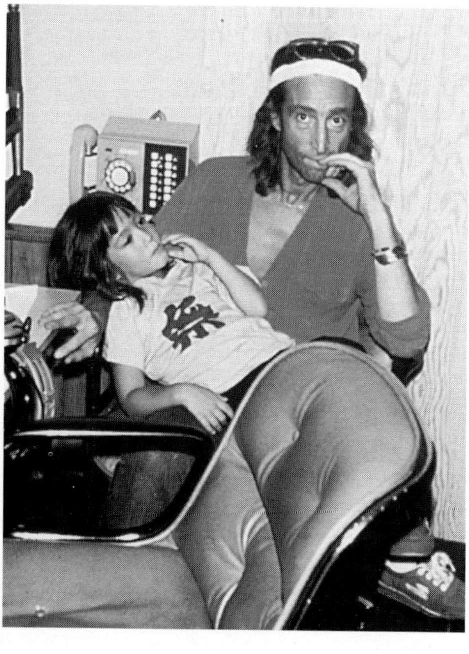

John und Earl Slick in der Hit Factory.

Von links nach rechts: Yoko, Tonassistent Jon Smith, John, Tonassistentin Julie Last, Toningenieur Lee DeCarlo und Produzent Jack Douglas im Kontrollraum des Studios.

John und Yoko bei einer Essenspause am Abend.

John und Sean feiern Geburtstag in der Küche des Dakota. 9. Oktober 1980.

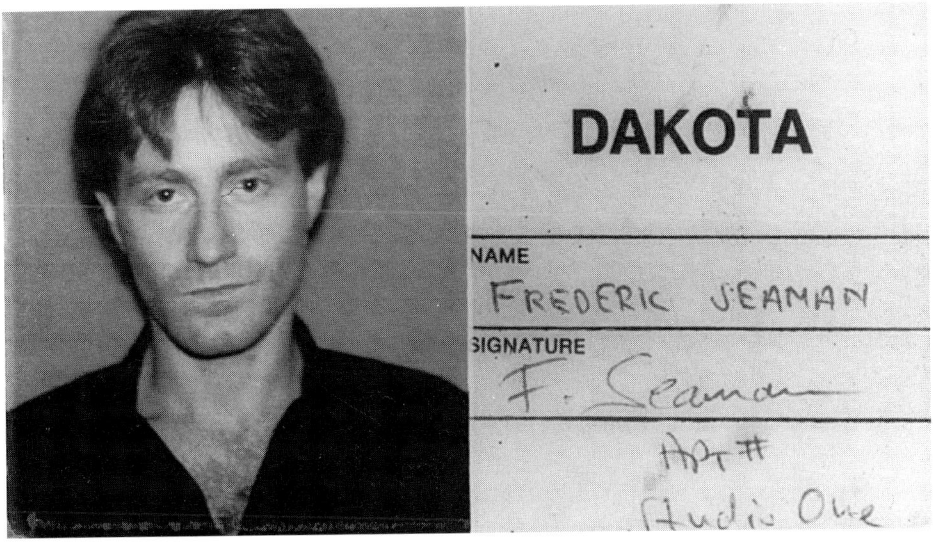

Der Ausweis fürs Dakota, der dem Autor am 10. Dezember 1980 ausgestellt wurde.

Yoko und ihr ständiger Begleiter Sam Havadtoy feiern ihren 48. Geburtstag. Februar 1981.

John und Sean, Bermuda.

Mein Herz sank. John war nicht nur ein zwanghafter Redner, er trank auch Unmengen von Kaffee. Ich fragte mich, wie er am Ende des Tages – oder der Woche – wohl drauf sein würde. Wie auch immer, ich wußte, daß Yoko die Dinge auf den Kopf stellte: Manchmal weiß man nicht, was man denken soll, wenn man nicht reden kann.

An diesem Samstag war John ab Mittag in seinem Schlafzimmer eingeschlossen und hüllte sich in goldenes Schweigen.

Yoko stand in der Küche, als ich von meiner Einkaufsrunde zurückkam. Sie gab mir eine Notiz auf Johns *From Himself*-Notizpapier, ehe sie ins Schlafzimmer verschwand. Darauf stand in ihrer Handschrift: »Wenn John an deine Tür klopft, folg ihm einfach, du merkst dann schon, was er will – mit dem Auto oder dem Boot rausfahren. Versuch nicht, während der Auto- oder Bootsfahrt mit John zu kommunizieren, denn zuviel Zeichensprache wäre Betrug.«

Außerdem war da noch eine Liste der Themen, über die zu lesen John nicht erlaubt war: »Keine aktuellen Nachrichten oder Belletristik, keine Zeitungen und Zeitschriften.« Jetzt waren auch Johns letzte Lieblingsbeschäftigungen hin. Bei solchen Gelegenheiten fragte ich mich immer unwillkürlich, ob Yoko John einfach quälte, um ihn unter der Fuchtel zu halten, oder ob sie noch andere, unmittelbarere Gründe für solche scheinbar widersinnigen Einschränkungen hatte. Nicht zu übersehen war jedenfalls, daß die Beziehung von John und Yoko in einer Sackgasse steckte. Sie konnte es nicht ertragen, ihn um sich zu haben, andererseits konnte sie es sich nicht leisten, ihn zu verlieren. John seinerseits rief sie ständig an und suchte verzweifelt ihre Nähe, obwohl ihre bizarren Marotten ihn zur Weißglut brachten. In mir keimte der Verdacht, das »Schweigegelübde« zu verhängen sei nur ein Vorwand für Yoko, um während dieser kritischen Phase nicht mit John sprechen zu müssen.

Zur Dinnerzeit war Yoko verschwunden. Ich fand ihr »Gedicht des Schweigens« auf dem Kaminabsatz im Wohnzimmer. Sie hatte ihre Anweisungen für John in Gedichtform gekleidet und die Anregung angefügt, er solle sich einen »Baumfreund« suchen, um sich mindestens einmal pro Tag mit ihm zu »unterhalten«. Außerdem sollte John täglich eine Stunde ganz allein mit dem Dinghy durch die Bucht rudern. Sie hatte ihm sogar verschrieben, ohne Ton fernzusehen. Yokos Schreibstil, wenn man das so nennen wollte, bestand aus verwirrenden, absurden Vorschriften. Das war auch der Tenor ihres

Buchs, *Grapefruit*. Manchmal ließ sie kurze »Gedichte« hier und da herumliegen, und es war oft schwierig zu unterscheiden, welche »Kunst« sein sollten, und welche konkrete Anweisungen an die Angestellten waren, die man wirklich auszuführen hatte.

Sean und Helen spielten draußen auf der Schaukel, die wir kürzlich aufgestellt hatten, und Uda-San brasselte in der Küche herum und versuchte, trotz Johns neuer Diätvorschriften etwas Eßbares zu kochen. Außerdem tratschte sie mit mir über die seltsamen Umtriebe im Dakota. Uda-San erzählte mir, Myoko, das Hausmädchen, hätte ihr erzählt, daß Sam Green sich im Dakota häuslich einrichtete und jede Menge Alkohol mitbrachte. Ich war wie vor den Kopf geschlagen von dieser Neuigkeit. Daß Yoko in den extravaganten Kunsthändler verknallt war, wußte schon der ganze Stab, aber keiner wagte, es John zu sagen.

Beim Dinner waren alle nervös und gehemmt, wagten nicht zu sprechen und versuchten nach besten Kräften, so zu tun, als sei Schweigen der Normalfall. Nach dem Essen zeigte John mir das neue Buch des Watergate-Verschwörers G. Gordon Liddy, *Willen*. Er zeigte auf Liddys Foto auf dem Umschlag und machte eine Art Nazi-Gruß.

»Er ist ein Nazi?« riet ich. John nickte und grinste. Als er mich gebeten hatte, das Buch zu kaufen, hatte John erzählt, er hätte Liddy in einer Talkshow gesehen. Liddy hatte von seinem Gefängnisaufenthalt erzählt und beschrieben, wie er, um sich durch den Beweis seiner Willenskraft bei den Mithäftlingen in Szene zu setzen, seine Hand über eine Flamme gehalten hatte, bis das Fleisch verbrannte. Jetzt spielte John mir pantomimisch diese Handverbrennungs-Szene vor, um mir zu zeigen, daß auch er enorme Willenskraft hätte.

Während John und ich uns gestikulierend über das Liddy-Buch »unterhielten«, wurde Uda-San böse. »Nicht mit John unterhalten«, sagte sie streng. »Er still jetzt. Nicht reden.«

John stelzte wütend hinaus und machte mit dem Finger eine Kreisbewegung an der Stirn, um mir zu sagen, Uda-San sei bekloppt. Als er die Küche verlassen hatte, sagte Uda-San: »John verrückt. Schweigen verrückt.« Augenblicklich stürzte John, der unsere Unterhaltung aus dem Flur mit angehört hatte, wieder in die Küche, grapschte sich ein Wasserglas und knallte es in die Spüle. Es zersprang, und Glassplitter flogen durch die Küche. Dann stürmte John aus dem Raum. Wir waren wie vom Donner gerührt.

Den Sonntag brachte John halbwegs mit Anstand hinter sich. Helen und ich nahmen Sean zu einem Bootsausflug mit, und John filmte uns, als wir ablegten. Obwohl er seit vierundzwanzig Stunden kein Wort gesagt hatte, schien er gelöster Stimmung zu sein. Aber während des Abendessens fragte Sean ununterbrochen: »Warum darf Daddy nicht sprechen?«, und ich sah, wie sich auf Johns Gesicht erste Streß-Symptome abzeichneten. Sobald er mit dem Essen fertig war, verzog er sich ins große Schlafzimmer, aber nur, um kurze Zeit später mit schmerzlichem Gesichtsausdruck wieder in der Küche aufzutauchen.

Er griff sich einen Honigkuchen aus dem Schrank, hielt ihn hoch, gestikulierte und deutete auf die Verpackung. Ich warf ihm einen forschenden Blick zu, weil ich nicht verstand, worauf er hinauswollte. Er wirkte frustriert, wollte sich verzweifelt verständlich machen, weigerte sich jedoch halsstarrig, zu sprechen. Plötzlich warf John den Kuchen unbeherrscht in den Mülleimer. Jetzt wußte ich, was er uns sagen wollte: Kommt mir nicht ins Haus, enthält Zusatzstoffe. Langsam lernte ich Zeichensprache.

Am nächsten Tag machte sich John an die nächste Lebensmittel-Entsorgungs-Kampagne. Ovaltine war sein neuestes Opfer, und Uda-San drohte, nach Japan zurückzukehren. Damit drohte sie regelmäßig, aber diesmal fürchtete ich, sie könnte wirklich Ernst machen. Statt dessen rächte sie sich dadurch, daß sie Johns Essen auf seltsame Art und Weise zubereitete. Zum Beispiel zerkochte sie das Gemüse zu Matsch. John konnte sich nicht beschweren. Er war ja stumm. Ich war erstaunt, daß er die wichtigste Lebensregel der Oberschicht nicht gelernt hatte: niemals die Dienstboten zu verärgern, es sei denn, man will sie entlassen. Man ist immer in ihrer Gewalt.

Am folgenden Nachmittag saß ich im Wohnzimmer und sah mir ein Video an, als John zum Lunch nach unten kam. Er schaltete kurzerhand den Fernseher aus und nahm das Video aus dem Recorder. Dann steckte er die Fernbedienung ein und stakste wortlos davon. Er sah extrem sauer aus. Sollte heißen: Wenn ich nicht fernsehen darf, darf es auch niemand sonst. Jetzt lernte ich schon Gedankenlesen.

Später fand ich John und Sean am Küchentisch beim Lunch. John hatte die Nase in Seans Superman-Comic gesteckt und versuchte, sich seine Frustration nicht anmerken zu lassen. Sean tat alles, um lieb zu sein, weil er spürte, wie schwer es seinem Vater fiel, stumm zu bleiben, aber er konnte es sich nicht verkneifen, herumzuzappeln, sein Comic-Buch zu kommentieren und Fragen zu stellen. John funkelte ihn wütend an und pochte scharf mit seinen Knöcheln auf den Küchentisch, um ihn zum Schweigen zu bringen. Sean riß sich zusammen, ließ dann den Kopf hängen und warf verstohlen seinem Vater verletzte Blicke zu.

Ich begann John auszuweichen, dessen Verhalten jetzt völlig unberechenbar wurde. Es brachte uns alle aus dem Gleichgewicht. Am Ende der ersten Schweigewoche war ich richtig panisch bei dem Gedanken, ihm über den Weg zu laufen, und ich fing an, mich zu fragen, in welchem Teil des Hauses er sich wohl aufhalten mochte, damit ich es so einrichten konnte, dort nicht zu sein. Ich verbrachte soviel Zeit wie möglich außer Haus.

Eines Nachmittags saß ich unter einem Baum mit Aussicht auf die Bucht, als John auf dem Weg zu seiner täglichen Ausfahrt mit dem Dinghy an mir vorbeistürmte. Wir waren beide recht verblüfft über dieses unerwartete Zusammentreffen, und John grüßte mich im Vorbeihasten schnell mit einem Nazi-Gruß. Wenige Tage später, gegen Ende von Johns zehntägiger Schweigeperiode, trafen wir einander in der Küche, und er zündete prompt ein Streichholz an und hielt es unter seine Handfläche, während er so tat, als würde er sich vor Schmerzen winden. Ich freute mich zu sehen, daß er seinen Sinn für Humor nicht verloren hatte. Später kam er auf mein Zimmer, gab mir das Liddy-Buch und deutete an, er hätte es ausgelesen.

Einen Tag, ehe er wieder sprechen durfte, sah ich John zu, wie er mit Sean ein Puzzle-Spiel legte. Das Puzzle bestand aus kleinen, farbigen, ineinander passenden Pappstückchen, die zusammengesetzt ein Raumschiff ergaben. Sean verlor bald die Lust, weil er es nicht schaffte, sie zusammenzusetzen, und John, der gelangweilt aussah, war keine große Hilfe. Ich schaltete mich ein und ermutigte Sean, es weiter zu versuchen, bis alle Puzzleteilchen zusammenpaßten. Daraufhin sang Sean »You have to keep trying until the day you're dead – Man darf nicht aufgeben, bis zum Tag, an dem man stirbt«. John lächelte und nickte seinem Sohn stolz zu.

Am Mittwochmorgen, am 30. April, schrieb John mir eine kurze Notiz: »Leih mir deinen Rasierapparat. Bring ihn rauf.« Sein zehntägiges Schweigen sollte Punkt zwölf Uhr mittags enden, und ich nahm an, er wollte den Anlaß mit der ersten Rasur seit fast einem Jahr feiern. Yoko hatte versprochen, ihn zu besuchen, und ich stand in ständigem Telefonkontakt mit Rich im Büro, um herauszufinden, ob und wann sie eintreffen würde. Schließlich sagte mir Rich, Yoko würde überhaupt nicht kommen können, weil sie sich schlecht fühlte. Er schärfte mir ein, John zu sagen, Yoko läge mit Bauchschmerzen im Bett, aber es sei nichts Ernstes. Ich teilte John die Nachricht mit, als ich ihm das Rasierzeug brachte. Er schien die enttäuschende Neuigkeit gut wegzustecken. Ich ging wieder nach unten und erhielt einen weiteren Anruf von Rich, der mir diesmal mitteilte, Sam Greens Arzt hätte bei Yoko einen Fall der höchst ansteckenden »Russischen Grippe« diagnostiziert, und wir sollten bis auf weiteres in Cannon Hill bleiben.

Johns Schweigen endete um fünf Minuten nach zwölf mit einem Anruf im Dakota. Er hatte also tatsächlich länger durchgehalten als die von Yoko geforderten zehn Tage. Ich saß ihm gegenüber am Küchentisch, aß Gemüsesuppe, schaute ihm beim Telefonieren zu und lauschte der berühmten Stimme. Es war vorüber, und ich spürte seine Erleichterung. John verzehrte sich danach, mit Yoko zu sprechen, aber Rich sagte ihm, sie sei jetzt nicht zu sprechen. Er rief den ganzen Tag lang im Dakota an und wurde mit jedem Anruf frustrierter und wütender.

Mit saurem Gesicht fragte er, ob ich mich schon nach einem Segelboot umgesehen hätte, wie er mir vor einigen Tagen mit einer Notiz aufgetragen hatte. Ich sagte, ich sei bei Coneys Marine gewesen und hätte ein vier Meter langes Segelboot bestellt, und daß der junge Mann, der den Familienbetrieb leitete, Tyler Coneys, angeboten hatte, einer seiner Angestellten könnte das Boot zu unserem Anlegeplatz fahren und uns Segelunterricht geben. John fand es gut, daß uns jemand Segelunterricht geben sollte, aber er wollte, daß Tyler Coneys das übernahm. »Es ist immer besser, direkt mit den Verantwortlichen zu tun zu haben«, sagte John. Er sagte, es sei okay, seinen Namen anzugeben, falls das den Ausschlag geben sollte.

Als ich Tyler Coneys erzählte, das Boot, das ich bestellt hatte, sei für niemand Geringeren als John Lennon persönlich, riß er sich förmlich darum, es selbst abzuliefern und uns Segelunterricht zu geben. Am nächsten Tag, am 1. Mai, traf ich mich mit Coneys in seinem Geschäft. Ein kleines Segelboot wurde auf einen Anhänger an Coneys Wagen geladen. Wir fuhren zu einem Sandstrand neben unserem Haus und wuchteten dann das Boot ins Wasser. Dann segelte Coneys' zum Haus, während ich zum Cannon Hill hochfuhr, um John zu holen.

Er wartete schon aufgeregt auf der Veranda und suchte die Bucht nach uns ab. Wir liefen runter zum Dock und kamen gerade rechtzeitig, um Tyler Coneys zu helfen, das Boot an dem wackligen, morschen Holzsteg festzumachen. John und ich sprangen ins Boot, und ich machte ihn mit dem Bootshändler bekannt, der sichtlich ergriffen war, dem legendären Star Auge in Auge gegenüberzustehen, den er seit seiner Teenagerzeit verehrt hatte. Tyler erzählte John, er hätte gedacht, ich würde ihn auf den Arm nehmen, als ich ihm erzählte, für wen das Boot sei, und sagte, selbst jetzt, wo er leibhaftig vor ihm stünde, könnte er es kaum fassen.

»Keine Sorge, daran gewöhnst du dich früh genug«, sagte John müde. »Tu einfach so, als wäre ich ein ganz normaler Kunde.« Wir machten die Leinen los und segelten in die Bucht hinaus, während Tyler uns alle wichtigen Handgriffe zeigte. John war hingerissen. »Mein Leben lang habe ich davon geträumt, mein eigenes Boot zu haben«, sprudelte es aus ihm heraus. »Ich kann's gar nicht erwarten, richtig segeln zu lernen!«

John erzählte aufgekratzt von seinen früheren unglückseligen Bootserfahrungen. Er beschrieb uns eine Nacht auf dem Höhepunkt der Beatlemania, in der er und Ringo sich in Schottland total besoffen hatten, und dann auf die Idee gekommen waren, einen Bootsausflug auf einem der Lochs zu machen. Im Boot tranken sie weiter, ohne auf die sinkende Sonne zu achten. Als ihm und Ringo schließlich auffiel, daß es stockdunkel war, hatten sie hoffnungslos die Orientierung verloren und waren volltrunken. John sagte, er hätte schon die Schlagzeilen vor sich gesehen, wenn am nächsten Tag ihre Leichen an den Strand gespült worden wären.

Glücklicherweise, fuhr John fort, waren er und Ringo irgendwo an Land getrieben worden und hatten keinen schlimmeren Schaden davongetragen, als einen grauenhaften Kater. Ein andermal war er während eines Trips nach New England mit seinem Freund Richard Ross segeln gegangen. In See zu stechen war kein Problem gewesen, aber da keiner von beiden zugeben wollte, daß er vom Segeln keine Ahnung hatte, stellte sich, als es Zeit zum Umkehren war, heraus, daß keiner von beiden wußte, wie man wendet, und sie mußten sich von der Küstenwache retten lassen.

Nachdem John gesehen hatte, daß Tyler ein erstklassiger Seemann war und wir nichts zu befürchten hatten, entspannte er sich und ließ sich sogar überreden, eine Zeitlang das Steuer zu übernehmen. Während wir in der Bucht herumkreuzten und ein paar einfache Manöver ausführten, beschloß John, das Boot nach der ägyptischen Fruchtbarkeitsgöttin *Isis* zu nennen. Unser erster Ausflug mit der *Isis* hatte ihm soviel Spaß gemacht, daß er Tyler bat, am nächsten Tag wiederzukommen.

An diesem Abend blieben John und ich lange auf und sahen fern. John sprach davon, wieviel diese Segeltour ihm bedeutete. Ich hatte John noch nie so aufgeregt gesehen. Nachdem er jahrelang von großen Seefahrern wie Erik dem Roten und Thor Heyerdahl gelesen und über seine eigene Abstammung von den Wikingern spekuliert hatte, konnte John sich endlich den lebenslangen Wunsch erfüllen, sein eigenes Boot zu segeln. John erzählte, er hätte viele Stunden auf den Docks von Liverpool zugebracht, die großen Schiffe kommen und gehen sehen und sich gefragt, ob sein Vater wohl auf einem dieser Schiffe war. Er sagte auch, er hätte oft von den fernen Ländern geträumt, die diese Schiffe ansteuerten, und sich manchmal ausgemalt, als blinder Passagier dem Elend zu Hause oder in der Schule zu entfliehen. Manchmal hatte er das fast übermächtige Verlangen gehabt, sich auf ein Schiff zu schleichen, meistens nachdem Mimi oder einer seiner Lehrer ihm die Hölle heiß gemacht hatten. Aber am Ende, sagte John, hatte die Angst vor dem Unbekannten doch immer die Oberhand gewonnen, und er hatte nie dem Impuls nachgegeben. Dann schloß er seinen offenherzigen Monolog mit einer Schilderung seiner grausamen Seewolf-Phantasien, in denen er sich gelegentlich als furchtlosen Wikinger sah, der nach Herzenslust brandschatzte und schändete.

*

In der ersten Hälfte des Mai 1980 war Tyler ein regelmäßiger Gast in Cannon Hill. Er schaute oft nach der Arbeit vorbei, und immer, wenn er kam, löcherte John den jungen Seemann. John war es sehr ernst mit seiner Segelausbildung, und er stellte Tyler viele technische Fragen. Er vertiefte Tylers Lektionen durch Heimstudium und las etliche Bücher, die ich ihm aus den örtlichen Buchläden besorgen mußte. Ich hatte Anweisung, sämtliche Literatur über die Kunst des Segelns zu kaufen, die ich in die Finger bekam. Nachdem John die Grundzüge begriffen hatte, fing er davon an, sich ein größeres Boot zu kaufen, mit dem man auch weitere Reisen machen konnte. Er sagte, er würde auf mich als »Copilot« zählen, und daß er hoffte, ich würde meinem Familiennamen Ehre machen und ein erstklassiger Seemann werden.

Eines böigen Nachmittags kreuzten John, Sean, Helen und ich mit Tyler in der Bucht. John bat mich, ihn am Steuer abzulösen, während er eine Zigarette rauchte. Der Wind wurde stärker, und wir machten mehr Fahrt. Ich riß das Steuer zu hart herum, darauf kenterte die *Isis* ganz langsam. Im nächsten Moment schwammen wir im Wasser, und Sean begann zu schreien. Zum Glück hatte er eine Schwimmweste an. John und Helen schwammen sofort zu ihm und trösteten ihn. Ich war verblüfft, als ich Tyler auf dem Bootsrumpf stehen sah. Der gewiefte Seemann hatte sich aufs Boot gerettet, als es kippte. Er zeigte John und mir, wie wir ihm helfen konnten, die *Isis* wieder aufzurichten, und nach wenigen Minuten schwamm das Boot wieder kielunten. Wir kletterten hinein. Auf dem Weg zum Ufer zog mich John gnadenlos mit meiner Ungeschicklichkeit auf. »Diesmal hast du den Namen der Familie wirklich mit Schande bekleckert, *Seaman*«, gackerte er schadenfroh.

Ich hatte befürchtet, John würde wütend auf mich sein und war erleichtert, daß er den Segelunfall so gelassen hinzunehmen schien. Er sagte, der Unfall sei eine gute Lektion gewesen, denn nachdem er einen solchen »schlimmsten Fall« überlebt habe, sei er noch zuversichtlicher. Seine größte Sorge war, Yoko könnte es rauskriegen und ihm in Zukunft alle Segeltörns verbieten. »Kein Wort zu Mutter!« schärfte er allen ein.

Mitte Mai traute sich John zu, mit der *Isis* ohne Tylers Hilfe, der immerhin noch ein Bootsgeschäft zu leiten hatte, in See zu stechen. Ich gewöhnte mich bald daran, daß John zu jeder Tages- und Nachtzeit an meine Zimmertür klopfte und mich fragte, ob ich Lust hätte, »einen Törn durch die Bucht zu machen«. Wir beide wechselten uns dann am Ruder ab. Bei einem unserer Ausflüge hatte ich John von Billy Joels Glashaus an der Bucht erzählt. Ich hatte eine ungefähre Ahnung, wo es lag, und John, plötzlich neugierig geworden, segelte nahe an der Küste entlang und suchte das Haus. Als wir schließlich ein Haus sahen, das entfernt unseren Vorstellungen entsprach, sprang John auf und kreischte durch den ganzen Hafen: »Hey, Billy, ich habe alle deine Platten!«

Das war nicht ganz die Wahrheit, obwohl John Joels Hit »Just The Way You Are« sehr mochte. Als die berühmte Ballade einmal in der Küche im Dakota im Radio gelaufen war, hatte John mich gebeten, sie für seine Jukebox zu kaufen, weil es sein und Yokos Lied war. Jetzt war John so erfreut, einen Mit-Superstar als Nachbarn zu haben, daß er sich vornahm, Billy Joel einen Besuch abzustatten. Aber dazu kam es nie.

So sehr er es auch versuchte, konnte John Yoko doch niemals überreden, uns auf einem Törn durch die Bucht auf der *Isis* zu begleiten. Yoko weigerte sich standhaft, ihren Fuß auf ein so kleines Boot zu setzen. Mit Yokos Schwester Setsuko, die uns mit Baba im Schlepptau in Cold Spring Harbor besuchte, hatte er mehr Glück. John verlor keine Zeit, mit seinen neuerworbenen Segelkünsten vor Yokos jüngerer Schwester anzugeben. John bat Yoko, einen unserer Ausflüge zu filmen, und ich baute auf der Terrasse, von der Yoko einen guten Blick auf die Bucht hatte, eine Videokamera auf. Ich hatte angenommen, Yoko würde sich noch aus ihren Tagen als Avantgarde-Filmerin mit Videotechnik auskennen. Zu meiner Überraschung hatte sie größte Schwierigkeiten, auch nur die Kamera scharfzustellen.

Ende Mai begann John ernsthaft über eine größere Seereise nachzudenken. Tyler erzählte John, er hätte einen Vetter und eine Kusine, ebenfalls erfahrene Segler, die einen Trip in die Karibik machen wollten. Die Idee einer gemeinsamen Seereise sagte John sehr zu. In den vergangenen Jahren hatten John und Yoko im Sommer immer Yokos Familie in Japan besucht. Aber dieses Jahr war Yokos Mutter in den USA, und John hatte bereits mehr als genug von seiner japanischen Verwandtschaft. Ein Trip in die Karibik wäre eine willkommene Abwechslung.

John war die Gegend nicht fremd. 1965 hatten die Beatles auf den Bahamas *Help!* gedreht, und er hatte seitdem noch mehrere Reisen zu den Inseln gemacht, zuletzt war er im Sommer '78 auf Grand Cayman gewesen. Der einzige Unterschied war, daß er jetzt zu den Westindischen Inseln segeln würde, anstatt zu fliegen. Yoko war sofort bereit, John bei der Suche nach einem Boot und der Crew zu helfen. Sie sah darin eine Möglichkeit, John seinen Willen zu lassen und gleichzeitig ihren zu bekommen. Yoko war es ganz recht, John in irgendeinen entlegenen Winkel zu schicken, wo er ihre Romanze mit Sam nicht stören konnte. Das einzige Problem war, daß Yoko darauf bestand, alle Vorbereitungen zu treffen. Ihre Methode, ein passendes Boot zu finden, bestand darin, Anzeigen in nautischen Publikationen zu studieren und dann ihre Parapsychologen in Frage kommende Boote »lesen« zu lassen. Entnervt durch Yokos zähes

Vorgehen sagte John mir, ich sollte mich mit Tyler Coneys in Verbindung setzen und ihn bitten, sich nach einem geeigneten Boot umzusehen. »Tyler hat gute Beziehungen«, sagte John zuversichtlich. »Sag ihm, Geld spielt keine Rolle.«

Tyler charterte im Handumdrehen einen vierzehn Meter langen Schoner mit Heimathafen Newport, Rhode Island. Jetzt mußte Yoko nur noch das Ziel von Johns Seereise festlegen. Ihrem japanischen Berater Takashi Yoshikawa zufolge war die einzig mögliche Richtung, in die John zur Zeit reisen konnte, Südosten, und das einzige Ziel südöstlich von New York ist Bermuda, es sei denn, man will nach Brasilien. Also blieb es bei Bermuda. John wollte mit den Coneys' segeln, Sean, Helen, Uda-San und ich sollten später im Flugzeug folgen.

Mittwoch, den 4. Juni 1980 frühstückten Sean, John und ich sehr früh mit Tyler und dessen Vetter und Kusine, Kevin und Ellen Coneys. Vom sonnenhellen Zimmer aus hatte man einen herrlichen Blick über die Bucht, zu dieser Morgenstunde ein einziges Glitzern und Flirren. Nach dem Frühstück belud ich den Mercedes mit Johns Reiseproviant, hauptsächlich Miso-Suppe, Naturreis und grünem Tee. John hatte beschlossen, während seiner Reise nach Bermuda, die er auf fünf Tage schätzte, ein »Heilfasten« zu machen. Mit den drei Coneys' auf dem Rücksitz und John mit Sean auf dem Schoß neben mir fuhr ich eine halbe Stunde via Route 110 zum Farmingdale Airport. Wir hatten eine zweimotorige Cessna gechartert, um John und seine Crew nach Newport zu fliegen, wo ihr Boot, die *Megan Jaye*, auf sie wartete.

»Ich liebe dich, Schätzchen«, sagte John und drückte Sean einen Kuß auf die Stirn.

»Ich will mit dir fahren, Daddy«, sagte der vierjährige Sean und hielt tapfer die Tränen zurück.

»Wenn du älter bist, haben wir noch viel Zeit, zusammen zu segeln«, sagte John, als er Sean zum Abschied an sich drückte. Ich hielt Seans winzige Hand, während John zum Flugzeug ging. Er stieg ein und rief: »Wir sehen uns im Paradies, Jungs!«

Die Cessna der Cosmopolitan Airways wendete langsam, die kleinen Plexiglasfenster reflektierten gleißend das Sonnenlicht. Das Flugzeug rollte langsam die Startbahn entlang, und die Motoren heulten auf, als der Pilot auf volle Kraft ging. Das Flugzeug erzitterte unter der Wucht der Energie, während es an Tempo gewann und abhob und die Räder im Fahrwerk verschwanden. Sean und ich standen reglos da, sahen ihm nach, bis es nur noch ein winziger Punkt am Horizont war. »Wiedersehen, Daddy!« Sean winkte dem Flugzeug nach, bis es unserem Blick entschwunden war und nur noch als fernes, schwaches Motorengeräusch existierte.

Ich nahm mir mit Uda-Sans Segen den nächsten Tag frei und verbrachte meinen freien Tag am Strand, wo ich mit einer Freundin, die ich in einem Club in Roslyn kennengelernt hatte, psychedelische Pilze kaute. Mitternacht war ich wieder in Cannon Hill. Morgens weckte mich ein unerbittliches Klopfen an der Tür. Es war Doug MacDougall, der ehemalige FBI-Agent, Seans Leibwächter und gelegentlicher Babysitter. Er bat mich, zu ihm in die Küche zu kommen. Ich streifte mir hastig ein paar Klamotten über und ging nach unten. Doug goß mir eine Tasse Kaffee ein und erklärte, er hätte, gerade nachdem ich mir den Tag frei genommen hatte, einen Anruf von Myoko aus dem Dakota erhalten, die ihn bat, den Kühlschrank in Cannon Hill mit Wodka und Wein aufzufüllen. Doug fügte sich widerwillig und kaufte die Getränke. Kaum hatte er sie im Kühlschrank verstaut, war auch schon Yoko in einer Limousine aufgetaucht und schleppte Tragetaschen voller Lebensmittel und Kleidung an. Sie war dann im Schlafzimmer verschwunden, hatte die Limousine aber noch zweimal zurück zum Dakota geschickt, um noch mehr Klamotten abzuholen. Doug informierte mich, daß Yoko vorhatte, den Tag in Sam Greens Haus auf Fire Island zu verbringen, und daß Sam sie mittags mit seinem Wasserflugzeug abholen wollte.

»Jetzt weißt du soviel wie ich«, sagte der Aufpasser mit verlegenem Grinsen. Dann fuhr er in seinem zerbeulten alten Pickup-Transporter weg, jedoch nicht ohne mich zu warnen, daß Sam Havadtoy jeden Moment eine Wagenladung Möbel in Cannon Hill anliefern würde. Ich rief sofort im Büro an, um angesichts der Schreckensvision von zwei Sams im Haus – Havadtoy mit einem schweren Laster in der Einfahrt und Green mit dem Wasserflugzeug auf der anderen Seite des Hauses – Alarmstufe Rot auszurufen.

Im Dakota meldete sich niemand. Da schlurfte eine verbiesterte Uda-San in die Küche und gab mir eine umfangreiche Einkaufsliste. »Yoko sehr böse, du gestern nicht hier«, sagte sie feierlich.

Ich sagte ihr, das sei noch gar nichts gegen den Sturm, der aufziehen würde, wenn wir Havadtoys Besuch nicht verhindern könnten. Als ich ihr erklärte, daß beide Sams zur ungefähr gleichen

Zeit in Cannon Hill erwartet wurden, kreischte Uda-San auf. Es war unmöglich zu entscheiden, ob aus Verzweiflung oder vor Vergnügen. Sie versprach, sich mit Myoko im Dakota in Verbindung zu setzen, die dann Rich Bescheid sagen würde, der vielleicht einen Weg fände, Havadtoy abzufangen. Ich sprang in den Benz und fuhr nach Huntingdon, wo ich die Geschäfte nach Muscheln, Feigen und allerlei anderen Köstlichkeiten absuchte.

Als ich nach Hause zurückkam, erfuhr ich zu meiner Erleichterung, daß es Rich gelungen war, Sam Havadtoy im letzten Moment abzufangen. Ich half Uda-San, die Lebensmittel auszupacken und sah zu, wie sie alles wieder in drei Einkaufstüten einsortierte, die Yoko mit an Bord des Flugzeugs nehmen sollte. Uda-San war gleichzeitig empört und amüsiert über Yokos schamloses Geturtel mit »Glean Sam«. Unter Kichern vertraute sie mir an, daß Yoko seit neuestem Reizwäsche und sogar Strapse trug und bei ihren Dates mit Sam auch noch Make-up auflegte. Seit John aus dem Weg war, turtelte sie ganz ungeniert mit dem weltmännischen Kunsthändler.

Sam war auf die Minute pünktlich, sein Wasserflugzeug senkte sich mit leisem Brummen auf die Bucht nieder und kam direkt vor dem Haus zum Stehen. Uda-San und ich trugen die Einkaufstaschen zum Dinghy. Ich fing an, sie in das kleine Boot zu laden. Als ich ins Haus zurückkam, wartete Yoko schon auf der Terrasse. Sie trug eine weiße Jacke und weiße Shorts und sah extrem nervös aus. Ich begleitete sie und Sean zu dem kleinen Boot und half ihnen, zwischen den vielen Einkaufstaschen einen Sitzplatz zu finden. Yoko war starr vor Angst. Sie hatte nicht viel Vertrauen in die Seetüchtigkeit dieser Nußschale. Ich versicherte ihr, sie sei absolut sicher, und ruderte auf das Flugzeug zu, das ungefähr fünfzehn Meter weiter lag. Plötzlich fing Sean an, herumzuhüpfen, und etwas Wasser schwappte ins Boot. Yoko fiel fast in Ohnmacht. Sie tadelte Sean verärgert für seine Ungezogenheit und sagte ihm, er solle still sitzenbleiben.

Als ich das Flugzeug erreicht hatte, gab ich dem Piloten die Einkaufstaschen an, während Sam auf einem der Schwimmer stand und versuchte, Yoko zu überreden, aufzustehen und sich an Bord helfen zu lassen. Es bedurfte etlicher Minuten guten Zuredens, bis Yoko endlich den Mut aufbrachte, an Bord zu gehen.

Ich aß mit Uda-San zu Mittag und machte dann ein Nickerchen am Pool. Ich erwachte von Uda-Sans schriller Stimme, die mir vom Schlafzimmerbalkon zurief, daß Yoko auf dem Heimweg sei. Nach wenigen Minuten hörte ich das mittlerweile vertraute Brummen, das die Ankunft des Wasserflugzeugs ankündigte. Ich lief zum Strand, sprang ins Dinghy und ruderte zügig auf das Flugzeug zu, das bereits sehr nahe ans Ufer getrieben war. Sam half Yoko und Sean auf einen der Schwimmer des Flugzeugs, und ich geleitete sie sicher ins Dinghy, gefolgt von den Einkaufstaschen. Sobald sie wieder festen Boden unter den Füßen hatte, rannte Yoko zurück ins Haus, während ich mit Sean zurückblieb, der zusehen wollte, wie das Flugzeug startete.

Später ärgerte Sean Yoko, weil er beharrlich versuchte, ihre Aufmerksamkeit zu erregen, und sie schlug vor, ich sollte mit ihm eine lange Spazierfahrt im Mercedes machen. Sean und ich fuhren ziellos auf den Landstraßen herum und hörten uns Beatles-Tapes an – Sean wußte, daß ich welche im Handschuhfach hatte –, während er mir vom heutigen Ausflug erzählte, der anscheinend dadurch verpatzt worden war, daß Sam Greens zahme Wasserschildkröte im ganzen Haus »Pipi und Kacka« gemacht hatte.

Yoko fuhr abends zurück ins Dakota, aber am nächsten Morgen war sie wieder im Haus und bestellte Hühnersuppe zum Lunch. Da John bei einer letzten Lebensmittel-Razzia vor der Abreise sämtliche Hühnersuppenwürfel in den Müll geworfen hatte, flehte eine aufgelöste Uda-San mich an, zu einem Not-Einkauf in die Stadt zu fahren. Auf dem Weg nach draußen gab Yoko mir einen Kassettenrecorder und bat mich, ihn reparieren zu lassen. Ich untersuchte das Gerät im Wagen und stellte fest, daß der Recorder lediglich Bandsalat verursacht hatte. Als ich die Kassette zurückspulte und probelaufen ließ, hörte ich zu meiner Verblüffung eine hohe, schaurige Stimme, die abgehackte Sätze von sich gab. Es ging um Sam Greens Beziehung zu Yoko. Ich hörte eine esoterische »Analyse«. Man konnte Sam im Hintergrund hören, der Fragen stellte und zu der »Analyse« Stellung nahm, die darin gipfelte, daß Sam gesagt wurde, ältere vermögende Frauen würden ihn sexuell anziehen, weil er ein »Katalysator« sei, der Romantik in ihr Leben brachte.

Als ich mit frischem Nachschub an Brühwürfeln nach Hause kam, erfuhr ich, daß sie nicht länger benötigt wurden. Offensichtlich hatte Yoko beschlossen, Sam zum Lunch einzuladen. Sie schickte Doug MacDougall, der mit Sean vor dem Haus gespielt hatte, um etliche Pfund Shrimps, Jakobsmuscheln, Miesmuscheln und Seezunge zu kaufen. Doug tauchte kurz darauf wieder auf und murrte, weil er wie ein »Laufbursche« behandelt wurde. In der Zwischenzeit hatte Sam

Green angerufen und den Lunchtermin abgesagt, aber Yoko bestand darauf, ihm die Meeresfrüchte trotzdem zu schicken. Pflichtgetreu trug ich die Einkaufstaschen voll Fisch ins Dinghy und lieferte sie bei einem wartenden Wasserflugzeug ab.

Am nächsten Morgen, am Sonntag, bat Uda-San mich, Yoko und Sean den Tee ans Bett zu bringen. Aus irgendeinem Grund fand sie selbst die Vorstellung ungehörig, Mutter und Sohn den Tee am Bett zu servieren. Als ich ins Schlafzimmer kam, telefonierte Yoko und rauchte einen Cigarettello nach dem anderen. Ihre Augen waren auf halbmast, die Jalousien geschlossen, die Aschenbecher quollen über von langen braunen Zigarettenkippen, Kleider lagen auf dem Fußboden verstreut, und diverse schmutzige Tassen standen im dunklen Zimmer herum. Ich stellte eine Tasse Tee auf den kleinen Nachttisch an Yokos Seite des Bettes, dann tat ich dasselbe bei Sean. Er hüpfte auf und ab und versuchte, seine Mutter auf sich aufmerksam zu machen, aber sie beachtete sein Toben nicht. Dann fing Sean an, nach Frühstück zu schreien, und Yoko instruierte mich zwischen zwei Telefonaten, Uda-San zu sagen, sie sollte Sean etwas zu essen bringen.

Uda-San weigerte sich, einen Fuß ins Schlafzimmer zu setzen. Ein paar Minuten später kam Sean in die Küche gerannt, kreischte: »Ich will mein Essen!« und boxte Uda-San mit seinen winzigen Fäusten. Als sie hart blieb und sich weigerte, Sean zu bedienen, rannte der Junge kurz weg, kam dann wieder zurück und schrie immer noch nach Frühstück. Das Telefon klingelte, und es war Yoko, die mir befahl, Uda-San zu sagen, sie sollte Sean »alles geben, was er wollte«.

Als ich Yokos Befehl an Uda-san weitergab, riß sie wütend die Kühlschranktür auf, sagte Sean, er solle sich selbst bedienen, und stürmte aus der Küche – Sean hart auf ihren Fersen.

Später am Tag informierte mich Yoko, daß wir am nächsten Morgen ins Dakota zurückkehren würden. Dann wies sie mich an, Sam Havadtoy ans Telefon zu holen. Ich hörte, wie sie ihn bat, dafür zu sorgen, daß »was für die Nase« da wäre, wenn wir kamen. Uda-San sollte zurückbleiben, um ein Auge auf die Maler zu halten, die seit zwei Monaten ab und an im Haus arbeiteten. Sie tat mir leid, weil sie in dem großen Haus bleiben mußte, ohne irgendwas zu tun zu haben. Vielleicht war das die Strafe dafür, daß sie ungehorsam gegen Yoko und Sean gewesen war. In der Zwischenzeit hatte ein Gewitter unsere Stromversorgung gestört. Yoko rief mich völlig verschreckt aus dem Schlafzimmer an und bat mich, »dafür zu sorgen, daß die Lichter wieder angehen«.

Auf die Auskunft hin, daß in der ganzen Umgebung der Strom ausgefallen sei, schmollte sie eine Weile, fügte sich dann aber in ihr Schicksal, und bat mich, ihr eine Kerze auf den Tisch zu stellen. Ich hörte zufällig, wie sie am Telefon mit Sam Green darüber kicherte, wie »romantisch« ihr Zimmer bei Kerzenlicht sei.

Nachdem der Sturm sich gelegt hatte, kam Yoko nach unten ins Wohnzimmer und setzte sich ans Klavier. Plötzlich hörten wir ein Klopfen an der Tür, und alle – selbst Sean – erstarrten. Ich öffnete die Tür und stand einem großen Mann in mittleren Jahren gegenüber, der sich als Dr. James Watson vom nahegelegenen Cold Spring Harbor Biolab vorstellte. Er hatte einen Jungen bei sich, wahrscheinlich seinen Sohn. Er sagte, sie seien zufällig vorbeigekommen und hätten Yoko klavierspielen sehen. Dr. Watson sagte, auf einer Reise nach Japan hätte er kürzlich einen Freund von Yoko kennengelernt, einen Architekten. Ich war, natürlich, nicht befugt, ihn hereinzubitten, aber ich schrieb mir seine Telefonnummer auf. Yoko war empört über die Störung. Daß Dr. James Watson ein weltberühmter Wissenschaftler war, der den Nobelpreis bekommen hatte, weil er die Struktur der DNS entschlüsselt hatte und Co-Autor des Bestsellers *Die Doppel-Helix* war, machte für sie keinen Unterschied.

Am Montag, dem 9. Juni, genau zwei Monate, nachdem John und ich nach Cold Spring Harbor geschickt worden waren, war ich wieder im Studio One. Den Morgen über tratschte ich mit Rich und sortierte die Post, die sich auf meinem Schreibtisch stapelte. Nachmittags kreuzte Yoko mit Sam Green auf und bat mich, ihr alle Platten zu bringen, die sie und John jemals aufgenommen hatten. Als ich die LPs ins Allerheiligste brachte, sah ich ein neues Stück auf Yokos Schreibtisch: einen Totenschädel in einem Glasbehälter. Yoko wollte Sam all ihre Songs vorspielen, einschließlich der Outtakes von den drei Alben, die sie Anfang der Siebziger aufgenommen hatte. Sie bat mich, mich mit Roy Cicala, dem Besitzer von Record Plant, in Verbindung zu setzen und zu veranlassen, daß ihre unveröffentlichten Aufnahmen sofort herausgesucht und ihr zugeschickt werden sollten. Als ich Cicala erreichte, erfuhr ich von ihm, daß Yokos Musik in einem atomsicheren unterirdischen Bunker im Norden des Staates New York gelagert wurde und daß es einige Zeit beanspruchen würde, die Tonbänder zu holen.

Ich blieb bis spät in die Nacht im Büro und sortierte die Post, während Yoko Sam ihre Songs vorspielte. Am Dienstagnachmittag flogen Yoko und Sam für den Rest des Tages nach Palm Beach, und Yoko hinterließ strikte Anweisung, jedem Anrufer, einschließlich John, zu sagen, sie sei »unabkömmlich«.

Am nächsten Tag bat Yoko mich, Sam Havadtoy und einen der Handwerker nach Cannon Hill zu fahren, um das Haus auszumessen und Uda-San ins Dakota zurückzubringen. Dann sollte ich nach Cannon Hill zurückkehren und dort bleiben, bis ich weitere Anweisungen erhielt. Auf dem Rückweg nach Long Island fuhr ich bei meinem Apartment vorbei, um ein paar Kleider einzupacken und einen Beutel Psilocybin-Pilze aus meinem Gefrierfach zu holen. Ich hatte sie für besondere Gelegenheiten aufgehoben. In der Abenddämmerung war ich wieder in Cannon Hill und spazierte den verlassenen Strand vor dem Haus entlang. Ich war heilfroh, endlich etwas Zeit für mich zu haben.

Nach einer Nacht erholsamen Schlafs stand ich auf, um mir den Sonnenaufgang anzusehen. Ich fuhr in die Stadt und kaufte ein paar Zeitungen. Als ich wieder zu Hause war, aß ich zum Frühstück einige der psychedelischen Pilze und wartete auf die Anstreicher. Ich machte es mir mit dem Walkman, einer Handvoll Reggae-Tapes und meinem Beutel Pilze am Pool bequem. Ich kaute auf einem dicken Stengel herum, überflog die erste Seite der *Times* und spürte, wie die Morgensonne mir Beine und Brust wärmte. Die Schlagzeile berichtete vom Tod des japanischen Ministerpräsidenten Masayoshi Ohira. Ich las ungefähr zwei Absätze, ehe meine Augen glasig wurden. Dann betrachtete ich ein Foto eines mit Haitianern überladenen Bootes, was mich sofort daran erinnerte, daß John vor genau einer Woche nach Bermuda aufgebrochen war. Die Segeltour hatte nur fünf Tage dauern sollen. Ob Johns Boot wohl im Bermuda-Dreieck verschwunden war? Ich setzte mich so ruckartig auf, daß mir schwindelte. Vor meinem inneren Auge sah ich fette Schlagzeilen vom mysteriösen Verschwinden John Lennons. Nur mit Mühe konnte ich mir diese beunruhigenden Gedanken aus dem Kopf schlagen.

Ich setzte die Kopfhörer auf und hörte mir Bob Marleys *Natty Dread*-LP an. Bald überlief mich eine Welle der Euphorie. Es war, als würde elektrischer Strom durch meinen Körper geleitet. Zugleich spürte ich, wie die Erdanziehungskraft sich verdoppelte und sich dann noch einmal verdoppelte. Ich vibrierte zum Beat des Rasta-Rhythmus, während ein Elefant auf meinem Brustkorb saß. Wow. Die Pilze waren wesentlich stärker, als ich angenommen hatte. Ich lehnte mich zurück, versuchte mich zu entspannen, und blätterte die Zeitung durch, die mittlerweile von grünen, phosphoreszierenden Schlagzeilen wimmelte. Auf der Kommentarseite fiel mir ein kleiner Artikel eines Drogenbeauftragten des Weißen Hauses auf, der die Meinung vertrat, der beste Weg, Jugendliche vor Drogenkonsum zu bewahren sei, »den inneren Frieden bei Heranwachsenden zu fördern«.

Ich kicherte hysterisch vor mich hin, als ich plötzlich eine ferne, vertraute Stimme durch die Kopfhörer vernahm. Ich schaute auf und sah eine schwere Gestalt über mir. Es war Doug MacDougall, der Leibwächter, der mich besorgt anstarrte. »Schläfst du?« fragte Doug mit verwirrtem Gesichtsausdruck.

Ich schüttelte mit Mühe den Kopf. Ich merkte, daß ich nicht sprechen konnte, obwohl ich den Mund bewegte. Als ich aufstand, um ihn anzusehen, fühlte ich mich, als wäre ich nach einem Schlaganfall halbseitig gelähmt. Ich schleppte mich zu dem Holzzaun, der den Pool umgab, und hing dort wie eine sterbende Spinne. Doug betrachtete mich mit besorgtem Stirnrunzeln. Da ich kein Wort herausbrachte, sagte er mir, er sei gekommen, um den Abtransport einiger Möbelstücke zu überwachen, und ging.

Erleichtert, nicht mehr seinem wachsamen Blick ausgesetzt zu sein, ließ ich mich in den Pool gleiten, in der Hoffnung, das Wasser könnte mir helfen, einen klaren Kopf zu bekommen. Ich hatte mit den Pilzen wirklich zuviel des Guten getan. Ich ließ mich eine Weile im Pool treiben. »Ich bin kein Zweibeiner mehr«, ging es mir durch den Kopf, und ich wartete seltsam entspannt darauf, die Kontrolle über meine Motorik zurückzugewinnen. Aber dann rief Doug aus dem Haus, da sei ein Telefonanruf für mich. Als ich mich mühsam aus dem Pool wuchtete, bemerkte ich, daß ich noch immer halb gelähmt war. Ich trocknete mich in Zeitlupe ab und streifte mir ein Hemd über, ehe ich unter größten Schwierigkeiten zum Haus wankte. Irgendwie schaffte ich es bis in die Küche. Ich griff mir den Telefonhörer und sagte: »Whoooaaa«, oder etwas in der Art.

»Bist du in Ordnung? Du klingst reichlich daneben.« Es war DePalma.

»Priiima«, krächzte ich.

»Schön das zu hören, weil ich Anweisung habe, dir zu sagen, daß du deinen Arsch schleunigst hierher bewegen sollst!«

»Issnichdriiiin«, protestierte ich zaghaft. Ich weiß nicht mehr, wie der Rest des Gesprächs verlief, aber ich hängte auf, ohne daß es zu einer Einigung kam. Ich saß in der Küche herum und konnte mich nicht entscheiden, was als nächstes zu tun war. Ich bemerkte ein paar Männer, die Möbel in einen LKW vor dem Haus luden und wollte gerade die Bullen anrufen, als Doug reinkam und mir eine Tasse Kaffee einschenkte, die ich prompt an meine Lippen führte und über meinem Hemd ausgoß. Doug tat so, als hätte er nichts bemerkt. Ich versuchte, ihm mein Gespräch mit Rich zu schildern, aber ich brachte nur unzusammenhängende Worte heraus. Trotzdem mußte es mir irgendwie gelungen sein, mich verständlich zu machen.

»Du siehst nicht so aus, als wärst du imstande zu fahren«, sagte Doug mahnend, ehe er ging.

Das Telefon klingelte, und diesmal hatte ich Havadtoy am Apparat, der wissen wollte, ob seine Möbelpacker eingetroffen seien. Dann begann er, mir eine lange Liste der Möbelstücke vorzulesen, die sie mitnehmen sollten. Es ging zum einen Ohr rein und zum anderen wieder raus. Ich murmelte irgendwas von vielbeschäftigt und sagte, ich würde ihm einen seiner Männer ans Telefon holen. Dann klingelte das andere Telefon. Es war wieder DePalma, und er klang ziemlich verstimmt. Er bestand darauf, ich solle sofort nach New York zurückkommen, und sagte, er hätte strikte Anweisung, nicht zu sagen, warum. Ich sagte ihm, daß ich nicht kommen könne, und daß ich auch strikte Anweisungen hätte, nicht zu sagen, warum.

»Okay, du hast gewonnen«, sagte Rich entnervt. »Er höchstpersönlich hat eben von Bermuda aus angerufen, und er will, daß du hinkommst, und zwar so schnell wie möglich.« Ich lächelte. Ich hatte schon fast die Hoffnung aufgegeben, John jemals wiederzusehen.

»Hör zu«, fuhr Rich ungeduldig fort. »Es hieß, ich sollte dir einen Flug für heute abend buchen, also sieh zu, daß du den Arsch hochkriegst!«

Diese Nachricht hatte einen ernüchternden Effekt auf mich, und ich brabbelte schnell, daß ich unmöglich so kurzfristig aufbrechen könnte.

»Na schön, das machst du dann besser mit dem Boß persönlich aus«, sagte Rich und gab mir eine Nummer, unter der John auf Bermuda zu erreichen war. Ich rief die Auslandsvermittlung an und nannte ihnen die Nummer auf Bermuda. Eine unbekannte Stimme meldete sich am Telefon und legte unverzüglich auf, als ich fragte: »Hallo, ist John da?«

Ich fragte mich schon, ob ich die falsche Nummer hatte, als mir aufging, daß meine unbedachte Frage am anderen Ende der Leitung vielleicht für Panik gesorgt hatte. Ich versuchte es wieder und nannte diesmal meinen Namen, ehe ich John verlangte. Einen Moment später war er höchstselbst am Telefon.

»Hi, Fred!« sagte John fröhlich. »Wann kommst du?«

»Öh, ich brauche einen Tag oder so, um mich fertig zu machen.«

»Du klingst so sonderbar, Fred«, sagte John, hellhörig wie immer. »Du bist doch nicht krank, oder?« In seiner Stimme schwangen Besorgnis und Mißtrauen.

Ich wußte, daß es keinen Sinn hatte, das Spielchen weiterzuspielen. Ich merkte Johns genervter Stimme an, daß er mir auf die Schliche kommen würde, und stammelte deshalb, ich hätte »magische« Pilze zum Frühstück gegessen.

»Ach wirklich? Wie sind sie?« Ich hatte sein Interesse geweckt. »Hast du noch welche übrig?«

Ich sagte ihm, ich hätte einen ganzen Sack voll psychedelischer Pilze.

»Toll! Vielleicht kannst du sie unter Uda-Sans Health-Food schmuggeln und mitbringen.«

Klang nach einer wundervollen Idee.

»Hör mal«, fuhr John mit gesenkter Stimme fort. »Ich hab im Schlafzimmer noch Grass gebunkert. Ich glaube, es ist in der Schreibtischschublade. Hol es lieber raus, ehe es den Anstreichern in die Hände fällt. Am besten rufst du mich aus dem Schlafzimmer an, wenn du's gefunden hast, und dann gebe ich dir noch eine Liste von Klamotten durch, die du mitbringen sollst.«

Ich kroch, während die Maler meine langsamen Bewegungen mit ungläubigen Blicken verfolgten, hoch in den ersten Stock und schloß mich im großen Schlafzimmer ein. Ich hatte das Gefühl, weitere Überraschungen nicht mehr ertragen zu können. Ich durchsuchte Johns Schreibtisch und fand das Marihuana in einem durchsichtigen Plastikbeutel. Außerdem fiel mir ein Schreibmaschinen-Manuskript mit dem Titel *The Ballad of John and Yoko* in die Hände. Ich blätterte neugierig im Manuskript und suchte nach dramatischen Enthüllungen, aber nachdem ich wenige Seiten überflogen hatte, mußte ich feststellen, daß es eine Schmährede gegen seine und Yokos Gegner war, einschließlich diverser sarkastischer, bitterböser Kommentare über die anderen Beatles. Darüber hinaus war es ein weitschweifiger Diskurs über das Leben mit Yoko, über das ich für meinen Geschmack schon viel zuviel wußte.

Ich nahm das Grass und rief John dann zurück. Er sagte, ich sollte das Marihuana und die Pilze zwischen den Lebensmitteln verstekken, die Uda-San mitbringen würde, es zum Beispiel unter den getrockneten Seetang mischen.

»Aber sag Uda-San nichts davon«, kicherte John. »Dann wird sie, falls ihr erwischt werdet, eine solche Miene gekränkter Rechtschaffenheit aufsetzen, daß auch der schärfste Zollbeamte glaubt, ihr seid unschuldig.«

Danach gab John mir eine genaue Aufstellung der Kleidung, die ich mitbringen sollte. Nach einer langen, aufreibenden Suchaktion in seinen Schränken hatte ich alles gefunden, bis auf ein paar weiße Turnschuhe. Als ich ihn anrief, sagte er, die Sneakers seien vielleicht im Dakota. Ich versprach, sie zu suchen, und sagte, ich würde ihn aus dem Büro wieder anrufen, um unsere genaue Ankunftszeit durchzugeben. Dann packte ich Johns Kleidung in eine große Ledertasche und sammelte ein paar Klamotten für mich zusammen, ehe ich mich bei Rich im Büro meldete. Der Geschäftsführer informierte mich, daß Uda-San, Sean und ich am folgenden Nachmittag einen Flug nach Bermuda hatten.

»Wie geht's uns denn so?« fragte Rich. Seine Stimme klang gleichzeitig sarkastisch und besorgt. »Heute morgen schienst du ja echt daneben zu sein.«

Ich versicherte ihm, es sei mir nie besser gegangen.

Tatsächlich hatte mein zentrales Nervensystem nicht nur all seine Funktionen wieder aufgenommen, es schien sogar mit doppelter Kraft zu arbeiten. Ich vibrierte vor nervöser Energie. Mir kam der Gedanke, daß John sich vielleicht immer so fühlte. Ich belud schnell den Mercedes und fuhr los, mitten in den Feierabendverkehr. Der Verkehr war zwar in Richtung Manhattan ziemlich schlimm, das war aber nichts gegen die Völkerwanderung von Pendlern in Gegenrichtung auf dem Long Island Expressway, der jetzt an einen riesigen Parkplatz erinnerte. Als ich vor mir die sinkende Sonne sah, wurde mir bewußt, daß ich seit mehr als zwölf Stunden auf den Beinen war, und daß ich in weiteren zwölf Stunden auf den sonnigen Bermudas sein würde. Ich bebte innerlich vor Freude, mit John zusammenzusein und Yokos Einzugsbereich zu entkommen. Ich fragte mich, ob es John helfen würde, sich von Yokos Einfluß zu befreien, wenn er erfuhr, daß seine Frau sich mit einem anderen Mann eingelassen hatte und ein kleines Vermögen für extravagante Lunches und Trips mit dem Wasserflugzeug verschleuderte. Beim Gedanken an Johns geradezu kindliche Abhängigkeit von Yoko entschied ich, daß er es wahrscheinlich gar nicht wissen wollte.

Als ich John aus dem Dakota anrief, gab er mir eine neue Kleiderliste und erinnerte mich daran, nach seinen weißen Turnschuhen zu suchen, während er sich wiederholt entschuldigte, soviel Aufhebens um seine Kleidung zu machen. Ich fand die Sneakers in der Kleiderkammer, einer achteckigen, holzgetäfelten Kammer zwischen dem Schlafzimmer und dem Weißen Zimmer, die bis zur Decke mit Kleidern vollgestopft war. Es gab mehrere fahrbare Kleiderständer, an denen Yokos eindrucksvolle Pelzkollektion und Johns teure europäische Jacketts und Blazer hingen, und etliche riesige Kommoden und Holztruhen voller Sweater, T-Shirts, Socken und Unterwäsche. Ein großer Teil des Fußbodens war vollgestellt mit unzähligen Schuhpaaren. Ich suchte also pflichtgemäß sämtliche Klamotten von Johns Liste heraus und stapelte sie alle im Weißen Zimmer. Es war schon spät nachts, ehe ich endlich nach Hause kam. Ich war nicht weiter überrascht, auf meinem Anrufbeantworter eine Nachricht von Yoko zu finden, die mich bat, gleich am nächsten Morgen John auf Bermuda anzurufen. Nach ein paar Stunden unruhigen Schlafs stand ich am nächsten Morgen früh auf. Es war zufällig ein Freitag, der 13. Juni. Als ich John anrief, sagte er mir, es sei nicht nur Freitag, der 13., der Merkur sei außerdem retrograd, und ich sollte keinesfalls die Pilze und das Marihuana mitbringen. Wenn ich versuchte, bei einer derart ungünstigen Konstellation Drogen zu schmuggeln, würde ich garantiert geschnappt, warnte mich John. Schließlich bat er mich noch, seine liebste Ovation-Gitarre und Thor Heyerdahls *Early Man and the Ocean* mitzubringen.

Ich packte schnell einige meiner eigenen Kleider zusammen. Ich nahm so wenig wie möglich mit, da ich mit Johns Sachen schon mehr als genug zu schleppen hatte. Ich kam gerade rechtzeitig ins Dakota zurück, um einen Anruf von John anzunehmen, der mir einschärfte, seine Gitarre als Handgepäck mit ins Flugzeug zu nehmen und nicht aus den Augen zu lassen. Johns Gitarre fand ich in Apartment 71, dann ging ich in die Küche, wo Yoko und ihre Mutter am Metzgertisch schweigend beim Frühstück saßen. Yoko erzählte mir fröhlich, daß die alte Dame auch abreisen würde.

Plötzlich fragte Yoko: »Wann müssen wir zum Flughafen?«

»Kommst du mit uns nach Bermuda?« fragte ich erschrocken.

»Nein, du Dummer«, kicherte Yoko. »Ich will euch nur auf Wiedersehen sagen.«

Am späten Vormittag stolzierte Yoko in einem provokanten Outfit aus ledernen Hot Pants und einer schwarzen Seidenbluse, die sie aufgeknöpft hatte, um möglichst tiefe Einblicke zu gestatten, ins Büro. Sie bat mich, einen Kassettenrecorder an ihrem Klavier im Allerheiligsten anzuschließen, weil sie »einen Song für John aufnehmen« würde. Den restlichen Morgen jaulte sie mit kreischender Stimme herum.

Gegen Mittag rief John mich an, weil er »eine letzte Bitte« hatte – seinen Lieblingsschlips, einen schwarz-gelb gestreiften, den er auf dem Gymnasium getragen hatte.

Als unsere Limousine kam, rief ich Uda-San oben an, bat sie, Johns Schul-Schlips zu suchen und dann mit Sean nach unten zu kommen. Darauf klingelte ich Yoko an, die mit John telefonierte, und sagte ihr, wir seien fahrbereit. Wir quetschten uns alle in die Stretch-Limousine und fuhren durch Central Park West. Ich fragte Uda-San, ob sie alle Papiere zusammen hätte, und sie zeigte mir ihren japanischen Paß – aber natürlich hatte niemand daran gedacht, Seans Paß einzupacken. Yoko sagte, er sei vielleicht in einer ihrer Schreibtischschubladen, also drehten wir um und sie und ich stürzten ins Büro und durchsuchten fieberhaft den Schreibtisch.

»Keine Angst, Fred«, sagte sie, als sie sah, wie beunruhigt ich war. »Ich bin sicher, daß er hier irgendwo ist.«

Sie leerte etliche Schubladen aus, die mit verschiedenstem Krempel wie leeren Zigarettenpackungen, Feuerzeugen, Stiften und Notizblocks vollgestopft waren – aber der Paß war nicht zu finden. Ich war drauf und dran, unser Reisebüro anzurufen und mich nach dem nächsten Flug nach Bermuda zu erkundigen, als Yoko triumphierend das gesuchte Dokument hochhielt, das unter einem Stapel alter Fotos verborgen gewesen war. Ich war so erleichtert, daß ich sie am liebsten geküßt hätte. Mittlerweile war es schon nach dreizehn Uhr. Yoko hatte sich um zwei mit Sam Green zum Lunch verabredet, also beschloß sie, die Fahrt zum Flughafen sausen zu lassen. Sie gab Sean einen Abschiedskuß und versprach, uns »in ein oder zwei Wochen« auf den Bermudas zu besuchen.

Als wir am Flughafen eincheckten, gab es ein großes Hin und Her wegen Johns Gitarre. Das Flughafenpersonal beharrte darauf, die Gitarre sei zu bauchig, sie ließen sie mich nicht mit an Bord nehmen.

Ich hatte keine andere Wahl, als sie aufzugeben. Mein Herz sank, als ich sie auf dem Förderband verschwinden sah. Aber als ich in der Ersten Klasse Champagner schlürfte, regte ich mich schnell wieder ab. Sean verlangte auch einen Schluck von dem gelben Sprudel und drohte mit einem Riesenaufstand, falls man ihm nicht seinen Willen ließ, also erlaubte ich ihm, einmal zu nippen. Uda-San war erschüttert, aber sie hätte sich keine Sorgen zu machen brauchen: Nach dem ersten Schluck Champagner verzog Sean angewidert den Mund und gelobte, das Zeug nie wieder anzurühren.

Uda-San schien unter einem kleinen Anfall von Flugangst zu leiden. Sie sagte mir, der Flug von Tokyo nach New York sei das Schrecklichste in ihrem Leben gewesen. In diesem Fall wurde ihre Besorgnis noch dadurch geschürt, daß sie keine Ahnung hatte, wo wir hinflogen. »Wo ist dieses Bermuda?« fragte Uda-San immer wieder. Sie schien zu glauben, es sei irgendwo am Mittelmeer. Als ich ihr unsere Flugstrecke auf der Landkarte zeigte, einen kleinen Fleck im riesigen Ozean, machte Uda-San ein enttäuschtes Gesicht. »Japan viel mehr groß«, schnaubte sie.

Nach kurzem und ereignislosem Flug landeten wir in der britischen Kronkolonie Bermuda. Hier sollte ich endlich den wahren John Lennon kennenlernen, den Lennon, den ich schon immer unter der Kruste aus Verzweiflung und Langeweile vermutet hatte.

10

Bermuda

Als Uda-San, Sean und ich in Hamilton, der Hauptstadt Bermudas, von Bord gingen, erfuhren wir, daß Uda-San ein Einreisevisum brauchte. Ich mußte ihr für 700 Dollar ein Ticket nach Tokyo kaufen, ehe sie einreisen durfte. Dann entdeckte ich, daß Johns Gitarre fehlte. Nach hektischer Suche stellte sich heraus, daß sie mit einem späteren Flug kam. Als wir den Flughafen verlassen konnten, war es schon früher Abend. Tyler Coneys, der uns abholte, dirigierte unser Taxi zu Johns Haus. Tyler erzählte mir überglücklich, John und er seien während der Reise »die besten Freunde« geworden. Sie hatten auf der Fahrt zusammen starkes Sinsemilla geraucht, und Tyler war der festen Überzeugung, daß sie das für alle Zeiten fest zusammengeschmiedet hatte. Ich wollte nicht derjenige sein, der ihm steckte, daß niemand Johns »bester Freund« sei, und außerdem hätte er mir sowieso nicht geglaubt.

John und seine Coneys-Crew lebten beengt im obersten Stockwerk eines Hauses in Knapton Hill. John hatte ein eigenes Schlafzimmer. Tyler biwakierte mit seiner Kusine Ellen und seinem Vetter Kevin auf dem Fußboden im Wohnzimmer. John hieß uns in seiner »bescheidenen Hütte« willkommen, und er und Sean feierten ein gefühlvolles Wiedersehen. Im selben Moment, als ich John sah, fiel mir auf, wie verändert er war: Er hatte die fahle Hautfarbe verloren, die er in fünf Jahren im Dakota angenommen hatte. Mir wurde klar, daß er, seit ich ihn kannte, wie ein Mann mit einer schleichenden Krankheit gewirkt hatte. Jetzt war er sonnengebräunt und strahlte Kraft und Vitalität aus.

John nahm die Gitarre aus dem Koffer und begann, Liverpooler Seemannslieder zu singen. Sean war begeistert von der Stegreif-Performance seines Vaters und tanzte fröhlich über den Wohnzimmerfußboden. Dann erzählte John enthusiastisch von der Seereise. Er schilderte, wie er gespürt hatte, daß sich ein Teil seines Schicksals nach viel zu langem Zaudern erfüllte, als er endlich draußen auf dem Ozean gewesen sei, umgeben von Wasser, so weit das Auge reichte. »Du kannst dir nicht vorstellen, was das für ein Gefühl ist, wenn du dich umschaust und nichts anderes siehst als Wasser und Himmel«, sagte er. »Du fühlst dich gleichzeitig völlig vereinsamt und eins mit dem allmächtigen Sonstwas. Es ist ein überwältigendes Freiheitsgefühl.«

Wenige Tage nach dem Aufbruch aus Newport war das Boot mitten im Atlantik in einen schweren Sturm geraten, und der Teufel war los gewesen. Auf sechs Meter hohen Wellen schaukelnd, gepeitscht von orkanartigen Böen, war die *Megan Jaye* auf Achterbahnfahrt durch die stürmische See gegangen. Der Sturm hatte fast zwei Tage gedauert, und als die Coneys' am ersten Tag durch Seekrankheit außer Gefecht gesetzt worden waren, hatte John das Steuer übernommen. Er schrieb seine ungewöhnliche Widerstandskraft seiner Diät aus Naturreis und Miso-Suppe zu.

»Ich war also am Steuer«, erzählte John, »und Wind und Regen peitschten auf mich ein, Welle auf Welle. Zuerst stand ich Todesängste aus, aber Cap'n Hank stand mir ja zur Seite, also fühlte ich mich einigermaßen sicher, weil ich wußte, daß er mich keine dämlichen Fehler machen lassen würde. Aber nach einer Weile fühlte auch er sich nicht mehr so gut und verzog sich nach unten in die Kabine«, lachte John und schüttelte ungläubig den Kopf. Mutterseelenallein mit dem Steuer, das Schicksal des Schiffes in seiner Hand, hatte John gewußt, jetzt ging es um »alles oder nichts«. Nachdem er die anfängliche Panik überwunden hatte, hatte John sich zum Herrn der Lage aufgeschwungen und eigenhändig das Schiff durch den Sturm gesteuert.

»Nachdem ich mich einmal mit der Situation abgefunden hatte«, fuhr er fort, »wuchs ich über mich hinaus und verlor plötzlich alle Angst. Ich hatte sogar tatsächlich Spaß an meinem Abenteuer und fing im Angesicht des Sturms an, aus voller Brust alte Seemannslieder zu singen! Ich habe mich noch nie so wohl gefühlt. So muß sich Liddy gefühlt haben, als er sich im Sturm an diesen Baum gefesselt und gerufen hat: »Nimm mich hin, Gott! Ich scheiße drauf!«.

John sagte, nach fast fünfzehn Stunden am Steuer, die er durch eigene Geschicklichkeit und Courage überstanden hatte, sei sein ursprüngliches, unverwüstliches jugendliches Ich wieder zum Vorschein gekommen. Die einzige andere Zeit, in der er sich so »ausgeglichen« und »eins mit dem Kosmos« gefühlt hätte, sei 1961 gewesen, als die Beatles als Live-Band ihre beste Phase hatten und Nacht für Nacht das Publikum von Liverpool und Hamburg zum Kochen brachten.

»Damals wußte ich, daß nichts mich aufhalten konnte, und daß die Beatles früher oder später den großen Durchbruch schaffen würden. Es war die einzige Zeit meines Lebens, in der ich wirklich Herr meines Schicksals war.«

Plötzlich erkannte ich, daß ich den John Lennon vor mir sah, den er mir einmal beschrieben hatte, einen Mann im Vollbesitz seiner Kraft, ein Mann, der nach Leben hungert, nicht vor dem Leben flieht.

John hatte Cap'n Hank zum Dinner eingeladen, und Uda-San, noch ganz verstört von dem Spießrutenlaufen am Flughafen, stand vor der Aufgabe, in kürzester Zeit ein Abendessen für unsere buntgemischte Gesellschaft zuzubereiten. Sie machte eine riesige Einkaufsliste, und Tyler und ich schwangen uns auf zwei geliehene Mopeds und rasten zum nächsten Laden. Wir kauften Lebensmittel für hundert Dollar, und Uda-San braute in Windeseile ein Abendessen aus Fisch, Gemüse und Naturreis zusammen.

Der Kapitän kam mit seiner Freundin Gretchen, einer attraktiven jungen Frau, die aus Rhode Island eingeflogen war, um ihm auf der Rückreise zur Hand zu gehen. Der Kapitän, ein fröhlicher, bärtiger Mann Anfang Dreißig, hatte Gretchen als seine »himmlische Navigatorin« beschrieben und damit Johns Neugier geweckt. John faszinierte die Vorstellung, den Ozean nur anhand der Sternbilder zu durchsegeln. Das war die Methode seiner Vorfahren, der alten Wikinger, gewesen, die den Ozean überquerten, ohne auch nur einen Kompaß zur Hilfe zu nehmen. Während John sich mit der jungen Frau in ein angeregtes Gespräch über Sterne vertiefte, plauderte ich mit Cap'n Hank. Ich erfuhr, daß er ein unerschütterlicher Beatles-Fan war, der John seit seiner Teenagerzeit vergöttert hatte. Durch eine erstaunliche Schicksalsfügung war er dazu ausersehen worden, John über den halben Atlantik zu schippern. Als ihm aufgegangen war, wen er an Bord hatte, war er sprachlos gewesen. Er schien immer noch ganz weg zu sein von diesem Erlebnis und lächelte den ganzen Abend selig vor sich hin, während er zuhörte, wie John Geschichten von der Segeltour zum Besten gab.

Als ich am nächsten Morgen aufstand, war John auf der Terrasse und genoß die herrliche Aussicht auf die Bucht. Cap'n Hank und Gretchen wollten die *Megan Jaye* am nächsten Tag nach Newport zurücksegeln, und John plante einen Abschiedstörn rund um die Insel. Wir fuhren im Taxi zum Hafen, begleitet von den Coneys' auf Mopeds. Auf dem Weg begann es zu regnen, und als wir an Bord waren, zog John eine leuchtendgelbe Öljacke über sein T-Shirt. Sean wurde mit einer orangenen Schwimmweste ausstaffiert und saß neben John, während Cap'n Hank das Schiff aus der Bucht steuerte.

Als der Regen stärker wurde, folgten Sean und ich John in die Kabine, wo John erzählte, wie er Tee gekocht hatte, als der Sturm plötzlich zuschlug. Die Schranktüren waren aufgesprungen, und sämtlicher Inhalt war durch die Kabine geflogen. »Jetzt klingt es vielleicht komisch«, lachte John, »aber damals bin ich fast durchgedreht vor Angst. Ich wußte ja gar nicht, was los war. Ich dachte, ein Wal hätte uns gerammt, oder sowas. Ich war sicher, daß wir sinken würden.«

Sobald der Regen sich verzog, gingen wir wieder an Deck, und Sean übernahm, assistiert von Hank und Gretchen, das Steuer. John lehnte sich zurück, die Kapuze seiner Regenjacke ins Gesicht gezogen, zündete sich eine Gitane an und ließ den Blick über das Boot und die herrliche Küstenlinie von Bermuda gleiten. Die Häuser wirkten wie unregelmäßige weiße Flecke auf den fernen saftiggrünen Hügeln. Zur anderen Seite des Bootes lag die offene See. John schaute wehmütig zum Horizont.

Nach einer Weile gesellte sich Gretchen zu uns, und bald waren sie und John in ein angeregtes Gespräch vertieft. John schien sehr eingenommen von der hübschen Navigatorin. Am Ende des Ausflugs verabschiedeten sich John und die Coneys' von Hank und Gretchen, nicht ohne allerlei Wiedersehenspläne zu schmieden, dann lud John uns zum Lunch in ein italienisches Restaurant in St. George ein, in dem er und die Crew gleich nach der Landung in Bermuda gewesen waren. »Wir sahen aus wie Schiffbrüchige«, kicherte John und erzählte, wie alle Köpfe sich nach ihm und der Crew umgedreht hatten, als sie in ihren dreckigen Klamotten, bis obenhin voll mit Marihuana, ins Restaurant gewankt waren. Cap'n Hank hatte John gewarnt, daß die Zollbehörden von Bermuda gelegentlich Stichproben auf einkommenden Schiffen machten. Das hatte Johns Paranoia geweckt, und er hatte darauf bestanden, ihre Vorräte aufzubrauchen, ehe sie die Insel erreichten. Er war 1968 wegen Marihuana-Besitzes verhaftet worden, und die anschließende Verurteilung hatte es ihm immer wieder schwer gemacht, Einreisevisa zu bekommen. Die Crew rollte eiligst diverse riesige Joints, die sie hastig rauchten, während sie sich der Insel näherten. In letzter Minute hatte John ein Mitglied der Crew überredet, ihm einen Joint an Land zu schmuggeln, dann wurde der Rest des Marihuanas als Flaschenpost über Bord geworfen.

Nach dem Lunch gingen die Coneys' wieder zurück ins Haus, während John, Sean, Uda-San und ich am Nachmittag einen Stadtbummel in St. George machten. Als wir zum Apartment zurückkamen, beschwerte sich John über seine beengte Unterbringung und hätte seinen »Hausgenossen« am liebsten den Kopf abgerissen. John ging es gegen den Strich, daß er seine Wohnung teilen mußte, daher fing er an, die Coneys' von oben herab zu behandeln. Er war verärgert, daß Uda-San sich verpflichtet fühlte, hinter den Coneys' herzuräumen und für sie zu kochen. Sie war eine Haushälterin mit Prinzipien, und es war undenkbar für sie, sich nur um John und Sean zu kümmern und die Gäste zu ignorieren. Sobald wir an diesem Abend einen ruhigen Moment hatten, rief John mich zu sich ins Schlafzimmer und trug mir auf, ein geräumigeres Domizil für uns zu finden, am besten eine einsame Villa am Meer. Offensichtlich hatte es Mißverständnisse zwischen Studio One und einem ansässigen Immobilienmakler gegeben, welche Art Unterkunft für John, dessen Identität nicht enthüllt worden war, in Frage kam.

Ich fand schnell heraus, daß es praktisch unmöglich war, mitten im Juni in Bermuda eine einsame Villa am Meer zu mieten. Als er sah, daß ich nicht weiterkam, sagte John mir, Geld spiele keine Rolle, und erlaubte mir sogar, als letztes Mittel den allmächtigen Namen Lennon einfließen zu lassen. Wie durch ein Wunder schien plötzlich eine vielversprechende Villa am Meer freizuwerden. John besichtigte das Grundstück am Sonntag, dem 15. Juni, am Vatertag, wie es der Zufall wollte.

Villa Undercliff lag in Fairylands, einem eleganten Viertel in den Außenbezirken von Hamilton, dessen imposante Villen und die üppigen Gärten, die sie umgaben, mich an ein Seebad am Mittelmeer erinnerten. Es war das letzte Haus am Fairylands Drive, der mit einem runden Wendehammer über dem Meer endete. Eine Steintreppe führte hinunter zu der halbversteckten gelben Stuckvilla mit grünen Fensterläden. Bei John war es Liebe auf den ersten Blick. Trotzdem zögerte er, hineinzugehen, weil er dem Besitzer nicht begegnen wollte. »Je weniger man von mir sieht, desto besser«, sagte er und bat mich, das Anwesen in Augenschein zu nehmen und ihm genau Bericht zu erstatten.

Am nächsten Tag besichtigte ich Villa Undercliff. Das Haus gehörte der Familie Luthi. Rolf Luthi war belgischer Abstammung und Manager von Bermudas größtem Kaufhaus, Coopers, nachdem er in die Familie der Besitzer eingeheiratet hatte. Er war ein eleganter Mann um die Fünfzig mit sich lichtendem weißen Haar und tiefer Sonnenbräune. Seine Frau war eine stattliche Blondine, und die Kinder, ein Junge und ein Mädchen im Teenageralter, waren ebenfalls blond. Sie sahen aus wie eine Bilderbuchfamilie. Man machte mit mir einen Rundgang durchs Haus, angefangen im eleganten Wohnzimmer, in dem ein Flügel stand. Eine breite Steintreppe führte in den ersten Stock, wo das große Schlafzimmer und zwei weitere Schlafzimmer lagen. Die Küche war hell und geräumig. Außerdem hatte das Haus noch eine rote Ziegelterrasse mit Blick aufs Meer. Man sagte mir, wir könnten gerne ein Sunfish-Segelboot benutzen, das in einem nahegelegenen Schuppen untergebracht war.

John war hingerissen, als ich ihm die Villa beschrieb. Die Tatsache, daß wir dort einen Flügel und sogar ein Segelboot hatten, schien fast zu schön, um wahr zu sein. Am Spätnachmittag kam er aus dem Schlafzimmer und verkündete fröhlich, das Büro in New York würde alles regeln, um die Villa für sechs Wochen zu mieten. Er wies mich an, den Coneys' nicht zu sagen, daß wir umziehen würden, weil er sich nicht verpflichtet fühlen wollte, sie in unser neues Haus einzuladen. Sie durften gerne in dem Apartment bleiben, das noch bis Ende des Monats gemietet war, aber John machte deutlich, daß er keinen Wert auf weiteren Kontakt mit der Crew legte, nachdem wir ausgezogen waren. Er machte ein erstauntes Gesicht, als ich ihm erzählte, daß Tyler sehr enttäuscht sein würde, weil er den Eindruck hatte, er sei während der Reise Johns enger Freund geworden.

»Ich habe keine Freunde!« erinnerte John mich. »Freundschaft ist eine romantische Illusion!«

Johns Gesichtszüge verhärteten sich, als er zu einem langen Monolog über das Thema ansetzte und dazu sein Verhältnis zu Paul McCartney als Beispiel nahm. John sagte, die meisten »sogenannten Freundschaften« beruhte auf einem symbiotischen Austausch von Dienstleistungen. »Die Basis unserer Freundschaft war das intuitive Verständnis, das wir als Musiker untereinander hatten«, sagte er. John erklärte, als er und Paul angefangen hatten, zusammenzuarbeiten, hätte er Paul mehr gebraucht als Paul ihn gebraucht hatte. Denn

Paul sei nicht nur ein fähiger Musiker gewesen, der John helfen konnte, vage Ideen zu Songs zu verarbeiten, sondern er kam auch aus der Sicherheit eines geordneten Familienlebens. »Mit Paul zusammenzusein gab mir ein Gefühl der Stabilität«, sagte John. »Als ich Yoko traf, wußte ich, daß es Zeit war, mich zu lösen. Paul haßte mich, weil ich mich von ihm abwandte und tat alles, um die anderen gegen mich aufzuhetzen. Er sah, daß er gegen Yoko nicht ankam, also versuchte er, uns ein Messer in den Rücken zu jagen. Er war absolut niederträchtig, und damit hat er die letzten Illusionen über unsere sogenannte Freundschaft, die ich vielleicht noch hatte, restlos zerstört.«

John brach seinen verblüffenden Monolog abrupt ab und fragte mich, wie es »fernsehmäßig« in der Villa Undercliff aussähe. Als ich berichtete, daß es nur einen Fernseher und keinen Videorecorder gab, bat John mich, dafür zu sorgen, daß ein Fernseher und ein Videorecorder im Hauptschlafzimmer angeschlossen wurden; außerdem brauchte er eine Klimaanlage.

John war an diesem Abend bester Laune. Er alberte mit Sean herum und spielte uns ein Song-Medley mit Schnipseln von »(Sittin' on) The Dock of the Bay« und »Take Me to the River« vor. Nach einem Dinner-Buffet saßen Sean, die Coneys' und ich gebannt zu Johns Füßen, als er seine improvisierte Show mit einer zündenden Parodie des Dylan-Songs »You Gotta Serve Somebody« fortsetzte. »Serve Yerself!« war ein Lobgesang auf die Vorteile der Ungebundenheit und der Selbstsucht. Es war eine bitterböse Parodie, gesungen zu einem galoppierenden Gitarrenriff, die keinen Zweifel daran ließen, daß Johns Inspiration wieder erwacht war.

Die Nacht war noch jung, als John sich auf sein Zimmer zurückzog, ohne auf Tylers Versuche, ihn in ein vertrauliches Gespräch zu ziehen, einzugehen. Frustriert durch seine erfolglosen Bemühungen, mit John »abzuhängen«, schlug Tyler vor, in Hamilton auszugehen. Die Coneys' und ich stiegen auf unsere Mopeds und mischten uns unter die Horden von Touristen, die in den lebhaften Pubs von Hamilton ein starkes Gebräu auf Rumbasis kippten. Tyler und ich betranken uns, und er gestand mir, daß er nicht verstand, warum John ihm die kalte Schulter zeigte. Tyler glaubte wirklich felsenfest, daß er und John »gute Kumpel« seien. Er fand, er sei John ein guter und loyaler Freund gewesen, hatte weder Zeit noch selbst Geld gescheut, um John zu helfen, seinen Traum, den Atlantik zu überqueren, zu erfüllen, und niemals um eine Gegenleistung gebeten.

Ich erzählte dem verwirrten Seemann, daß John, wie ein König, über die normalen Regeln gesellschaftlichen Umgangs erhaben war. Loyalität war für John eine Einbahnstraße: Er verlangte sie von anderen, war jedoch nicht bereit, sie zu erwidern.

Wir beendeten diesen Abend in einer örtlichen Diskothek, dem »Forty Thieves«, besser bekannt als Disco 40. In den frühen Morgenstunden knatterten wir unter größten Schwierigkeiten nach Knapton Hill zurück. Nach ein paar Stunden Schlaf erwachte ich, weil Seans Knie sich in meinen Brustkorb bohrten.

»Aufstehen, Fred«, quiekte Sean ungeduldig. »Daddy braucht dich.«

Noch benommen vom Schlafmangel taumelte ich auf die Veranda, wo John Zeitung las. Er bat mich, den Immobilienmakler anzurufen und zu fragen, ob es möglich sei, heute nachmittag noch in die Villa Undercliff zu ziehen. Außerdem bat er mich, eine Limousine zu bestellen. Wir wollten nach Hamilton, um uns eine Parade zu Ehren des Geburtstags Ihrer Majestät anzusehen. »Beeil dich! Ich will hier raus sein, ehe sie aufwachen«, sagte er und zeigte auf die schlafenden Körper auf dem Fußboden.

Als ich dem Makler sagte, daß John sofort in die Villa Undercliff einziehen wollte, sagte er, er würde noch immer mit Studio One über den Mietvertrag verhandeln und Luthis würden noch einige Tage brauchen, um auszuziehen. Außerdem informierte er mich, daß es in Bermuda keinen Limousinen-Service gab, er jedoch einen verläßlichen Fahrer kannte, den wir für den Rest unseres Aufenthalts auf der Insel anstellen könnten. Nachdem ich Rücksprache mit John gehalten hatte, der darauf bestand, daß der Fahrer niemals seine Identität erfahren dürfte, stellte ich den Mann ein. Unser Fahrer, George Bourne, erwies sich als schwatzhafter, rüstiger Siebziger. Er holte uns in einem japanischen Kombi, neuestes Modell, ab und fuhr uns zur Parade nach Hamilton, wobei er laufend die Inselflora und andere Sehenswürdigkeiten am Wegesrand kommentierte. Als George beiläufig bemerkte, daß er Adventist des Siebten Tages sei, wurde John neugierig auf den alten Mann. Schnell waren die beiden in eine lebhafte Diskussion über Religion verstrickt, aber John hatte das Thema bald satt. Statt dessen fragte er George über das Nachtleben von Bermuda aus. Als ich John den Abend in der Disco 40 beschrieben hatte, hatte er gesagt, keine zehn Pferde könnten ihn in eine Touristen-Disco zerren. Also fragte er George jetzt, wo die »Hiesigen« hingingen, um zu tanzen und Musik zu hören. George erzählte uns, es gäbe eine schwarze Disco namens Flavors, riet uns jedoch von einem Besuch ab, da der ganze Laden ein berüchtigter Sündenpfuhl sei. John warf mir einen Seitenblick zu und grinste lüstern.

Wir trafen gerade rechtzeitig zu den Salutschüssen in der Front Street ein. Die Szenerie war ausgesprochen eindrucksvoll. Es war ein herrlicher, sonniger Tag, und die Parade defilierte vor dem Hintergrund eines surreal weißen und leuchtenden Kreuzfahrtschiffs vorbei, auf dessen Decks sich die Touristen drängten. Wir hoben Sean auf eine Fensterbank, von der aus er besser die rot-weiß uniformierten Ehrengarden mit ihren Tropenhelmen zum Rhythmus einer Militärkapelle vorbeimarschieren sehen konnte. Die Paradestrecke war von tausenden Menschen gesäumt, und John – in weißem Jackett und weißer Hose, T-Shirt und Sonnenbrille, das schulterlange Haar unter einem Strohhut versteckt – war begeistert, daß er sich unter die Menge mischen konnte, ohne erkannt zu werden. Es war schwer zu sagen, wer von beiden mehr Spaß an der Parade hatte, John oder Sean. Tatsächlich gestand John verschämt ein, daß er selbst Anwandlungen von Patriotismus spürte und erklärte mir, eine der wenigen Gemeinsamkeiten zwischen Briten und Japanern sei ihre Vorliebe für Pomp und Zeremoniell. Das war ein verblüffendes Geständnis von John, der die meiste Zeit seines Lebens offene Verachtung für Autoritäten gezeigt hatte. Er schwelgte in Erinnerungen an die Zeit, als die Beatles einen Joint im Badezimmer der Queen im Buckingham-Palast geraucht hatten, als ihnen 1964 der Order of the British Empire verliehen worden war.

»Ich habe nichts davon ernst genommen«, erzählte John mir. Er sagte, er hätte die ganze Zeit gewußt, daß es nur ein Publicity-Gag für die Regierung gewesen sei. »Ich war mir immer darüber im klaren, was da im Hintergrund gespielt wurde. Das machte mich ziemlich zynisch.« Jetzt, sagte John, würde er langsam viele der Dinge schätzen lernen, die er in seiner rebellischen Jugend geschmäht hatte. Nach der Parade gingen wir in einen Souvenirladen und kauften ein paar T-Shirts, ehe wir nach Hause zum Lunch fuhren. Dann ging John auf sein Zimmer, um Yoko anzurufen. Ein paar Minuten später berichtete er mir, daß Yoko die Villa Undercliff zum Preis von 24 000 Dollar für sechs Wochen gemietet hatte.

John schien der exorbitante Mietpreis nicht zu stören. »Ich wußte ja, daß sie uns aufs Kreuz legen würden«, zuckte er die Achseln.

»Aber es ist es wert.« Der einzige Haken war, daß das Geld mit einem von der Bank beglaubigten Scheck gezahlt werden sollte, und da John in Bermuda kein Bankkonto hatte, verzögerte das die Transaktion um einige Tage. John war ernstlich verstört durch die unverwartete Verzögerung und bat mich, die Sache zu beschleunigen, damit wir sofort unser neues Quartier beziehen konnten. Nach einer Reihe verzweifelter Telefonanrufe willigte Rolf Luthi ein, einen Barscheck von John zu akzeptieren, vorausgesetzt, daß er ihn von John persönlich bekam. »Verdammte Scheiße!« schäumte John, als ich ihm die gute Nachricht überbrachte. »Wir zahlen ein verdammtes Vermögen für den Schuppen, und jetzt soll ich auch noch Männchen machen, ehe ich endlich einziehen kann?« Widerstrebend ließ er sich herab, Luthi an diesem Abend nach dem Dinner zu empfangen.

Der propere Belgier tauchte zur verabredeten Stunde auf, gekleidet in einen blauen Blazer und mit biberhaftem Grinsen auf dem Gesicht. Luthi war begeistert von der Aussicht, seinen weltberühmten Logiergast zu beschnuppern. Er begann sofort, John zu Parties und Bootsausflügen einzuladen. Kühl und hochnäsig erklärte John Luthi, er sei nach Bermuda gekommen, um zu arbeiten, und hätte kein Interesse an gesellschaftlichen Kontakten. Ich spürte, daß John vor Empörung schäumte. Er schrieb den Scheck aus, hielt ihn Luthi verächtlich hin und sagte, wir hätten vor, unverzüglich einzuziehen. Als unser neuer Hausherr um einen weiteren Tag Frist bat, um auszuziehen, wollte John nichts davon hören. Er verschwand abrupt in sein Zimmer und ließ mich mit dem verstörten Belgier zurück. Nach einigen Minuten verlegenem Smalltalk trat Luthi hastig den Rückzug an.

Am nächsten Morgen weckte mich John, indem er mir ungeduldig auf die Schulter klopfte und heiser flüsterte: »Komm schon, Fred, wir hauen ab.« Ich rieb mir die Augen und sah auf meine Uhr. Es war kurz nach 6 Uhr morgens. John hatte schon gepackt und war reisefertig. Hastig sammelte ich meine Sachen zusammen und half Uda-San dann, unsere Lebensmittel einzupacken. John hatte nicht die Absicht, den Coneys' irgendwas zu hinterlassen. Manchmal war seine Schofeligkeit wirklich erstaunlich. Wir gingen, ohne den Seeleuten auch nur Auf Wiedersehen zu sagen.

Als wir in der Villa Undercliff eintrafen, lernte John den Rest der Familie Luthi kennen. Die beiden Kinder, ein junges Mädchen und ihr älterer Bruder, wirkten mürrisch, fast finster. Zweifellos waren sie alles andere als begeistert über die Aussicht, aus ihrem Haus auszuziehen, selbst wenn es für einen Ex-Beatle war. Mr. und Mrs. Luthi hingegen waren hingerissen, als sie John das Haus zeigten.

Zuerst inspizierte John die Küche. Mit nervösem Blick auf den Mikrowellenherd bat er die Luthis, ihn entfernen zu lassen, weil er fürchtete, daß er ein Gesundheitsrisiko darstellen könnte. Mrs. Luthi wirkte einen Moment verdutzt, und als sie beteuerte, er sei völlig ungefährlich, war John widerstrebend bereit, ihn mit herausgezogenem Stecker zu dulden.

Dann zeigten die Luthis John das Wohnzimmer, wo zwei junge Männer damit beschäftigt waren, einen Videorecorder in die Fernsehkonsole einzubauen. John beobachtete sie besorgt und wandte seine Aufmerksamkeit dann dem Flügel zu. Mr. Luthi sagte entschuldigend, er sei jahrelang nicht gespielt worden und müsse vielleicht gestimmt werden. Als nächstes fragte John nach dem Sunfish-Boot. Der Sohn der Luthis zeigte uns, wie man das Boot auftakelte. Schließlich ging John hinauf in sein Schlafzimmer im ersten Stock, um Yoko anzurufen. Ich zog in ein kleines Zimmer auf demselben Flur wie John. Sean und Uda-San bezogen ein großes Schlafzimmer in einem Zwischenstockwerk. Es hatte zwei Betten, und auf dem Fußboden lag ein weißer Flauschteppich.

Später am Morgen tauchte der Makler mit dem Mietvertrag auf, aber John weigerte sich, ihn zu empfangen, solange die Handwerker noch im Haus waren, und bat mich, für ihn zu unterschreiben. Luthi erklärte mir gerade in erschöpfender Ausführlichkeit die Termine für Gas- und Wasserlieferungen und andere lebensnotwendige Einrichtungen dieses abgelegenen Grundstücks, als John in die Küche stürmte. Er war völlig außer sich und beschwerte sich, einer der Fernsehtechniker, der »wie ein Hippie aussah«, hätte ihm gesagt, er habe Ähnlichkeit mit John Lennon. Alarmiert durch dieses in seinen Augen »schockierende Sicherheitsleck« verlangte er, wir sollten diesen Hippie sofort »loswerden«.

Luthi war wie vor den Kopf geschlagen, und auch ich war irgendwie überrascht von Johns Paranoia-Anfall. Ich gab schnell zu bedenken, daß jede Überreaktion unsererseits den Verdacht des jungen Mannes über John Lennons Identität bestätigen würde, außerdem würde Johns Fernseher im Schlafzimmer nicht angeschlossen werden. John überdachte das einen Moment und beschloß dann, sich im Sonnenzimmer abzureagieren, einer gemütlichen, tieferliegenden Ecke hinter dem Wohnzimmer. Sie war möbliert mit einem Sofa, einem Sessel und einem Couchtisch.

»Wenn ich gewußt hätte, wie es sein würde«, brummte John und zog entnervt an seiner Gitane, »hätte ich es lieber noch einen Tag mit der Crew ausgehalten.«

Bis die Arbeiter fertig waren, war es früher Nachmittag geworden, und jetzt befahl John mir, Luthi »rauszuschmeißen«, damit wir ungestört in der Küche zu Mittag essen konnten. So taktvoll wie möglich erklärte ich unserem Hausherrn, daß Johns Nerven zerrüttet seien und er dringend Ruhe brauchte. Luthi sagte, er würde John eines Nachmittags gerne zum Tee in seiner neuen Unterkunft begrüßen. Ich versprach, das zu arrangieren. Sobald Luthi und die Arbeiter gegangen waren, kam John in die Küche und fing an, sich zu entspannen. Wir setzten uns an den großen runden Tisch, der in einer Ecke des Zimmers unter den großen Fenstern stand – John sagte, es würde ihn an den Metzgertisch im Dakota erinnern – und aßen Naturreis und Gemüse.

Nach dem Lunch beschloß John, einen Einkaufsbummel zu machen. George fuhr uns zu Hamiltons größtem Einkaufszentrum, einer modernen Arkade mit mehreren Stockwerken. John war froh, als er einen Health-Food-Laden fand, und wir kauften Naturreis und diverse »Leckereien« wie Bananenchips und Erdnüsse mit Johannisbrotkruste. Danach kaufte er eine lederne Reisetasche, noch ein paar T-Shirts und Postkarten an einem Souvenirstand. Erschöpft vom Einkaufen machten John und ich eine Kaffeepause in einem kleinen Café. Als wir unseren Apfelkuchen aßen, begannen drei Jugendliche laut und pöbelhaft mit der Kellnerin zu flirten, und John wurde unruhig.

»Die schlagen uns zusammen, nur um Eindruck bei ihr zu schinden«, sagte John halb im Spaß, halb im Ernst.

Am meisten schien ihn ein gutaussehender, athletisch gebauter Junge einzuschüchtern, dessen »bedächtige Bewegungen« ihn an Pete Best erinnerten, den ersten Beatles-Drummer, den Ringo Starr 1962 abgelöst hatte. John deutete an, daß Pauls Eifersucht dazu geführt hatte, daß Pete die Beatles verlassen mußte. »Pete machte Paul Konkurrenz in Sachen gutes Aussehen.« Als die Jugendlichen immer großmäuliger wurden, steigerte sich Johns Unruhe. Er brach abrupt das Gespräch ab und bat mich zu zahlen, damit wir gehen konnten, ehe die Sache »ungemütlich« wurde. John hatte einen nahegelegenen Plattenladen mit wachsender Neugier betrachtet, und ich spürte, daß er gerne reingegangen wäre. Er sagte, er hätte seit Jahren keinen Fuß mehr in einen Plattenladen gesetzt, weil das Risiko, erkannt zu werden, zu groß war.

»In Plattenläden werde ich immer entdeckt«, sagte er resigniert. »Da hängen immer Beatles-Freaks rum.« Ich schlug vor, es drauf ankommen zu lassen, da wir schließlich in Bermuda waren. Als wir auf die Glastür zugingen, erstarrte John plötzlich in der Bewegung. Er hatte ein farbiges Beatles-Poster entdeckt und beschlossen, nicht reinzugehen. »Wir müssen höllisch aufpassen«, flüsterte er nervös. »Mutter hat mich gewarnt, daß wir in einer Gefahrenperiode sind. Ich muß es mir verkneifen, bis sie mir erlaubt, aus meiner Abgeschiedenheit wieder aufzutauchen.« Er sagte, er hoffe, zum Herbst wieder unter Menschen gehen zu können.

Einige Tage, nachdem wir nach Undercliff gezogen waren, bat mich John, einen erstklassigen Radiorecorder und ein paar Reggae-Aufnahmen von ansässigen Musikern zu kaufen. Ich ging zu Stuart's, einem Hi-Fi-Laden, und legte 700,– Dollar für eine silber-metallicfarbene Sony-Boombox hin. Als ich im Plattenladen nach einheimischen Reggae-Bands fragte, sagte man mir, es gäbe keine, also nahm ich ein paar Tapes von Bob Marley und Jacob Miller mit.

Zu Hause testete John begeistert den Ghetto-Blaster. Er bat mich, ihn auf der Terrasse aufzustellen, und sagte, er würde mir nach einem Nickerchen Gesellschaft leisten. Ich lud die Boom Box mit frischen Batterien und machte mich auf zu der roten Ziegelterrasse, die durch einen Zaun und Bäume gegen neugierige Blicke abgeschirmt war. Ich öffnete das Holztor und ging die kurze Steintreppe hinunter zur Terrasse, die ungefähr drei Meter über dem Wasserspiegel lag und den Blick über die grüne, mit weißen Villen gesprenkelte Bucht erlaubte. Ich setzte mich in einen Liegestuhl und stellte den Sony und die Reggae-Tapes auf das niedrige Mäuerchen, das die Terrasse umgab. Ich war etwas eingenickt, als John irgendwann am Nachmittag in abgeschnittenen Jeans erschien. Er erzählte glücklich, er hätte gerade mit Yoko telefoniert, die versprochen hatte, uns am Wochenende zu besuchen.

»Ich kann's gar nicht erwarten, ihr das Haus zu zeigen«, sagte John, während er das atemberaubende Hafenpanorama auf sich wirken ließ. Er sagte, wir würden vielleicht bis Ende Juli oder länger in Bermuda bleiben. »Ich habe Mutter gesagt, wenn sie nicht bald rüber kommt, müßte ich mir ein paar Touristinnen aufreißen!« sagte er mit anzüglichem Grinsen. Johns Hochseeabenteuer hatte seine Libido angeregt. Er gestand mir im Vertrauen, er wüßte gar nicht, wann er das letzte Mal »gebumst« habe.

Er begutachtete kritisch den Ghetto-Blaster, hielt das lange Haar mit einer Hand zurück, während er die Knöpfe und Regler ausprobierte. Dann fragte er mich, ob ich irgendwas über die lokale Reggae-Szene erfahren hätte. Er blickte skeptisch drein, als ich ihm sagte, es gäbe keine lokalen Reggae-Bands.

»Du hast einfach den Falschen gefragt«, sagte er verächtlich. »Diese weißen Jungs haben doch keine Ahnung, was läuft. Ich wette, was du willst, daß es hier Reggae- oder Calypso-Bands gibt. Wir müssen mal welche von den Einheimischen fragen, die in Ordnung sind.« Er sah die Tapes durch, die ich gekauft hatte. Plötzlich hellte sich sein Gesicht auf. Er griff sich ein Marley-Tape, stürzte zum Sony, legte flink die Kassette ein und stand dann mit erwartungsvollem Grinsen da, während der erste Song erklang, »Get Up, Stand Up«. Er drehte lauter und warf begeistert den Kopf zurück. »Spitzensound!« rief er aus, während er an den Lautstärke-, Baß- und Höhenreglern herumfummelte. Er war angenehm überrascht von dem klaren, satten Sound, der selbst bei höchster Lautstärke unverzerrt kam. »Von hier aus können wir die ganze Bucht beschallen«, kicherte er vergnügt.

Eine Meile entfernt konnten wir den Lärm einer Dauerparty hören – nach dem Stimmengewirr und der lauten Rockmusik (Led Zeppelin und The Who) zu schließen, die über die Bucht zu uns hinüberwehten. »Jetzt können wir mithalten!« sagte er händereibend, als er die Lautstärke noch weiter aufdrehte. »Das ist eins meiner Lieblingsstücke aller Zeiten«, sagte John über *Burnin'*, Marleys Klassiker von 1973. Er postierte sich anderthalb Meter entfernt vom Recorder. Sein Kinn begann, zum Downbeat zu zucken, während seine Ellbogen die weniger betonten Akzente markierten.

John erzählte mir, wie er die Platte während seines »Verlorenen Wochenendes« in Los Angeles zum ersten Mal gehört hatte. Er war auf Acid zu Besuch in einem Aufnahmestudio gewesen und hatte dort einen Trip geworfen, als ihn ein Studiotechniker zwischen zwei gigantische Studio-Boxen gesetzt und ihm Marleys Album vorgespielt hatte. John sagte, es sei ihm eiskalt den Rücken heruntergelaufen. Dasselbe wohlige Schaudern hatte ihn überlaufen, als er zum ersten Mal Elvis und Little Richard, seine frühen Helden, gehört hatte.

John fischte einen fetten Joint aus einer seiner Hosentaschen. »Tylers Sinsemilla«, sagte er mit spitzbübischem Grinsen. »Ich hab's für eine besondere Gelegenheit aufgehoben. Auf unseren guten Kumpel Tyler!« sagte John mit teuflischem Gackern, als er den Joint anzündete. Er inhalierte tief und atmete dann unter fürchterlichem Husten aus. Wir ließen den Joint ein paar Minuten zwischen uns hin und her wandern und versenkten uns immer tiefer in die Musik. John drehte noch etwas lauter und machte mich darauf aufmerksam, wie Drums und Baß den Hörer »ansprangen«. Besonders hatte es ihm die sehnige, tanzende bassline angetan. »Diesen Sound bekommt man in New York einfach nicht«, sagte er und spekulierte über die Möglichkeit, ein paar ansässige Reggae-Musiker für Demo-Aufnahmen anzuheuern. Während John sprach, lief im Hintergrund ein Song mit dem Titel »Hallelujah Time«. Es war eine klagende Ballade mit Gospel-Anklängen, die Marley in elegischem Falsett sang. John schwieg und konzentrierte sich ganz darauf. Er war wie gebannt von dem Song, besonders von der Zeile: *»We got to keep on living, living on borrowed time«* – wir müssen weiterleben, aber unsere Zeit ist abgelaufen.

Sobald der Song zu Ende war, sprang John auf, spulte das Band zurück und hörte ihn sich noch mal an, sein Gesicht eine Maske äußerster Konzentration. »Das ist es!« rief er plötzlich aus. »Das ist mein erster Song: ›Living On Borrowed Time‹. Das ist die Zeile, nach der ich gesucht habe! Den Song habe ich schon seit Jahren im Kopf. Er soll einen Reggae-Beat haben, und die Lyrics drehen sich um das Leben auf Zeit, weil es genau das ist, was ich tue. Oder, genauer betrachtet, was wir alle tun, obwohl die meisten von uns sich das nicht gerne eingestehen. Uns beide eingeschlossen, mein Lieber!« Er rannte weg, um Yoko anzurufen, und ließ mich stoned und aufgeregt sitzen. Er und Yoko hatten vage und vorsichtige Pläne gemacht, wieder aufzunehmen, und John war begierig, sie wissen zu lassen, daß er bereit war, das Songschreiben wieder aufzunehmen.

John hatte einen weißen Leinen-Einkaufsbeutel mitgebracht, der eine Sammlung von Tapes mit unfertigen Songs, Fragmenten und Songideen enthielt. Er hatte gesagt, er hätte vor, diese bis zu zehn Jahre alten Tapes zu sichten, ob noch etwas »Brauchbares« dabei sei. Und jetzt war ihm, noch ehe er dazu gekommen war, sein altes Material durchzugehen, schon die Idee für einen brandneuen Song gekommen. Der Mann, der einige der Hitklassiker der Sechziger geschrieben hatte, sollte nicht für alle Zeiten stumm bleiben. Er war nicht ausgebrannt – er hatte nur Winterschlaf gehalten.

Bis zum Dinner hatte John eine Rohfassung des neuen Songs

geschrieben. Nach dem Essen kehrten wir auf die Terrasse zurück, um den Sonnenuntergang zu beobachten und den Rest des Joints zu rauchen. John beschrieb mir, wie er seine autobiographischen Lyrics dem Reggae-Beat angepaßt hatte. Dann lehnte er sich zurück und spielte mir einige Strophen seines neuen Songs vor, eine wehmütige Ballade, die den Verlust der Unschuld und des Optimismus seiner Jugend beklagte. Es fehlten ihm immer noch einige Zeilen, und er füllte die Lücken mit Summen oder sinnlosen Stegreifsilben. Die Melodie des Songs rankte sich um zwei Töne, die ihm eine beharrliche, zwanghaft monotone Intensität verliehen, eine Metapher für Johns Leben der letzten Jahre, das auf Eis gelegt war. Ich war freudig erregt bei dem Gedanken, daß all das sich jetzt ändern würde.

»Was meinst du?« fragte John, als er seinen Vortrag beendet hatte. Ich sagte, es sei ein wundervoller Song und beglückwünschte ihn zu seiner erstaunlich schnellen Arbeit. »Ja, nicht schlecht für den ersten Anlauf«, stimmte er bescheiden zu. »Ich kann's gar nicht erwarten, ihn Mutter vorzuspielen!«

John war der Überzeugung, daß Yoko an diesem Wochenende mit Helen kommen würde, aber ich hatte vor dem Dinner mit meiner Tante telefoniert, und sie hatte mir gesagt, daß noch keinerlei Reisevorbereitungen für Yoko getroffen worden waren. Ich wollte John mit dieser Nachricht nicht die Laune verderben, also behielt ich es vorerst für mich.

Als die Sonne in den blau-grünen Gewässern von Bermuda versank, hörten wir uns noch ein Marley-Tape an, *Survival*. John sprach von seiner Bewunderung für Marley, den er für einen der größten Musiker der Siebziger hielt. Er verehrte Marley als brillanten, mystischen Dichter, der es verstand, Botschaften universeller Wahrheit in seinen Songs zu transportieren. Zugleich bewunderte er Marleys kompromißloses politisches Engagement und seine Gabe, dieses Engagement in kraftvolle, mitreißende musikalische Statements zu kleiden. Ein Song namens »Ambush in the Night« begann, und John erklärte mir, er handele davon, wie Marley dem Tod ins Auge gesehen hatte, als er in einer politischen Auseinandersetzung Partei ergriffen hatte und eine Bande Bewaffneter in sein Haus eingedrungen war, um ihn zu ermorden. John hatte einen Artikel darüber gelesen und schilderte jetzt, wie Marleys sämtliche Gefolgschaft sich in Sicherheit gebracht hatte, Marley selbst sich aber geweigert hatte, zu fliehen. Er wurde von Schüssen getroffen, hatte jedoch überlebt und setzte seine politische Arbeit fort, ohne sich durch Waffengewalt oder Drohungen einschüchtern zu lassen. John bewunderte Marleys Mut und unbeugsame Gesinnung, die aus seinem tiefen Glauben an die Rastafari-Religion entsprangen.

»Ich weiß nicht, was es mit diesem Haile-Selassie-ist-Gott-Kram auf sich hat, oder ob Äthiopien wirklich das gelobte Land ist«, kicherte John, »aber ich denke, es ist wohl egal, was einen antreibt. Die Hauptsache ist, überhaupt an irgendwas zu glauben.« Mittlerweile war es dunkel, und der Himmel war ein einziges Sternfunkeln. John stand auf und bat mich, den Recorder ins Sonnenzimmer zu bringen. Er blieb bis spät in die Nacht wach und arbeitete an seinem neuen Song.

Am Morgen hörte ich John in seinem Zimmer Gitarre spielen und die Lyrics von »Living on Borrowed Time« überarbeiten. Als ich von einem Ausflug nach Hamilton zurückkam, saß er am Klavier im Wohnzimmer, immer noch mit der Arbeit am Song beschäftigt. Ich hatte John niemals ernsthaft als Musiker arbeiten sehen, und es war erstaunlich, seine Verwandlung vom rastlosen, chronisch gelangweilten Mann in einen hart arbeitenden Musiker zu beobachten, dessen Disziplin und Ausdauer einem Bewunderung abnötigten. Er konnte stundenlang auf der Gitarre klimpern oder am Klavier sitzen, beharrlich wieder und wieder dieselben Akkorde spielen und dieselben Lyrics singen, bis er die letzten »Löcher gestopft hatte«.

Am selben Nachmittag nahm er einen kompletten Take mit fertigen Lyrics am Klavier auf. Er meinte, er wolle noch einen Rhythmus drüberlegen, und er bat mich, seine Rhythmusmaschine aus dem Dakota nachschicken zu lassen.

Als ich nachmittags wieder zu Hause war, ging ich auf die Terrasse, um Zeitung zu lesen, aber es fiel mir schwer, mich auf das Weltgeschehen zu konzentrieren. Ich fühlte mich abgeschnitten von der wirklichen Welt. Ein Anruf von Tante Helen riß mich aus meinen Grübeleien. Sie teilte mir mit, sie selbst würde am kommenden Tag eintreffen, Yokos versprochener Besuch bei John und Sean sei jedoch auf unbestimmte Zeit verschoben. Es tat mir leid für John, der sich so darauf gefreut hatte, Yoko seinen neuen Song vorzuspielen. Ich hoffte, ihr Sinneswandel würde keine negativen Auswirkungen auf Johns neugewonnenen Songschreiber-Enthusiasmus haben. Ich wollte gerade wegdösen, als John die Treppe zur Terrasse herunterhüpfte. Er hatte die Gitarre in einer Hand und den Ghetto-Blaster – aus dem Bob Marleys *Survival* erklang – in der anderen.

»Ich liebe dieses Zeug!« rief er »Je mehr ich darüber nachdenke, desto mehr Lust habe ich, einen Abstecher nach Jamaika zu machen und mir die Aufnahmestudios anzusehen. Vielleicht kann ich Mutter überreden, für ein Wochenende mit mir hinzufliegen.« Ich brachte es nicht über mich, John zu sagen, daß Yoko ihren Besuch gestrichen hatte. Als die Kassette zu Ende war, nahm John seine Gitarre und hämmerte ein eindringliches Zwei-Akkord-Riff runter. »Wie findest du das?« fragte er, während er mir einen neuen Song mit dem Titel »Face It« vorspielte. Obwohl John den Text nicht genau im Kopf hatte, hörte ich doch genug, um erkennen zu können, daß es ein kraftvoller autobiographischer Song war, der dem Konflikt zwischen Ruhm und Anonymität, in dem John lebte, auf den Grund ging. John sagte, im Studio würde er den Song mit »Gitarrensperrfeuer« abmischen, und daß der Song der härteste Rocker auf dem neuen Album werden sollte. Dann stand John plötzlich von seinem Stuhl auf, beschirmte die Augen mit der Hand und ließ den Blick über die Bucht schweifen. Er hatte ein Auge auf ein Inselchen geworfen, das einige hundert Meter von der Terrasse entfernt lag.

»Warum lassen wir nicht die Sunfish zu Wasser?« schlug er vor. »Ich bin schon lange scharf auf einen Törn.«

Wir gingen den kurzen Weg bis zu dem Schuppen, in dem das kleine Segelboot untergestellt war, und trugen es zur Sandbank unterhalb der Terrasse. Mit Hilfe einer steifen Brise steuerte John das kleine Boot, während er aus voller Brust Seemannslieder sang. »Ist das nicht herrlich?« brüllte er. »Das ist ein Leben!«

Just in diesem Moment hörten wir Rufe von der Terrasse, und als wir uns umdrehten, sahen wir Uda-San und Sean, der neben ihr auf und ab sprang.

»Yoko am Telefon!« brüllte Uda-San.

»Mama ist dran!« kreischte Sean.

»Okay!« rief John zurück. »So ein Fick!« murmelte er leise. »Mutters Timing war auch schon mal besser.«

Als wir uns an die schwere Aufgabe machten, das Boot zu wenden, beschwerte sich John über Yokos unberechenbare Telefonanrufe. »Ich bitte sie immer wieder, mich nach dem Dinner anzurufen, aber in den letzten Tagen hat sie ständig während des Dinners angerufen und jetzt sogar vor dem Dinner. Ich würde lieber nachher mit ihr sprechen, denn wenn sie schlechte Nachrichten hat, kriege ich Magenkrämpfe.« Als wir uns der Terrasse näherten, sagte er optimistisch: »Vielleicht ruft sie nur an, um uns zu sagen, welchen Flug sie nimmt. Wir müssen auf dem Weg zum Flughafen ein paar

Geschenke und Blumen besorgen. Warte nur, bis sie das Haus sieht. Vielleicht findet sie eine Möglichkeit, es zu kaufen.«

John wurde immer stiller, während wir uns abmühten, das Boot wieder ans Ufer zu steuern. Wir waren gut hundert Meter vom Haus abgetrieben, aber John steuerte das Boot geschickt auf die kleine Sandbank am Fuß der Terrasse zu. Als wir nahe genug waren, um an Land zu gehen, sprang ich heraus, watete zur Sandbank und zog das Boot hinter mir her. Wir trugen es die steinernen Stufen hinauf, dann rannte John ins Haus. Als er drinnen ankam, hatte Sean allerdings schon mit Yoko gesprochen, und sie hatte aufgehängt. Er wirkte niedergeschlagen, als wir uns zum Essen setzten.

»Mami kann nicht kommen«, platzte Sean heraus.

»Was?« fuhr John auf. »Aber sie hat es versprochen!«

Er sprang von seinem Stuhl auf, rannte ans Telefon und wählte hektisch, mußte dann neu wählen und wurde immer wütender und frustrierter, während er am Telefon herumfummelte. Plötzlich war all die ruhige Gewandtheit, die Selbstkontrolle, die er vorher auf dem Meer und beim Musikmachen gezeigt hatte, wie weggeblasen. Er war wie eine Marionette: Kaum zog Yoko an den Fäden, tanzte John wie verrückt.

»Wo ist sie?« schnauzte John ins Telefon, als er endlich durchkam. »Nein, es kann nicht warten!« brüllte er. »Mir scheißegal, ob sie in einem Meeting ist, du holst sie ans Telefon, sofort!« Es entstand eine Pause, und ich sah Rich vor mir, der völlig aufgelöst Yoko über die Sprechanlage rief. »Okay, sag ihr, sie soll mich sofort auf dem Schlafzimmeranschluß zurückrufen!« Johns Stimme bebte vor Zorn. Er knallte den Hörer auf, sprintete dann, zwei Stufen auf einmal nehmend, die Treppe zum Schlafzimmer hoch und ließ sein kaum angefangenes Essen stehen. Das Haus bebte, als er die Schlafzimmertür hinter sich zuknallte.

Das Abendessen war eine traurige Angelegenheit. Sean hatte einen Trotzanfall, und Uda-San gelang es nicht, ihn zu beruhigen. »Ich will meine Mami!« jaulte er. Als sie ihn erinnerte, daß Helen am nächsten Tag kommen würde, heulte er: »Ich will Helen jetzt!«

Ich half Uda-San beim Abräumen und ging dann auf die Terrasse. Die Sonne verglühte am Horizont, als John nach draußen kam.

»Tja, Leute, sie kommt nicht«, sagte er mit traurigem, resigniertem Lächeln und ließ sich auf einen Stuhl fallen. »Sie hat mit Sam eine Verabredung zum Theater – ich hab gar nicht erst gefragt, welcher Sam. Und morgen trifft sie sich mit irgendwelchen großen Tieren von der Plattenfirma. Sie findet, wir sollten das Album in Nashville machen. Ist das zu glauben?« prustete er. »Vielleicht können wir ein paar Rhythmustracks in Jamaika aufnehmen und das ganze in Nashville fertigstellen. Ich könnte einen neuen Stil kreieren – Country-Reggae. Die Kritiker würden ausflippen!« Er lachte leise und schüttelte den Kopf. »Ich habe Mutter gewarnt, wenn sie nicht bald rüberkäme, würde ich wohl durchdrehen, und sie erfährt's dann aus der Zeitung.« Ich dachte, er würde Witze machen, aber John machte Ernst. »Ich habe ihr gesagt, wenn sie ausgeht, gehe ich auch aus«, sagte John trotzig. »Sehen wir uns diese schwarze Disco an, du weißt schon, die, vor der uns George gewarnt hat. Mutter hat gesagt, es würde jemand versuchen, mir Hasch anzudrehen und hat mich gewarnt, es sei Scheiße.«

Als nächstes machte John sich Gedanken darüber, was wir anziehen sollten. »Wir wollen zwar nicht allzu auffällig wirken«, sagte er, »aber von den Touristenhorden sollten wir uns doch etwas abheben.« Schließlich entschied er sich für einen schwarzen Anzug, Stiefel und eine Baseballkappe, unter der er sein langes Haar versteckte. Er machte eine eindrucksvolle Figur. Ich beschloß dem Kontrast zuliebe Weiß zu tragen.

George holte uns kurz nach 22 Uhr ab, und John quasselte nervös, während wir auf den Straßen Bermudas hoffnungsvoll übelsten Schandtaten entgegenrumpelten. »Das ist mein erster Discobesuch seit Jahren«, schwatzte John. Er war spürbar aufgeregt. Dann malte er sich aus, was für Mädchen man treffen würde, und machte rohe Bemerkungen über das »Vernaschen junger Mösen«. George krümmte sich still auf dem Fahrersitz, und ich spürte, daß Johns vulgäres Gehabe nicht seine Zustimmung fand. Außerdem war er von der Idee, die schwarze Disco zu besuchen, wenig begeistert, weil er sich um uns Sorgen machte. Er versuchte John zu überzeugen, daß wir viel besser beraten wären, die weniger ungesunde Disco 40 zu besuchen. Aber John ließ sich von einem Besuch im Flavors nicht abbringen. Er hatte sich in den Kopf gesetzt, dort müßten die hippen Schwarzen rumhängen, und deutete sogar vage Absichten an, dort einheimische Musiker für eine Band anzuwerben. George setzte uns widerstrebend ab.

Drinnen war es so dunkel, daß man schwer erkennen konnte, wie viele Leute im Laden waren. Diana Ross' Single »I'm Coming Out« dröhnte aus den mächtigen Lautsprechern. Der ganze Fußboden vibrierte. John setzte sich an einen Tisch am Rand der Tanzfläche, während ich zur Bar ging, um uns Bier zu holen. Als unsere Augen sich an die Dunkelheit gewöhnt hatten, sahen wir, daß der Laden alles andere als gut besucht war. Einige schwarze Paare waren da und hier und da ältere weiße Touristen, die etwas verwirrt aussahen. »Wahrscheinlich hat das Hotelpersonal sie in die ›Disco um die Ecke‹ geschickt, und sie haben sich etwas Gesetzteres vorgestellt, wie?« lästerte John. »Das Zeug klingt so viel besser, wenn man es laut über Studiolautsprecher hört«, brüllte er mir über den Musiklärm ins Ohr. »Man hört dann wirklich die ganzen einzelnen Instrumente.« Irgendwann ließ er sich derart mitreißen, daß er seine Arme hob und so tat, als würde er ein Orchester dirigieren, was uns neugierige Blicke von den schwarzen Paaren eintrug, mit denen sich der Laden nach und nach füllte. John sagte, er hätte Lust zu tanzen, aber Frauen ohne Begleitung schienen hier Mangelware zu sein. Außerdem langweilte ihn bald die zunehmend anspruchslosere Disco-Musik, die aus den Boxen dröhnte. Als John genug hatte, bat er mich, ein Taxi zu organisieren. Ich dachte, er wollte zurück nach Hause fahren, aber er schlug statt dessen vor, noch in die Disco 40 reinzuschauen.

Als wir ankamen, ließ die Armada von Mopeds vor der Tür darauf schließen, daß der Laden rammelvoll war. Ich zahlte unseren Eintritt und wir gingen hinein. Der Club war voller Teenager, und John begann, sich nach einer geeigneten Tanzpartnerin umzusehen. Aber jedes Mädchen, das er ansprach, gab ihm einen Korb. »Sie finden wohl, daß ich komisch aussehe, oder sowas«, sagte er niedergeschlagen. Wir erkämpften uns einen Platz an der Bar und tranken ein Bier. Irgendwann dröhnte plötzlich »Rock Lobster«, ein beliebter Song von den B-52's, aus den Boxen. John hörte mit Erstaunen, daß eine der Sängerinnen der Band eine Art schrilles Jodeln von sich gab, das an Yokos kreischenden Gesang erinnerte. »Ist das zu fassen?« rief er. »Sie machen Yoko nach!« Plötzlich elektrisiert von der Entdeckung, daß Yokos Gesangsstil eine New-Wave-Band beeinflußt hatte, kam John die Idee, Yoko als verkanntes Genie zu »verkaufen«, das seiner Zeit weit voraus gewesen war. »Mutter wird begeistert sein!« schwärmte er. »Sie beschwert sich sowieso immer, daß sie niemand als Rocksängerin ernst nimmt. Ich kann gar nicht erwarten, ihr zu erzählen, daß sie endlich den Durchbruch geschafft hat!«

Tatsächlich hatte ich für John das B-52's-Album aufgenommen, als es rausgekommen war, aber er hatte keine Lust gehabt, es sich anzuhören. Jetzt war seine Neugier geweckt, und er hatte vor, am Montag als allererstes Kassetten kaufen zu gehen und herauszufinden, ob es noch mehr New-Wave-Bands gab, die »Yoko nachmachten«.

Johns enthusiastisches Quasseln brach plötzlich ab, als sich uns drei junge Männer näherten, die uns seit einiger Zeit über den Raum hinweg beobachtet hatten. John erstarrte und ein Anflug von Panik huschte über sein Gesicht. Ich wappnete mich für das Unvermeidliche. »Entschuldigen Sie«, sprach uns ein markiger, gutaussehender junger Mann demütig an. »Sind sie zufällig John Lennon?« John, der vielleicht befürchtet hatte, die Typen wären rübergekommen, um Streit zu machen, wirkte erleichtert und bestätigte gutmütig seine Identität. »Was machen Sie ausgerechnet hier in Bermuda?« fragte einer der Eindringlinge mit vor Erstaunen geweiteten Augen. Nach seinen Abfuhren als Tanzpartner wirkte die Aufmerksamkeit dieser Fremden auf John anscheinend wohltuend.

»Meine Frau hat mich zu einem Arbeitsurlaub hergeschickt«, sagte er und prahlte damit, daß er von Newport selbst hergesegelt war. Die Typen sahen beeindruckt aus, und ich erwartete fast, John würde ihnen erzählen, wie er die *Megan Jaye* durch den wütenden Sturm gesteuert hatte. Aber als der Anführer der drei sich als Reporter einer Lokalzeitung zu erkennen gab, stöhnte John auf und warf mir einen besorgten Blick zu. Wenige Stunden vorher hatte er Yoko gesagt, er würde vielleicht für öffentliches Aufsehen sorgen, und jetzt war er auf dem besten Weg, seine Tarnung auffliegen zu lassen. John packte den Reporter am Arm und sagte eindringlich: »Hör mal zu, ich bin hier, ähm, incognito, weißt du, und ich wäre euch Typen wirklich dankbar, wenn ihr nicht weitererzählen würdet, daß ich hier bin.«

Der Reporter nickte sein Einverständnis und versprach, keinen Artikel über Johns Aufenthalt in Bermuda zu schreiben, gegen die Zusage, irgendwann demnächst ein Exclusiv-Interview zu bekommen. John sagte ihm, er würde an einer neuen Platte arbeiten, und versicherte dem Schreiber, er würde als erster davon erfahren, sobald die Zeit reif sei, damit an die Öffentlichkeit zu gehen. Ich schrieb mir pflichtbewußt die Adresse des Journalisten auf und spendierte den Jungs dann auf Johns Anweisung hin eine Runde Bier.

Nach dem dritten Bier des Abends fing John eine angeregte

Diskussion über Reggae und New Wave an. Die Journalisten zahlten die nächste Runde, und nach einem weiteren Bier wurden Johns Augen glasig und er wurde käseweiß im Gesicht. »Ruf uns lieber ein Taxi«, sagte er gegen 2 Uhr. »Wir sollten schon längst im Bett liegen.«

Ich lief nach unten, hielt ein Taxi an und rannte dann wieder nach oben, um John zu retten. Sein Gesicht war weiß, und er stöhnte, er hätte wissen müssen, daß er nicht soviel Bier trinken sollte. Die drei Männer formierten sich zu einem Keil und halfen mir, John sicher durch die überfüllte Disco zum wartenden Taxi zu geleiten.

Während der Fahrt nach Undercliff legte John den Kopf zurück und ächzte, ihm sei schlecht. Als wir angekommen waren, rappelte sich John mühsam hoch und machte ein paar unsichere Schritte aufs Haus zu. Dann beugte er sich vor und erbrach sich. In der Zwischenzeit hatte ich festgestellt, daß die Haustür abgeschlossen war. John begann leise zu fluchen, während ich es am Kücheneingang versuchte. Er war auch verschlossen, aber glücklicherweise war eins der Fenster gekippt, und ich konnte mich durchzwängen und John die Tür öffnen. »Keine Panik, falls du heute nacht seltsame Geräusche aus dem Badezimmer hörst«, flüsterte er, während wir die Treppe zu unseren Zimmern im ersten Stock hochkrochen.

Als ich John am nächsten Morgen im Flur traf, sagte er, er hätte »die halbe Nacht lang gekotzt« und stöhnte über Kater und Kopfschmerzen. Außerdem erzählte er mir, unsere wilde Nacht sei kein völliger Reinfall gewesen, weil ihm ein neuer Song mit dem Titel »Steppin' Out« eingefallen sei.

»Solange ein guter Song dabei rauskommt, ist mir jedes Mittel recht«, sagte John mit gequältem Lächeln.

Unterdessen schwirrte Sean durchs Haus, völlig aufgedreht, weil Helen am Nachmittag aus New York ankommen sollte. John entschuldigte sich, daß er uns nicht zum Flughafen begleiten könnte, weil er immer noch nicht ganz auf dem Damm sei. Ehe er wieder in seinem Zimmer verschwand, bat er mich, Helen und Uda-San nichts zu erzählen. »Sie müssen ja nicht alles wissen«, sagte er. Wie ich John kannte, hatte er jetzt solche Schuldgefühle, daß er sogleich Yoko anrufen und ihr alles beichten würde.

Während der Fahrt zum Flughafen hüpfte Sean auf dem Rücksitz ungebärdig auf und ab. Es kostete mich beträchtliche Mühe, zu verhindern, daß der kleine Brummkreisel sich wehtat oder die Wageneinrichtung demolierte.

Helens Flug war auf die Minute pünktlich, aber wir mußten lange warten, bis sie durch den Zoll war. Endlich entdeckte Sean sie am anderen Ende des Terminals und stürzte laut kreischend auf sie zu. Die beiden fielen sich in die Arme. Dann machten wir, daß wir nach Hause kamen, wo Uda-San ein spätes Mittagessen vorbereitet hatte. John kam in die Küche, um Helen zu begrüßen, rührte das Essen jedoch nicht an. Er sagte verlegen, er sei am nächsten Tag wieder »einsatzfähig« und versprach, uns alle zum Sonntagsbrunch in ein Restaurant im Botanischen Garten auszuführen.

Als wir – alle ganz in Weiß – die Pfade des Botanischen Gartens entlangspazierten, müssen wir ausgesehen haben wie eine religiöse Sekte unter der Führung des Gurus John. Er sah mit seinem zum Pferdeschwanz zurückgebundenen Haar aus wie ein vergeistigter Asket. Helen, die Novizin, kümmerte sich um den kleinen Racker Sean, der um uns herum durch die Blumenbeete tobte. Uda-San war die betagte Nonne, die in stillem Gebet die Hände auf dem Bauch gefaltet hatte. Ich war wahrscheinlich der Jünger.

Wir waren zum Lunch im italienischen Restaurant des Parks gewesen und wanderten danach noch durch die duftenden Spazierwege, betäubt von exotischen Anblicken und Gerüchen. Es war ein Tag mit typischem Bermuda-Wetter – sonnig, mit flirrendem blauem Himmel, Temperaturen um dreißig Grad, gelindert durch eine frische Brise.

Uda-San, Sean und Helen blieben stehen, um die kleinen Äffchen zu beobachten, die durch die Baumwipfel hangelten. John und ich trotteten weiter, vornübergebeugt, um die kleinen Schildchen lesen zu können, die zwischen den üppigen, leuchtend bunten Blumen steckten. Schließlich kamen wir an ein Beet mit Schwertlilien, die sich mit Namen wie *Angel Wings, Purple Imperator, Bronze Queen* und *White Excelsior* schmückten. In einem Beet waren Freesien, und John blieb stehen und beugte sich tief über das kleine Blumenbeet. Er starrte auf das kleine rechteckige Schild, auf dem in weißer Schrift auf schwarzem Grund die Worte *Double Fantasy* eingraviert waren.

»Double Fantasy«, sagte er sanft. Einen Moment wirkte er gedankenverloren. Dann hellte sich sein Gesicht auf. »Das ist es!« rief er aus. »Das ist genau der Album-Titel, den ich gesucht habe!«

Mittlerweile sollten mit dem Album zwei Fliegen mit einer Klappe geschlagen werden – es sollte nicht nur Johns Karriere, sondern auch seine Ehe wiederbeleben. Wie kurz nach ihrer Heirat würden John und Yoko wieder gemeinsam mit ihrer Liebe an die Öffentlichkeit gehen, sich gegenseitig besingen, während die ganze Welt zuhörte. John hatte nach einem Titel gesucht, und hier war er plötzlich, auf dem Täfelchen eines Gärtners. Es war einer dieser kosmischen Momente, von denen er oft sprach.

»Ich kann's kaum erwarten, Mutter zu erzählen, daß ich den perfekten Albumtitel gefunden habe«, sagte er immer wieder, während er in seinem weißen Anzug zwischen den duftenden, bunten Beeten herumtrottete und im Sonnenschein und dem herrlichen Pflanzenfeuerwerk in Rosa, Blau, Purpur und Orange herumhuschte. Es war wie in einem Märchen, in dem der Held erwacht ist zu einem neuen Lebenstraum.

*

John sammelte eindeutig neuen kreativen Schwung. Er hatte zahlreiche neue Songs geschrieben und einige alte überarbeitet. Seine Compurhythm-Drummachine war angekommen, und er beschloß, ein provisorisches Aufnahmestudio einzurichten. Er wollte einen zweiten Kassettenrecorder und ein Mikrophon kaufen, um zweispurige Demo-Tapes aufnehmen zu können. Da ich keine Ahnung von Aufnahmetechnik hatte, fragte ich John, was er meinte. Er erklärte, daß ihm der zweite Recorder ermöglichen würde, seine Demos zu »dubben«, also ein Band abzuspielen und gleichzeitig live eine zweite Spur einzuspielen, um beides dann auf dem zweiten Recorder aufzunehmen.

Eines Morgens, spät im Juni, bat John mich, etwas mehr Geld einzustecken, und wies George an, uns zu dem Laden zu fahren, in dem ich in der letzten Woche den Sony-Kassettenrecorder gekauft hatte. In sein übliches Weiß gekleidet, mit dem verblassenden grünen Gesicht von Marilyn Monroe auf dem weißen T-Shirt, spazierte John munter zu Stuart's hinein. Der Laden erinnerte an einen der mit neuesten Hi-Fi-Anlagen und elektronischen Spielereien vollgestopften Discount-Läden am Times Square. Ich folgte ihm, als er von Auslage zu Auslage ging, Knöpfe drehte und Antennen herauszog, bis ein Verkäufer erschien.

»Suchen Sie etwas Bestimmtes?« fragte der junge Schwarze uns höflich. John rasselte die Liste der Sachen herunter, die er kaufen wollte: einen Kassettenrecorder, Leerkassetten, Kopfhörer und vielleicht noch ein Mikrophon. »Seid ihr in einer Band?« fragte der Verkäufer und musterte John mit wachsendem Interesse.

»Irgendwie ja«, sagte John mit breitem Grinsen. Der Verkäufer fragte John, was für Musik wir spielten. »Alles mögliche«, antwortete John, der des Versteckspiels schon müde wurde. »Wir spannen nur zwischen zwei Engagements ein bißchen aus. Kennen Sie hier Läden, in denen gute Live-Musik läuft?«

Der junge Mann sagte, mit der Musikszene in Bermuda sei nicht viel los, abgesehen von den Kabarett-Shows in den großen Hotels.

»An sowas hatten wir eigentlich nicht gedacht?,« sagte John.

»Woran hatten Sie denn gedacht?«

»Reggae.«

»Wenn Sie Reggae hören wollen«, gab der junge Mann zurück, »müssen Sie nach Jamaika fliegen.«

»Das ist vielleicht gar keine schlechte Idee«, sagte John. »Vielleicht kann ich Mutter dazu überreden.«

Dann verlagerte er sein Interesse auf die diversen Radio-Recorder, die im Laden angeboten wurden, testete verschiedene Modelle und entschied sich schließlich für einen großen schwarzen Panasonic-Recorder. Außerdem kaufte er Leerkassetten, ein Paar Kopfhörer und ein Mikrophon. Als es ans Bezahlen ging, sagte John, er wollte »das Angebot an sündigem Fleisch ausschecken« und würde draußen auf mich warten.

John war nicht in der Stimmung, zu unserer Villa zurückzukehren. Wir luden den Recorder bei George ab und machten dann einen erneuten Besuch in der Einkaufs-Arkade, in der wir schon vorher gewesen waren. John wollte nach Tapes von einheimischen Bands suchen. Wir gingen in den Plattenladen mit dem Beatles-Poster im Fenster. Diesmal kniff John nicht aus. Die Hände in die Hosentaschen vergraben marschierte er resolut auf einen Verkäufer zu und fragte nach Aufnahmen von lokalen Reggae-Bands. Der Verkäufer warf uns einen verdutzten Blick zu und sagte, es gäbe keine Reggae-Szene in Bermuda, aber der Laden habe ein großes Angebot an Reggae-Importen. Er empfahl uns ein Tape einer neuen jamaikanischen Band, Matumbi. John kaufte sie bereitwillig, zusammen mit einigen Aufnahmen von Jacob Miller und Bob Marleys neuester Veröffentlichung, *Uprising*.

Wir fuhren eilig nach Hause. Im Haus schleppte ich den Recorder ins Sonnenzimmer. Kurz darauf beschäftigte sich John schon mit dem Overdubben seiner Tapes. Er machte einen Gitarrenpart zur

Klavierversion von »Serve Yerself!« und schien von dem Ergebnis ganz angetan.

Danach arbeitete er an einem neuen Song mit dem Titel »Beautiful Boy«, den er für Sean geschrieben hatte. Es war eine sanfte Ballade, deren Lyrics ein idealistisches Bild der Vater-Sohn-Beziehung spiegelten und das profunde, wenn auch leicht fatalistische Statement enthielt: »Life is what happens to you while you're busy making other plans« – Leben ist das, was mit dir geschieht, während du beschäftigt bist, andere Pläne zu schmieden. John sagte, diesem Song würde etwas »Background-Percussion« ganz gut tun, und schlug vor, ich sollte mir Bongos und ein Tamburin kaufen, und ihm, wenn ich schon dabei war, auch einen Notenständer besorgen. Ich stattete unverzüglich einem örtlichen Instrumenten-Shop einen Besuch ab.

Eines Abends sagte John, nachdem wir wie üblich den Sonnenuntergang betrachtet hatten, er sei soweit, ein endgültiges Demo von »Beautiful Boy« aufzunehmen. Er bat mich, mit den Bongos ins Sonnenzimmer zu kommen. John legte die Leerkassette in einen der Recorder ein, spielte ein paar Arpeggios und stimmte seine Gitarre nach. Ich saß einen Meter neben ihm und wartete aufgeregt, die Bongos zwischen die Knie geklemmt. »Die nehmen wir später«, bestimmte John und sagte mir, ich sollte einen Reggae-Rhythmus klatschen. Ich sagte, ich würde mein Bestes tun. »Mach's einfach nach Gefühl, Fred«, sagte er, als er spürte, wie unsicher ich war.

Er drückte die Aufnahme-Taste des Panasonic, lehnte sich vor, preßte die Gitarre gegen die Rippen und begann, die sanfte Melodie zu spielen. Ich klatschte einen einfachen Rhythmus und sah John fragend an, aber er nickte nur zustimmend mit dem Kopf und schloß die Augen. Wir nahmen den Song reibungslos auf, und danach spulte John das Tape zurück und hörte sich die Aufnahme an. Zusätzlich zu meinem Klatschen und Johns Gitarre und Stimme war noch ein weiteres unüberhörbares Geräusch auf dem Band: ein lautes Froschkonzert. Sie sangen jeden Abend vor der Villa Undercliff.

»Nicht schlecht für den ersten Versuch«, sagte John, als er das Tape wieder zurückspulte. Diesmal erlaubte er mir, Bongos zu spielen. Nach wenigen Akkorden hielt er das Band an und beschwerte sich, ich würde zu laut spielen. »Halt dich zurück, Fred«, sagte er und ermahnte mich, »im Hintergrund zu bleiben«. Ich versicherte John, daß ich nicht die geringsten Ambitionen hätte, ihm als Musiker Konkurrenz zu machen. Wir machten einige Takes, bei denen ich Bongos spielte, und als ich hörte, wie der Song langsam Form annahm, empfand ich es, wie ich Musik nie zuvor empfunden hatte. Die Takes waren roh und mein Bongospiel etwas aus dem Takt, aber John gefiel es. Es war, als würde ich John nach Erz schürfen sehen, das nach und nach veredelt, gewaschen, bearbeitet und schließlich zu etwas Wunderschönem geschmiedet wurde.

Nach ein paar Takes schlug John vor, ich sollte den Rhythmus mit einem Stift schlagen, anstatt mit den Händen auf die Bongos zu trommeln. Ich trommelte auf diese Weise ein paar Beats, und John nickte zustimmend. »Jetzt singen wir ein Schlaflied!« sagte er, als ich den Takt runterzählte. Er ließ unseren ersten »Klatsch-Take« auf dem Panasonic-Recorder laufen, während wir »live« mit dem Sony aufnahmen. Mittlerweile war ich vertraut genug mit dem Song, um ein paar subtile Akzente zu setzen, obwohl ich höllisch aufpaßte, nicht zu viel oder zu laut zu spielen. Ganz am Schluß des Songs erlaubte ich mir einen feurigen Wirbel – John schien nichts dagegen zu haben.

Als er das »double-track-Demo« ablaufen ließ, beglückwünschte mich John und sagte, im Studio würde er meinen Offbeat-Rhythmus-Pattern mit einer Conga nachspielen lassen. Er sagte, er würde mich vielleicht sogar Tamburin oder Kuhglocke auf dem Album spielen lassen. Ich war überwältigt. In meinen kühnsten Träumen hätte ich mir nicht erhofft, jemals Musik mit John Lennon zu machen.

Am nächsten Morgen spielte John »Beautiful Boy« Sean vor, der überglücklich durchs Sonnenzimmer tanzte, weil sein Vater einen Song für ihn geschrieben hatte. Wie üblich hatte John Schuldgefühle, weil er nicht mehr Zeit mit Sean verbrachte, der die meiste Zeit des Tages außer Haus war und mit Helen Bermuda auskundschaftete.

John verlagerte bald sein provisorisches Heimstudio in ein leerstehendes Zimmer im ersten Stock.

Sein Repertoire, das bereits »Borrowed Time«, »Beautiful Boy«, »Serve Yerself!« und »Steppin' Out« umfaßte, erweiterte sich rapide. John hatte noch diverse andere Songs, die er vor Yokos aufs letzte Juniwochenende angesetztem Besuch fertigstellen wollte. Darunter war unter anderem eine dylaneske autobiographische Ballade, »Watching the Weels«, die aus einer früheren Demo-Fassung mit dem Titel »Watching the Flowers Grow« entstanden war.

John arbeitete sehr akribisch an den Lyrics zu »Watching the Wheels«. Er saß vor dem Mittag- oder Abendessen am Klavier im Wohnzimmer und spielte den Song, bis er in einen tiefen tranceähnlichen Zustand verfiel, in dem ihm die fehlenden Worte »von oben« gesandt wurden. Er sagte, der Trick sei, das Bewußtsein völlig auszuschalten, eine Grundvoraussetzung, um Botschaften einer »höheren Macht« empfangen zu können.

»Die besten Songs«, sagte John, »sind die, die einem mitten in der Nacht einfallen, und man muß aufstehen und sie aufschreiben, ehe man wieder einschlafen kann.« Er sagte mir, diese »erleuchteten« Songs seien »Dutzendware«, wie er und Paul McCartney sie in der Frühzeit der Beatles wie am Fließband ausgespuckt hatten, weit überlegen. »Null-acht-fünfzehn-Songs zu schreiben«, erklärte John, »ist wie Malbücher ausmalen.«

Sein Ansatz beim Songschreiben war sehr methodisch. Er entwarf die Basisakkorde auf dem Klavier, wobei er manchmal gleichzeitig an den Texten arbeitete. Wenn er die Rohfassung eines Songs hatte, arbeitete er an der Gitarre die Melodie aus. Später fügte er dann den Rhythmus hinzu. John hatte sehr viel Geschick beim Programmieren der Drummachine und probierte meistens verschiedene Tempos aus, bis er eins fand, das »einschlug«. John ließ ständig den Kassettenrecorder laufen, wenn er arbeitete, und unterlegte seine Lieblingsdemos eines Songs mit Gitarren-, Klavier-, Rhythmus- und Vokaltracks, bis er ein »Master-Demo« hatte, mit dem er zufrieden war.

Während der Mahlzeiten entwickelte John Marketing-Konzepte für die Platte. Manches an der New-Wave-Musik, die wir uns angehört hatten, besonders die B-52's, erinnerte ihn an Yokos frühe Arbeiten, und er fand, sie sollte sich überlegen, auf *Double Fantasy* etwas Ähnliches zu machen.

Angefangen hatte es nicht als Duett. John hatte zuerst gehofft, nur er würde auf der Platte singen. Aber Yoko hatte ihre eigenen Pläne. Sie sah in dem Album die große Chance, ihrer kurzlebigen Karriere als Rocksängerin wieder auf die Beine zu helfen, machte John nach und nach mit dem Gedanken vertraut, und löcherte ihn so lange, bis er einwilligte, das Album mit ihr zusammen zu machen. Aus dem John-Lennon-Solo-Album wurden zunächst zwei einzelne Platten, seine und ihre, in einem Cover. Dann verschmolzen sie zu einer Platte. Nachdem er sich damit abgefunden hatte, daß Yokos Beteiligung an dem Album unvermeidlich war, suchte er nach Möglichkeiten, ihre Beiträge aufzuwerten. John wußte, daß er selbst als Ex-Beatle nicht davon ausgehen durfte, daß die Platte sich ohne weiteres verkaufen würde. Da er seit mehr als fünf Jahren keine Platte mehr veröffentlicht hatte, fürchtete John, er müßte sich seinen Status erst wieder erkämpfen. Er war fest entschlossen, die Platte kommerziell genug anzulegen, um mindestens im oberen Bereich der Charts zu landen. Es war sein Wiedereinstieg in den Markt, und er wollte daraus ein spektakuläres Ereignis machen. Wenn Yoko am Album beteiligt war, sollten auch ihre Songs Hits werden. Er wollte sich nicht mit einem Klotz am Bein abschleppen.

Wie nicht anders zu erwarten, verzögerte sich am Freitag Yokos Ankunft. Eine Panikwelle erfaßte das ganze Haus, aber man versicherte uns, sie würde einen späteren Flug nehmen. Rich rief in regelmäßigen Abständen an, um uns mitzuteilen, daß Yoko einen Flug abgesagt hatte und mit der nächsten Maschine kommen würde. Die Spannung stieg, als Yoko einen Flug nach dem anderen absagte. Als der Nachmittag halb vorbei war, glaubte niemand mehr daran, daß sie kommen würde. Aber dann kam die Nachricht, daß sie abends mit dem letzten Flug aus New York eintreffen würde, um 21 Uhr 30. Nach dem Dinner konnte John kaum noch still sitzen. Obwohl es viel zu früh war, um aufzubrechen, ließ er uns von George zu einer Taverne in der Nähe des Flughafens kutschieren, um die Zeit totzuschlagen. Er bestand darauf, sich mit mir ein Bier zu teilen, weil er befürchtete, wenn er mehr trinken würde, würde er einen Kater bekommen. Er war so aufgeregt über Yokos Ankunft, daß er nicht still bleiben konnte, und das, was er im Kopf hatte, war ausschließlich Sex. Er sagte, arbeiten würde ihn immer geil machen und er könne es kaum erwarten, »Mutter zu bespringen«.

Er erzählte mir, bei seinen Auftritten mit den Beatles hätte er oft verlangt, daß ein weiblicher Fan hinter der Bühne für ihn bereit gehalten werde, damit er vor oder nach dem Auftritt (oder manchmal zwischen den Songs) einen *Knee-trembler* eine Runde »knieschlackern«, einlegen konnte – ein Liverpooler Slangausdruck für schnellen Sex im Stehen. »Ich war immer besessen von Sex«, gestand John. »Ich bin hinter dem Mädchen her, hab sie betatscht und dann an die Wand gestellt, so in der Tour.« Er sagte, seine Unschuld hätte er mit fünfzehn verloren, mit seiner ersten Freundin Barbara Baker, einer drallen Schönheit mit vorstehenden Zähnen. Dann beschrieb John mir ihre Entjungferung. »Barb war nicht naß genug, und ich mühte mich ab, ihn reinzustecken«, sagte er nonchalant. »Ich war so scharf drauf, ihn reinzustecken, und als es nicht klappte, wurde ich so sauer, daß ich anfing, sie zu beschimpfen: ›Du dämliche Kuh, was ist los mit dir? Du bist so eng wie ein Rattenohr!‹« John unterbrach sich, schüttelte den Kopf und lächelte. »Es war natürlich nicht ihre Schuld, aber was verstand ich schon davon? Ich war nur ein verdrehter, verstörter Junge, der seine Unsicherheit hinter Macho-Gehabe verstecken wollte.« In Erinnerung an sein plumpes, oft brutales Sexverhalten sagte er, er habe sich nie mit Vorspiel aufgehalten; er hätte immer versucht, ihn gleich reinzustecken. »Ich hatte ja keine Ahnung, daß es besser ist, sich Zeit zu nehmen«, sagte er mit nervösem Lachen. »Ich dachte, es ginge darum, möglichst schnell rein und wieder raus zu kommen.« Außerdem erzählte er mir, daß er seinen Freundinnen oft erotische Briefe schrieb. »Sollte mich nicht wundern, wenn sie eines Tages an die Öffentlichkeit gelangen – hoffentlich erst nach meinen Tod.«

John hielt kurz inne, um einen Schluck Bier zu nehmen und sich eine neue Gitane anzuzünden. »Ich glaube, als meine Mutter starb, fühlte ich mich von allen Frauen verraten«, fuhr er fort. »Ich hatte Phantasien, in denen ich Frauen zu Tode folterte. Ich habe immer noch oft grausame Phantasien, aber es gelingt mir, sie unter Kontrolle zu halten.« Er sagte, wenn er seiner Phantasie freien Lauf lassen würde, würde er davon träumen, Frauen zu kreuzigen, sie buchstäblich ans Kreuz zu nageln und dann auszuweiden. »Erst als ich Yoko kennenlernte, wurde mir klar, daß Männer nicht aggressiv sein müssen, keine Machos sein müssen, daß Männer auch sanft und freundlich sein dürfen. Das hat Yoko mich gelehrt.« Er trank noch einen Schluck Bier, dann erzählte er mir, früher sei Brigitte Bardot seine Traumfrau gewesen, und lächelte über die Ironie, daß er schließlich an Yoko hängengeblieben war. Er stellte Vermutungen darüber an, daß Yoko und er in einem früheren Leben ein ägyptisches Königspaar gewesen seien, die in Gestalt einer großbürgerlichen japanischen Avantgarde-Geschäftsfrau und eines englischen Dichters aus der Arbeiterklasse wiedergeboren worden waren, um zu sehen, ob sie trotz allem in diesem Leben zueinander finden würden. »*She's my soulmate* – das Gegenstück meiner Seele«, sagte er nüchtern.

Ich hatte mich an meine Rolle als Johns Zuhörer gewöhnt, aber das, was er mir erzählte, hörte nie auf, mich zu faszinieren. Diese psychosexuelle Selbstanalyse war da keine Ausnahme. So kam es, daß ich, als ich zufällig auf die Uhr schaute, entsetzt von meinem Stuhl aufsprang. Yokos Flug sollte genau in dieser Minute eintreffen.

Bis wir am Flughafen waren, war das Flugzeug bereits gelandet, und Yoko war nirgends zu finden. In der Nähe des Abfertigungsschalters fanden wir einen Hausmeister und quetschten ihn aus. Ja, sagte er, er hätte eine kleine Japanerin mit langem Haar gesehen, die verloren herumirrte. John traf fast der Schlag, als der Hausmeister uns die grausigen Details enthüllte. Anscheinend hatte Yoko ziemlich lange mutterseelenallein gewartet und leise in einer Ecke des Terminals geweint, während sie verzweifelt mit ihren Blicken die Halle nach John absuchte. John wurde leichenblaß, als er sich Yokos heiligen Zorn vorstellte, weil man sie nachts in einem fremden Land allein gelassen hatte.

Ich rief zu Hause an und erfuhr, daß Yoko angekommen war und vor Wut schäumte.

»Besser schnell kommen«, sagte Uda-San in ihrer euphemistischen Art.

Während der Rückfahrt zur Villa starb John tausend Tode, als er versuchte, sich eine Ausrede für die Verspätung einfallen zu lassen. Er war wie gelähmt. Er wußte, daß die Wahrheit bei Yoko nicht gut ankommen würde. (»Tja, ähm, Mutter, Liebste, wir waren noch in einer Bar und haben über meine Ex-Freundinnen gesprochen . . . da muß ich irgendwie die Zeit vergessen haben.«)

»Es gibt nur einen Ausweg«, verkündete er schließlich, als unser Taxi den Fairyland Drive entlangraste. »Du mußt die Schuld auf dich nehmen. Sag ihr, du hättest mich zu ein paar Bieren verführt. Sie wird dich natürlich feuern wollen, aber keine Sorge, ich rette dir schon deinen Arsch.«

Es kam nicht ganz so schlimm wie befürchtet. John blieb eine Zeitlang mit Yoko im Schlafzimmer. Als sie herauskamen, machte sie immer noch ein saures Gesicht, aber er wirkte erleichtert. Wir hatten die Kassettenrecorder im Sonnenzimmer aufgebaut, und John führte Yoko dort hin und nahm auf, wie er ihr ein Ständchen brachte. Er fing mit »Serve Yerself!« an, wobei er noch ein paar unflätige Worte zusätzlich einstreute, um bei Yoko eine stärkere Reaktion zu erzeugen. Sie saß John mit gekreuzten Beinen und ausdruckslosem Gesicht gegenüber, während er ihr praktisch sein ganzes Repertoire vorspielte. Schließlich spielte er ihr einiges von der New-Wave-, Ska- und Reggae-Musik vor, die wir uns angehört hatten, und schlug vor, sie sollte einige der Rhythmen für ihre eigenen Songs verwenden.

»Sie machen dich nach, Mutter!« sagte John überschwenglich. »Also kannst du genausogut Sachen von ihnen verwenden.«

Während die Musik lief, begann er Yoko zu umschmeicheln, streichelte sie und versuchte, mit ihr zu schmusen. Aber Yoko blieb so ungerührt wie eine Sphinx. John schien es so glücklich zu machen, sie einfach nur um sich zu haben, daß ihm die Zurückweisung gar nichts ausmachte. Er war glücklich wie ein junger Hund.

Als sie in dieser Nacht zu Bett gingen, konnte ich sie in ihrem Zimmer streiten hören. Danach ging der Fernseher an, und ich hörte Yoko telefonieren.

Yoko verbrachte den Samstag telefonierend im Schlafzimmer. Als sie zum Dinner nach unten kam, brachte John die Sprache auf einen Ausflug nach Jamaika, um sich die Aufnahmestudios anzusehen. Yoko sagte, das käme gar nicht in Frage, weil sie am Sonntag nach New York zurückmüsse. John starrte sie ungläubig an. Dann stieg die Wut in ihm hoch. »Warum hast du nicht mal etwas Zeit für mich und Sean?« schrie er sie an. »Was ist denn wieder so wichtig, daß es nicht warten kann?« Er kochte vor Wut. Sie war gerade erst gekommen und in Gedanken schon wieder bei der Abreise. Yoko winselte irgendwas von Immobilien-Deals. Dann stritten sie und John sich, weil Sean Yokos Angewohnheit übernahm, sich Honig über die Melone zu gießen. John rügte sie, weil sie ein schlechtes Beispiel gab.

Mit eingeschnapptem Gesicht ging Yoko zurück ins Schlafzimmer. Sie nahm sich noch nicht mal die Zeit, Sean zu Bett zu bringen, sondern überließ es Helen. John schäumte. Am Sonntagmorgen sagte Yoko, sie würde nach New York zurückfliegen. Natürlich wollte Sean seine Mutter zum Flughafen bringen, aber Yoko sagte Helen, sie sollte mit ihm irgendwohin gehen, damit er aus dem Weg war. John war fuchsteufelswild. Er warnte sie, daß ihre Gleichgültigkeit gegen Sean irgendwann auf sie zurückfallen würde. Wenn Sean älter würde, prophezeite er, würde er versuchen, es ihr irgendwie heimzuzahlen. »Ich werde auch dafür bezahlen«, sagte er, »aber ich versuche wenigstens mein Bestes.«

Er machte Yoko Vorwürfe, weil sie sich mit der Ausrede, sie hätte eben keinen Mutterinstinkt, um ihre Verpflichtungen drückte. Das hatte nichts mit »Instinkt« zu tun, beharrte John, es war ein Job, eine Verpflichtung, die man akzeptieren mußte, und ihre Entschuldigung sei nichts als »Macho-Scheiße«. Yoko ignorierte den Kern von Johns Ausführungen und versuchte ihn zu beschwichtigen, indem sie ihm versprach, sobald die Platte fertig sei, würde sie ihm ein Haus in Bermuda kaufen und sie würden alle wieder herkommen, um auszuspannen, ehe sie auf Tour gingen. Das lenkte John sofort ab – ein Haus in Bermuda.

Am Flughafen war Yoko völlig hilflos. Papiere, Visa, Pässe, Zoll – sie zitterte vor Verwirrung. Schließlich verschwand sie nach einem hastigen Abschied in der Touristenmenge auf dem Rückflug in die Staaten. Auf dem Weg nach Fairylands ließen wir uns von George am italienischen Restaurant im Botanischen Garten absetzen. Wir tranken Cappuccinos, und John ließ noch ein bißchen Dampf ab. Er war tief verletzt. Er beklagte sich bitter, was Yoko am Telefon so dringend zu erledigen gehabt hätte, sei der Verkauf einer preisgekrönten Holsteiner Kuh von ihrer Farm im Staat New York gewesen – sie hatte bei der Auktion den Rekordpreis von 250 000 Dollar gebracht –, und deshalb sei er nicht zum Ficken gekommen.

Außerdem war John verärgert, weil er kaum Gelegenheit gehabt hatte, mit Yoko über die Platte zu sprechen. Er befürchtete, daß sie überhaupt noch keine ernsthaften Versuche unternommen hatte, eine Aufnahme-Session zu organisieren. »Wenn sie nicht langsam in die Gänge kommt, wird es keine Platte geben!« schäumte er. »Sie sollte Songs schreiben, Studios auschecken und einen Produzenten suchen, und sie hat nichts Besseres zu tun als verdammte Kühe zu verkaufen.« Er sagte, sie hätten kurz über Produzenten gesprochen. Yoko hatte Jack Douglas angesprochen, der Tonassistent bei *Imagine* und Toningenieur bei einigen von Yokos Aufnahmen Anfang der Siebziger gewesen war und mittlerweile Aerosmith und Cheap Trick produzierte.

Selbst während John sprach, an seinem Cappuccino nippte und eine Gitane nach der anderen rauchte, überwachte er den Raum um uns herum. Einige Frauen im Restaurant hatten ihn offensichtlich erkannt, und John wurde bereits etwas unruhig. Es war schon weit nach Mittag; Uda-San würde böse sein, weil wir uns verspätet hatten. Ich ließ genug Geld für die Rechnung und ein Trinkgeld liegen, und wir verzogen uns schnell aus dem Restaurant. Auf dem Heimweg blieben wir am Freesienbeet stehen, damit John noch einen Blick auf *Double Fantasy* werfen konnte.

John ließ sich durch Yokos Trödelei nicht aufhalten. Er arbeitete weiter am Album, feilte an den Songs und schrieb neue. Er scherzte, er würde Paul McCartney immer ähnlicher. Pauls hoher musikalischer Ausstoß hatte oft zu Streitereien zwischen ihm und John geführt, und John fragte sich, ob seine jetzige produktive Phase Yoko eingeschüchtert haben könnte, so, wie er damals von Pauls höherer musikalischer Produktivität eingeschüchtert war. Trotzdem übte John weiter Druck auf Yoko aus, spielte ihr seine Songs am Telefon vor und ermutigte sie, ihm ihre Songs vorzuspielen.

An einem Tag Anfang Juli konnte John Yoko telefonisch nicht erreichen. Als er sie bei Sonnenaufgang anrief, war ihr Privatanschluß besetzt. Er rief im Büro an, und es nahm niemand ab. Schließlich schloß er sich in seinem Zimmer ein, und man hörte ihn dissonante Akkorde auf der Gitarre schrummen. Er fetzte ein paar Stunden so vor sich hin. Als er zum Dinner nach unten kam, hatte er »I'm Losing You« geschrieben, einen bitteren, zornigen Blues. Dann gab er mir die Anweisung, nach New York zu fliegen und nach dem Rechten zu sehen.

Um seine Fortschritte zu belegen, machte John eigens ein Tape für Yoko. Es enthielt das komplette Repertoire, das er für *Double Fantasy* geschrieben hatte, und einen obligatorischen Tribut an seine Liebste, »Dear Yoko«, einen anspruchslosen Song im Stil von Buddy Holly. Außerdem befahl John mir, Yoko ein Kästchen aus Zedernholz zu überbringen. Er hatte eine Strähne seines Haares abgeschnitten, in ein nagelneues Taschentuch gewickelt und in das Kästchen gelegt. Er sagte mir, falls der Zoll den Inhalt des Kästchens sehen wollte, sollte ich sagen, die Zollbestimmungen im alten Japan hätten besagt, daß solche Kästchen nicht geöffnet werden durften. »Wenn es geöffnet wird«, warnte er mich, »geht die Magie des Rituals verloren.«

Am Tag vor meiner Abreise telefonierten John und Yoko endlich miteinander, und sie versuchte ihm auszureden, mich nach New York zu schicken. Aber John blieb hart. Er legte sich sogar eine Geschichte von der Kündigung meiner Wohnung zurecht und sagte, ich müßte mich in New York um die Sache kümmern.

In letzter Minute bat mich John, die neuen Kleider, die er gekauft hatte, mit nach New York zu nehmen. Wir kauften einen riesigen Koffer, und Uda-San packte schnell alles ein. Man hatte uns gesagt, auf in Bermuda gekaufte Kleider müsse man Ausfuhrzoll bezahlen, was John absurd erschien. Er gab Uda-San die Anweisung, alle Preisschilder zu entfernen, und sagte mir, wenn der Zoll mich fragen würde, sollte ich sagen, es seien meine Kleider. Aber als die Zollbeamten meinen Koffer voller Sweater durchsuchten, bezweifelten sie meine Geschichte, und ich war gezwungen, eine Strafe für den Versuch zu zahlen, Kleider aus Bermuda zu schmuggeln. Glücklicherweise rührten sie Johns Zedernholz-Kästchen nicht an.

Als ich am Freitag, dem 4. Juli, in New York ankam, nahm ich sofort ein Taxi zum Dakota. Auf die Szenerie von Chaos und Ausschweifung, die mich empfing, war ich nicht vorbereitet gewesen. Yokos Büro war mit Papieren übersät, ihre schmutzigen Kleider lagen überall auf dem Boden herum und auf ihrem Tisch standen halbleere Teller mit Sushi in verschiedenen Stadien des Verfalls. In der Teeküche von Studio One türmte sich verkrustetes, schmutziges Geschirr.

Oben sah es nicht viel besser aus. Es sah so aus, als sei das Apartment seit Wochen nicht ordentlich gereinigt worden. Ich war erstaunt, als ich etliche Flaschen Whisky und Wodka in der Küche fand. Myoko, das Hausmädchen, sah verhärmt aus und beschwerte sich, sie sei völlig überarbeitet. Als ich Johns Koffer in die Kleiderkammer brachte, traf ich Luciano Sparacino, Sam Havadtoys Liebhaber, der angeheuert worden war, um den Raum zu renovieren.

Als ich Luciano Informationen aus der Nase zog, sagte er mir gelassen, Yoko hätte vor, sich von John scheiden zu lassen. Luciano sagte, John sollte nach seiner Rückkehr ins Apartment 71 ziehen, und er hätte die Anweisung, Johns Möbel, Kleidung und Stereoanlagen nach nebenan zu bringen.

Am Samstag traf ich mich mit Yoko im Büro. Als ich ihr das Kästchen mit Johns Haarsträhne gab, öffnete sie es und sagte: »Ach, ist das süß von John!« Ich staunte, wie glücklich und entspannt sie aussah. Ich konnte nicht anders als ihre tief ausgeschnittene schwarze Seidenbluse zu bemerken, die ihre großen Brüste betonte. Ihr provokantes Outfit wäre schon bei einer halb so alten Frau gewagt gewesen. Tatsächlich bemerkte ich an Yoko ein jugendliches Strahlen, das ihre siebenundvierzig Jahre vergessen machte.

Als ich nach Bermuda zurückflog, entschied ich, daß ich John unmöglich die unschönen Einzelheiten über die Zustände im Dakota zumuten konnte, besonders jetzt nicht, wo es für ihn so gut lief. Ich sah keinen Sinn darin, ihn mit Gerüchten über Yokos Scheidungsabsichten zu beunruhigen. Ich fürchtete, der Schock könnte ihn wieder in Trübsinn und Zurückgezogenheit zurückfallen lassen. Wie sich herausstellte, war John gar nicht neugierig auf Einzelheiten über Yokos Leben in New York. Ich spürte, daß er von den Zuständen im Dakota nichts hören wollte. Statt dessen sprach er optimistisch von seiner Zusammenarbeit mit Yoko. Er erzählte mir, Yoko hätte ihm am Telefon ihr neues Material vorgespielt, und gegen einiges davon würden seine Songs geradezu »seicht« wirken. Ich fragte mich, ob Yoko ihm das eingeredet hatte.

Danach zeigte sich John besorgt, daß Yoko sich durch die vielen »Zerstreuungen«, die ihr in New York geboten wurden, nicht genug auf die Arbeit am Album konzentrieren würde, und machte sogar eine abfällige Bemerkung über die »nutzlosen Höflinge«, mit denen sie sich umgab. Wieder einmal verglich er die Situation mit seiner früheren Songschreiber-Partnerschaft mit Paul McCartney, der immer der produktivere Songschreiber gewesen war und John dazu anstachelte, selbst mit neuem Material rüberzukommen.

»Paul hörte nie auf zu arbeiten«, sagte John mit widerwilliger Bewunderung. »Wenn wir ein Album fertig hatten und ich loszog, um mich zuzudröhnen und keinen Gedanken an neue Songs verschwendete, saß er sofort wieder an der Arbeit für neues Material, und sobald er genug Songs hatte, wollte er wieder ins Studio. Und ich mußte mich abstrampeln, um mit eigenen Songs nachzuziehen. Unter diesem Druck schrieb ich einige meiner besten Songs.« Obwohl es ungesagt blieb, gewann ich den deutlichen Eindruck, daß John seine spontanen Ergüsse für besser hielt als Pauls akribisch ausgearbeitetes Material.

John zündete sich eine Gitane an – ich hatte einen neuen Vorrat aus New York mitgebracht – und sah mich mit spitzbübischem Augenzwinkern an.

»Du hast wohl nicht zufällig was Interessantes zu rauchen, zu snieffen oder zu kauen mitgebracht?« fragte er hoffnungsvoll.

Tatsächlich hatte ich meine psychedelischen Pilze mitgebracht, die ich letzten Monat gebunkert hatte. John war froh über die Gelegenheit, sich »den Kopf freizupusten«. »Ich denke mir irgendwas aus, um Uda-San und Helen nach dem Lunch wegzuschicken, damit wir uns einen ruhigen Nachmittag machen können«, sagte er und schlug vor, wir sollten einen leichten Imbiß zum Lunch nehmen und das Dinner ganz ausfallen lassen. »Es ist besser, die Pilze auf nüchternen Magen zu nehmen. Dann werden sie vom Körper schneller aufgenommen, und der Rausch ist intensiver.«

Nach dem Lunch sagte John Uda-San und Helen, sie sollten mit

Sean nach Hamilton fahren. Als Uda-San gegen diese plötzliche Unterbrechung ihrer täglichen Routine protestierte, wischte John ihre zaghaften Vorhaltungen beiseite. »Ich gebe dir einen Nachmittag frei, Uda-San!« sagte er feierlich. »Warum genießt du ihn nicht einfach, anstatt dich zu beklagen?« Er schüttelte verständnislos den Kopf. Dann ging er nach oben, um Yoko anzurufen, und flüsterte mir verschwörerisch zu: »Sag mir Bescheid, wenn die Luft rein ist.«

Sobald George die anderen abgeholt hatte, setzten John und ich uns an den Holztisch in der Küche und begutachteten die verschrumpelten braunen Pilze im Plastikbeutel. Ich schüttelte sie auf den Tisch, und sofort kondensierte Feuchtigkeit auf ihrer gefrorenen Oberfläche. Ich nahm einen und reichte ihn John. Er untersuchte ihn gründlich. Ich steckte mir einen in den Mund, und er tat dasselbe. Wir aßen nacheinander einige Stengel und einen Kopf. Dann gingen wir nach draußen auf die Terrasse und beobachteten das blaue Wasser, das im Sonnenlicht schimmerte.

Wir sanken in die weißen Liegestühle. John plauderte eine Weile vor sich hin. Er erzählte mir von einem neuen Song, den er geschrieben hatte, in dem er eine Gedichtzeile von Robert Browning verwendet hatte, »Grow Old Along With Me«. Er bat mich, ihm seine Gitarre zu holen, damit er ihn mir vorspielen konnte.

Ich stand auf und taperte zum Haus. Ich fühlte mich, als würde ich auf Wolken gehen. Als ich zurückkam, durchmaß John seltsam zielstrebig die Terrasse, ein schiefes Grinsen auf dem Gesicht. »Hey, ich merke eindeutig was«, verkündete er mit seltsam schleppender Stimme. »Ich weiß nicht genau, was, aber es gefällt mir.«

Er schnappte sich die Gitarre und spielte mir die wehmütige Ballade vor. Er sagte, er würde den Song gerne aufnehmen, aber als ich ihm anbot, den Recorder zu holen, winkte er ab. »Nur keine Umstände«, sagte er. »Ich gehe ihn holen.« Er schlurfte Richtung Haus und kam kurz darauf mit dem Recorder und einem Haufen Tapes zurück. Er legte ein Marley-Tape ein und fing an, langsam zu tanzen, mit geschlossenen Augen, die Arme schlenkernd, sein magerer Körper im Sonnenlicht zuckend. Hinter ihm lagen Lichtjahre blauen Himmels, blauer See und eine warme Brise, die das Wasser in Milliarden winziger Spiegel zersplittern ließ.

Als das Tape zu Ende war, glaubte ich, einen unheimlichen, hohen Klang übers Meer herüberwehen zu hören. Ich nahm an, es sei eine Halluzination. John setzte sich mit verwirrtem Gesichtsausdruck. »Hörst du das auch?« fragte er. Ich fand es erstaunlich, daß wir beide dieselbe akustische Halluzination haben sollten. »Das klingt ja wie Dudelsack!« sagte John entrückt. Er bat mich, den mysteriösen Dudelsackspieler ausfindig zu machen, damit wir unserer Bewunderung Ausdruck verleihen konnten, indem wir ihm eine Flasche Whisky schenkten. Ich nickte feierlich und grübelte darüber nach, wie ich diese verantwortungsvolle Aufgabe angehen sollte. Vielleicht konnte ich eine Anzeige in die Zeitung setzen, oder besser noch, von Tür zu Tür fragen. Meine Grübeleien wurden von John unterbrochen, der aufstand und mit wackligen Beinen die Stufen zur Sandbank unterhalb der Terrasse hinunterstieg. Langsam watete er ins Meer, bis ihm das Wasser an der Brust stand. »Das ist ja wie ein riesiges Becken des Friedens!« schwärmte er. »Komm, wir lassen uns treiben!«

Ich stieg zu ihm ins Wasser und spürte sofort eine intensive, unwillkürliche Vibration der Muskeln, die das Psilocybin hervorrief. Die Wirkung hatte ihren Höhepunkt bereits überschritten und ließ nach, aber es würde noch einige Zeit dauern, bis wir uns wieder normal fühlten. Kurz darauf hörten wir das Geräusch eines Wagens, und dann schoß Sean mit Badehose und breitem Grinsen aus dem Haus. Er stürzte sich ins Wasser, und Kristalle flirrten im Sonnenlicht, als das Wasser gegen den blauen Himmel spritzte. Sean schwamm wie ein Biber auf seinen Vater zu, und die beiden plantschten zusammen, bis es Zeit zum Abendessen war.

In der zweiten Juliwoche schraubte John die Arbeit an den Songs etwas zurück und gab bei Nancy Gosnell, einer amerikanischen Malerin, die in Bermuda lebte und deren großes Ölgemälde der Luthis Johns Aufmerksamkeit erregt hatte, ein Porträt von sich und Sean in Auftrag. John und Sean posierten stundenlang in Nancy Gosnells Haus, das eine kurze Fahrtstrecke entfernt von unserer Villa lag. John machten diese Sitzungen viel Spaß, denn die Malerin war eine intelligente, belesene und weitgereiste Frau, mit der er sich gut verstand.

Als John und Sean am Freitag, dem 18. Juli, nachmittags von einer der Sitzungen zurückkamen, war John in aufgeräumter Stimmung und begann beim Lunch von einem Thema zu sprechen, das er sonst meist mied – seiner Kindheit.

»Als ich so alt war wie du«, erzählte er Sean, »mußte ich mich entscheiden, ob ich mit meiner Mami oder meinem Daddy leben wollte.« John erzählte Sean, daß er, gelähmt vor Angst, seinen

Vater gewählt hatte. Aber als seine Mutter gehen wollte, war er hysterisch geworden und ihr weinend und schreiend nachgelaufen. Er konnte den Gedanken nicht ertragen, von ihr getrennt zu sein. Als John die Geschichte für Sean aufbereitete, spielte er ihm die herzzerreißende Szene vor. Dann hielt er inne und lächelte. »Darum ist dein Daddy heute manchmal so komisch«, sagte er. »Ich kann es bis heute nicht ertragen, Entscheidungen zu treffen«, fuhr er an mich gewandt fort. »Ich kriege Kopfschmerzen, wenn ich vor eine Entscheidung gestellt werde. Selbst wenn Mutter mich nur bittet, zwischen weißem und schwarzem Marmor zu wählen.«

Danach erzählte John Sean vom Leben mit seiner Mutter, Julia. John sagte, sie sei oft bis in den Morgen ausgewesen und hätte John sich selbst überlassen. John sagte, er hätte oft nicht einschlafen können, wenn Julia nachts ausgegangen war. »In einer Nacht«, flüsterte John Sean ins Ohr, »sah ich direkt vor dem Fenster einen Geist und kreischte vor Angst, bis die Nachbarn kamen, um nachzusehen, was los war.« Dann sprach John über den Tag, als sein Vater, Freddie, unerwartet aufgetaucht war, während Julia sich in ihrer Wohnung mit einem anderen Mann amüsierte. Während John hinter dem Vorhang zusah, kam es zu einer Schlägerei. Schließlich wurde das Leben mit Julia so schwierig, daß John immer öfter zu seiner Tante Mimi flüchtete. Sean saß fasziniert da, während John ihm die langen Fußwege zum Kindergarten und Straßenbahnfahrten zu Mimi schilderte. John sagte: »Ich lernte, die richtige Straßenbahn an der Qualität der schwarzen Ledersitze zu erkennen. Deshalb habe ich schwarzes Leder heute noch gerne. Ich finde es so beruhigend.« Manchmal hatten ihn Fremde, die glaubten, er hätte sich verlaufen oder sei durchgebrannt, zur nächsten Polizeistation gebracht. »Ich fand nie die richtigen Worte, ihnen meine Situation zu erklären«, fuhr er fort. John legte mehrere Eßstäbchen auf dem Küchentisch aus und beschrieb uns die Route von der Newcastle Street zur Penny Lane. Er zeigte uns, wo der Barbier gewesen war, die Bank, das Spritzenhaus, in dem die »clean machine« gestanden hatte, die Kirche, und so weiter.

John lehnte sich erschöpft zurück, nachdem er soviel von seiner Kindheit preisgegeben hatte. Aber Sean, der immer gerne zuhörte, wenn sein Vater von früher erzählte, löcherte ihn nach mehr Geschichten. Schließlich gab sich John geschlagen. Er erzählte Sean, wie er mit sechs oder sieben Jahren eine Katze in die Luft geworfen hatte. »Als ich hochschaute und das hilflose Kätzchen mit ängstlichem Gesicht durch die Luft fliegen sah, dachte ich: ›Das ist böse.‹« Damals, sagte er, sei er zum ersten Mal in der Lage gewesen, zwischen Gut und Böse zu unterscheiden.

Johns Erzählung wurde durch einen Anruf von Yoko unterbrochen. Er rannte ans Telefon und stürzte sich sofort in eine begeisterte Beschreibung des Porträts von sich und Sean. Mitten im Satz unterbrochen, hörte er einen Moment schweigend zu. Als John zum Tisch zurückkam, war seine gute Laune hin, und er sagte, Yoko würde zu einer Party in Sam Greens Haus auf Fire Island gehen. Dann ging er nach oben, um ein Nickerchen zu machen. Sean und Helen gingen zu einem Töpferkurs. Ich machte es mir im Wohnzimmer auf der Couch gemütlich und sah mir im Fernsehen »One Day at a Time« an.

Später am Nachmittag gingen John und ich auf die Terrasse zum Sonnenbaden. Ich lag in einem Liegestuhl, und John saß mit gekreuzten Beinen vor mir, den Rücken zur Sonne. Sein Gesicht, seine Arme und seine Beine waren leicht gebräunt, und er hatte versucht, gleichmäßig braun zu werden. Obwohl er ruhig im Lotussitz saß, merkte ich, daß er verärgert war. Seine Kiefer waren angespannt, und er hatte den Mund zu einer dünnen Linie zusammengepreßt. Nach einigen angespannten Minuten erzählte John weiter von seinem Leben mit Julia. Selbst im Alter von vier Jahren, sagte John bitter, hätte er über Julias Männerverbrauch Bescheid gewußt und sie im Verdacht gehabt, sich zu prostituieren, »nicht für Geld, sondern für Seidenstrümpfe«. Ich erwartete, John würde in eine Haßtirade gegen seine Mutter ausbrechen, aber plötzlich wurde er verlegen und wechselte das Thema. Er behauptete, wir würden uns unbewußt unsere Kindheitstraumata selbst aussuchen. »Wir geben es nicht gerne zu«, sagte er, »aber für unsere traurige Kindheit sind wir selbst verantwortlich. Natürlich, es ist immer einfacher, alles auf Mami und Daddy zu schieben, auf die kosmische Mutter, oder was auch immer, aber je älter ich werde, desto mehr verstehe ich, daß wir letztendlich für alles, was uns zustößt, selbst verantwortlich sind, ob es uns gefällt oder nicht.«

Ich spürte, daß John es darauf anlegte, daß ich ihm widersprach, weil er in streitsüchtiger Stimmung war. Aber obwohl ich seiner Theorie skeptisch gegenüberstand, schluckte ich den Köder nicht. Mit John zu diskutieren, soviel hatte ich schon in den ersten Wochen mit ihm gelernt, war von erhabener Sinnlosigkeit. Selbst wenn er gute Laune hatte, war John Lennon kein Mann, der Widerspruch duldete. Er tolerierte selten eine abweichende Meinung und mußte immer das letzte Wort haben.

Den Rest des Nachmittags schmorten wir faul in der prallen Bermuda-Sonne, während im Hintergrund leise Bob Marley lief. Als Sean und Helen gegen 17 Uhr zurückkamen, schien John wieder gelöster Stimmung zu sein. Sean zeigte ihm stolz einige glasierte Tonarbeiten, die er am Nachmittag gemacht hatte: einen Aschenbecher, eine Schildkröte und zwei kleine Vasen – »eine für Mami, eine für Daddy« –, alle wunderbar gearbeitet. »Und die hast du ganz allein gemacht?« fragte er. »Sie sind wunderschön.«

Sean strahlte und sagte: »Ich bin so stolz auf mich!« John war begeistert von Seans Töpferarbeiten und schlug sogar vor, sie per Boten an Yoko zu schicken. Dann fiel ihm ein, daß sie mit Sam Green auf Fire Island war, und seine Miene verdüsterte sich wieder.

Nach dem Dinner ging John wieder auf die Terrasse. Wir waren noch nicht lange da, als das Telefon klingelte. Uda-San kam angerannt und sagte John, daß Sam Havadtoy ihn sprechen wollte. John rollte die Augen. Havadtoy hatte ihn am Vortag angerufen, um ihn zu informieren, daß der falsche Marmor für das neue Bad mit Sauna geliefert worden war, das er im Apartment 72 einbaute. »Wahrscheinlich will er uns von der neuesten Katastrophe an der Heimatfront berichten«, lästerte John, als er ging, um den Anruf anzunehmen. Normalerweise würde man John nicht mit solchen Nebensächlichkeiten belästigt haben. Ich schloß daraus, daß Havadtoy, für den Yoko sonst jederzeit zu sprechen gewesen war, John nur anrief, weil er sie nicht erreichen konnte. Ich konnte mir vorstellen, wie Havadtoy jetzt zumute war, wo Yoko praktisch all ihre Zeit mit seinem Rivalen Sam Green zu verbringen schien.

John bestätigte meine Vermutung wenige Minuten später, als er mir berichtete, daß Havadtoy versucht habe, von ihm Näheres über Yokos Aufenthalt zu erfahren. Obwohl John versuchte, Havadtoys Anruf mit einem Achselzucken abzutun, merkte ich, daß er wütend war. John sah durchaus, daß Yoko die beiden Sams gegeneinander ausspielte, und es paßte ihm nicht, dazwischen zu geraten. Er bezeichnete die beiden verächtlich als »unnütze Speichellecker«, »berechnende Hochstapler« und »Groupies, die uns ausnehmen«.

Er hielt Havadtoy für den skrupelloseren der beiden Sams und beschrieb ihn als ehrgeizigen »Schönling«, der Yoko benutzte, um sich eine Karriere aufzubauen. Obwohl er ursprünglich angestellt worden war, um Studio One einzurichten, hatte Havadtoy Yoko nach und nach dazu gebracht, ihm beim Kauf eines Hauses, der Finanzierung einer Kunstgalerie und dem Aufbau eines Antiquitäten- und Inneneinrichtungs-Unternehmens unter die Arme zu greifen. Und jetzt hatte Havadtoy eine Armee von Handwerkern angeheuert, um Cannon Hill und Irongate zu renovieren und die Sauna in Apartment 72 einzubauen. »Ich fürchte, ich habe ganz vergessen, Yoko zu fragen, was uns das alles kosten wird«, sagte John entnervt. Ich bezweifelte, daß Yoko in der Lage gewesen wäre, die Frage zu beantworten.

Danach zog John über Sam Green her, den er als »Möchtegern-Bourgeois« und »Warhol-Groupie« beschrieb. Trotzdem respektierte John Sam Green für dessen Witz und Charme. Er erzählte mir, der patrizierhafte Kunsthändler hätte im Januar 1979 eine Reise zu den Pyramiden für sie arrangiert. Auf dem Rückflug sei das Flugzeug in einen Schneesturm geraten und hätte stundenlang über dem Flughafen JFK kreisen müssen, während auf der Kinoleinwand des Flugzeugs *Sgt. Peppers Lonely Hearts Club Band* – ein zweitklassiger Film mit Peter Frampton in der Hauptrolle – lief.

»Es war eine dieser herrlich surrealen Situationen im Leben«, kicherte John. Er sagte, sein Sinn für Humor hätte ihn diese Flugtortur ertragen lassen, aber Yoko sei hysterisch geworden, weil sie fest überzeugt war, das Flugzeug würde abstürzen. Glücklicherweise sei es Sam Green gelungen, sie zu beruhigen, indem er sie mit einem endlosen Strom unterhaltsamen Geschnatters abgelenkt hätte. John bewunderte Sams Redegabe.

Ich fragte mich, wieviel John über Sams momentane Beziehung zu Yoko wußte. Fast als könne er meine Gedanken lesen, sagte John mir, er sähe in Sam Greens und Havadtoys Beziehung zu Yoko keine Gefahr, weil er sie beide für schwul hielt. Er glaubte, sie wären für Yoko nur eine »Abwechslung«, und betrachtete sie nicht als Rivalen in der Liebe. John beteuerte, die wahre Zerreißprobe für die Beziehung sei 1973 sein Verhältnis mit May Pang gewesen. Er betrachtete seine achtzehnmonatige Trennung von Yoko als sein »verflixtes siebtes Jahr«.

»Damals hätte ich fast alles zerstört«, sagte er dramatisch. »Yoko und ich hätten uns fast getrennt, aber ich hatte Glück. Verdammt großes Glück! Wenn man keinen festen Partner hat und die Beziehung pflegt, rutscht man schnell in die Promiskuität ab, obwohl man nie aufhört, den Ex-Partner zu lieben. Sieh dir nur Sonny und Cher an – tief im Innersten lieben sie einander immer noch. Oder Liz

Taylor und Richard Burton; sie können es zwar nicht ertragen, zusammen zu leben, aber sie lieben sich trotzdem noch. Es ist harte Arbeit, eine gute Ehe zu führen. Darum überlege ich es mir zweimal, ehe ich ihn nur aus einer Laune heraus irgendwo reinstecke. Es steht zuviel auf dem Spiel.«

John verfiel in Schweigen, während er sich abmühte, auf der windigen Terrasse eine Gitane anzuzünden. Als es ihm endlich gelungen war, nahm er einen tiefen Zug und blies unter scheußlichem Husten eine weiße Rauchwolke aus.

»Yoko hat auch mit solchen Versuchungen zu kämpfen«, fuhr er fort. »Sie ist eine Frau, und es ist doch nur natürlich, daß sie sich geschmeichelt fühlt, wenn ein jüngerer Mann hinter ihr her ist. Jeder muß sich mal austoben.«

Ich hatte mich mittlerweile an Johns erstaunliches Talent gewöhnt, unerfreuliche Tatsachen wegzuerklären, aber jetzt hatte ich doch Mühe, nicht allzu überrascht auszusehen. Ich fragte mich einmal mehr, ob er die leiseste Ahnung hatte, wie gründlich Yoko sich mit Sam Green »austobte«, und fragte mich, ob ich ihm einen schlechten Dienst erwies, weil ich nicht deutlicher wurde. Ich fürchtete mich vor Johns Reaktion, wenn ich ihm die Details von Yokos Romanze mit Sam Green erzählen würde. Ich zweifelte daran, daß er mir glauben würde, wenn ich ihm erzählte, daß Yoko sich wie ein liebeskranker Teenager aufführte. Noch weniger konnte ich mich dazu durchringen, John von den Gerüchten über Yokos Scheidungsabsichten zu erzählen. Vielleicht hätte er es mir als dem Überbringer so schlechter Nachrichten heimgezahlt. Oder vielleicht hatte er auch tief im Inneren schon erkannt, daß Yoko nichts mehr für ihn empfand, konnte jedoch der verheerenden Wahrheit nicht ins Auge sehen und zog es vor, sie zu negieren.

Als es dunkel wurde, gingen John und ich zum Kücheneingang, der näher an der Terrasse lag als die Vordertür. Als wir die Küchentür verschlossen fanden, steigerte sich John gleich in Zorn und beschuldigte Uda-San, »Spielchen mit ihm zu machen«. Er war sicher, daß sie die Küchentür absichtlich abgeschlossen hatte, um ihn auf die Palme zu bringen.

»Ich sollte einfach die Scheibe einschlagen!« sagte er wutschnaubend. Ich schlug vor, es statt dessen an der Vordertür zu versuchen. Während wir ums Haus herumgingen, fluchte John weiter auf Uda-San. Er und Uda-San lagen im Dauerclinch, weil er ihr beim Kochen so fanatisch auf die Finger schaute, und seit der Ankunft in Bermuda vor einem Monat waren die Sticheleien zwischen den beiden ständig eskaliert. John sah in der abgeschlossenen Küchentür nur einen weiteren Versuch Uda-Sans, ihm das Leben sauer zu machen. »Wenn Yoko hier wäre, würde sie damit nicht durchkommen«, sagte er wütend. Glücklicherweise war die Vordertür offen. Als wir die Treppe hoch in unsere Schlafzimmer gingen, flüsterte John mir zu, daß er Uda-San im Oktober abschieben wollte, aber trotzdem hoffte, mit ihr auf gutem Fuß zu bleiben, damit er und Yoko sich ihrer Dienste sicher sein konnten, wenn sie im nächsten Sommer wieder nach Japan reisten.

In der dritten Juliwoche fing John an, mir handgeschriebene Blätter mit seinen Songtexten zu übergeben. Ich sollte sie abtippen und nach New York schicken. John war fertig mit Songsschreiben. Jetzt war es Zeit, mit der Studioarbeit anzufangen. Yoko bestand allerdings darauf, daß wir schön brav in Bermuda blieben, bis jedes Detail der Aufnahmesession geklärt war. Es hieß, sie sei in intensive Besprechungen mit ihren Parapsychologen vertieft, um ein geeignetes Plattenlabel zu finden. Sie hatte bereits die Geburtsdaten mehrerer Plattenfirmen-Präsidenten überprüft. Buddha Records lag gut im Rennen. Atlantic fiel flach, weil Ahmet Erteguns Daten den Test nicht bestanden. Capitol, die alte Beatles-Firma, wurde verworfen, weil John die maßgeblichen Leute verabscheute.

Außerdem erzählte mir John, daß *Double Fantasy* eine Art Konzeptalbum werden sollte.

»Vielleicht wechseln wir uns mit den Stücken ab und erzeugen so eine Art Dialog«, sagte John. »Das wird die erste Seifenoper auf Vinyl.«

Das war Yokos Idee, die während vorangegangener Telefongespräche entstanden war, bei denen sie sich gegenseitig ihre Songs vorgespielt hatten. Zunächst hatte John angenommen, daß sie beide je eine Seite des Albums bestreiten würden, doch dann hatte Yoko darauf bestanden, daß sich ihre Songs abwechselten, um einen »Dialog« zu kreieren. Für mich klang es ziemlich bizarr. Ich fragte mich, wie die Fans wohl reagieren würden.

Die Aufnahmen sollten Anfang August in der Hit Factory in New York stattfinden, und bis dahin wollte Jack Douglas eine Band erstklassiger Studiomusiker zusammenstellen. Yoko hatte John versprochen, die LP würde bis zu seinem vierzigsten Geburtstag, am 9. Oktober, fertig werden.

»Sobald wir mit den Aufnahmen fertig sind, ziehen wir einen Medienfeldzug ab, wie ihn die Welt noch nicht gesehen hat«, sagte er mit glücklichem Grinsen. »Und dann fangen wir mit der Arbeit an der Broadway-Show an. Ich hab' es schon in groben Zügen skizziert. Es fängt damit an, daß ich Yoko bei ihrer Ausstellung in London kennenlerne, dann Schnitt zwischen Yoko in Paris und mir in Indien, wo ich mit dem Maharishi herumalbere und am *Weißen Album* arbeite. Dann die Beatles-Sessions und unsere Heirat in Gibraltar und die Bed-Ins – ach, das wird wundervoll!« Wenn man sich John enthusiastischen Wortschwall anhörte, war es schwer, sich nicht mitreißen zu lassen.

Während wir darauf warteten, daß Yokos Parapsychologen ein günstiges Datum für die Rückreise nach New York fanden, nahm sich John wieder Zeit für die üblichen Touristenvergnügen. Er begleitete Sean und Helen zu Sightseeing-Touren, und wir machten sogar Reitausflüge. John zeigte Interesse an der einheimischen Küche, und ich begleitete ihn in die besten Restaurants der Insel. Außerdem stöberten wir in den zahlreichen Antiquitätenläden von Hamilton, wo John für tausende Dollars Möbel und Wedgewood-Porzellan kaufte, das ins Dakota verfrachtet werden sollte. Der Anonymität überdrüssig, begann John sogar, Gebrauch von der American-Express-Karte zu machen.

*

In der letzten Juliwoche teilte Yoko John mit, ihr Numerologe hätte als Datum für den Rückflug nach New York den 29. Juli vorgeschlagen, einen Dienstag. Wenige Tage vor unserer geplanten Abreise starb Peter Sellers, für John ein schwerer Schlag. John hatte den brillanten, exzentrischen englischen Komiker seit seiner Teenagerzeit vergöttert. Er war damit aufgewachsen, Sellers in der »Goon Show« zu hören, einer englischen Radiosendung mit bizarren Sketchen. John sagte, es sei Sellers gewesen, der ihm gezeigt hätte, daß man aus seinen Schwächen Kapital schlagen kann.

»Wenn Sellers im Showbusiness nichts geworden wäre, hätten sie ihn in der Klapsmühle versauern lassen«, behauptete John düster. »Wenn du ein Niemand bist und dann noch so irre, wie er war, schließen sie dich ein und werfen den Schlüssel weg. Aber wenn du erst berühmt bist, giltst du einfach als exzentrisch.«

John fühlte eine gewisse Verwandtschaft zu Sellers, um den es jahrelang still geworden war, ehe ihm Anfang des Jahres mit *Welcome, Mr. Chance* das Comeback gelungen war, einem Film nach Jerzy Kosinskys Parabel über einen einfältigen Gärtner, der sein gesamtes Wissen über die Außenwelt durch den Fernseher bezieht und allein dadurch als politischer Visionär gefeiert wird, daß er einsilbige Weisheiten über Gartenbau von sich gibt. Nachdem Sellers während der letzten zehn Jahre hauptsächlich anspruchslose Nachfolgefilme von *Der rosarote Panther* fabriziert hatte, war er hier überraschend wieder zu alter Form aufgelaufen. John erinnerte sich mit großer Befriedigung an den einhelligen Beifall, den Peter Sellers für *Welcome, Mr. Chance* errungen hatte, und bemerkte, es sei nach einer Karriere mit so vielen Höhen und Tiefen der perfekte Schwanengesang gewesen.

»Zumindest hat er sich mit einem Knüller verabschiedet«, sagte John trocken. »Jedenfalls besser, als nach und nach in Vergessenheit zu geraten.« Er fügte hinzu, für einen einst gefeierten Entertainer sei nichts schlimmer, als in Bedeutungslosigkeit zu sterben, und bat mich dann, so viele englische und amerikanische Zeitungen zu kaufen, wie ich bekommen konnte, weil er die Nachrufe auf Sellers lesen wollte.

Nachrufe faszinierten John. Es war normalerweise die erste Seite, die er in der Zeitung aufschlug. Anfang des Sommers hatte er einen Nachruf auf Bert Kaempfert entdeckt, den deutschen Bandleader und A&R-Mann, der die Beatles für eine Platte, die 1961 in Hamburg aufgenommen worden war, als Begleitband für den englischen Sänger Tony Sheridan engagiert hatte. John hatte den Nachruf an die Pinnwand in der Küche der Villa Undercliff gehängt.

An unserem letzten Tag in Bermuda begleitete ich John zu einem letzten Besuch in St. George, dem kleinen Städtchen, in dem er vor sechs Wochen gelandet war. George, unser Fahrer, zeigte uns ein einfaches, weiß getünchtes Gebäude in der Duke of York Street und sagte, das sei St. Peter's, eine der ältesten Kirchen von Bermuda. John sagte, er würde gerne hineingehen. Die alte anglikanische Kirche hatte glänzend polierte Zedernholztüren, Bodendielen und Kirchenbänke. Die Wände säumten Gedenktafeln mit den Namen prominenter Einwohner von Bermuda. Die Kanzel und der Altar stammen, wie uns George erzählt hatte, aus dem frühen siebzehnten Jahrhundert. Was John aber am meisten faszinierte, war der kleine Friedhof hinter der Kirche. Ich folgte ihm, während er zwischen der Gräbern umherging. Schließlich kniete er neben einem großen steinernen Kreuz nieder. Er lehnte den Kopf gegen den massiven Stein und schloß die Augen wie im Gebet. Ich fühlte mich wie ein Eindringling und wartete in einer Ecke des Friedhofs auf John.

Abends spielte mir John auf der Terrasse sein letztes Demo-Tape vor. Es enthielt die zweispurige Version von »Beautiful Boy«, zu der ich Klatschen und Bongos beigesteuert hatte, und ein wehmütiges Liebeslied mit dem Titel »Woman«. Der Text, besonders die Zeile »please remember, my life is in your hands«, entwarf ein Szenario, in dem John hilflos war und Yoko seine Beschützerin; John war das trotzige Kind, Yoko die verständnisvolle Mutter; Yoko war die Zauberin, John ihr Lehrling; Yoko hatte recht, John hatte unrecht.

Mir kam der Gedanke, daß John ständig Schuldgefühle sühnte, die zwanzig, dreißig Jahre zurücklagen.

John legte Bob Marleys *Exodus* ein, gab mir die Demo-Kassette und sagte, ich sollte sie mir kopieren, wenn wir wieder in New York wären. Außerdem bat er mich, Julian eine Kopie zu schicken. Er hatte vor einigen Tagen mit seinem siebzehnjährigen Sohn gesprochen, und wie immer hatte die unterschwellige Spannung die Unterhaltung erschwert. Julian hatte erwähnt, daß er und Cynthia überraschenden Besuch von einem Schulfreund von John, Pete Schotton, erhalten hatten.

John erzählte mir, Schotton sei ein enger Freund gewesen, aber ihre Freundschaft war zerbrochen, nachdem John ihm einen Supermarkt gekauft hatte. »Ich wollte etwas für ihn tun, nachdem ich es geschafft hatte, aber es war sinnlos«, sagte er und erklärte, das Unternehmen sei schiefgegangen. »Man tut Leuten keinen Gefallen, wenn man ihnen einfach ein Geschäft einrichtet, ihnen Geld in die Hand drückt, oder sowas, nur damit man kein schlechtes Gewissen hat, weil man selbst reich und erfolgreich ist. Nachher verabscheuen sie dich um so mehr.«

John erzählte mir auch, daß Schotton und er fast zur gleichen Zeit ihre Unschuld verloren hätten, und John hatte es gedrängt, Julian davon zu erzählen. »Es ist gut für Julian, wenn er weiß, daß ich auch mal ein grüner Junge war«, sagte John ernst. »Ich will nicht, daß er in mir nur den unheimlichen, sagenumwobenen Phantasievater sieht.« John sagte, er wüßte gerne, ob Julian noch unschuldig sei, hätte es aber nicht über sich gebracht, seinem Sohn eine so intime Frage zu stellen. »Vielleicht sucht er noch nach seiner sexuellen Identität und wäre verletzt, wenn er merkt, daß er schwul ist, und denkt, ich wäre nicht damit einverstanden«, sagte er.

Ich versicherte John, in der Zeit, die ich mit Julian in Palm Beach verbracht hatte, hätte ich den deutlichen Eindruck gewonnen, daß sein Sohn ein gesundes Interesse am anderen Geschlecht zeigte. John blieb skeptisch. »Man wird ja sehen«, sagte er.

John bat mich, ihn zu erinnern, Ms. Gosnell, die Malerin, zu fragen, ob sie nach einem Foto arbeiten könnte. John wollte Julian mit einem Porträt von Vater und Sohn zum Geburtstag überraschen. Mit traurigem, nachdenklichem Gesichtsausdruck beklagte John, daß er und Julian einander seit über einem Jahr nicht mehr gesehen hatten, und machte sich Sorgen, daß er vielleicht nie fähig sein würde, eine normale Beziehung zu seinem ältesten Sohn aufzubauen. Er sagte, er hoffte, Julian würde eines Tages seine Tagebücher lesen und ihn dann vielleicht besser verstehen. Ich erinnerte mich, daß John mir in Palm Beach einmal etwas ganz Ähnliches gesagt hatte. »Ich will, daß Julian alles über mich erfährt«, sagte John enigmatisch. »Es gibt Dinge, über die ich nie persönlich mit ihm sprechen könnte. Es würde mich zu sehr in Verlegenheit bringen.« Er fügte feierlich hinzu: »Ich möchte, daß du dafür sorgst, daß Julian meine Tagebücher bekommt.«

Danach sprach John über wiederholte Alpträume, in denen er eines gewaltsamen Todes starb. Er klang bitter und sorgenvoll, als er sagte, er sei sicher, weil sein Leben, in Worten wie in Taten, voller Gewalttätigkeit war, würde er auch eines gewaltsamen Todes sterben; er hätte oft Phantasien, in denen er erschossen würde, was, wie er sagte, eine Art »moderner Kreuzigung« sei, eine recht »elegante« Weise, »karmamäßig reinen Tisch zu machen« und in ein anderes Leben überzugehen. Er war sehr ernsthaft, sehr distanziert und sprach ohne sichtbare Emotion – als würde er laut nachdenken.

Es wurde schnell dunkel, und im Funkeln der ersten Sterne ging der Mond auf. John versuchte, die Sterne zu bestimmen, kam aber bald durcheinander. Der einzige, bei dem er sich sicher war, war die Venus, die heller als der Rest zu leuchten schien. Als es am Firmament dunkler wurde, tauchte ein weiterer Stern auf, der noch heller leuchtete als die Venus, und John vermutete, es könnte der Mars sein. »Ah, Venus und Mars«, lachte er leise. »Klingt wie ein Plattentitel.« Erleichtert, daß John seinen Sinn für Humor wiedergefunden zu haben schien, lachte ich mit. Die Kassette, die im Hintergrund gelaufen war, war zu Ende, und John suchte nach etwas Neuem.

Er legte Marley neuestes Album, *Uprising,* in den Kassettenrecorder. Wir saßen lange schweigend da und ließen Marleys hypnotische Musik auf uns wirken. Das letzte Stück auf dem Band, der »Redemption Song«, war eine akustische Ballade, die geradezu unheimlich an einige von Johns Demos erinnerte. Als der Song zu Ende war, erhob sich John und stellte sich an den Rand der Terrasse. Ich warf einen verstohlenen Blick auf sein Gesicht, dem das fahle Mondlicht einen geisterhaften Glanz verlieh. John winkte mich zu sich.

»Tja Fred«, sagte er und legte mir den Arm um die Schulter, »jetzt wird es wohl Zeit, Abschied vom Paradies zu nehmen.« Ich war überrascht von dieser vertraulichen Geste. Während wir schweigend auf der mondhellen Terrasse standen und den Wellen lauschten, die am Fuß der Terrasse plätscherten, den Blättern, die hinter uns in den Bäumen rauschten, fühlte ich mich John sehr nahe. Ich spürte, daß ihm das Herz schwer war, und wünschte, ich könnte seinen Schmerz lindern.

Er nahm einen letzten tiefen Zug von der Gitane und warf dann die Zigarettenkippe ins dunkle Wasser unterhalb der Terrasse, drehte sich abrupt um und ging zurück zum Haus. Ich blieb wie versteinert am Rand der Terrasse stehen und dachte über sein seltsames Verhalten nach. Obwohl ich mich an seine morbiden Bemerkungen gewöhnt hatte, lag heute abend in Johns trauriger und feierlicher Stimmung etwas zutiefst Beunruhigendes.

Dienstag, den 29. Juli, verließen wir Bermuda. Diesmal unterschied sich Johns Heimkehr grundsätzlich von allen anderen. Es gab keinen täglichen Trott mehr, kein Zurückfallen in die alten Tage, in denen er im Schlafzimmer lag und die Zeit totschlug.

11

Hit Factory

Wir fanden den Stab im Dakota in heller Aufregung. Rich DePalma machte Urlaub in den Catskills, und seine Vertretung, ein junger Buchhalter namens Tom Minogue, wußte nicht, wo ihm der Kopf stand. Myoko war ebenfalls in Urlaub. Ihre Pflichten hatten zwei neue japanische Diener übernommen, Harumi, ein zierliches Hausmädchen, das bei uns wohnte, und Toshi, der stundenweise aushalf. Apartment und Büro waren unordentlicher als sonst, aber das war harmlos im Vergleich zu dem Schweinestall, den ich bei meinem kurzen Besuch Anfang Juli vorgefunden hatte.

Ich hörte außerdem mit Erleichterung, daß Yoko ihre Scheidungsabsichten aufgegeben hatte. Luciano erzählte mir, kurz vor unserer Rückkehr aus Bermuda sei ihm befohlen worden, Johns Kleider, Bücher, Möbel, Fernseher und Stereoanlage wieder ins Apartment 72 zu schaffen.

Am Donnerstag, dem 31. Juli, trafen sich John und Yoko mit Jack Douglas, dem Produzenten, einem großen, zurückhaltenden Mann um die Dreißig. Yokos Anweisung gemäß hatte er für die Lennons für Freitagnachmittag die Hit-Factory-Studios gebucht. John jedoch hielt das für verfrüht, weil Yokos Material noch »Schliff« brauchte, wie er es diplomatisch ausdrückte. Yoko ließ sich davon nicht beirren. Sie hatte vor, ein paar Songs zu recyceln, die 1974 bei einer Aufnahmesession übriggeblieben waren, die Douglas geleitet hatte. Freitag, den 1. August, schwirrte das Dakota schon morgens früh vor Hektik, weil John und Yoko sich noch in letzter Minute aufs Songschreiben stürzten. John hatte an »Forgive Me, My Little Flower Princess« gearbeitet, einem Song, den er für May Pang geschrieben hatte. Er rief mich über Haustelefon an, um sich zu beschweren, daß das Textblatt verschwunden sei.

»Sei doch so nett und sieh dich im Büro mal um«, sagte er. »Vielleicht weiß Mutter, wo es hingekommen ist.«

Ich fand den gesuchten Song auf Yokos Klavier. Sie sagte, sie hätte sich Johns Song »ausgeborgt« und einen eigenen daraus gemacht, den sie »Forgive Me« nannte.

»John bittet mich ständig, ihm zu verzeihen«, grinste sie, »deswegen fand ich es witzig, es als Titel für einen meiner Songs zu nehmen.«

Für den Nachmittag war ein Treffen mit Douglas angesetzt, bei dem die Feinheiten seines Vertrags besprochen werden sollten. Um 16 Uhr kam John mit einem frischen Stapel handgeschriebener Texte nach unten, die abgetippt werden mußten. Er wies mich ausdrücklich darauf hin, daß ich sie an einem sicheren Ort verwahren sollte. »Wir wollen doch nicht, daß Mutter sich wieder etwas ausborgt«, sagte er. John hing im Büro herum und wartete auf Douglas. Als der Produzent nicht auftauchte, ging er wieder nach oben. Douglas erschien schließlich gegen 18 Uhr. Er hatte Stunden am Telefon gehangen, um die Aufnahmesessions auf den 7. August zu verschieben.

Kurz darauf verhandelten er und Yoko hitzig über seinen Vertrag. Der heikelste Punkt war, daß die Lennons darauf beharrten, das Album mitzuproduzieren. Douglas hatte zunächst vehement protestiert, seine Vorbehalte jedoch aufgegeben, als Yoko sich bereit erklärte, ihm fünf Prozent vom Bruttogewinn des Albums zu zahlen, eine Summe, die fast das Doppelte der üblichen Beteiligung für Produzenten ausmachte. Um 19 Uhr bat mich Yoko, einen Scheck über 25 000 Dollar auf Douglas Firma, Waterfront Productions, auszustellen.

Als ich sie erinnerte, daß die Scheckbücher im Schreibtisch des Geschäftsführers eingeschlossen waren, wies sie mich an, die Schubladen aufzubrechen. Glücklicherweise fand sich bei einer Durchsuchung des Büros noch ein verirrtes Scheckbuch des Bankers Trust mit flottem Schiffchendekor. Ich schrieb den Scheck aus und gab ihn Yoko zum Unterschreiben. Sie fragte mich, wieviel Geld auf dem Konto sei. Ich sagte ihr, ich hätte keine Ahnung. *»Zur Hölle damit!«* zischte Yoko. Sie unterschrieb den Scheck trotzdem, allerdings auf die Gefahr hin, daß er platzen könnte. Immer noch leise fluchend, reichte sie Douglas den Scheck, der ihn auf dem Weg aus dem Büro nervös befingerte.

Am Samstagmorgen rief Yoko mich an, um mir zu sagen, daß ich im Dakota gebraucht würde. Sie bat mich, John anzurufen, ehe ich die Wohnung verließ, weil er wollte, daß ich unterwegs noch einige

Platten kaufte. Sie sagte mir, sie und John wollten mit Douglas und einigen Musikern nachmittags eine Übungs-Session machen, und ich sollte ein Probenstudio im Apartment 71 einrichten.

Ich sprang unter die Dusche und machte mir einen Kaffee. Als ich John anrief, rasselte er eine Liste von Platten herunter, die ich ihm kaufen sollte, unter anderem Olivia Newton-Johns Hitsingle »Magic« und einen Song von Kate Bush, »Babooshka«. Außerdem sollte ich ein Tape von Lene Lovich mitbringen, *Stateless,* das ich John im letzten Frühjahr vorgespielt hatte. Er sagte, er brauchte alles bis Mittag. Ich stürmte aus meiner Wohnung in der West 49th Street zu Colony Records auf dem Broadway, wo ich die Platten kaufte. Der Tag war schwül, und als ich mir ein Taxi zum Dakota nahm, war ich bereits schweißüberströmt.

John spielte im Schlafzimmer Klavier. Er wirkte niedergeschlagen. Er begleitete Yoko, die einen ihrer Songs sang, eine rührselige Ballade mit dem Titel »I'm Your Angel«. Als ich ins Zimmer kam, sprang John auf und riß mir das Tape-Deck und die Tasche mit Platten und Tapes aus der Hand. »Wenn du das hörst«, sagte er zu Yoko, »verstehst du sofort, warum du mit deinem Zeug nicht durchkommst.«

Wir hörten uns eine Zeitlang das Tape an, und John führte aus, das obwohl Lene Lovich von Yokos Gesangsstil beeinflußt zu sein schien – zum Beispiel von ihren schrillen Kieksern und lautmalerischen Schreien –, so könnte Yoko einiges von der erstklassigen allgemeinen Produktion lernen. Die Instrumentaltracks waren hervorragend und der Rhythmus mitreißend. John drängte Yoko, aufmerksam zuzuhören, aber sie verzog nur den Mund und gab sich so desinteressiert, daß John wütend wurde. Entnervt stellte er die Musik ab und sagte mir, ich sollte das provisorische Probenstudio in Apartment 71 vorbereiten. Johns Yamaha-E-Piano war bereits da, außerdem die meisten seiner Gitarren. Daneben gab es noch verschiedenstes Equipment, das John über die Jahre zusammengesammelt hatte – Verstärker, Mikrophone, alle möglichen elektronischen Effektgeräte. Ich baute alles auf, so gut es ging, und als ich fertig war, erfüllte ein lautes elektrisches Summen den Raum.

Als ich wieder ins Schlafzimmer kam, um Johns Drummachine zu holen, fand ich ihn versunken in eine Nöel-Coward-Platte. Gefesselt von dem klagenden Falsett des Sängers, wandte er sich an Yoko, die an einem Rattan-Schreibtisch auf der anderen Seite des Bettes saß.

»Hör mal . . .«, sagte John. »Er weint!«

Yoko kritzelte verbissen irgendwelche Lyrics und ignorierte John.

Kurz darauf erschien Jack Douglas. Er war in Begleitung von drei bärtigen Musikern – Gitarrist Hugh McCracken, Keyboarder George Small und der Arrangeur Tony Davilio. John begrüßte die Musiker herzlich und versuchte, ihnen die Befangenheit zu nehmen.

»Willkommen in unserer bescheidenen Hütte, meine Lieben«, sagte John strahlend. »Seit fünf Jahren warte ich schon auf euch!« Er schüttelte Hugh McCracken, einem Veteran vergangener Lennon-Ono-Sessions, die Hand. John brach das Eis mit Erinnerungen an die letzte Zusammenarbeit zwischen ihm und McCracken. »Ich weiß wirklich kaum noch, was damals gelaufen ist«, lachte John. »Meistens war ich viel zu stoned. Na, heute sind wir älter und weiser, wie?«

Er erntete unsichere Lacher von den Musikern, die von John völlig eingeschüchtert zu sein schienen. Auf George Smalls Gesicht war ein nervöses Grinsen eingefroren, und er sah John erwartungsvoll an. Davilio, ein ernster junger Mann, dessen Gesicht hinter einem buschigen schwarzen Bart versteckt war, gab mir einen Stapel Partituren, Johns transkribierte Demo-Tapes. Ich fotokopierte die Notenblätter im Büro und verteilte sie an alle. Danach folgte eine kurze Besprechung der Arrangements und der Instrumentierung. John wußte ganz genau, wie seine Songs klingen sollten, aber seine begrenzten Kenntnisse der Musiktheorie machten es ihm schwer, sich so auszudrücken, daß Musiker ihn verstanden. Douglas und Davilio halfen John, seine Ideen zu formulieren.

Die Session artete in chaotisches Jammen aus, als John anfing, den Musikern seine Songs vorzusingen, -summen und -pfeifen, während Douglas den Beat auf den Knien schlug, McCracken Gitarre spielte und Small zaghaft die ersten Akkorde auf dem Piano anschlug. John und Jack saßen mit gekreuzten Beinen auf dem Fußboden, Yoko hockte gleich hinter ihnen. Nach weniger als einer Stunde Proben brach Yoko, die still John und die Band beobachtet hatte, ihr Schweigen und verkündete mit schriller Stimme, sie wollte einen ihrer Songs spielen.

»Ja, liebste Mutter«, sagte John unterwürfig. »Wir haben dich nicht vergessen.« Seine Stimme klang eine Spur spöttisch.

Als John und die Band sich vorbereiteten, »I'm Your Angel« zu spielen, nahm Yoko mich beiseite und flüsterte mir ins Ohr, ich sollte ihr ein Glas Wodka bringen. »Das entspannt meine Stimme, weißt du«, sagte sie ernst. Ich nickte feierlich. »Aber die anderen sollen nicht merken, daß ich Wodka trinke«, fuhr sie fort. »Es muß so aussehen, als ob es Wasser wäre.«

Ich fand eine Flasche Stolichnaja im Büro-Kühlschrank, nahm sie mit nach oben und goß Yoko einen kräftigen Drink ein. Als ich ihr den Wodka gab, nahm sie einen schnellen Schluck und setzte dann ihr schrilles Geträller wieder fort. Yokos Stimme ließ sie in den höheren Registern mehrmals im Stich, und sie schien große Schwierigkeiten zu haben, den Ton zu halten. Douglas ermutigte sie, während sie sich durch den Song kämpfte, und tauschte gleichzeitig beunruhigte Blicke mit den Musikern. John schnitt Grimassen und sagte wenig. Nach zwei schmerzhaft peinlichen Versuchen, »I'm Your Angel« einzustudieren, entschied er, es sei an der Zeit, mit etwas anderem weiterzumachen. Jetzt sagte Yoko, sie sei hungrig und schlug vor, für alle reichlich Sushi zu bestellen. John stimmte widerwillig zu. Er hielt nichts von Essenspausen während der Arbeit.

Danach spielte John ihnen die Kassette von Matumbi vor, der Reggae-Band, die wir uns in Bermuda angehört hatten. Er verwendete sie als Beispiel für die Art »Reggae-Groove«, die ihm für »Beautiful Boy« und »Living On Borrowed Time« vorschwebte. Sobald er die Musik hörte, sprang er auf, bewegte sich im Rhythmus und erklärte, was ihm an Matumbis harmonischem Zusammenspiel von Reggae-Rhythmen und schwelgerischen Bläsersätzen gefiel. Er gab die zweite Seite der Aufnahmen sogar den Musikern als »Hausaufgabe« auf.

Um 18 Uhr ging ich das Dinner holen. Als ich mit zwei riesigen Platten Sushi und Chicken Teriyaki zurückkam, war die Session in vollem Gange. John und die Band spielten »Living On Borrowed Time«. John ignorierte das Essen völlig. Aber die Band hatte sich hungrig gespielt, und John gestattete kurz darauf eine Dinnerpause. Während wir aßen, sprach er angeregt über die Musik. Yoko aß einige Stückchen Sushi und bat mich dann, ihr eine Tafel Schokolade und noch ein Glas »Wasser« zu besorgen.

Nach dem Dinner nahm John seine futuristisch aussehende Sardonyx-Gitarre und fing wild an zu spielen. Angefeuert von Johns unerschöpflicher Energie und seinem Enthusiasmus, war die Band bald wieder voll dabei. Gelegentlich spielte John schräge Akkordfolgen, die alle anderen verwirrten. Douglas oder McCracken erkärten ihm dann taktvoll, was er »falschmachte«. John hörte mit leichter Verlegenheit zu und machte sich gelegentlich über sich selbst lustig.

Manchmal verbesserten seine »Fehler« sogar den Song, und dann überarbeitete Davilio sofort die Partitur, um die Änderung festzuhalten. Einmal rutschte John beim Spielen in eine schräge Tonart, und Douglas, Davilio und McCracken analysierten sofort, was er gemacht hatte. Mit verwirrtem Gesichtsausdruck bemühte sich John, der verwickelten Unterhaltung zu folgen.

»Ihr solltet ihr das erklären«, sagte er und deutete auf Yoko. »Sie versteht von dem Kram viel mehr als ich.« Wie auf Stichwort spielte McCracken spontan einen vertrauten Riff aus »(I Want You) She's So Heavy« an, Johns Ode an Yoko auf dem Beatles-Album *Abbey Road*. »Das ist der erste Song, den ich über sie geschrieben habe«, sprudelte John hervor. »Die meisten meiner Songs handeln von ihr, wißt ihr«, sagte er mit einem zärtlichen Lächeln zu Yoko, die Johns Kompliment mit einem frostigen Lächeln quittierte.

Als die Band anfing, »Beautiful Boy« zu proben, rief Yoko mich zu sich und sagte, sie wollte gehen, sei jedoch zu betrunken, um aufzustehen. Ich rief Toshi, ihren Laufburschen, der sie aus dem Raum führte. John schaute verdutzt. Er nahm beiläufig einen Schluck aus Yokos »Wasserglas« und schüttelte sich. »Jesus«, sagte er mit einer Grimasse, »ich wußte ja gar nicht, was da drin ist!«

*

Am Montagnachmittag, dem 4. August, kamen John, Yoko und Sean zurück von einem Wochenende, das sie in Sam Greens Haus auf Fire Island verbracht hatten. John war schlechter Stimmung und verzog sich schmollend ins Schlafzimmer. Yoko schloß sich sofort mit Sam Havadtoy, der Geburtstag hatte, im Allerheiligsten ein. Er hatte mit dem Panzerwagen einige kostbare Juwelen hertransportieren lassen, die er Yoko verkaufen wollte. Seine stattliche Kommission sollte Yokos Geburtstagsgeschenk für ihn sein.

»Das ist doch nicht zu fassen!« brummte John, als ich ihm von Havadtoys Geburtstag und dem Panzerwagen erzählte. »Erst schleppt sie mich und Sean nach Fire Island, damit wir uns da zu Tode langweilen, und jetzt wirft sie ihr Geld für diesen Kram raus, den sie doch nie tragen wird!«

Danach informierte John mich, daß die zweite Probe am Abend im Weißen Zimmer stattfinden sollte, und bat mich, mit unserem provisorischen Studio dorthin umzuziehen. Er sagte auch, das Klavier aus seinem Schlafzimmer sollte ins Weiße Zimmer geschafft werden, in dem bereits ein weißer Flügel stand, damit er und Yoko parallel arbeiten konnten. Nachdem sie einige Stunden mit Havadtoy verbracht hatte, kam Yoko am Spätnachmittag nach oben zu John.

Sie zogen sich um – beide in Khaki im Partnerlook – und probten dann einen von Yokos Songs, »Kiss Kiss Kiss«. Ich hatte Gelegenheit, den Lennons beim Arbeiten zuzusehen, während ich Johns Drummachine, einen Ghetto-Blaster und etliche Notenständer in den Raum schleppte. Yoko saß am schwarzen Klavier und murmelte ihre Songtexte, während John die Melodie auf dem weißen Flügel spielte. Bald stöhnte er auf und brachte sie mit einer Handbewegung zum Schweigen. John beharrte darauf, daß der Song einen lebhaften Backbeat brauchte, um die wenig abwechslungsreiche Melodie zu kompensieren, und schlug einen Ska-Rhythmus vor. Er bat mich, ihm eine Kassette von Selecter zu bringen, einer englischen Ska-Band, die wir auf Long Island oft gehört hatten. Ich rannte sofort los, um in der Küche das Selecter-Album auf Kassette zu überspielen, wo Sam Havadtoy verloren auf einem Sofa hockte. Yoko hatte ihn eingeladen, die Probe anzuhören, aber John hatte erklärt, die Session würde unter Ausschluß der Öffentlichkeit stattfinden.

»Meinst du, es ist okay, mal reinzugehen und Hallo zu sagen?« fragte Havadtoy hoffnungsvoll. Ich riet ihm, es sein zu lassen. Kurz darauf ging er.

Als ich John das Selecter-Tape brachte, ließ er es auf voller Lautstärke laufen, während er an seiner Drummachine herumbastelte und versuchte, den frenetischen Rhythmus eines Songs mit dem Titel »Too Much Pressure« zu kopieren. John schnippte mit den Fingern und versuchte verzweifelt, Yoko die Idee, das schnelle Tempo in ihren Song einzubauen, schmackhaft zu machen, aber sie wollte nichts davon hören. Sie verlangte, daß John den Recorder und die Rhythmusmaschine abstellte. Zähneknirschend fügte sich John.

Gegen 18 Uhr 30 fielen Douglas, Davilio und Small im Weißen Zimmer ein, wo Yoko Versatzstückchen ihrer Songs auf dem weißen Flügel spielte. Die Texte klangen wie schlechte Kinderreime, aber sie hielt ihre Songs offensichtlich für Meisterwerke.

»Findest du sie nicht fantastisch?« fragte Yoko Douglas.

Jack war immer schnell mit aufmunternden Worten bei der Hand, aber sein aufgesetzter Optimismus machte keinen Eindruck auf John, Yokos schärfsten Kritiker. Als er Jack fragte, ob er irgendwelche Idee hätte, Yokos Material »aufzumotzen«, wandte sich Douglas an Davilio, der ein ratloses Gesicht machte. Dann schlug Douglas vor, an einem anderen von Yokos Songs zu arbeiten, »Every Man Has A Woman Who Loves Him«. John schnappte sich seine akustische Yamaha, George Small setzte sich ans schwarze Klavier und Yoko blieb am weißen Flügel. Nach einem qualvollen Anlauf, den Song zu spielen, fragte John Douglas: »Seid ihr schon dazu gekommen, an dem hier zu arbeiten?«

Jack sagte, er würde mehr Zeit brauchen.

Danach jammten sie »I'm Moving On«. Yoko und Small brachten etwas Schwung rein, als sie an ihren Klavieren improvisierten, während John energisch auf der Gitarre klampfte. Davilio gab sich redliche Mühe, die entstehende Melodie festzuhalten. Alle waren sich einig, daß sich aus dem Song etwas machen ließ.

Um 22 Uhr beschloß John, für diesmal Feierabend zu machen. Trotzdem verging noch eine Stunde, in der er die Aufnahmesession diskutierte, die für Donnerstag, den 7. August angesetzt war. Er stellte zahllose Fragen über die Instrumente und die Aufnahmegeräte, die sie benutzen wollten. Immer wenn Douglas raffiniertes Equipment, zum Beispiel den digitalen Sequencer erwähnte, wollte John wissen, ob Paul McCartney so etwas auf seinem letzten Album verwendet hatte. John wollte, daß dic Produktion des Albums auf dem neuesten Stand der Technik war, so wie die von Paul McCartney. Irgendwann sagte Douglas, wenn die Aufnahmen abgeschlossen wären, würde er sie gerne im Record Plant in Los Angeles, seinem Lieblingsstudio, abmischen. Als Yoko Douglas' Vorschlag zustimmte, warf John ihr einen wütenden, mißbilligenden Blick zu.

Später, als alle anderen gegangen waren, leistete ich John und Yoko in der Küche bei Tee und Sushi-Resten Gesellschaft. Yoko schien mit den Ergebnissen der heutigen Arbeit zufrieden zu sein, aber John war nicht in der Stimmung für Eigenlob. »Mach dir nichts vor«, sagte er unverblümt. »An deinen Sachen muß noch viel gearbeitet werden.« Außerdem machte er sie zur Schnecke, weil sie Douglas Vorschlag unterstützt hatte, die Nachproduktion in Los Angeles zu machen. Yoko nahm an, John hätte einfach keine Lust, an die Westküste zu fahren, und sagte unschuldig: »Wir müssen doch nicht mitfahren.«

»Ist das dein Ernst?« brauste er plötzlich auf. »Nichts zu machen, Yoko! Du hast wohl den Verstand verloren!« Yoko hätte genausogut vorschlagen können, Sean als Pflegekind zu Douglas zu geben.

Ich hatte John selten so wütend gesehen. Er war ein Perfektionist, und er hatte vor, die Produktion des Albums von Anfang bis Ende zu überwachen.

Am Donnerstagnachmittag marschierte John in einem schwarzen Cowboy-Anzug, komplett mit besticktem Hemd und breitkrempigen Hut, zuversichtlich aus dem Dakota, den Gitarrenkoffer in der Hand. Yoko trug einen blauen Hot-Pants-Anzug, Pumps und eine Baseballkappe. Die Lennons fuhren in einer Limousine zur Hit Factory, und ich folgte im Mercedes mit bergeweise Lebensmitteln und einigen von Johns Gitarren.

Die Hit Factory nahm drei Stockwerke eines anonymen Bürohauses auf der West 48th Street ein, weniger als drei Blocks von meiner Wohnung entfernt. Wir besetzten den sechsten Stock, der für alle außer den Lennons und ihren Stab, die Musiker und die Tontechniker, gesperrt war. Zu der labyrinthischen Anlage gehörte auch ein gedämpft beleuchteter, riesiger Saal mit einem Steinway-Flügel, kleinen elektronischen Keyboards und fetten Mikrophonen auf glänzenden Chromständern. Davilios Notenblätter waren überall verstreut.

Das Nervenzentrum des Studios war der Kontrollraum, ein kleinerer Bereich, der durch Glasscheiben abgetrennt war. Das stattliche Aufgebot an Technik sah aus, als käme es direkt aus der NASA-Zentrale, und man hatte versucht, mit gediegener Holztäfelung die kalte High-Tech-Ausstrahlung etwas zu dämpfen. Schwarze Lautsprecherboxen, groß wie Kühlschränke, hingen an den Wänden, über den Boden waren kreuz und quer dicke Kabel verlegt, darunter lag braune, strapazierfähige Auslegeware, die unempfindlich gegen Flecken war: Kaffee, Bier, Limonade, eingetretene Erdnüsse, Kaugummi.

John begann sofort, das 24-Spur-Mischpult mit den Skalen-Displays für alle Spuren, Fadern, Equalizern, Limiter-Kompressoren und zahllosen anderen Einrichtungen zu inspizieren, darunter einiges, was ihm völlig neu war. Zwischen dieser Anlage und dem 4-Spur-Studio in der Abbey Road, in dem die Beatles ihre Platten aufgenommen hatten, lagen Welten. John begutachtete begeistert jede Einzelheit des Equipment und ließ sich belehren, was welche Funktion hatte. Jack Douglas und Lee DeCarlo, sein Tontechniker, erklärten ihm alles bereitwillig. Zwei Tonassistenten, Jon Smith und Julie Last, hielten sich schweigend im Hintergrund.

Hinter dem Kontrollraum war ein winziger Aufenthaltsraum mit einem kleinen Kühlschrank, in dem ich die Studiodiät der Lennons stapelte: Schokolade, Honig-Kleie-Kekse, Sonnenblumenkerne und Rosinen, löslichen Kaffee und ein reichhaltiges Sortiment an Tees. Yoko fing sofort an zu mäkeln, weil sie sich den kleinen Raum mit den Musikern und den Aufnahmetechnikern teilen mußte. Sie ließ den Besitzer der Hit Factory herbeizitieren, Eddie Germano, der mir versicherte, er sei bereit, John und Yoko jeden Wunsch von den Augen abzulesen.

»Alles, was sie wollen, Freddie«, sagte er. »Ein Wort genügt, und ich kümmere mich drum.« Für den Anfang verlangte Yoko einen eigenen Ruheraum. Germano ließ ein großes Zimmer räumen, und Sam Green möblierte es mit flauschigem grünem Teppichboden, Grünpflanzen, einem Klavier, Lampen und antiken Möbeln aus seiner umfangreichen Sammlung.

Am Nachmittag war die Band vollständig versammelt. Der Drummer war Andy Newmark, ein jungenhafter, extrovertierter Musiker, der angefangen von Sly and the Family Stone über George Harrison bis zu, kürzlich, Roxy Music mit allem gespielt hatte, was Rang und Namen hat. Percussionist Arthur Jenkins war ein Veteran, der bei Johns Alben *Rock 'n' Roll* und *Walls and Bridges* mitgespielt hatte. Bassist Tony Levin war ein glatzköpfiger Mann mit Schnäuzer, der als Studio- und Tourmusiker mit Paul Simon und Peter Gabriel gearbeitet hatte. Gitarrist Earl Slick, das jüngste Bandmitglied, hatte mit David Bowie gespielt.

Ein Großteil des ersten Studiotags ging dafür drauf, das Equipment aufzubauen und Soundchecks zu machen. Am Spätnachmittag nahm die Band schließlich den ersten Take auf, »Steppin' Out«. John saß im Kontrollraum und arbeitete eng mit Douglas zusammen. Anfänglich wirkte John unsicher. Er zappelte nervös plaudernd im Studio herum und versuchte, sich mit den Musikern bekannt zu machen. John hatte seit fast sechs Jahren keine Band mehr hinter sich gehabt, aber er brauchte nicht lange, um das Kommando zu übernehmen. Wie ein König, der aus dem Exil heimkehrt, setzte er sich an die Spitze seiner Truppen. Einige der Bandmitglieder – besonders Slick und Newmark – waren eifrig bemüht, bei John Eindruck zu schinden und seine Anerkennung zu erringen. John geriet schon bald mit Newmark aneinander, der versuchte, die Stimmung mit humorvollen Bemerkungen aufzulokkern. Aber John hatte keine Zeit für müßiges Geschwätz. Er hielt

Newmarks freundliches Geplapper für impertinent und versuchte es zu ignorieren. Außerdem ärgerten John die ständigen Pinkelpausen des Drummers. Irgendwann rief John mit dröhnender Stimme über die Studiomonitore: »Andy! Bring deinen Schwanz hierher!«

John verabscheute »Showallüren«. Wenn ein Bandmitglied zuviel redete oder ein auffälliges Solo spielte, fing er sich gleich eine schneidende Zurechtweisung von John ein. Er hielt seine Musiker gerne an der kurzen Leine. Er bestand darauf, daß die Band genau das spielte, was er wollte, nicht mehr und nicht weniger. John stauchte die Musiker zusammen, witzelte mit ihnen, redete ihnen gut zu, belehrte und beleidigte und beschimpfte sie – er zog alle Register, um das aus ihnen herauszuholen, was er brauchte. Ich hatte John noch nie so besessen gesehen.

Am Freitag spielte die Band Johns »Strange Days« und Yokos »Kiss Kiss Kiss«. Ehe sie ihre Nummer aufnahm, sniefte sie vor aller Augen Kokain und wischte sich dann auffällig die weißen Pulverspuren von der Nase. Die Session ging gegen 21 Uhr zu Ende, und die Musiker strömten in den Kontrollraum, um sich die Ergebnisse ihres Tagewerks anzuhören. John ließ seine winzige, langstielige Haschpfeife herumgehen und ließ sich auf eine joviale Plauderei ein.

Am Samstag stockte die Session, weil Yoko wiederholt die »Bridge« ihres Reggae-Songs »Don't Be Scared« verpatzte. Nach mehreren erfolglosen Versuchen, die Vocals aufzunehmen, verlor John die Geduld und schnauzte sie an: »Denk einfach an ›Die Brücke am Kwai‹, du Votze!« Schockiertes Schweigen senkte sich über das Studio. Yoko tat so, als hätte sie Johns Wutausbruch nicht bemerkt, und Douglas erlöste sie mit der Versicherung, die unbrauchbaren Vocals könne man später noch »zurechtflicken«.

Nach den ersten drei Studiotagen waren bereits sechs Tracks im Kasten. Die Band war erstaunt über das Arbeitstempo, das John vorlegte. Einer der Gründe, warum er solche Eile hatte, das Album fertigzustellen, war der Kostenfaktor. Die Lennons hatten keine Plattenfirma im Rücken, die die Studiokosten übernahm. Jeder Tag im Studio kostete John und Yoko Tausende von Dollars.

In der zweiten Woche in der Hit Factory sollten zwei Mitglieder der Rockgruppe Cheap Trick – Gitarrist Rick Nielsen und Drummer Bun E. Carlos – John auf »I'm Losing You« begleiten. John hatte sie Douglas zuliebe genommen, der die ersten Cheap-Trick-Platten produziert hatte. Er bat mich, ihm so viele ihrer Platten wie möglich zu besorgen. Als wir uns am Donnerstagmorgen, am

12. August, die Tapes anhörten, entdeckte John, daß die Band großzügig bei den Beatles geklaut hatte. Das wäre an sich kein Grund zum Ärger gewesen. Was John störte, war, daß der Sänger sich Paul McCartney zum Vorbild genommen zu haben schien. Außerdem fürchtete er, Nielsens Gitarrenstil könnte »zu Heavy Metal« sein.

Der schlaksige, jungenhafte Nielsen, ein glühender Beatles-Fan, konnte kaum seine Aufregung darüber verbergen, daß er John Lennon kennenlernen sollte. Sein Bandkollege, Bun E. Carlos, war ein schüchterner, pummeliger Mann mit einem drolligen schwarzen Schnurrbart. Als John um 14 Uhr eintraf, schenkte Nielsen ihm eine eigens für ihn angefertigte Gitarre. John dankte dem Gitarristen höflich und lud ihn ein, sich seine berühmten Beatles-Instrumente anzusehen. Nielsen versuchte verzweifelt, mit John ein Gespräch anzufangen, aber John blieb geschäftsmäßig, mürrisch und distanziert. Nielsen war am Boden zerstört.

Dann gab es einen schnellen Soundcheck, gefolgt von einer kurzen Probe mit Nielsen und Carlos und George Small und Tony Levin, dem Bassisten. John dirigierte das Quartett durch mehrere Takes von »Losing You« – einen Song, den er als »'Cold Turkey' Teil zwei« beschrieb, in Anspielung auf seine markerschütternde Heroinentzugs-Nummer von 1969. Sobald die Session vorüber war, ging John zu Yoko ins Grüne Zimmer, ohne sich weiter um die beiden Cheap-Trick-Musiker zu kümmern, deren Manager mir diskret eine Rechnung über 3000 Dollar in die Hand drückte. Als ich sie Yoko zeigte, bekam sie einen Anfall. »Ist das zu fassen?« schäumte sie. »Sie sollten *uns* bezahlen, weil sie die Ehre hatten, mit John Lennon zu spielen!«

Am Abend nach dem Dinner nahm die reguläre Band »Beautiful Boy« auf. Ich war überwältigt, als John den Percussionisten Arthur Jenkins bat, meine Off-Beat-Rhythmen zu kopieren, die ich auf dem Demotape aus Bermuda gespielt hatte. Die Band brauchte etwa neunzig Minuten, um einen befriedigenden Take zustande zu bringen, und danach zwängten wir uns alle in den kleinen Kontrollraum, um uns die Aufnahme anzuhören. John reichte Arthur und mir seine Haschpfeife. Wir nahmen beide einen kleinen Zug, dann packte John sofort die Pfeife weg.

Am nächsten Tag rief George Harrison im Dakota an und hinterließ eine Nachricht für John. Winnie, die Concierge des Dakota, reichte mir einen Zettel, auf den sie notiert hatte: »BITTE

GEORGE ANRUFEN – ER BRENNT DARAUF MIT DIR ZU SPRECHEN, NACHDEM MAN ZEHN JAHRE NICHTS VON DIR GEHÖRT HAT!« Als ich John die Nachricht gab, war er alles andere als begeistert. »Wirklich, wie nett von George, anzurufen, nachdem er vergessen hat, mich in seinem Buch zu erwähnen!« sagte er hämisch. Er gab mir den Zettel zurück und sagte, ich solle »Mutter die Sache überlassen«.

Ich konnte Johns Gefühle verstehen. Einige Monate zuvor hatte George Harrison ein Buch geschrieben, *I Me Mine.* John war wie vor den Kopf geschlagen, daß George ihn mit keiner Silbe erwähnte, weil er das Gefühl hatte, zumindest seine Verdienste um Georges Karriere seien einer Erwähnung wert gewesen. Er betrachtete das Benehmen seines früheren Proteges als tödliche Beleidigung.

Paul McCartney meldete sich um diese Zeit ebenfalls, um John alles Gute zu wünschen. Als ich Yoko erzählte, daß Paul angerufen hatte, wirkte sie beunruhigt. »Sag John besser nichts davon«, sagte sie, weil sie fürchtete, Paul würde an der Session teilnehmen wollen.

Spätabends am 13. August nahm John »Cleanup Time« auf, eine tanzbare Nummer, die auf einer sauberen Funk-Improvisation basierte. Sie erinnerte an »Fame«, einen Song, den John Anfang der Siebziger mit David Bowie geschrieben hatte. John pendelte zwischen Band und Kontrollraum hin und her, dirigierte und spielte gleichzeitig. Yoko lag fast den ganzen Abend auf einer Couch im Grünen Zimmer und telefonierte mit Sam Green. Als ich nach ihr sah, bat sie mich, sie mit einer Decke zuzudecken. »Sag John, ich würde mich nicht gut fühlen, und er soll mich besuchen kommen«, sagte sie matt.

Als ich Yokos Nachricht überbrachte, war John verärgert. »Sag Mutter, sie soll herkommen und sich die Bänder anhören!« schnappte er ungeduldig.

*

Donnerstag, den 14. August kam Rich DePalma von seinem zweiwöchigen Urlaub zurück. Ich war heilfroh, ihn wiederzuhaben. Ich hatte Doppelschicht im Büro und im Aufnahmestudio geschoben, und ich fühlte mich völlig überfordert. Ich setzte den Geschäftsführer über die Ereignisse der letzten beiden Wochen ins Bild. Als Rich die Bücher durchging, standen ihm angesichts der Ausgaben der Lennons die Haare zu Berge. Die Nebenkosten für die Aufnahmesession beinhalteten unter anderem 5000 Dollar pro Monat für eine Hotelsuite für Earl Slick und Lee DeCarlo, die man aus Los Angeles hatte kommen lassen. Meine laufenden Kosten beliefen sich mittlerweile auf 4000 Dollar die Woche.

Später am Morgen ging ich nach oben, um John einen Stapel Aufnahmen von Tito Puente, Ray Barretto und anderen Latin-Musikern zu bringen. Noch immer bemüht, Yokos begrenztes rhythmisches Repertoire zu erweitern, hatte er mich gebeten, ihm ein paar Salsa-Platten zu besorgen. Ich fand ihn auf dem Bett sitzend, umgeben von einer Flut von Kassetten. Er qualmte hektisch an einer Gitanes. »Was treibt Mutter heute morgen?« fragte er. Ich sagte ihm, sie sei mit Sam Green ausgegangen. John nickte und sah einen Moment traurig und versonnen aus, aber seine Miene hellte sich auf, als ich ihm ein paar Stücke von der Tito-Puente-LP vorspielte. »Wenn's eng wird, teilen wir uns die Rhythmen«, kicherte er. »Ich nehme Funk und Reggae, und Mutter kann Ska und Salsa haben.«

Kurz nach 13 Uhr bat er mich, ihn zur Hit Factory zu fahren. Wir waren die ersten. »Wo stecken die anderen?« fragte John. Als ich ihn erinnerte, daß der Beginn der Session auf 14 Uhr angesetzt war, brummelte er: »Bin ich denn hier der einzige, der Lust hat zu arbeiten?« Dann streckte er sich auf einem Sofa zu Füßen des Mischpults aus und sagte: »Weck mich auf, wenn hier mehr los ist.«

Johns Laune hob sich nicht gerade, als Yoko am Nachmittag mit Sam Green aufkreuzte. Da John Sam Green nicht im Kontrollraum haben wollte, blieben Sam und Yoko außer Sichtweite im Grünen Zimmer, während John »Flower Princess« aufnahm.

Am Mittag des nächsten Tages marschierte John resolut ins Büro.

»Mutter beschäftigt?« fragte er mich und spähte ins Allerheiligste.

Als er sah, daß Yoko telefonierte, rief John sie über die Hausanlage an und sagte, er sei am Verhungern, und falls sie keine Lust hätte, sofort mit zum Lunch zu kommen, würde er allein gehen. Yoko sagte ihm, er sollte allein gehen. »Komm Fred«, sagte John zähneknirschend, »hauen wir ab.«

Ich schnappte meine Jacke und folgte ihm zur Tür. Wir gingen zur Garage, nahmen den Mercedes und fuhren zwei Blocks zum La Fortuna. Bei Cappuccino und Gebäck sorgte sich John darüber, daß Yoko bei ihrer Suche nach einer Plattenfirma keine Fortschritte zu machen schien. Die meisten der zweiundzwanzig Basic-Tracks waren im Kasten, und John fand es höchste Zeit, endlich einen Plattenvertrag abzuschließen. Tatsächlich hatten etliche Labels John ihr Interesse signalisiert, sich jedoch zurückgezogen, als Yoko erklärte, daß die Hälfte der Nummern von ihr wäre.

Nachmittags kämpften sich Yoko und die Band durch mehrere lustlose Takes von »Beautiful Boys«, einer weinerlichen Nummer, die als Antwort auf Johns »Beautiful Boy« gedacht war. Nach etlichen fehlgeschlagenen Versuchen, den Gesangspart aufzunehmen, fing Yoko an, Douglas zu löchern, er solle »Kriegsgeräusche« in den Track einbauen. John sah sie ausdruckslos an. »Du weißt schon«, sagte Yoko ungeduldig. »Maschinengewehrsalven, Bombeneinschläge und so.« Als Douglas sich wenig kooperativ zeigte und darauf beharrte, zunächst den Basic-Track abzuschließen, warf Yoko dem Produzenten einen vernichtenden Blick zu. Mit jedem mißlungenen Take stieg die Spannung im Studio. Um 17 Uhr 30 ging ich los, um das Dinner zu besorgen. Ich war froh, daß ich weg kam. Das Erlebnis, die Lennons im Studio zu beobachten, verlor bald seinen Reiz. Ich schlürfte heißen Sake, während ich darauf wartete, daß der Sushi-Koch unser rituelles Dinner aus Sushi und Chicken Teriyaki bereitete.

Als ich eine Stunde später ins Studio zurückkam, tauchte Sam Green mit einem Stapel Bücher über tropische Pflanzen auf. Anscheinend hatten John und Yoko sich über die korrekte Schreibweise für Freesie gestritten, und Yoko hatte Sam gebeten, ein Foto der Blume zu suchen, unter dem der Name richtig geschrieben war. Plötzlich erschien Yoko und schob Sam ins Grüne Zimmer. Als er weg war, sagte sie mir, John sei in einer »komischen Stimmung« und wollte, daß Sam das Studio verließ. »John ist schrecklich eifersüchtig, weißt du«, kicherte sie. Yoko wollte, daß ich Sam heimfuhr, hatte jedoch Angst, seine Gefühle zu verletzen. »Laß es nicht so aussehen, als wollten wir ihn rausschmeißen«, sagte sie.

Sam war froh, sich diskret zurückziehen zu können. »Ich fühle mich etwas fehl am Platz«, sagte er verlegen.

Montag, den 18. August, war ich um 20 Uhr 30 auf dem Rückweg ins Studio, nachdem ich die Servierplatten vom Dinner zurück ins Restaurant gebracht hatte. Ich teilte mir den Aufzug mit einem Mann mit dicker Hornbrille und Ziegenbärtchen, der mir vage bekannt vorkam. Während wir in den fünften Stock fuhren, erkannte ich ihn als Ahmet Ertegun, den legendären Boß von Atlantic Records. Ich nahm an, er würde Dr. John besuchen, der irgendwo anders im Haus eine Platte für Atlantic aufnahm. Als der

Aufzug im fünften Stock ankam, eilte ich sofort in den hinteren Aufenthaltsraum, um ein paar Anrufe zu erledigen. Plötzlich hörte ich einen Aufruhr im Kontrollraum. Anscheinend hatte Yoko Ertegun gerade noch abgefangen, ehe er in die Session geplatzt war, und sie war hysterisch über dieses katastrophale Sicherheitsleck.

»Wo ist Eddie Germano?« kreischte sie. »Schafft mir sofort Eddie her!«

Wenige Augenblicke später stürzte Germano ins Studio, und Yoko hielt ihm eine vernichtende Standpauke. Der bullige Besitzer der Hit Factory stand nur da, schwer atmend und schweißüberströmt, eine Miene tiefster Bestürzung auf dem tomatenroten Gesicht. Er murmelte eine Entschuldigung, aber Yoko ignorierte sie und drohte weiter, zur Konkurrenz, dem Record Plant, zu gehen.

Das große Geheimnis blieb natürlich, wie Ahmet Ertegun überhaupt in den fünften Stock gekommen war, in dem man nur mit einem speziellen Aufzugschlüssel aussteigen konnte. Als ich gestand, Ertegun sei mit mir im Aufzug gewesen, und ich hätte angenommen, er würde wieder nach unten fahren, bekam ich Yokos Zorn zu spüren. »Bist du wahnsinnig?« blökte sie . »Wie konntest du ihn nach hier oben lassen?«

Während sie ihre Tirade fortsetzte, sprang John von seinem Stuhl auf und flüchtete aufs Klo. Alle anderen standen wie erstarrt da, gebannt von Yokos Gezeter. Ich hatte vergleichbare Ausbrüche schon in der Vergangenheit erlebt und wußte, daß das eine Weile dauern konnte. Yoko liebte solche Veitstänze, sie gaben ihr ein Gefühl von Macht, und in diesem Fall, mit einem dankbaren Publikum, stand sie im Mittelpunkt der Aufmerksamkeit. Yoko wütete weiter und beschuldigte mich, ich hätte »fast die Session sabotiert«. Sie war nicht davon abzubringen, daß Ertegun gekommen sei, um uns »nachzuschnüffeln«, und verstieg sich zu der Behauptung, wenn sie nicht gewesen wäre, hätte er sich höchstwahrscheinlich mit den Masterbändern von ihren und Johns Songs davongemacht. Diese Vermutung war so hanebüchen, daß ich Mühe hatte, nicht laut herauszuplatzen. Als ich mich im Raum umsah, sah ich, daß viele der Musiker und Tontechniker sich ebenfalls das Lachen kaum verbeißen konnten. Der Rest blickte verdutzt, bis auf Eddie Germano, der aussah, als stünde er kurz vor dem Herzinfarkt. In einem verzweifelten Versuch, Yoko zu besänftigen, versprach er, eine Wache im Aufzug zu postieren. Schließlich befahl Yoko Germano noch, mit mir das ganze Gebäude abzusuchen, um sicherzugehen, daß Ertegun sich nirgendwo versteckt hielt. Wir waren froh, ihrem Zorn zu entkommen.

Später am Abend wurde die Stimmung noch gereizter. Yoko hatte ein Video-Team angeheuert, um John bei der Arbeit im Studio zu filmen. Sie wies den Kameramann an, Johns Gesicht in etlichen Großaufnahmen von allen Seiten zu filmen. Ich litt mit John, denn er hatte mir einmal gesagt, daß er es haßte, sein Gesicht in Nahaufnahme filmen zu lassen. Er sprang herum wie ein Tier im Käfig und sang sich heiser. Er hatte Kokain genommen und war ohnehin schon so aufgedreht, daß er fast aus der Haut fuhr. Es war schrecklich anzusehen. Die Session dauerte bis halb vier morgens und war für alle die reine Tortur, außer für Yoko, die sich blendend amüsierte. Manchmal kam es mir so vor, als sei sie erst dann zufrieden, wenn sie allen anderen die Stimmung versaut hatte.

Bis Dienstag, den 19. August waren alle Basic-Tracks aufgenommen, bis auf den letzten, Yokos gospelhafte Ballade »Hard Times Are Over«. John kam im dunklen Anzug mit Krawatte ins Studio und hatte sich extra die Haare schneiden lassen. Die Band und das Aufnahmeteam waren in Feiertagsstimmung. Ich hatte für uns alle in einem angesagten chinesischen Restaurant reserviert. Es war geplant, daß wir alle zusammen hingehen wollten, sobald Yokos Song aufgenommen war.

Yoko brauchte vier Stunden, um die Gesangsspur für ihren Song hinzubekommen. Während die Sache sich hinzog, wurden alle saurer und saurer und konsumierten noch mehr Drogen. Sam Green und ich schlugen die Zeit im Ruheraum tot, wo er auf einem Tischchen ein paar Lines Kokain vorbereitet hatte. Kokain war zwar keine Droge, für die ich mir ein Bein ausgerissen hätte, aber wenn ich eingeladen wurde, sagte ich nicht nein. Ab und zu steckte ich die Nase ins Studio, um nachzusehen, wie Yoko vorankam.

Es war ein zähes Unterfangen. Yokos Stimme überschlug sich wie immer und schlidderte kreuz und quer über die Tonleiter. Douglas geleitete sie mit Engelsgeduld durch den Song, während John gelangweilt und frustriert neben ihm saß. Auf Channel 13 lief eine Dokumentation über die Beatles, aber John hatte den Fernsehschirm mit einem Foto von Sean überklebt und wollte nichts davon hören, den Fernseher einzuschalten.

Als Yoko es endlich geschafft hatte, die Vocals für »Hard Times« aufzunehmen, machte ich ein Gruppenfoto von der Band und dem Aufnahmeteam. Um 22 Uhr gingen wir schließlich alle zu

Mr. Chow, wo ein langer Bankettisch für unsere zwanzigköpfige Gruppe reserviert war.

In der nächsten Aufnahmephase wurden Fehler in den Gesangs- und Instrumentalaufnahmen ausgebessert und neue Vocal- und Instrumentalparts eingefügt. In Johns Fall hieß das, seine Stimme zu doppeln, indem Gesangsspur über Gesangsspur gelegt wurde, um sie dadurch leicht zu verzerren. Es gab eigentlich keinen zwingenden Grund dafür, aber John mißtraute dem natürlichen Klang seiner Stimme so, daß er darauf bestand, sie zu kaschieren, indem man durch mehrere einander überlagernde Gesangsspuren einen zarten Echo-Effekt erzeugte.

»Je unsicherer ich bin«, sagte er unverblümt, »desto mehr packe ich in einen Track.«

Nach seiner fünfjährigen Pause vom Musikgeschäft war John extrem unsicher. Wann immer er etwas hörte, das er mochte und als »Herausforderung« verstand, begann er, an seiner eigenen Arbeit zu zweifeln. Als John zum Beispiel David Bowies Video zu »Ashes to Ashes« sah, gefielen ihm Song und Video so gut, daß er in Depressionen verfiel. »Er macht das, was ich machen sollte«, vertraute John mir an. Dann sprach er davon, ein Video zu drehen, aber was ihm vorschwebte, paßte nicht ganz zu *Double Fantasy.* Seine Idee war, sich selbst als fliegendes Monster zu porträtieren.

In Yokos Fall wurde die Overdub-Phase zum Alptraum, weil sie nicht in der Lage war, in der richtigen Tonlage zu singen. Die einzige Lösung war, mehr als ein Dutzend Gesangs-Tracks aufzunehmen und daraus die endgültige Version Ton für Ton zusammenzustükkeln. Es war ein arbeitsintensiver, zeitraubender Prozeß, der die Lennons bis in die frühen Morgenstunden im Studio festhielt, tagein und tagaus. Bald begann Yoko zu fürchten, daß Douglas John hinter ihrem Rücken überreden würde, einige ihrer Songs zu streichen. »Ich glaube, Jack versucht, meine Songs von der Platte zu schmeißen«, flüsterte sie mir nach einem besonders zermürbenden Abend mit Overdubs zu.

Die einzige Erleichterung während der aufreibenden Studioarbeit waren gelegentliche Fotosessions. Yoko hatte ein endloses Aufgebot von Fotografen bestellt, die die Lennons im Studio und an anderen Schauplätzen in der Stadt fotografierten. Die Fotos waren sowohl für die Presse als auch fürs Plattencover gedacht. Während die Aufnahmen sich in den September hinzogen, wuchs Johns Besorgnis darüber, daß er noch immer ohne Plattenvertrag dastand. Yoko »verhandelte« weiterhin mit verschiedenen Labels, aber sie schien sich nicht festlegen zu wollen.

Was die Sache für John noch schlimmer machte, war die Ankunft von Elliot Mintz, Yokos Krisenmanager aus Los Angeles. Mintz sollte John »Gesellschaft leisten«. Das einzige Problem war, daß John Mintz nicht ertragen konnte. Wenn Mintz sich neben John in den Kontrollraum setzte, ignorierte John ihn völlig. Schließlich fand Mintz sich damit ab, daß er unerwünscht war, und verbrachte die meiste Zeit mit Yoko im Grünen Zimmer und besprach, wie man sie promoten könnte. Yoko sagte Mintz, er solle ihre Rolle als Geschäftsfrau herausstreichen und ihr Vertrauen zu Parapsychologen publik machen. Mintz hatte mir einmal gesagt, seiner Meinung nach seien Presseberichte über Yokos Esoterik-Fimmel alles andere als gut fürs Image. Es wunderte mich daher, zu hören, daß er Yoko diesmal voll und ganz zustimmte. Als Höfling war er einsame Spitze.

Freitag, den 5. September, traf eine eindrucksvolle Bläsertruppe in der Hit Factory ein, um die ausgeklügelten Bläserarrangements einzuspielen, die Davilio für »Losing You«, »Cleanup Time« und einige andere Songs geschrieben hatte. Der Session beizuwohnen, war ein unvergleichliches Erlebnis, denn zur Horn-Section gehörten einige Weltklassemusiker. Howard Johnson, der Tubaspieler, war ein Veteran unzähliger legendärer Jazz-Sessions und hatte bereits früher bei Lennon-Ono-Aufnahmen mitgewirkt. Andere bekannte Musiker waren die Saxofonisten George Young, J. D. Parran und Dave Tofani, und der Trompeter Seldon Powell. Die messerscharfe Performance des Ensembles war atemberaubend.

Als es auf Mitternacht zuging, schickte mich John los, um für 400 Dollar Kokain beim Dealer eines der Musiker zu kaufen. Als ich ihn fragte, wie ich einen so großen Fehlbetrag in meiner »Haushaltskasse« rechtfertigen sollte, sagte John unbeschwert, ich sollte es doch als »Süßstoff« verbuchen. Eine Limousine brauste mit mir zu einer Adresse auf der West 57th Street, wo ich vier Gramm Kokain abholte. Als ich zurück ins Studio kam, schickten die Bläser sich gerade an, »I'm Your Angel« aufzunehmen. Yoko, die sich den ganzen Abend im Grünen Zimmer ausgeruht hatte, erschien auch nicht, um sich ihre Arbeit anzuhören, und John war verärgert und peinlich berührt wegen ihrer Abwesenheit. »Hat irgend jemand meine Frau gesehen?« fragte er in spöttischem Tonfall. Die Session dauerte, angeheizt vom Kokain, bis in den frühen Morgen.

Einige Tage nach der Horn-Section versammelte Douglas einen riesigen Gospel-Chor in den A & R-Studios auf der West 52nd Street. Der Chor, der zum Großteil aus schwarzen Mädchen im Teenageralter bestand, sang einen ergreifenden Gospel-Refrain für Yokos »Hard Times Are Over«. Zuerst waren sie nervös, und ihr Chorleiter hatte Mühe, sie in der richtigen Tonlage zu halten. Nach ein paar Probeläufen war der Chor warmgeworden und sang mit tiefer Kraft und Selbstsicherheit. Douglas nahm ein paar Dutzend Refrains auf, bei denen der Chor aus voller Brust »Hard Times Are Over« schmetterte. Danach bat John die Gruppe, »One World, One People« zu intonieren, was er als eine Art Coda für das Album verwenden wollte. Als die Aufnahmen abgeschlossen waren, fragte der Chorleiter John, ob er Lust hätte, noch mehr zu hören. Als John bejahte, sang der Chor sein ganzes Gospel-Repertoire.

John berauschte sich an dem machtvollen Chorgesang. Er grinste von einem Ohr zum anderen und wiegte seinen Körper hin und her.

Danach gab John mir den Auftrag, Namen und Adressen sämtlicher Chormitglieder aufzuschreiben, damit er allen ein signiertes Exemplar des Albums schicken konnte. Als ich die Adressen aufnahm, entdeckte ich, daß nicht wenige von ihnen echte Fans waren. »Meine Freunde glauben mir nie, daß ich mit einem von den Beatles auf einer Platte gesungen habe!« rief eine der Sängerinnen. Als wir das Studio verließen, geriet die Situation allerdings leicht außer Kontrolle, weil einige der überschwenglichen Teenager John unter aufgeregtem Quieken zu berühren versuchten. John flüchtete sich panisch in den Aufzug.

*

Seit Ende August in den Medien angekündigt worden war, daß die Lennons sich im Aufnahmestudio befanden, wurden John und Yoko mit Interviewanfragen bombardiert. In der zweiten Septemberwoche starteten sie die Promo-Kampagne für ihr Album, obwohl sie noch immer keinen Plattenvertrag hatten. Für die Auswahl der Leute, denen ein Interview gewährt wurde, war Yoko zuständig, die ihre übliche astrologische Überprüfung durchzog. In den meisten Fällen bestand Yoko außerdem darauf, erstens das Interview gegenzulesen und zweitens auf dem Titel zu erscheinen. Um eins der begehrten Interviews mit den Lennons zu ergattern, beugten sich die meisten Zeitschriften Yokos Wünschen.

Die erste Journalistin, die John für eine wichtige Publikation interviewte, war Barbara Graustark von *Newsweek.* Nachdem sie mit Yoko gesprochen hatte, wandte sich Frau Graustark an mich, um einige der Dinge nachzurecherchieren, die Yoko ihr erzählt hatte. Stimmte es wirklich, fragte sie mich, daß die Lennons eine Yacht namens *Isis* vor ihrem Anwesen in Long Island liegen hatten, und außerdem ein privates Wasserflugzeug? Offensichtlich hatte Yoko die Ausmaße des Boots stark übertrieben und sich diese Geschichte über ein eigenes Flugzeug ausgedacht. Als ich Frau Graustark die Wahrheit sagte, beschuldigte Yoko mich, ihr Verhältnis zu den Medien zu untergraben.

»Wie kannst du es wagen, mir in der Öffentlichkeit zu widersprechen?« schäumte sie. Als ich versuchte, mich mit dem Einwand zu entschuldigen, es sei nicht fair, mich in eine Lage zu bringen, in der ich lügen müßte, tat Yoko meine Vorbehalte als »naiv« ab.

Das zweite wichtige Interview wurde *Playboy* gewährt. Das Magazin schickte David Sheff, einen dunkelhaarigen, gutaussehenden jungen Mann. Sheff traf am Donnerstag, dem 11. September, zitternd vor Aufregung im Büro ein und tat sofort kund, daß er nicht nur ein Beatle-Fan, sondern auch großer Yoko-Ono-Fan sei. Ich wußte gleich, daß die Lennons an ihm ihre Freude haben würden.

Während die Medien-Kampagne der Lennons auf Hochtouren lief, flatterten John die Nerven, weil sie immer noch keinen Plattenvertrag hatten. Nachdem sie fast alle maßgeblichen Labels entweder abgelehnt hatten oder von ihnen abgelehnt worden waren, hatte Yoko begonnen, Angebote von einigen kleineren Firmen in Betracht zu ziehen.

Am Freitagmorgen, dem 19. September, traf sie sich mit David Geffen, der erst vor wenigen Monaten seine eigene Plattenfirma gegründet hatte. Geffen hatte sich Ende der Sechziger als Agent einen Namen gemacht; unter anderem hatte er Laura Nyro und Crosby, Stills & Nash gemanagt. 1970 hatte er sein eigenes Label gegründet, Asylum, zu dessen Künstlerstamm unter anderem Jackson Browne, Linda Ronstad, Joni Mitchell und die Eagles gehörten. Mitte der Siebziger hatte er sich von der Musikszene zurückgezogen. Im Alter von Siebenunddreißig war Geffen wieder ins Geschäft eingestiegen und hatte Elton John und Donna Summer für sein neues Label, Geffen Records, gewonnen. Und jetzt schien er kurz davor zu stehen, die Lennons unter Vertrag zu nehmen. Ich merkte, daß sein Meeting mit Yoko sich vielversprechend anließ, weil ich in regelmäßigen Abständen Gelächter aus dem Büro hörte. Als Geffen aus dem Allerheiligsten auftauchte, strahlte sein Gesicht vor Selbstvertrauen. Sobald er gegangen war, wurde John aus dem Schlafzimmer herbeizitiert. Er blieb einige Minuten bei Yoko und verkündete dann: »Es freut dich sicher zu hören, daß wir einen Plattenvertrag haben.«

Yoko sagte John, sie hätte sich für Geffen entschieden, weil seine Zahlen »perfekt« seien. Tatsächlich unterzeichnete sie den Vertrag, weil Geffen nicht mit der Wimper gezuckt hatte, als Yoko ihm eröffnete, daß das Album zur Hälfte aus ihren Songs bestehen würde. Es entbehrte nicht einer gewissen Ironie, daß Yoko sich für Geffen entschied, denn Geffens Mentor im Musikgeschäft war Ahmet Ertegun gewesen, den Yoko einen Monat zuvor des Studios verwiesen hatte.

So erleichtert John auch war, endlich einen Plattenvertrag zu haben, so besorgt war er andererseits bei der Aussicht, sein Comeback-Album einer kleinen, eben erst gegründeten Firma anzuvertrauen. Noch mehr Sorge machte ihm die Tatsache, daß Geffen Records über das gigantische Warner-Brothers-Firmengeflecht vertrieben wurde. »Ich will sicher sein, daß ich es überhaupt mit einer echten Plattenfirma zu tun habe«, sagte er und bat mich, ihm Donna Summers neue Geffen-Single zu besorgen, ein Remake von Dion & The Belmonts »The Wanderer«. Als ich John die Donna-Summer-Platte zeigte, unterzog er das Geffen-Logo auf der Plattenhülle einer eingehenden Untersuchung und meinte dann, er und Yoko sollten ein eigenes Logo haben. Er bat mich, ihm Abbildungen der britischen und der japanischen Flagge zu besorgen. Johns Idee war, ein Logo zu entwerfen, in dem die beiden Flaggen einander überlagerten.

Montag, den 22. September, veröffentlichte *Newsweek* das Lennon-Interview, und kurz darauf war das Büro in Aufruhr. Rich war fuchsteufelswild über eine Bemerkung Johns, er sei umgeben von »Sklaven und Speichelleckern«. »Ich bin verdammt noch mal kein Sklave«, giftete der Buchhalter. »Wenn John so über uns denkt, ist für mich Feierabend!« Es gelang mir, Rich zu beruhigen, indem ich zu bedenken gab, daß die Bemerkung im Zusammenhang mit einer Diskussion über Johns frühe Beatles-Jahre gefallen sei, und daß wir sie nicht als persönliche Beleidigung auffassen sollten.

Yoko war währenddessen in Panik geraten, weil Jerry Rubin, der zum Wall-Street-Banker konvertierte Yippie-Revolutionär, angerufen und gedroht hatte, mit skandalösen Enthüllungen über sie und John an die Öffentlichkeit zu gehen, falls John sich nicht für eine beleidigende Bemerkung entschuldigte, die er im Interview über ihn gemacht hatte. Auf die Frage, warum er sich aus dem aktiven politischen Engagement zurückgezogen hatte, hatte John gesagt: »Wieso soll ich mich denn mit der amerikanischen Regierung anlegen, nur weil Jerry Rubin nicht bekommen hat, worauf er immer aus war – einen netten, krisenfesten Job?«

Rubin rief an diesem Morgen wiederholt an und verlangte, mit John zu sprechen, der sich weigerte, den Anruf anzunehmen. »John und Jerry haben sich sehr nahe gestanden«, sagte Yoko, »und er droht, irgendwas Schlimmes über John zu erzählen.« Sie sagte mir, falls Rubin wieder anriefe, sollte ich versuchen, ihn mit der Ausrede »ruhigzustellen«, die Lennons hätten das Interview noch nicht gesehen, wir seien jedoch sicher, daß das Zitat von John »aus dem Zusammenhang gerissen worden sei«. Als Rubin am Nachmittag im Büro anrief und wütend wissen wollte, warum er noch nichts von John gehört hätte, versicherte ich ihm, John hätte die allerhöchste Meinung von ihm und würde alles daransetzen, dieses Mißverständnis aufzuklären.

Kaum hatte ich das Gespräch mit Jerry Rubin beendet, rief Sid Bernstein an. Bernstein hatte das erste Amerika-Konzert der Beatles in der Carnegie Hall organisiert. Seit die Beatles sich 1970 getrennt hatten, hatte er seinen Traum gehegt, die Band wieder zusammenzubringen; er war sogar so weit gegangen, die Beatles mit ganzseitigen Zeitungsanzeigen dazu aufzurufen, sich für Wohltätigkeitskonzerte zusammenzufinden. Jetzt schwärmte Bernstein davon, wie begeistert er von der Nachricht sei, daß John an einem Comeback arbeite und daß das der ideale Zeitpunkt für eine Beatles-Reunion sei, die er – der Mann, der die Beatles nach Amerika gebracht hatte – sich als Ehre anrechnen würde, organisieren zu dürfen. Ich versprach ihm, sein Anliegen an die Lennons weiterzuleiten.

Der nächste Schritt der Plattenproduktion war die Abmischung aller Tracks, um das optimale Klangbild zu erreichen. Douglas hatte sich schon seit einiger Zeit beschwert, daß die Studiomonitore der Hit Factory zuwenig »baßrein« seien, und sagte, Record Plant sei die bessere Adresse, um das Album abzumischen. Am 24. September entschied sich Yoko plötzlich, Jacks Vorschlag nachzugeben. Sie wies mich an, unseren ganzen Stab zusammenzutrommeln und die

Hit Factory ohne Vorankündigung zu räumen. Wenn wir dort wären, sollten wir die Masterbänder der Session und sämtliche Habseligkeiten der Lennons abtransportieren.

Ich hetzte mit Rich, Mike Tree, Jerry Caron (einem Assistenten von Havadtoy, der jetzt für uns arbeitete) und Yokos Laufburschen, Toshi, zur Hit Factory. Auf dem fünften Stock war alles still, nur ein triefäugiger Lee DeCarlo war bereits bei der Arbeit. Als Douglas seinen Tonmeister informierte, daß wir zu Record Plant umziehen würden, verbarg er sein Gesicht in den Händen und stöhnte: »Warum passiert sowas immer dann, wenn es mir nicht gut geht?« Unter den ungläubigen Blicken des Hit-Factory-Personals fing Rich an, die Masterbänder einzusammeln, Toshi leerte den kleinen Kühlschrank und packte den Proviant der Lennons in dem Aufenthaltsraum zusammen, Jerry Caron stopfte Yokos Kleider in Einkaufstaschen, und ich und Mike Tree sortierten Johns Gitarren in den Flur vor dem Aufzug. Dann wurde alles in den Mercedes geladen und ein paar Blocks weiter zu Record Plant gefahren.

Am Freitag, dem 26. September, tauchte Eddie Germano im Studio One auf, weil er hoffte, er könnte Yoko überreden, in die Hit Factory zurückzukehren. Germano mußte sein Anliegen über die Sprechanlage vorbringen, weil Yoko sich im Allerheiligsten eingeschlossen hatte. Er klang außer sich und äußerte den Verdacht, daß Douglas von Record Plant bestochen werde, und seine Beschwerde über die mangelnde Baßreinheit der Hit-Factory-Monitore sei ein reiner Vorwand. Als er weg war, kam Yoko aus dem Büro und kündigte an, wir würden vielleicht wieder in die Hit-Factory umziehen.

Am Abend begann Douglas in der Record Plant mit der endgültigen Abmischung von »Starting Over« und »Kiss Kiss Kiss«, die als Single erscheinen sollten. Wir arbeiteten die Nacht durch, und ich kam erst um 9 Uhr ins Bett. Ungefähr um 16 Uhr weckte mich John mit einem Anruf aus der Record Plant und bat mich, eine tibetanische Gebetsglocke mit ins Studio zu bringen. Er wollte mit dem Klang des Glöckchens »Starting Over« »einläuten«. Ich eilte ins Dakota, fand das Glöckchen in Apartment 71, und lieferte es im Studio ab.

Obwohl John mir gesagt hatte, ich könne gehen, wenn ich wollte, entschloß ich mich, zu bleiben. Zum ersten Mal seit langem war die Atmosphäre im Studio gelöst und fröhlich. Yoko plauderte angeregt mit Lee DeCarlo, der ihr erzählt hatte, daß auch seine Mutter

Parapsychologen konsultierte. Immer auf der Suche nach neuen Beratern, ließ sich Yoko ihre Namen und Telefonnummern geben. Nachdem sie noch angemerkt hatte, es sei unbedingt erforderlich, den Song vor einem »einschneidenden Mondwechsel« um 19 Uhr fertigzustellen, ging Yoko, um Mrs. DeCarlos Parapsychologen anzurufen, während Jack und Lee sich auf »Starting Over« stürzten. Wie durch ein Wunder war die Arbeit an dem Song wenige Minuten vor Yokos 19-Uhr-Frist abgeschlossen.

Am Montag zogen wir aus dem neunten Stock in ein Studio im Erdgeschoß der Record Plant. Während Douglas die zweite Seite des Albums abmischte, alberte John Belushi in einer Lounge gleich neben unserem Studio mit seinem Leibwächter herum. Als mich jemand als John Lennons Assistenten vorstellte, leuchtete Belushis Gesicht auf, und er fragte, ob es »cool« sei, auf ein paar Worte zu John hineinzugehen. Ich sagte ihm, ich würde nachfragen. John bewunderte Belushis brillanten und abstrusen Humor im Fernsehen und war versucht, den Komiker ins Studio einzuladen. Yoko, der Belushi kein Begriff war, legte ihr Veto ein.

Später am Abend beschloß John, die ersten beiden Tracks auf der zweiten Seite des Albums, »Watching the Wheels« und »I'm Your Angel«, durch eine Geräuschkulisse zu verbinden. Ich wurde mit Jon Smith, dem Tonassistenten, losgeschickt, um die Sounds aufzunehmen, die John vorschwebten. Erst sollten wir beliebigen Straßenlärm aufnehmen, dann zum Central Park gehen und das Hufklappern der Droschkenpferde aufnehmen, und schließlich noch das Orchester im Palmengarten des Plaza Hotels.

Bewaffnet mit einem 4000 Dollar teuren Nagra-Kassettenrecorder, den ich einige Wochen zuvor gekauft hatte, zogen wir los. Wir gingen die 8th Avenue entlang und durch Central Park South, wo wir neben den Kutschen hergingen und große Mikrophone auf die Hufe der Pferde richteten, mißtrauisch beäugt von Touristen und Droschkenfahrern. Danach wagten wir uns ins Plaza Hotel und setzten uns an einen Tisch nahe der kleinen Bühne des Palmengartens, auf dem ein Duo mit Geige und Klavier klassische Musik für die Handvoll Besucher spielte, die sich in dem üppigen Ambiente verloren. Wir stellten das riesige Mikrophon auf den Tisch und die Nagra unauffällig auf einen leeren Stuhl zwischen uns. Dann bestellten wir Kaffee und Kuchen und machten es uns bequem, in der Hoffnung, der Kellner würde nicht mißtrauisch werden.

Gegen Mitternacht spielten wir im Studio unser Tape vor; die

Soundqualität war erstklassig, und John war begeistert. Er arbeitete die ganze Nacht mit Douglas an einer kurzen Toncollage aus Johns Stimme, die sinnloses Zeug brabbelte, Straßenlärm, dem Klang der Pferdehufe, Schritten, einer quietschenden Tür und schließlich dem Violine-Klavier-Duett aus dem Palmengarten. Dieser seltsame Klangteppich schloß mit ein paar Pianoakkorden und ging dann über in Tony Levins gepfiffene Einleitung von »I'm Your Angel«.

Ich ging um 7 Uhr zu Bett und schlief bis Mittag. Als ich am Dienstag um 14 Uhr ins Büro kam, sah ich zu meiner Überraschung die Lennons bei Cheeseburgern mit Eddie Germano beisammen sitzen. Offensichtlich sollten wir in die Hit Factory zurückkehren, sobald Douglas Yokos Song »Every Man Has a Woman Who Loves Him« abgemischt hatte. Yoko wies Rich an, sich auf Abruf im Büro bereitzuhalten.

Um 22 Uhr rief der Geschäftsführer mich im Record Plant an. »Was läuft?« fragte er müde. Ich sagte ihm, wir würden immer noch an Yokos Song arbeiten, und es sei unmöglich abzusehen, wie lange es noch dauern würde. »Mir reicht's!« sagte Rich. »Ich geh nach Hause.«

Um 6 Uhr waren wir mit Yokos Song fertig. Während die Lennons sich zum Aufbruch fertigmachten, rief ich Eddie Germano an und sagte ihm, er sollte seine Leute vorbeischicken. Dann wappnete ich mich für die unangenehme Aufgabe, den Nachtmanager der Record Plant, einen fröhlichen jungen Mann namens Billy, darüber aufzuklären, daß wir wieder in die Hit Factory umziehen würden. »Du machst Witze, oder?« sagte Billy mit hoffnungsvollem Lächeln.

Ich schüttelte unerbittlich den Kopf und sagte ihm, ich hätte Anweisung, alle Masterbänder der Lennons abzuholen. Billy erbleichte. Er stotterte irgendwas, die Tapes seien im neunten Stock irgendwo weggeschlossen und ging dann, um seinen Boß, Roy Cicala, anzurufen. Kurze Zeit später hatte ich den wütenden Besitzer der Record Plant am Apparat. »Yoko hat mich belogen!« brüllte Cicala wutschnaubend ins Telefon. »Ich kann das einfach nicht fassen.« Ich wußte nicht, was ich sagen sollte.

In diesem Moment tauchte Rich auf. Er sah müde und niedergeschlagen aus. Yoko hatte ihn zu Hause angerufen und ihm befohlen, sich mit Record Plant wegen der Bänder in Verbindung zu setzen. Rich gelang es schnell, Cicala zur Übergabe der Bänder zu überreden, gegen eine Abschlagszahlung, über die noch zu verhandeln war.

Um 8 Uhr 30 halfen drei Angestellte der Hit Factory mir und Rich, das Equipment und die persönlichen Sachen der Lennons in den Mercedes zu laden. Um 11 Uhr hatten wir alles eingesammelt, bis auf die Masterbänder. Rich gab mir einen Blankoscheck und bat mich, im Büro zu warten, während er mit Cicala über die Herausgabe der Bänder verhandelte. Mittags rief er mich an und sagte mir, ich sollte einen Scheck über 14 612,74 Dollar auf Record Plant ausstellen. Yoko unterschrieb ihn, ohne mit der Wimper zu zucken. Ich brachte den Scheck zu Record Plant und nahm die Bänder mit ins Auto.

Als ich in der Hit Factory ankam, sagte man mir, daß Roberta Flack, die Nachbarin der Lennons im Dakota, das Studio im fünften Stock noch bis 21 Uhr gebucht hatte. Yoko befahl mir, dafür zu sorgen, daß die Flack »unser« Studio sofort räumte. Es gelang mir, sie zu überzeugen, daß das etwas unrealistisch sei. Außerdem erinnerte ich sie daran, daß ich seit dreißig Stunden nicht geschlafen hätte, und fragte sie, ob es in Ordnung sei, wenn ich nach Hause ginge, um mich hinzulegen. »Ja, natürlich«, sagte Yoko und dankte mir. Ermutigt durch ihre freundlichen Worte bat ich sie um eine Gehaltserhöhung. Sie willigte ein, mein Wochengehalt auf 300 Dollar zu erhöhen.

12

Walking On Thin Ice

Anfang Oktober sagte Yoko mir, John wollte einen kurzen Urlaub machen, wenn das Album fertig sei, und bat mich, die Villa Undercliff noch einmal zu mieten. Als ich mich mit Rolf Luthi in Verbindung setzte, sagte er mir, wir könnten das Haus für die letzten beiden Wochen des Monats haben. Das waren willkommene Neuigkeiten. Der mörderische Aufnahmestreß hatte seinen Tribut gefordert. Wir sahen alle verhärmt aus und waren völlig erschöpft. In der nächsten Woche stockte die Abmischarbeit wegen Problemen mit dem Equipment.

In der Zwischenzeit rückte Johns vierzigster Geburtstag näher, und Fans begannen, sich vor dem Dakota und der Hit Factory zu versammeln. Die Menschenmenge, die John belagerte, hatte sich ständig vergrößert, seit Yoko in der letzten Septemberwoche der *Daily News* ein Interview gegeben hatte, in dem sie sich detailliert über ihre und Johns Studiotermine ausgelassen und sogar ihren täglichen An- und Abfahrtsweg zum Studio beschrieben hatte. Alarmiert durch diese gefährliche Indiskretion hatte Doug MacDougall, Seans Leibwächter, sich mit Yoko getroffen, um über verstärkte Sicherheitsmaßnahmen zu beraten.

»Es ist schlimm genug, daß alle Welt weiß, wo John im Studio ist«, hatte mir der normalerweise unerschütterliche FBI-Agent gesagt, als er am 25. September zu seiner Besprechung mit Yoko eintraf. Johns Stundenplan zu enthüllen, sorgte sich Doug, sei »eine Einladung an jeden Irren im ganzen Land, ihnen auf die Pelle zu rücken«.

Yoko hatte dem Bodyguard eine fünfminütige Audienz in ihrem Badezimmer gewährt, da sie im Allerheiligsten in einer wichtigen Besprechung mit zwei Leuten von Geffen-Warner steckte. Dougs Vorschlag, einen bewaffneten Leibwächter mit den Lennons in der Limousine fahren zu lassen, wurde schnell als zu störend verworfen. Dann meinte MacDougall, ein Leibwächter sollte sie und John zum und vom Wagen begleiten. Als Yoko auch diese Möglichkeit ausschloß, hatte Doug sie gewarnt, daß sie das Unglück herausforderte. Yoko hatte ihre Besprechung abrupt beendet, indem sie Doug informierte, ihr Hauptanliegen sei nicht Sicherheit, sondern der Verkauf von Schallplatten. Doug hatte geantwortet, wenn Yoko darauf aus wäre, sich und John umzubringen, sei das ihre Sache, er hätte jedoch keine Lust, als der Leibwächter in die Geschichte einzugehen, dem es nicht gelungen war, John Lennon zu beschützen. Nach seinem fruchtlosen Gespräch mit Yoko ließ Doug sich beurlauben.

Als John und Yoko am Mittwoch, dem 8. Oktober, ins Studio fuhren, kam Leben in die kleine Fangemeinde. »Happy Birthday, John!« rief ein Mädchen, als John zu seiner Limousine ging.

»Danke«, gab er müde zurück, »aber soweit sind wir noch nicht.«

Eine andere Gruppe von Fans und Neugierigen wartete am Eingang der Hit Factory. Als die Limousine der Lennons vorfuhr, drängte sich die Menge um den Wagen. Kameras klickten, und die Leute begannen zu rufen »Hi John« und »Wann kommt die Platte raus?«.

»Bald, hoffe ich«, sagte John, als er flankiert von mir und Yoko ins Haus lief.

Als ich am Morgen des 9. Oktober zum Dakota kam, wurde ich sofort von einem Dutzend Fans umlagert, von denen einige mir Glückwunschkarten und Pakete für John in die Hand drückten. Ein Lennon-Doppelgänger, der mir seit Tagen gefolgt war, packte mich plötzlich am Arm und wollte wissen, wie ich an meinen Job gekommen war. Er sah so fanatisch aus, daß ich im ersten Augenblick am liebsten fortgerannt wäre. Aber ich gestattete mir nicht, meine Angst zu zeigen. Ich befürchtete, mich durch eine Panikreaktion vielleicht in unkontrollierte Paranoia zu steigern, und das war ein Luxus, den ich mir im Moment nicht leisten konnte.

Ich starrte dem Fan wütend in die Augen, die hinter einer Lennon-Nickelbrille mit dunklen Gläsern verborgen waren, und sagte ernst: »Laß meinen Arm los.«

Im Büro nahm ich einen Anruf von Sam Havadtoy an, der mir mitteilte, daß er ein Flugzeug gemietet hatte, um am Mittag einen Geburtstagsgruß für John und Sean an den Himmel über dem Central Park schreiben zu lassen. Als ich ihm sagte, die Lennons seien noch immer im Studio, fürchtete Havadtoy, sie könnten den großen Moment versäumen, und verschob die Luftaktion auf

15 Uhr, was ihm außerdem mehr Zeit ließ, die Medien zu informieren. Um die Mittagszeit bekam ich einen Anruf aus der Hit Factory, daß John und Yoko auf dem Rückweg ins Dakota seien. Als ich in die Einfahrt ging, um sie vom Wagen abzuholen, war die Fanmenge auf gut zwei Dutzend angewachsen, und ein Transparent verkündete: »HAPPY BIRTHDAY JOHN AND SEAN«.

Bald bog die Limousine der Lennons um die Ecke 72nd Street und Central Park West. Als der Wagen in die Einfahrt des Dakota fuhr, drängten gleich die Fans heran. Der Türsteher und ich schirmten John und Yoko ab, während sie ins Haus flüchteten. Die Fans waren bitter enttäuscht, daß John ihre Geburtstagsgrüße nicht beachtet hatte, und ich sah mich vor der Aufgabe, ihn zu entschuldigen.

Dann rief Yoko eine Personalbesprechung ein, um den Geburtstag zu planen. Es sollte eine »Außenfeier« – die Schrift am Himmel – stattfinden, gefolgt von einer »Innenfeier«, einer kleinen Party für John und Sean in der Küche. Yoko bat mich, beide Ereignisse mit der Kamera festzuhalten. Sie gab John und den Angestellten die Anweisung, sich die »Außenfeier« vom Dach des Dakota aus anzusehen. Ich fragte sie, ob sie mit uns aufs Dach kommen würde. »Machst du Witze?» fragte sie.

Wie sich herausstellte, teilte John ihre Gefühle. Er sagte mir, der Zirkus um seinen Geburtstag sei ihm zuwider, und er würde sich die »Außenfeier« schenken, um statt dessen etwas zu schlafen. Sean allerdings hüpfte schon vor Aufregung. Um 14 Uhr 30 begannen die Angestellten, sich auf dem Dach des Dakota zu versammeln. Ich fuhr mit dem Aufzug in den achten Stock und ging eine schmale Stiege hoch aufs Dach. Der Tag war wolkenlos und der Himmel strahlend blau. Als ich nach unten auf die Straße blickte, sah ich Trauben von Fans, die in den Himmel starrten. Das Ereignis war von der Radiostation WNEW-FM angekündigt worden, wo schon den ganzen Tag Johns Musik lief, neben der der anderen Geburtstagskinder John Entwistle und Jackson Browne.

Helen erschien mit Sean, und als er sich über den Dachfirst beugte, begann die Menge auf der Straße, ihm ein Ständchen zu bringen. Anschließend riefen einige der Fans: »Wo ist John?«

»Er kann nicht kommen«, rief Sean zurück. »Er muß schlafen.«

Kurz darauf tauchte ein kleines Flugzeug über dem Central Park auf und schrieb mit kurzen Rauchsignalen an den Himmel: »HAPPY BIRTHDAY JOHN AND SEAN. LOVE YOKO.« Ich machte ein paar Fotos und spielte dann bis 16 Uhr 30 mit Sean, ehe wir zur

»Innenfeier« in die Küche gerufen wurden. Yoko saß am Metzgertisch und klebte am Telefon fest. Auf dem Tisch standen ein großer Kuchen und ein Korb mit Früchten und Süßigkeiten. John tauchte in Jeanshemd und mit einem Stoppelbart auf. Er sah müde und zerknittert aus, als er sich einen Hut aufstülpte, den Helen aus braunem Packpapier gefaltet hatte. Die Zahl »40« war mit orangenem Klebeband draufgeschrieben. Ich machte ein paar Fotos von John und Sean, die die Kerzen auf ihrem Geburtstagskuchen ausbliesen. Dann stellte sich John hinter Sean und führte seinem Sohn die Hand, als er den Geburtstagskuchen anschnitt. Schließlich öffnete Sean die Geschenke, die er bekommen hatte, zumeist Zeichentrick-Videos, die John mich gebeten hatte zu kaufen. Nach der Geburtstagsfeier schlug John vor, ich solle einen großen Korb mit Süßigkeiten und einige Luftballons nach unten zu den Fans zu bringen.

Am Freitag, dem 10. Oktober, war mein achtundzwanzigster Geburtstag. Ein Freund, der Theaterstücke produzierte, schenkte mir ein schwarzes T-Shirt mit dem Aufdruck »SYCOPHANT SLAVE« in weißen Lettern. Ich trug es im Aufnahmestudio, wo ich vom Hit-Factory-Personal mit einer Flasche Champagner und einer riesigen Glückwunschkarte überrascht wurde. Es blieb wenig zu tun, außer die Zeit totzuschlagen, weil die Session wegen technischer Probleme wieder einmal fast zum Stillstand gekommen war. John war so sauer und frustriert, daß er alle in seiner Umgebung nervös machte. Ich feierte die ganze Nacht im vierten Stock der Hit Factory mit den hübschen Sekretärinnen, eine von ihnen schmiß eine Runde rezeptpflichtiger Quaaludes.

Am Samstagnachmittag rief mich Yoko zu Hause an, um sich zu beschweren, daß John beleidigt über mein »SPEICHELLECKER«-T-Shirt gewesen sei und bat mich, es nicht mehr zu tragen. Danach wies sie mich an, eine Ausgabe ihres Buchs, *Grapefruit,* zu David Geffen zu bringen. Sie befürchtete, Geffen würde sie als Künstlerin nicht ernst nehmen und hoffte, ihn damit zu beeindrucken, daß sie nicht nur eine Singer-Songwriterin war, sondern auch bereits ein Buch veröffentlicht hatte. Ich fuhr auf dem Weg zur Hit Factory bei David Geffens Apartment auf der Fifth Avenue vorbei. Als ich ihm Yokos Buch gab, sah er mich fragend an. Dann frozzelte er: »Das muß ich doch hoffentlich nicht auswendig lernen?«

Am Sonntag ging ich mit meiner Freundin Victoria, einer Fotografin, die ich letztes Jahr kennengelernt und mehr oder weniger regelmäßig getroffen hatte (eher weniger, dank meiner Arbeitszeiten), in einen Nacht-Club. Victoria hatte mich mit Eyeliner und schwarzer Wimperntusche geschminkt. Wir machten die Nacht durch. Am nächsten Tag fand die offizielle Geburtstagsfeier für John und Sean im Tavern on the Green statt. John wurde vierzig und Sean fünf. Eingeladen waren unter anderem Seans Freunde aus dem Kindergarten, seine Spielkameraden und ihre Eltern wie Kay LeRoy und Marnie Hair und Freunde wie Loraine und Peter Boyle. Irgendwann im Laufe der Party schlich sich John an mich heran und flüsterte: »Heißes Make-up, Süßer.« Währenddessen hatte Peter Boyle, der Fotos machte, Marnie Hair zehn Dollar versprochen, wenn sie John küssen würde.

»Hier ist ein Foto, das zehnmal soviel wert ist«, sagte John und küßte mich auf den Mund.

Überrascht und peinlich berührt fuhr ich zurück in die Hit Factory, wo Lee DeCarlo und Jon Smith in letzter Minute noch Schönheitskorrekturen an der Abmischung des Albums vornahmen. Yoko hatte mich gebeten, eine Anlage im Tavern on the Green aufzubauen, damit sie ihr Album auf der Party spielen konnten, aber als ich mit einer Kassette von *Double Fantasy* ins Restaurant zurückkam, war die Party vorbei, und die Lennons waren schon wieder ins Dakota zurückgefahren.

Am nächsten Tag, Donnerstag, den 14. Oktober, informierte mich DePalma, daß die Villa Undercliff uns zum Preis von 9000 Dollar für zwei Wochen gehörte und daß ich für den folgenden Tag einen Flug nach Bermuda buchen sollte. Dann gab mir Rich 5000 Dollar in bar und sagte, John und Yoko würden in wenigen Tagen nach Fairylands nachkommen. Ich war froh, daß ich wegkam. Mittlerweile schlief ich durchschnittlich nur noch vier Stunden die Nacht und war völlig ausgelaugt. Die ersten Tage in Undercliff verbrachte ich mit Schlafen und In-der-Sonne-Liegen. Am Montag, dem 20. Oktober, informierte Rich mich, daß die Lennons endlich die Arbeit an *Double Fantasy* abgeschlossen hatten, daß es aber trotzdem nicht so aussah, als würden sie nach Bermuda kommen können. Ich hatte das Haus für mich allein.

Als ich am 30. Oktober nach New York zurückkehrte, spielte mir Yoko eine Anpressung von *Double Fantasy* vor und beklagte sich, daß Warner Brothers ihr Druck machte, sie sollte endlich ein Foto fürs Cover aussuchen. Yoko konnte sich für keines entscheiden. »Das ist nichts«, sagte Yoko wieder und wieder. »Ich bin in Ordnung, aber John sieht nicht gut aus.« Oder: »John sieht okay aus, aber ich bin nicht gut getroffen.«

Angesichts von Yokos Verzögerungstaktik entschied sich die Plattenfirma, dasselbe Foto wie auf dem Single-Cover zu verwenden, ein Schwarzweiß-Foto von John und Yoko, die sich küßten. Die Rückseite des Covers zeigte John und Yoko mit grimmigem Gesicht an der Ecke Central Park West und 72nd Street. Beide Fotos hatte der japanische Fotograf Kishin Shinoyama gemacht, der berühmt war, weil er die letzten Fotos von Yukio Mishima gemacht hatte. (John nannte den bekannten japanischen Schriftsteller, der nach einem fehlgeschlagenen Putschversuch Harakiri begangen hatte, immer »diesen Kamikaze-Schreiber«.)

Am Freitag, dem 14. November, wurde *Double Fantasy* an Rezensenten und Radiosender im ganzen Land ausgeliefert. John hörte eifrig sämtliche Radiosender ab und verfolgte das Airplay des Albums. Mittlerweile hatte Yoko angefangen zu zetern, weil Geffen angeblich die »falsche Version« ihres Songs »Beautiful Boys« veröffentlicht hatte, und sie gab mir die Anweisung, alle lokalen Radiosender abzuklappern und die Promoexemplare des Albums wieder einzusammeln. Als ich es John gegenüber erwähnte, sah er mich nur ungläubig an. Dann rief er Yoko über Haustelefon an. »Bist du jetzt total durchgedreht?« schrie er. »Du kannst doch nicht Fred durch die Gegend schicken, um die Platten zurückzuholen! Willst du uns zur Lachnummer der ganzen Musikindustrie machen?«

Ende November trudelten im Büro die ersten Kritiken ein. Yoko war bestürzt, daß die meisten davon negativ waren, und bat mich, ein paar »positive« Kritiken herauszusuchen, die sie John zeigen konnte. Sie hoffte, die britische Presse würde freundlicher sein als die amerikanischen Medien, aber unseligerweise waren die britischen Reviews besonders vernichtend. Das Album wurde als selbstgerecht, irrelevant und Schlimmeres abqualifiziert. Die europäische Presse generell bereitete John und Yoko kein warmes Willkommen bei ihrer Rückkehr ins Musikgeschäft. Nur einige überschwengliche Reviews von führenden Musikkritikern machten die schlechte Presse wett, unter anderem die von Robert Palmer in der *New York Times* und Robert Hilburn in der *Los Angeles Times.*

Yoko schienen die Kritiken am meisten zuzusagen, die sie lobten und John abkanzelten – zum Beispiel eine von Roy Trakin, die in der *Daily News* vom 24. November erschien: ». . . wer hätte je gedacht, daß japanische Texte, gesungen in Yokos ›ich-war-lange-vor-Lene-Lovich-da‹-Stil, Johns halbgare, sentimentale Elvis-Manierismen so überflügeln könnten.«

John war verständlicherweise beunruhigt durch die lauwarmen Reviews, aber die Plattenverkäufe interessierten ihn weit mehr. David Geffen hatte einige Tage nach der Veröffentlichung des Albums mit der aufmunternden Nachricht angerufen, *Double Fantasy* würde »abheben«, was im Plattenfirmenjargon hieß, daß die Verkäufe vielversprechend waren. Jetzt war die große Frage, ob die Platte es in die Top Ten der Charts schaffen würde. Es war mein Job, mehrmals in der Woche bei Geffen-Warner anzurufen und mich zu erkundigen, welche Fortschritte die Single und das Album machten.

Yoko war in der Zwischenzeit vollauf mit Vorbereitungen für Dreharbeiten beschäftigt, die für die letzte Novemberwoche angesetzt waren. Ich erfuhr zum ersten Mal von ihren Plänen, eine Art Promofilm zu drehen, als sie mich bat, einen Film mit dem Titel *Two Virgins* herauszusuchen, den sie und John 1968 gedreht hatten. Sie sagte, sie wollte einiges von dem alten Filmmaterial zusammen mit neuen Aufnahmen, in denen sie und John sich liebten, verwenden und bat mich, John über ihre Filmpläne im dunkeln zu lassen. Sie hatte Ethan Russell – einen Fotografen und Filmemacher, der während der *Let It Be*-Dreharbeiten 1969 Standfotos von den Lennons gemacht hatte – als Regisseur für den Film gewonnen. Nach vielerlei Verzögerungen und Terminänderungen fand der mysteriöse Drehtermin am Mittwoch, dem 26. November, schließlich statt.

»Was ist eigentlich los?« wollte John am Morgen beunruhigt wissen. »Kann es sein, daß unten ein halbes Dutzend Typen mit Kameras rumrennt?« Er sagte, Yokos Geheimniskrämerei wegen des Films hätte dazu geführt, daß er es schließlich aufgab, zu fragen. Er wartete nervös auf den Marschbefehl, während er tatenlos im Schlafzimmer herumsaß. Schließlich bat Yoko mich, ihm auszurichten, er solle sich für 13 Uhr 30 bereithalten.

John erschien zur vereinbarten Zeit in Bluejeans, einem grauen Rollkragenpullover und einem grauen Plastikregenmantel. Er und Yoko verließen das Büro mit Ethan Russell und Allan Tannenbaum, einem Fotografen, der Yoko in der letzten Woche für die Titelgeschichte der *SoHo News* fotografiert hatte. Auf dem Weg nach draußen sagte Yoko mir noch, ich sollte zur Galerie Sperone in SoHo fahren, wo die Dreharbeiten später am Nachmittag fortgesetzt werden sollten. Also fuhr ich mit Jerry Caron dorthin, der den ganzen Tag lang die verschiedenen Schränke und Kommoden nach Quilts und Kimonos abgesucht hatte, die Yoko verwenden wollte.

Die Galerie Sperone war ein weitläufiges Loft – Teil eines umgebauten Lagerhauses – im ersten Stock eines baufälligen Gebäudes auf der Greene Street. Ein Dutzend Leute bauten unter der Anleitung von Ethan Russells Produktionsassistenten Jamie Lubarr Kameras und Scheinwerfer auf. Ein überdimensionales weißes Bett stand mitten in der Galerie. Eine weiße Treppe war an einer Wand aufgebaut, als würde sie darin verschwinden. Zwei Jalousien waren vor Fensterattrappen heruntergelassen, die mit Flutlicht beleuchtet waren, um die Illusion einfallenden Sonnenlichts zu erzeugen.

Ich hielt mit Rich im Büro Rücksprache. Er bat mich, eine von Johns Kompaktanlagen und eine weitere Filmdekoration, einen Plastikständer mit einer Banane drauf, im Dakota abzuholen. Als ich wieder in die Galerie kam, standen die Lennons schon ungeduldig herum. Sie trugen farbenprächtige Kimonos. Ein junger Assistent wanderte mit einem Kübel mit Weihrauch durchs Loft, aus dem dicker weißer Rauch quoll. Um 19 Uhr befahl Russel schließlich »Action«, und die Dreharbeiten begannen. John und Yoko näherten sich dem Bett und umkreisten es langsam. Plötzlich warf Yoko ihren Kimono ab und stand splitternackt neben dem Bett. John glotzte sie nur verwundert an. Als er seine Fassung wiedergewonnen hatte, zeigte er auf Yokos große Brüste und sagte verlegen: »Titten!«

»Komm, Liebling, du auch!« sagte Yoko und drängte John, seinen Kimono ebenfalls auszuziehen.

Widerstrebend gab John nach. Die Strip-Szene wurde vier Mal wiederholt.

Die nächste Einstellung zeigte John und Yoko nackt im Bett. Yoko sagte John, er solle sich auf sie legen, eine Position, die er eine halbe Stunde beibehielt, während Yoko mit Russell über Kameraeinstellungen und andere filmische Details konferierte. In der Zwischenzeit umschwirrte Allan Tannenbaum das Bett und fotografierte mit verschiedenen Kameras. Ein kleines Transistorradio stand auf einem Stuhl neben dem Bett. Zwischendurch liefen im Programm auch »Woman« und »Starting Over«, ein unheimlicher Soundtrack für diese bizarren Dreharbeiten.

Um 21 Uhr machte die Crew eine Dinnerpause, und die Lennons

zogen ihre Kimonos wieder über. Yoko bat mich, eine von Johns Anlagen aufzubauen und ein Tape von *Double Fantasy* bis »Kiss Kiss Kiss« vorzuspulen. Als die Filmarbeiten weitergingen, zogen sich die Lennons wieder aus, und ich ließ Yokos Song auf voller Lautstärke dröhnen. Yoko bewegte den Mund zum Text und täuschte einen Orgasmus vor, während John sich mit grimmiger Entschlossenheit auf ihr abarbeitete. Zwischen den Takes hielt Jerry Caron Yoko einen Spiegel vors Gesicht, während Toshi, mit einem Kübel voll Eiswasser bewaffnet, den Schweiß von ihrer Stirn wischte. Um 23 Uhr war alles vorbei. John und Yoko posierten noch kurz für einige Fotos mit dem Filmteam und machten dann einen schnellen Abgang. Das Team blieb noch zu einer Party mit Wein und Käse.

Anfang Dezember verpaßte »Kiss Kiss Kiss« nur knapp den Einstieg in die Top 100 der Billboard-Disco-Charts, und Yoko war entschlossen, sich endlich aus eigener Kraft als Rockstar zu etablieren. Am 3. Dezember brachte die *SoHo News* auf dem Titel die Schlagzeile: YOKO ONLY. Der Artikel im Heft, geschrieben vom Musikredakteur der Zeitschrift, Peter Ochigrosso, begann: »Wie so viele andere habe ich Yoko Ono immer gehaßt.« Dann beschrieb der Autor, warum er gelernt hatte, sie zu bewundern. Unter anderem enthielt der Artikel die erstaunliche Äußerung von Yoko, sie hätte sich auf *Double Fantasy* mit ihrem »experimentellen Material« zurückgehalten, »um John größere Chancen für einen Hit einzuräumen«.

An diesem Morgen brachte ich zwei Exemplare der Zeitschrift in die Küche, wo John und Yoko in nervöser Erwartung am Metzgertisch saßen. »Gib sie erst mir!« verlangte Yoko. Aber ehe ich sie ihr geben konnte, riß mir John beide Zeitschriften aus der Hand. Er sah sich das Cover an und lachte, während Yoko wütend dasaß. Dann gab er ihr ein Exemplar, und beide begannen, den Artikel mit leidenschaftlichem Interesse durchzulesen. Später sagte mir John, der Artikel hätte ihm gut gefallen, und bat mich, hundert Exemplare der Zeitschrift zu kaufen.

Ende der ersten Dezemberwoche arbeiteten John und Yoko wieder rund um die Uhr. Morgens gingen sie meistens in den Schneideraum, um an Yokos Film zu arbeiten. Später am Tag trafen sie sich dann mit Jack Douglas bei Record Plant und überwachten die Abmischung von Yokos Song »Walking On Thin Ice«, der der Einstieg in ihre Solokarriere als Rock-'n'-Roll-Sängerin werden sollte.

»Sieh zu, daß du dich etwas ausruhst«, sagte John mir am Freitagabend. »Die nächste Woche wird hart.«

Ich war so ausgelaugt, daß ich am Montagmorgen mein Schlafdefizit noch immer nicht aufgeholt hatte und verschlief. Mir machte nicht nur simple Müdigkeit zu schaffen, sondern fortgesetzter Raubbau an meinen Kräften. Meine ständige Drogen-Diät machte es auch nicht gerade besser. Damals war ich mir nicht klar darüber, aber ich war nahe daran gewesen, mich zugrunde zu richten.

13

Helter Skelter

Am Montagnachmittag, am 8. Dezember, platzte Studio One aus allen Nähten. Neben den bekannten Gesichtern wartete auch eine Crew von RKO-Radio auf ein Interview mit John und Yoko. Da sie das Interview völlig vergessen hatte, war Yoko nach oben gegangen und hatte hinterlassen, sie sei für niemanden zu sprechen. Als sie schließlich doch noch nach unten kam und sich mit fremden Gesichtern konfrontiert sah, war sie völlig konsterniert.

»Was ist denn hier los?« fragte sie. Ich erinnerte sie an das Interview. »Ach ja, natürlich«, kicherte Yoko. Sie ging ins Allerheiligste, gefolgt von den Leuten vom RKO-Team, die, nachdem sie ihre Schuhe ausgezogen hatten, nacheinander eintraten wie Bittsteller vor den Altar.

Als John nach unten kam, sah ich zu meiner Überraschung, daß er einen neuen Haarschnitt hatte. Sein Haar war vorne kurz geschnitten, fast zu ordentlichen Ponyfransen gestutzt, und hinten hatte man es gerade lang genug gelassen, daß es sich hinter den Ohren kringelte. John überflog kurz die Post; er stutzte bei einer Postkarte von David Peel, der schrieb, er würde an einer Biografie von John arbeiten und wäre ihm dankbar, wenn er die Fakten gegenchecken könnte. Peels Anfrage schien John zu amüsieren. Er schüttelte den Kopf, warf die Karte wieder auf meinen Schreibtisch und ging in Yokos Büro, um sich am Interview zu beteiligen.

Dann rief Doug MacDougall an, um sich den Termin für sein Meeting mit Yoko bestätigen zu lassen, in dem Sicherheitsmaßnahmen erörtert werden sollten. Der Leibwächter hatte sich Ende September beurlauben lassen, weil Yoko seine Vorschläge für schärfere Sicherheitsvorkehrungen abgelehnt hatte. Ich sagte dem Leibwächter, soweit ich informiert sei, würde es bei seinem Termin für den nächsten Tag, Dienstag, den 9. Dezember, bleiben.

Gegen 17 Uhr kamen John und Yoko mit den RKO-Leuten aus

dem Büro, und da der Wagen der Lennons noch nicht eingetroffen war, willigten sie ein, sich eine Limousine mit dem Radioteam zu teilen. Ich begleitete sie nach draußen. Falls einer von uns je vergessen haben sollte, was John Lennon einmal dargestellt hatte, genügte heute ein Schritt vor die Tür, um uns daran zu erinnern. Aus einem Radio dröhnte »The Ballad of John und Yoko« auf WBAI; der Sender wiederholte ein altes Interview mit den Lennons. Die Fans vor dem Haus sangen mit und klatschten dazu und verursachten ein Verkehrschaos, als John aus dem Haus trat.

Ein dickliches Jüngelchen mit Brille drängte sich neben John und hielt ihm ein Exemplar von *Double Fantasy* hin.

»Soll ich dir ein Autogramm draufschreiben?« fragte John ungeduldig. Der Fan nickte mit hoffnungsvollem Grinsen.

John schnappte sich das Album und kritzelte schnell seine Unterschrift drauf. Paul Goresh, der Hobbyfotograf, der sich im letzten Jahr in Johns Schlafzimmer eingeschlichen hatte, machte ein Foto von John, der mit gebeugtem Kopf sein Autogramm hinkritzelte. Der Fan nahm das Album entgegen, und sein Blick folgte John, als er schnell zur wartenden Limousine ging. Die Menge teilte sich, um ihn passieren zu lassen. Der Wagen brauste los Richtung Columbus Avenue und ließ eine aufgeregte Schar Fans auf dem Bürgersteig vor dem Haus zurück.

Ich ging wieder ins Büro, um die Post durchzusehen und ein paar Rechnungen für meine Kostenabrechnung zu sortieren. Gegen 18 Uhr rief John von Record Plant aus an und bat mich, ein paar Tapes einer Session vorbeizubringen, die Yoko Anfang der Siebziger aufgenommen hatte. Er sagte mir, Yoko sei fast sicher, die Tapes seien in einem der Küchenschränke.

Ich war froh über einen Grund, mich zu verziehen. Bei Sonnenuntergang konnte Studio One wirklich deprimierend sein.

Ich brauchte eine Weile, aber schließlich stöberte ich einen Pappkarton mit den alten Tapes auf. Auf meinem Weg zur Garage ins Mayfair-Gebäude hielt mich Goresh vor dem Dakota an und stellte mir den Typ vor, dessen Platte John kurz zuvor signiert hatte. »Das ist Dave Chapman«, sagte Goresh. »Er ist extra aus Hawaii gekommen, um sich die Platte signieren zu lassen. Hat echt Schwein gehabt!« Chapman umklammerte sein signiertes Exemplar von *Double Fantasy*. Er glotzte stumpf, und das Sonnenlicht spiegelte sich in seinen Brillengläsern.

»Herzlichen Glückwunsch, Mann«, sagte ich und machte, daß ich zum Mercedes kam.

Vor dem Aufzug in der Record Plant traf ich David Geffen, der dringendst ins Studio beordert worden war. »Weißt du«, sagte Geffen müde, während wir im Aufzug in den neunten Stock fuhren, »Yoko ist schon ein zäher Brocken. Man weiß nie, was sie wirklich vor hat.«

»Ja, wenn sie eines kann, dann Leuten Rätsel aufgeben«, sagte ich. »Sie ist eine Zen-Geschäftsfrau.«

Als wir das Studio betraten, gab John Jack Douglas ein Zeichen, und »Walking On Thin Ice« dröhnte aus den gigantischen Boxen. Sie hatten es beim Remix in Gitarrensounds eingesponnen wie in einen Kokon – Riffs, Akkorde, Obertöne, Feedback und Halleffekte, die zu einem mitreißenden Klangteppich verschmolzen. Und über dieser hypnotischen Soundattacke sprach, chantete, kreischte, krächzte Yokos Stimme. Es war ein erstaunliches Stück Musik. Das Studio erzitterte unter dem stampfenden Beat, und Geffen, John und Jack zuckten unwillkürlich im Rhythmus mit dem Kopf. Als das Stück vorbei war, sahen sich alle an, und John grinste. Sogar Yoko lächelte. Es war der beste Song, den sie je gemacht hatte, und sie wußte es.

»Ist das nicht fantastisch?« platzte John heraus. »Das müssen wir sofort rausbringen!«

»Ja, laß es uns noch vor Weihnachten rausbringen!« sprudelte Yoko.

Geffen runzelte die Stirn und schüttelte den Kopf. »Es ist unmöglich, eine Single so kurzfristig rauszuhauen«, sagte er ernst.

»David«, bellte Yoko ihn an, »du denkst nicht positiv.«

Schließlich vertagte Geffen die Diskussion und sagte, er würde sehen, was sich machen ließe.

Dann wollte sie noch etwas an dem Song herumbasteln und in dem Karton mit Outtakes – Songs, die Yoko 1974 mit dem Gitarristen David Spinozza aufgenommen hatte – nach einer geeigneten B-Seite suchen.

Ich verabschiedete mich, um Victoria abzuholen. Wir gingen ins St. Marks-Kino, um uns *The Idolmaker,* einen Film über Aufstieg und Fall eines Rockstars anzusehen. Als er kurz nach 23 Uhr aus war, gingen wir die 2nd Avenue entlang Richtung Süden. Als wir an einem Zeitungsstand Ecke St. Marks Place und 2nd Avenue vorbeikamen, sah ich einen langhaarigen jungen Mann, der eine Ausgabe der *SoHo News* mit dem Titelfoto von Yoko und der fetten Schlagzeile »YOKO ONLY« hochhielt.

Der Hippie starrte auf das Titelblatt. Tränen rannen ihm übers

Gesicht. Er schüttelte den Kopf und sah todunglücklich aus. Normalerweise wäre ich nie auf die Idee gekommen, in Manhattan einen Fremden auf der Straße anzusprechen und zu fragen, was los ist, aber diesmal ging ich geradewegs auf ihn zu und sagte: »Was ist denn?« Er deutete auf das Titelbild der *SoHo News:* »Ist das nicht ironisch, jetzt wo John erschossen worden ist?«

»Was soll das heißen, *erschossen?«* stieß ich atemlos hervor.

»John ist eben vor dem Dakota erschossen worden«, sagte der Hippie leise und schlug die Hände vors Gesicht.

Der Typ muß Halluzinationen haben, dachte ich, während mein Herz wie wild pochte. Ich rannte zur nächsten Telefonzelle und rief im Dakota an. Der Anschluß war besetzt. Ich versuchte es auf einer anderen Leitung. Auch besetzt. Alle Leitungen waren besetzt – Yokos Privatanschluß, Johns Privatanschluß, sämtliche Büroanschlüsse. Schließlich kramte ich mein Telefonbuch heraus und überlegte, wen ich sonst anrufen könnte. Ich rief Rich DePalma zu Hause an. Seine Frau Debbie war am Apparat. Ich mußte gar nicht erst fragen. »Es ist so furchtbar, Fred«, weinte sie. Sie sagte mir, John sei ins Roosevelt-Hospital gebracht und dort für tot erklärt worden. Rich hatte Yoko, die unverletzt war, ins Krankenhaus begleitet. Jetzt waren alle wieder im Dakota, und Debbie sagte mir, ich solle so schnell wie möglich hinfahren. Erschüttert hängte ich den Telefonhörer ein und stand wie gelähmt und fassungslos da.

Victoria hielt geistesgegenwärtig ein Taxi an. Das Autoradio bestätigte die schreckliche Nachricht von Johns Tod. Victoria und ich hielten uns auf dem Rücksitz des Wagens fest umklammert, und sie flüsterte mir tröstliche Worte zu. Aber es half mir nicht. Etwas in mir zerbrach, und die Straßen und Menschen und Autos um mich her, selbst Victoria, schienen in sich zusammenzufallen und zu verschwinden. Ich fühlte mich isoliert, verängstigt, überwältigt von einem wachsenden Gefühl des Schreckens. Mir war, als wäre ich in einem Aufzug, dessen Kabel man gekappt hatte – fallend, und nicht wissend, wann ich aufschlagen würde.

Als wir uns der Ecke Central Park West und 72nd Street näherten, sah ich, daß sich eine riesige Menschenmenge vor dem Dakota versammelt hatte, manche mit brennenden Kerzen, manche sangen »Give Peace a Chance«, die meisten weinten. Überall lagen Blumen und Bilder von John, Fotos und plumpe Zeichnungen, wie die Totenpuppen in südamerikanischen Trauerprozessionen. Ich dachte daran, wie John über die Maya-Kultur gesprochen hatte, darüber, wo man hingeht, wenn man stirbt, darüber, daß man zurückkehrt, wenn man seine Lehre daraus gezogen hat. Ich fragte mich, wo er jetzt sein mochte.

Als ich mich endlich durch die Menge der weinenden, singenden Fans gearbeitet und den Absperriegel der Polizisten vor dem Dakota überwunden hatte, fand ich Rich im Studio One. Er beantwortete Telefonanrufe, ein Musterbeispiel an Effektivität und Professionalität. Wortlos und bitter sah ich Rich an und suchte in seinem Gesicht nach irgendeiner Spur von Erschütterung. Ich sah keine. Mir wurde sofort klar, daß das Geschäft die Losung des Tages war. Sam Havadtoy war da und beschwerte sich, daß Yoko ihn nicht empfangen wollte. Rich sagte mir, Yoko sei mit den Kriminalbeamten, die Johns Mord untersuchten, oben in der Küche und daß Helen und Sean oben schliefen. Sie waren früher am Abend von einem Besuch bei Helens Tochter in Pennsylvania zurückgekehrt und noch in glücklicher Unkenntnis der Tragödie. Rich informierte mich, Yoko hätte Anweisungen gegeben, Sean nichts vom Tod seines Vaters zu sagen, weil sie es ihm später selbst sagen wollte, wenn sie »die Kraft dazu hätte«.

Ich fuhr mit dem Lastenaufzug in den sechsten Stock und öffnete die Küchentür. Yoko saß auf einem der Sofas, flankiert von Geffen und einem Inspektor der Mordkommission, der ihr behutsam Fragen stellte. Yoko hatte die Hände vors Gesicht geschlagen und sagte: »Der Schock ist zu groß . . . ich . . . ich kann das jetzt nicht.« Ihr Gesicht war eine undurchdringliche Maske, und ich fragte mich, ob sie dasselbe empfand wie ich. Ich setzte mich neben die Tür und sagte nichts. Die klagenden Stimmen, die unten Johns Songs sangen, klangen von der Straße zu uns herauf. Ich fühlte mich wie in einem bösen Traum. Irgendwann kam Helen in die Küche und fuhr erstaunt zurück, als sie die vielen todernsten Mienen sah. Ich brachte es nicht über mich, ihr zu sagen, daß John erschossen worden war. Schließlich tat es ein anderer. Als die Kriminalbeamten gegangen waren, wandte sich Yoko an mich und fragte: »Ist Sam unten?« Ich glaube, ich war zu Tode erschreckt. Es war, als würde man einen Film sehen und eine der Figuren spricht plötzlich von der Leinwand zu dir. Ich nickte. Yoko bat mich, ihn nach oben zu schicken. Ich eilte nach unten. Als ich Havadtoy sagte, daß er oben gebraucht würde, stürzte er in den Aufzug, als hinge sein Leben davon ab.

Ich setzte mich hin und wollte Rich beim Beantworten der Anrufe helfen, aber ich war zu benommen und verzweifelt, um von Nutzen zu sein. Ich stellte das Radio auf meinem Schreibtisch an. Sie spielten nichts anderes als Lennon. Ich hörte John fragen: »How Do You Sleep?« und spürte wieder diesen schneidenden, inneren Schmerz, ein erdrückendes Gefühl von Trauer und kalter Wut. Ich spürte, wie mir die Kontrolle entglitt, und ich ging in Yokos Badezimmer, um zu weinen. Nach ein paar Minuten kam Rich hinein und sagte: »Reiß dich endlich zusammen, Mann, oder du hast hier nichts mehr verloren!«

Ich war verletzt und wütend über Richs Zurechtweisung. Ich konnte es nicht fassen, daß die Trauerzeit schon vorüber war. Tatsächlich hatte sie gar nicht erst begonnen. Als ich an meinen Schreibtisch zurückkam, bemerkte ich, daß das Radio abgestellt worden war. Ich stellte es wieder an, damit Johns Musik im Studio One lief – seine Musik zu hören, schien das einzig Mögliche zu sein.

Gegen 3 Uhr 30 kam Geffen mit einem Statement von Yoko nach unten, die die Fans um Spenden an die Spirit Foundation bat, eine gemeinnützige Organisation, die hastig von Yokos Anwälten gegründet worden war. Er las das Statement der *Times* vor, dann rief Rich die anderen Tageszeitungen und Nachrichtenagenturen an und tat dasselbe. Ich ging wieder nach oben und fand Yoko immer noch am selben Platz in der Küche, den Kopf wie im Gebet gesenkt. Ich wußte nicht, was ich sagen oder tun sollte, also blieb ich neben der Tür sitzen und wartete. Nach einigen Minuten erhob sich Yoko und sagte, sie würde ins Schlafzimmer gehen. Ich stand auf und folgte ihr.

»Mach dir keine Sorgen«, sagte sie. »Es wird schon alles in Ordnung kommen. Du solltest dich ausruhen.«

Ich wußte nicht, wovon sie sprach. Was sollte in Ordnung sein? Welche Ruhe? Vielleicht hatte Yoko ihren Schock schon gehabt und bemerkenswert schnell überwunden. Aber ich wußte, ich würde für lange nicht zur Ruhe kommen, und nichts würde je wieder in Ordnung sein – nicht diese Woche, nicht diesen Monat, niemals.

Ich ging ins Weiße Zimmer und stellte den Sony-Radiorecorder an, den John und ich in Bermuda gekauft hatten. Ich stellte einen der Rocksender ein, und »#9 Dream« erklang. Ich hatte das Gefühl, als würde John selbst zu mir sprechen, und als ich Johns Musik zuhörte, stieg ein brennender Schmerz in mir hoch. Ich dachte unwillkürlich an die zahllosen Gespräche über den Tod, die ich mit John in den vergangenen zwei Jahren geführt hatte. Besonders lebhaft war mir ein Gespräch auf Bermuda in Erinnerung, in dem mir John gesagt hatte, daß er tief im Innersten ein extrem gewalttätiger Mensch sei, und daß er überzeugt war, daß ihn ein gewaltsamer Tod erwartete. Die morbide Ader in Johns Wesen hatte mich oft vor Rätsel gestellt. Jetzt, als ich über Johns Todesobsession nachbrütete, fragte ich mich, ob er vielleicht irgendeine Vorahnung gehabt hatte.

Betäubt vor Schmerz und von morbiden Gedanken und Emotionen heimgesucht, hatte ich das Gefühl, die Fassung zu verlieren. Ich stand auf und trat auf den schmiedeeisernen Balkon vor dem Weißen Zimmer. Ich atmete die eisige Winterluft ein und hoffte, das würde mir helfen, einen klaren Kopf zu bekommen. Obwohl es bereits 4 Uhr morgens war, standen immer noch mindestens tausend Leute unten auf der Straße, warteten, sangen die Musik der Beatles, abwechselnd mit Johns eigenen Songs, tranken Bier und rauchten Pot. Zwei Polizeiwagen hatten sich vor der Einfahrt postiert, aber es wurde kein Versuch unternommen, die Menge zu zerstreuen. Lautsprecher waren aufgestellt worden, und als »Dear Yoko« erklang, stimmten alle ein. Eine bizarre, festliche Atmosphäre breitete sich aus, als sei John gerade unter den Fans *angekommen*, nicht von ihnen gegangen. Tief unter mir kletterte jemand auf die Kühlerhaube eines Streifenwagens. Die Bullen machten kurzen Prozeß mit ihm. Jugendliche drängten von beiden Seiten gegen den Wagen. Zwischen der Polizei und den Fans bahnte sich eine gereizte, brisante Konfrontation an. Gegen 4 Uhr 15 entschloß sich die Polizei, den Platz vor dem Haus zu räumen und die Fans auf die gegenüberliegende Straßenseite zu drängen. Es hätte mich nicht gewundert, wenn es zu Krawallen gekommen wäre. Die Menge sammelte sich schnell wieder und setzte ihre Totenwache fort.

Ich ging zurück ins Büro, in dem Rich, Havadtoy, Mike Tree und Doug MacDougall warteten. Doug war gerade angekommen. Er wirkte grimmig.

»Die Hausfront sollte geräumt werden«, schäumte der Leibwächter. »Schließlich waren es die verfluchten Fans, die ihn erwischt haben!«

Ich sagte Doug, daß es den Bullen gelungen sei, die Fans zurückzudrängen, aber sein Zorn und seine Frustration blieben trotzdem fast greifbar. Ich konnte mir vorstellen, wie Doug sich fühlen mußte. Seit Monaten hatte er Yoko bekniet, ihn die Sicherheitsmaßnahmen verstärken zu lassen. Wenn er sich nur halb so hilflos fühlte wie ich, waren Worte zu schwach, um es auszudrücken. Wir waren alle an unserem Platz, arbeiteten, wurden bezahlt. Und trotzdem hatte niemand den König geschützt. Wir alle hatten bei der einen Sache versagt, die wir wirklich für John hätten tun können. Ich erinnerte mich, wie ein Typ John in Bermuda erkannt hatte und mich fragte: »Was machst du?« Ich hatte smart sein wollen und großspurig gesagt: »Ich halte ihm Ärger vom Hals.«

Rich schlug vor, ich sollte im Weißen Zimmer warten und dann und wann nach Yoko sehen. Er schien Angst zu haben, sie könnte in einem Anfall von Verzweiflung versuchen, sich das Leben zu nehmen. Pflichtbewußt ging ich nach oben. Als ich die Schlafzimmertür öffnete, um einen Blick hinein zu werfen, sah ich, daß Yoko telefonierte. Sie schaute noch nicht einmal auf. Ich ging zurück ins Weiße Zimmer. Das Telefon klingelte. Ich nahm ab.

Es war Yokos Schwester Setsuko, die sagte, sie würde am nächsten Tag kommen – oder vielleicht heute schon; ich hatte jedes Zeitgefühl verloren. Yokos Mutter und ihr Bruder würden auch kommen, sagte sie. Kurz darauf rief Rich mich über die Sprechanlage, und ich richtete ihm Setsukos Nachricht aus.

»Scheiß auf Setsuko!« schnauzte er.

Anscheinend hatte Yoko ihren Verwandten ausreden wollen, nach New York zu kommen, aber sie riefen immer wieder an und beharrten darauf, trotzdem herüberzufliegen.

»Sieh mal nach Yoko bitte, ja?« bat Rich. Es war 5 Uhr morgens.

Ich schlich noch einmal ins Schlafzimmer. Yoko lag mit geschlossenen Augen im Bett, die Bettdecke bis zum Hals hochgezogen; das Telefon baumelte von ihrem Arm. Langsam öffnete sie die Augen und murmelte: »Ich versuche zu schlafen, aber die Fans sind zu laut. Es ist so furchtbar, dieser Lärm. Warum hören sie nicht auf damit? Kannst du nichts tun?« In diesem Moment empfand ich grenzenlose Sympathie für Yoko, und in einer spontanen Gefühlsaufwallung ging ich zu ihr und umarmte sie. Sie blieb reglos, passiv. Es war ein befangener, peinlicher Moment. Als er vorüber war, stand ich da und fragte mich, was ich tun sollte.

»Wenn Sean aufwacht«, sagte Yoko, »kannst du ihn in mein Schlafzimmer bringen. Aber weck ihn nicht auf, wenn er schläft.«

Ich ging raus und stand im Flur vor Seans Zimmer. Ich konnte ihn im Schlaf husten hören und öffnete die Tür, um hineinzusehen. Er schlief friedlich neben meiner Tante.

Mir fiel ein, was Yoko über den Lärm gesagt hatte, und ich ging nach unten, um mit den Fans zu reden.

José Perdomo, der freundliche, weißhaarige kubanische Türsteher, der Dienst gehabt hatte, als John erschossen worden war, stand andächtig vor einem Wall von Blumen, Schriftbändern, Schleifen, Papiergirlanden und Bildern von John, die die Fans an die Eisentore des Dakota geheftet hatten. Ich fühlte mit José, der John immer geliebt und bewundert hatte. Der sonst so gutmütige Türsteher war wie vernichtet durch Johns Tod. Es überstieg sein Fassungsvermögen, daß Chapman, mit dem er in den Stunden vor dem Mord noch freundlich geplaudert hatte, ein so brutales und sinnloses Verbrechen verübt hatte. José wies die Annahme, Chapman sei nur ein fanatisierter Fan, der durchgedreht hatte, entschieden zurück. »Der Chapman nicht verrückt!« sagte José immer wieder.

Ich sagte einem kleinen, bärtigen Brasilianer, der die Fanchöre anzuführen schien, daß Yoko versuchte zu schlafen, und bat ihn, der Menge zu sagen, sie solle etwas leiser sein. Er sagte, er würde sich darum kümmern, und es gab eine kurze Periode, in der die Fans fast lautlos Totenwache hielten, leise Radio hörten, ihre brennenden Kerzen hochhielten, Joints kreisen ließen und in der kalten Morgenluft Bier tranken. Aber sobald die Sonne aufging, wurden die Gesänge wieder lauter, während sich noch mehr Menschen auf der Straße versammelten. Ich ging wieder nach oben, um nach Yoko zu sehen. Sie telefonierte. Ich setzte meine Wache im Weißen Zimmer fort.

Als ich in die Küche ging, um mir Kaffee zu holen, traf ich dort Elliot Mintz. Er war gerade aus L.A. eingeflogen und konnte es kaum erwarten, loszulegen. Er redete überschwenglich von seiner reichen Erfahrung mit »Krisenmanagement« und brüstete sich damit, daß er dreizehn Jahre lang mit Sal Mineo befreundet gewesen und nach dessen Tod zur Stelle gewesen sei, um sich um den Nachlaß zu kümmern. Gegen 7 Uhr kam Yoko in die Küche, sagte Hallo zu Mintz und machte sich Tee. Sie setzte sich aufs Sofa und legte den Kopf in die Hände. Mintz ging zu ihr und tätschelte ihren Rücken. »Keine Sorge, Yoko, es wird alles wieder gut«, sagte er. »Wir kümmern uns um dich.«

Havadtoy meldete sich von unten und sagte, Julian sei am Telefon.

»Ich nehme an, er will herkommen«, sagte Yoko müde, als sie Elliot auftrug, alles Nötige in die Wege zu leiten. »Sag ihm, er kann gerne kommen, wenn er möchte. Aber ich weiß nicht, was wir mit Cynthia machen sollen.«

Sie trank einige Schlucke Tee und ging dann zurück in ihr Schlafzimmer, wo sie eine Besprechung mit Havadtoy und Mintz hatte, die ihr bei der Abfassung einer Stellungnahme halfen, um die Medien zufriedenzustellen, die uns mit Anfragen wegen Johns Begräbnis bombardierten. Helen und Sean erschienen zum Frühstück, und mir wurde mit plötzlichem Entsetzen bewußt, daß noch niemand Sean etwas gesagt hatte. Er war sehr still. Vielleicht ahnte er, daß etwas Schreckliches geschehen war. Jedenfalls fragte dieser sonst so neugierige kleine Kerl mit keinem Wort, was passiert sei. Ich ging wieder nach unten. Im Studio One schien es, als würde alles seinen gewohnten Gang gehen. Die Telefone klingelten pausenlos; meistens waren es Leute, die wissen wollten, wo das Begräbnis stattfinden sollte und wie Yoko es aufgenommen hatte. Presse. Fans. Alte Freunde. Jerry Rubin rief an, um zu sagen, er sei am Boden zerstört. Abbie Hoffmann, rief an, um zu sagen, er sei in Krisensituationen gut zu gebrauchen und fragte, ob er irgendwie helfen könnte. Jack Douglas rief an und bot seine Mitarbeit an. May Pang rief an, um ihr Beileid auszusprechen. Es kam sogar ein Telegramm von Yokos seit langem entfremdeter Tochter Kyoko.

Um 9 Uhr war Yoko angezogen und bereit fürs Geschäft. Weitere Besprechungen mit Havadtoy, Mintz und Geffen fanden statt. Mir wurde aufgetragen, eine Stellungnahme abzutippen. Sie lautete:

»EIN BEGRÄBNIS FÜR JOHN WIRD NICHT STATTFINDEN. SPÄTER IN DER WOCHE WERDEN WIR DEN TERMIN FÜR EINE STILLE ANDACHT BEKANNTGEBEN, UM FÜR SEINE SEELE ZU BETEN. WIR LADEN EUCH EIN, DARAN TEILZUNEHMEN, WO IMMER IHR GERADE SEID. WIR DANKEN EUCH FÜR DIE VIELEN BLUMENSENDUNGEN FÜR JOHN. ABER SCHICKT BITTE IN ZUKUNFT STATT DER BLUMEN IN SEINEM NAMEN SPENDEN AN DIE SPIRIT FOUNDATION, INC., JOHNS PERSÖNLICHE GEMEINNÜTZIGE STIFTUNG. ER HÄTTE ES SO GEWOLLT. JOHN LIEBTE DIE MENSCHEN UND BETETE FÜR SIE. BITTE BETET IHR JETZT FÜR IHN. IN LIEBE, Yoko und Sean.«

Gegen 10 Uhr kam Ringo Starr mit seiner Frau, Barbara Bach, vorbei. Sie sahen benommen und verstört aus, als sie nach oben gingen, um mit Sean zu spielen. Plötzlich fiel mir wieder ein, daß

Ringo vor etwa einem Jahr zu Besuch im Dakota gewesen war. Er war ganz in Schwarz gekleidet gewesen und hatte ernstlich krank ausgesehen. Er und John hatten in der Küche für ein Polaroid-Foto posiert, John mit selbstbewußtem Grinsen, Ringo mit tiefen Furchen im Gesicht. Johns jungenhafte Ausstrahlung hatte einen scharfen Kontrast zu Ringos gespenstischer Erscheinung gebildet. Später hatte John mir erzählt, daß Ringo mehrere Meter vom Darm entfernt worden waren, und daß er bei der komplizierten Operation beinahe gestorben wäre. Jetzt war John von uns gegangen, und Ringo war oben, um Sean zu trösten, der vom Tod seines Vaters noch gar nichts wußte. Es schien jedes Begriffsvermögen zu übersteigen.

Als Ringo und Barbara wieder nach unten kamen, führten Mintz und ich sie aus dem Haus. Ringo wurde sofort von Fans bestürmt. Sie versuchten ihn zu berühren, seine Kleidung, sein Haar zu betasten. Es war wie in den Tagen der Beatlemania. Der arme Ringo saß wie ein Tier in der Falle, und wir waren machtlos gegen den Mob, falls er es wirklich darauf anlegte, ihn von uns wegzuzerren.

Wieder im Büro bat mich Yoko, Johns letzten Willen und Testament in den Akten zu suchen. Sie hatte im Allerheiligsten ein Meeting mit ihren Anwälten und Buchhaltern. Während der langen Besprechung bestellte sie über die Sprechanlage wiederholt Kaviar – ich schickte einen Boten los, um eine Unze Beluga Gold in der Caviarteria zu kaufen – und Schokoladenkuchen von Mrs. Grimble's.

Sean hatte in der Zwischenzeit Fieber bekommen. Ich sprach mit Helen, die sich große Sorgen um ihn machte und auf ein Wort zu Yoko wollte. Aber Yoko sagte, sie sei zu beschäftigt, um mit Helen zu sprechen, und machte keinerlei Andeutungen, wann sie gedachte, mit ihrem Sohn zu sprechen. Für Helen war die Situation unerträglich.

Um 18 Uhr fuhren Doug und ich los, um Julian vom Kennedy Airport abzuholen. Doug zeigte mir fröhlich einen großen Revolver, den er unter dem Mantel hatte, falls irgendwelche Zweifel an Julians Sicherheit aufkommen sollten. Es fing an zu regnen, als Doug und ich uns unseren Weg durch die Massen der Schaulustigen bahnten, um zum Wagen zu gehen, der uns zum Flughafen bringen sollte. In meiner Phantasie sah ich Doug den Revolver ziehen und bei der Abfahrt ein paar Fans niederknallen. Es war scheußlich – ich hatte mein Bewußtsein nicht mehr unter Kontrolle. Ich konnte Johns

Körper sehen, Knochen krachen hören, als er auf der Schwelle seines eigenen Hauses zusammenbrach. Ich sah ihn in der Sonne von Bermuda tanzen und seine knochige Gestalt zum Reggaesound von Bob Marley and the Wailers wiegen. Ich wollte wieder in Tränen ausbrechen, aber ich tat es nicht. Auf der langen Fahrt zum Flughafen schwatzte Doug fröhlich dahin, um mich aufzuheitern.

»Der Körper wird morgen eingeäschert«, sagte er. »Ich habe alles arrangiert.«

Johns Überreste sollten in einem Leichensack aus dem Leichenschauhaus in die Frank-E.-Campbell-Begräbniskapelle Ecke Madison Avenue und 81st Street gebracht werden, und von dort aus würde der Leichnam seine Reise zur Ferncliff-Leichenhalle in Hartsdale, New York, antreten. Doug schilderte mir seinen ausgeklügelten Plan zur Irreführung der Medien, die herauszufinden versuchten, wo Johns Einäscherung stattfinden sollte. Er hatte dafür gesorgt, daß mehrere leere Leichenwagen die Begräbniskapelle verlassen sollten, um die Presse auf falsche Fährten zu locken. Ich bewunderte Dougs Tüchtigkeit.

Julian kam um 21 Uhr 30 an; er trug eine Lederjacke und Jeans, das Haar lang, und er sah John so ähnlich, daß sich in mir wieder alles zusammenzog. Wir gingen in angespanntem Schweigen zum Wagen, und ich sagte, wie leid es mir täte. Es klang dumm, aber ich wußte nicht, was ich sonst sagen sollte. Julian sagte, er könnte nicht mehr weinen – er hatte sich im Flugzeug die Augen aus dem Kopf geheult, und jetzt hatte er keine Tränen mehr. Jetzt rauchte er nur eine Zigarette nach der anderen. Er war ruhig und abgeklärt. Er sagte mir, er sei mitten in der Nacht aufgewacht, weil der Schornstein eingebrochen war und ein Loch im Dach hinterlassen hatte. Er hatte ein Gefühl drohender Vorahnung gehabt. Seine Mutter war nicht da, und sein Stiefvater, John Twist, wußte bereits, daß John erschossen worden war, sträubte sich jedoch, ihm die schreckliche Nachricht zu überbringen. Als er schließlich aus seinem Zimmer gekommen war, hatte er die Journalisten vor dem Haus gesehen und gewußt, daß seine Vorahnung richtig gewesen war. Sein Stiefvater bestätigte ihm die tragische Neuigkeit.

»Wie hat Sean es verkraftet?« fragte Julian. Ich sagte ihm, Sean hätte Fieber. Es war eigenartig für mich, ihm zu sagen, daß Sean noch nichts wußte. Oder vielleicht wußte auch Sean es instinktiv, ohne daß man es ihm sagen mußte. »Kennen sie den Typ, der es getan hat?« fragte Julian, und Schmerz und Wut lagen in seiner

Stimme. »Weiß man warum?« Ich erzählte ihm von Chapman, dessen Gründe für die Schüsse auf John immer noch ein Rätsel waren. »Ich hoffe, Dad hat nicht lange gelitten«, sagte Julian leise und verfiel wieder in Schweigen. Wir beobachteten den Strom roter Rücklichter, der sich über die Schnellstraße wand. Nach einer Weile sagte er: »Tja, ich nehme an, es ist wohl besser, als in einem Atomkrieg zu sterben.« Wir waren uns beide einig, daß John einen edlen Tod gestorben war.

Vor dem Dakota wurde Julian von den Fans angefallen und verschwand in einem Inferno von Blitzlichtern, Kreischen und allgemeinem Höllenaufruhr. Julian schrie verängstigt und verwirrt zurück und schlug die Hände vors Gesicht, um sich zu schützen, als sei er in eine Schlangengrube gestoßen worden. Doug boxte sich einen Weg durch die Menge, warf seinen massiven, athletischen Körper in die Bresche. Julian und ich entdeckten eine Lücke in der Menge und rannten in die Eingangshalle des Dakota. Dort blieben wir einen Moment stehen, um wieder zu Atem zu kommen, und fuhren dann mit dem Lastenaufzug zum Apartment 72. Wir gingen ins Weiße Zimmer und stellten uns auf den Balkon, um die unglaubliche Szenerie unter uns zu beobachten. Beide Straßenseiten waren mit Abfall übersät, mit Blumen, Papier, Bierdosen, Müll. Die Polizei stellte mittlerweile Barrikaden auf. Jenseits der blauen Absperrungen wogte die Menschenmenge, schloß sich zusammen, formierte sich neu, brandete dann wieder gegen die Barrikaden.

Julian und ich gingen in die Küche, wo wir Helen trafen. Sie umarmte Julian. Mintz tauchte auf und sagte: »Du kannst jederzeit über meinen Anwalt verfügen.« Julian wirkte konsterniert. »Falls du irgendwelche Fragen hast«, fügte Mintz nervös hinzu. Julian fragte nach Yoko, und wie sie es aufgenommen hatte. Ich versicherte ihm, Yoko ginge es gut. Geffen hing mit Rich, Doug, Havadtoy und David Warmflash, Yokos Anwalt, im Büro herum. Geffen und Warmflash beschäftigten sich mit der Erörterung von Plattenverkäufen. Ihr Verhalten verriet eine gewisse schaurige Hochstimmung. Geffen sprach stolz über seine Karriere, über die vielen Leute, die er gemanagt hatte, das viele Geld, das er machen würde. Anscheinend hatte er für John eine Lebensversicherung über eine Million Dollar abgeschlossen, was dem Vorschuß entsprach, den er Yoko für die Veröffentlichung von *Double Fantasy* gezahlt hatte.

Am Dienstag kurz vor Mitternacht verließ ich das Dakota durch den Keller, in dem sich die Blumen türmten, die die Fans geschickt hatten, und ging nach Hause. Betäubt von Trauer und Erschöpfung ließ ich mich völlig angekleidet aufs Bett fallen, hörte John im Radio und weinte hemmungslos. Mein Schmerz war so übermächtig, daß ich für Stunden keinen Schlaf fand. Im Morgengrauen fiel ich schließlich in unruhigen Schlummer.

Ich erwachte am Mittag mit einem Gefühl unendlicher Trauer und Bestürzung aus meinem leichten Schlaf, aber ohne Erinnerung an irgendeinen Traum, nur an Johns körperlose Stimme, die beharrlich flüsterte: »Es gibt keine Zufälle.«

Ich schleppte mich in die Dusche. Trauern werde ich später, redete ich mir ein. Jetzt wartet Arbeit auf mich.

Auf dem Weg ins Büro ging ich am Zeitungsstand vorbei. Johns Tod beherrschte immer noch die Titelseiten der meisten Zeitungen. Ich mußte unwillkürlich daran denken, daß John die weltweiten Reaktionen, die sein Tod ausgelöst hatte, sicher gefreut hätten. Es war die größte Sensation des Jahres, vielleicht des Jahrzehnts. Die ganze 72nd Street entlang wurden John-Lennon-Anstecker, -Fotos und andere Andenken verscherbelt. Als ich die Zeitung aufschlug, las ich mit Erschütterung, daß ein weiblicher Fan über John Lennons Tod so verzweifelt war, daß sie sich umgebracht hatte.

Benommen und verstört durch das alles, eilte ich ins Studio One, wo Geffen schon an meinem Schreibtisch saß, mit der Westküste telefonierte und sagte: »Das Geschäft blüht!« Geffen hatte das große Los gezogen, und er gab sich keine Mühe, seine Befriedigung zu verbergen. Tatsächlich hatte *Double Fantasy* sich schon über eine Million mal verkauft, und weltweit war scheinbar kein Stagnieren der Verkäufe abzusehen.

Ich brachte Yoko die Morgenzeitungen. Sie war in der Küche und aß mit Sean, Julian, Helen und Havadtoy zu Mittag. Als ich eintrat, flachste sie, ich würde sie an einen toten Rockstar erinnern. »Du weißt schon«, sagte sie, »der, der mit dem Flugzeug abgestürzt ist.«

Nach einigen betretenen Augenblicken sagte ich: »Buddy Holly?«

»Ja«, zwitscherte Yoko, »den meine ich.«

Ich muß Halluzinationen haben, dachte ich und starrte sie ungläubig an. Ich ging wieder nach unten ins Büro. Es kostete mich meine ganze Willenskraft, die Routinearbeiten – Anrufe annehmen, Post sortieren – zu erledigen.

Am Nachmittag hatte Doug Johns Leiche abgeholt und zur Einäscherung abtransportiert. Um 15 Uhr 40 rief mich Mike Tree von oben über die Sprechanlage, um mir von Yoko auszurichten, ich sollte Doug anrufen und die Einäscherung verhindern, weil Sean seinen Daddy ein letztes Mal sehen wollte. Als ich Doug im Krematorium erwischte und ihm die Nachricht überbrachte, stöhnte der Leibwächter auf.

»Zu spät, Kleiner«, sagte er traurig. »Die Leiche ist schon seit zwei Stunden im Ofen.« Doug betonte noch, daß er die Fingerabdrücke des Toten genommen hatte, ehe er eingeäschert wurde. »Ich will nicht, daß es nachher heißt, ich hätte den falschen Typen verbrennen lassen.«

In der Zwischenzeit hatte Yoko eine neue Pressemitteilung formuliert, in der ein »stilles Gedenken« anstelle einer Beisetzungsfeier für John angekündigt wurde:

»HEUTE HABE ICH SEAN GESAGT, WAS PASSIERT IST. ICH HABE IHM DAS FOTO SEINES VATERS AUF DEM ZEITUNGSTITEL GEZEIGT UND IHM DIE SITUATION ERKLÄRT. ICH HABE SEAN DIE STELLE GEZEIGT, AN DER JOHN LAG, ALS ER NIEDERGESCHOSSEN WURDE. SEAN WOLLTE WISSEN, WARUM DER MANN JOHN ERSCHOSSEN HÄTTE, OBWOHL ER IHN MOCHTE. ICH HABE IHM ERKLÄRT, ER SEI WAHRSCHEINLICH EIN VERWIRRTER MENSCH GEWESEN. SEAN SAGTE, WIR SOLLTEN HERAUSFINDEN, OB ER VERWIRRT WAR, ODER OB ER JOHN WIRKLICH MIT ABSICHT GETÖTET HATTE. ICH SAGTE, DAS MÜSSTE IM ›COURT‹ ENTSCHIEDEN WERDEN. ER FRAGTE: WELCHER ›COURT‹ – TENNIS ODER BASKETBALL? SO HAT SEAN IMMER MIT SEINEM VATER GEREDET. SIE WAREN FREUNDE. JOHN WÄRE STOLZ AUF SEINEN SOHN GEWESEN, WENN ER DAS GEHÖRT HÄTTE. SPÄTER WEINTE SEAN. AUSSERDEM SAGTE ER ›DADDY IST JETZT EIN TEIL VON GOTT. ICH GLAUBE, MAN WIRD VIEL GRÖSSER, WENN MAN STIRBT, WEIL MAN EIN TEIL VON ALLEM WIRD.‹ ICH HABE SEANS WORTEN WENIG HINZUZUFÜGEN. DIE STILLE GEDENKFEIER WIRD AM 14. DEZEMBER UM 14 UHR STATTFINDEN UND ZEHN MINUTEN DAUERN. UNSERE GEDANKEN WERDEN MIT EUCH SEIN. In Liebe, Yoko und Sean.«

Um 21 Uhr erschien Doug mit einer großen Geschenkpackung. Ich schaute verwundert von meinem Schreibtisch auf, als er im Türrahmen erschien. »Was ist das denn?« fragte ich.

»Das«, sagte Doug mit einem traurigen Lächeln, »war einmal der größte Rockmusiker der Welt.«

Dann schilderte mir der Leibwächter die Odyssee dieses Tages. Alles war nach Plan verlaufen. Als Doug Johns Leiche abgeholt hatte, hatte Johns Gesicht friedlich ausgesehen. Aber kurz bevor die Leiche in den Ofen geglitten war, hatten sich Johns Gesichtszüge zu einem gequälten, makabren Grinsen verzogen, wahrscheinlich eine Folge der Totenstarre.

Mir wurde übel. Als ich Yoko oben benachrichtigte, daß Doug mit Johns Asche gekommen war, bat sie mich, ihr die Urne ins Schlafzimmer zu bringen. Ich brachte es nicht über mich, statt dessen brachte einer der Anwälte sie hoch.

Einige Minuten später zitierte mich Yoko ins Schlafzimmer. Sie saß auf dem Bett und telefonierte. Die Urne stand am Fußende des Betts. Sie gab mir durch eine Geste zu verstehen, ich sollte Johns Urne unters Bett schieben. Ich biß die Zähne zusammen und schob die Urne weg. Dann bat ich sie zitternd und den Tränen nahe, mich zu beurlauben. Yoko runzelte die Stirn und unterbrach ihr Telefonat.

»Das sind für uns alle schwere Zeiten«, sagte sie müde. »Warum gönnst du dir nicht eine kleine Ruhepause. Tu nur nichts Unüberlegtes.«

Als ich mich zum Gehen umdrehte, bat sie mich, Warmflash zu sagen, er solle Julian und Sean zu ihr bringen. Ich ging nach unten und richtete Yokos Nachricht aus. Dann ging ich hinaus, vorbei an den Fans, an den Bildern, die am Eingangstor hingen, an den Blumen, die auf der Straße verstreut waren, vorbei an den Kaffeebechern und Bierdosen, zertreten von Tausenden von Füßen, an den Cops, die kalt, gelangweilt und stumm kleine Nebelwolken in die eisige, feuchte Luft atmeten, hinaus aus dem dunklen, drohend aufragenden Dakota, das mich unter dem schweren Himmel beängstigend anzustarren schien wie ein schauriger Alptraum.

Nachwort

Donnerstag, den 11. Dezember, wachte ich auf mit einem Gefühl von Verlorenheit, Hilflosigkeit und einem immer stärker werdenden Angstgefühl. Ich sah deutlich, daß Yoko, weit davon entfernt, die gramgebeugte Witwe zu sein, die sie für die Medien und die Männer von der Mordkommission spielte, wild entschlossen war, diese einmalige Chance zu nutzen, ihr Bild in der Öffentlichkeit aufzupolieren und noch Geld damit zu machen. Da ich mit dieser Kampagne nichts zu tun haben wollte, rief ich Yoko an und sagte ihr, ich könne nicht länger für sie arbeiten. Yoko beschwerte sich, ich würde mich unvernünftig benehmen und brauchte nur eine Erholung von der aufreibenden Arbeit im Dakota. Sie sagte, sie würde Julian nach Cold Spring Harbor schicken und schlug mir vor, ihn zu begleiten. Julian und ich verbrachten einige ruhige Tage in Cannon Hill, wo wir uns auch im Fernsehen das »stille Gedenken« für John ansahen, das am Sonntag, dem 14. Dezember, im Central Park begangen wurde. Yoko gab folgende Pressemitteilung heraus:

GOTT SEGNE EUCH FÜR EURE TRÄNEN UND GEBETE
ICH SAH JOHN LÄCHELND AM FIRMAMENT
ICH SAH AUS TRAUER KLARHEIT WERDEN
ICH SAH UNS ALLE IM BEWUSSTSEIN VEREINIGT
ICH DANKE EUCH
IN LIEBE, Yoko

Als Julian und ich ins Dakota zurückbeordert wurden, war mein Herz immer noch schwer von Trauer, und ich wußte, daß es für mich, anders als für Yoko, keinen schnellen Trost geben würde. Ich erneuerte meine Bitte an Yoko, mich aus ihrem Dienst zu entlassen, aber Yoko bestand unerbittlich darauf, daß ich bis Sommer 1981 bleiben sollte. Sie sagte mir, sie würde mich brauchen, um »Johns

Vermächtnis zu erfüllen«, und wenn ich sie jetzt verlassen würde, sei es wie »Verrat an John«. Yoko sagte, sie hätte Pläne für mehrere Musikvideos gemacht und würde außerdem ein ganzes Album mit eigenen Songs aufnehmen, mit denselben Musikern, die auf *Double Fantasy* mitgewirkt hatten. Sie machte unmißverständlich klar, daß sie auf meine Unterstützung rechnete und sich nicht mit einem Nein zufriedengeben würde.

Immer noch in einem Zustand schleichenden Entsetzens, erfüllte ich meine Aufgaben im Dakota wie in Trance. Langsam verwandelte sich meine Trauer in blinde Wut – auf Yoko und die anderen Angestellten, die Anwälte, Buchhalter, Parapsychologen und Höflinge, für die John Lennon schon nichts anderes mehr war, als eine verblaßte Erinnerung.

Am Abend des 23. Dezember bat mich Elliot Mintz, ihm bei der Suche nach einem Beileidsschreiben von Bob Dylan zu helfen, das Yoko verlegt hatte. Wir fanden den Brief nicht, aber Mintz entdeckte bei der Suche in Johns Schlafzimmer einen vertraut wirkenden New Yorker Almanach. Es war Johns Tagebuch von 1980. Mintz sagte, es sei ein zu brisantes Dokument, um es einfach im Schlafzimmer herumliegen zu lassen. Er bat mich, das Tagebuch zu Yoko ins Büro zu bringen. Als ich Yoko das Tagebuch zeigte, sagte sie, ich sollte es zu Johns anderen Schriften packen. Ich war erstaunt über ihr offensichtliches Desinteresse an dem Tagebuch. Außerdem fiel mir das Gespräch wieder ein, das ich mit John auf Bermuda geführt hatte, in dem er mir gesagt hatte, falls ihm etwas zustoßen würde, sollte ich dafür sorgen, daß Julian seine Tagebücher bekam.

Im Januar 1981 arbeitete Yoko fieberhaft an einem Video für »Woman«, der zweiten Hitsingle von *Double Fantasy*. Am Freitag, dem 16. Januar, sagte sie mir, sie hätte vor, das Video in der Top-Of-The-Pops-Fernsehsendung der BBC vorzustellen und würde mich am nächsten Tag nach England schicken. Ich sollte ihr Video bei der BBC abliefern und außerdem einen kurzen Besuch bei Julian in Nord-Wales machen. Da ich als einziger ihres Stabs Julian nahestand, brauchte Yoko mich als »Mittler«. Später am Tag bat mich Yoko, eine Kassette zu suchen, die sie irgendwo im Apartment 72 verlegt hatte; während ich im Schlafzimmer nach dem Tape suchte, entdeckte ich einen Diplomatenkoffer, der Johns Tagebücher von 1974–79 enthielt.

Ich faßte den Entschluß, die Tagebücher zu Julian nach England zu bringen. Das war das letzte, was ich für John tun konnte. Es gab für mich gar keinen Zweifel, daß es Johns Wunsch gewesen war, daß sein ältester Sohn die Tagebücher erhielt. Außerdem wußte ich, daß es Yoko, obwohl sie keinerlei Interesse für Johns Tagebücher gezeigt hatte, keinesfalls zulassen würde, daß ich sie Julian übergab, ich bat sie daher gar nicht erst um Erlaubnis. Sie hatte unmißverständlich klargemacht, daß sie dem Jungen nichts vom Eigentum seines Vaters überlassen wollte. Sie hatte sogar Johns Anweisung widerrufen, Julian eine Kopie seines Bermuda-Songs zu schicken, weil sie glaubte, der Junge könnte sie an jemanden verkaufen, der Schwarzaufnahmen preßte.

An diesem Abend nach der Arbeit verließ ich das Dakota mit dem Diplomatenkoffer, der die Lennon-Tagebücher enthielt. Ich hatte das Gefühl, mit irgend jemand reden zu müssen, also traf ich mich mit Bob Rosen, der für meinen Onkel arbeitete. Ich hatte mich mit Bob vor sechs Jahren angefreundet, als ich angefangen hatte, für die Studentenzeitung des City College zu schreiben. Rosen war einer der arrivierten Schreiber des Blatts gewesen, der auf provokante und sehr persönliche Artikel abonniert war, und ich schaute zu ihm auf. Außerdem waren wir viele Jahre Nachbarn in Washington Heights gewesen. Er bot mir an, die Tagebücher über Nacht für mich zu kopieren, während ich für meine Reise nach London packte. Dann könnte ich die Tagebücher morgens zurück ins Dakota bringen und Julian die Kopien geben. Ich hatte volles Vertrauen zu Bob und nahm seine Hilfe dankbar an. Ich war erschüttert, als er mich später am selben Abend anrief und mir sein Vorhaben eröffnete, die Lennon-Tagebücher als Grundlage für ein Buch zu verwenden, das er mit meiner Hilfe schreiben wollte.

Konsterniert und beunruhigt durch den Verrat meines Freundes, setzte ich mich mit Francis DeBilio in Verbindung, einem Psychotherapeuten aus Brooklyn Heights, den ich konsultiert hatte, weil ich unfähig war, aus eigener Kraft die lähmende Trauer zu überwinden, die mich seit Johns Tod befallen hatte. Ich hatte schwere Depressionen, und ich hatte gelernt, mich auf den seelischen Beistand dieses leisen, kleinen Mannes zu verlassen. DeBilio versprach, mir zu helfen, die Tagebücher wieder aufzutreiben. Er sagte, wir brauchten einen »Krisenmanager«, und er wüßte genau den richtigen Mann für uns, einen reichen Geschäftsmann und langjährigen Patienten von ihm, Norman Shoenfeld.

Obwohl ich an diesem Arrangement meine Zweifel hatte, war ich so verzweifelt darauf aus, Johns Tagebücher zurückzubekommen, daß ich jede Hilfe annahm, die sich mir bot. Die Alternative war, Yoko alles zu gestehen und mich ihrer Gnade auszuliefern. Ich brachte es nicht über mich, das zu tun. Ich hatte Angst davor, wie Yoko reagieren würde. Also folgte ich DeBilios Plan und hoffte, es würde mir gelingen, die Tagebücher zurück ins Dakota zu bringen, ehe man ihr Fehlen bemerkte.

Der Therapeut überredete mich, so zu tun, als wolle ich auf den Vorschlag Rosens eingehen, in Zusammenarbeit mit ihm das Lennon-Buch herauszubringen, und anzudeuten, ich hätte vielleicht einen Geldgeber an der Hand. Mein Freund biß an und wollte diesen potentiellen Geldgeber kennenlernen. Um Weihnachten 1981 sagte Shoenfeld meinem Freund, er sei bereit, ein Buch über John Lennon zu finanzieren, und sagte ihm zu, ihn als meinen Mitautor anzuheuern. Shoenfeld stellte ihm sogar einen voll bezahlten Urlaub auf der Karibik-Insel seiner Wahl in Aussicht – vorausgesetzt, daß er zuerst Johns Tagebücher auslieferte. Mein Freund willigte ein. Im Januar 1982, wenige Tage, nachdem ich meine Arbeit für Yoko aufgegeben hatte, übergab er Johns Tagebücher an Shoenfeld und erhielt als Gegenleistung einen dreimonatigen Arbeitsvertrag und 3000 Dollar Taschengeld für seinen Urlaub.

Shoenfeld bestand darauf, die Tagebücher zunächst zu behalten, bis er einen Weg gefunden hatte, sie durch einen Mittelsmann an Yoko zu überstellen. Als ich mich bei DeBilio beschwerte, sagte er, er hätte volles Vertrauen zu Shoenfeld und ich sollte diesem gewieften Geschäftsmann überlassen, die Tagebücher auf dem einfachsten Weg an Yoko zurückzugeben. Ich brachte es einfach nicht über mich, selbst mit Yoko Kontakt aufzunehmen und die Konsequenzen meiner Handlung zu tragen. Ich hoffte immer noch, daß sich alles irgendwie regeln würde, ohne daß jemand zu Schaden käme.

Mittlerweile hatte Bob Rosen, der eine Kopie von Johns Tagebüchern beiseite geschafft hatte, versucht, diese an den *Rolling Stone* zu verschachern. Der Herausgeber, Jan Wenner, war ein Freund von Yoko und erzählte ihr, daß jemand mit dem Angebot an ihn herangetreten sei, Kopien der Lennon-Tagebücher zu verkaufen. Yoko setzte sofort Elliot Mintz, ihren PR-Agenten und Krisenmanager, auf den Fall an. Mintz brauchte nicht lange, um Rosen auf die Schliche zu kommen, der, um seinen eigenen Hals aus der Schlinge zu ziehen, mich als den Drahtzieher hinter der Verschwörung denunzierte und auch DeBilio und Shoenfeld mit hineinzog.

Ich hatte das Gefühl, Yoko jetzt meine eigene Version der Geschichte erklären zu müssen. Ende August 1982 rief ich sie im Dakota an.

»Wie konntest du mir das antun?« fragte sie wütend. Ich versuchte, ihr zu erklären, daß ich vorhatte, Johns Tagebücher Julian zu übergeben, weil ich fest überzeugt sei, daß das in Johns Sinn gewesen wäre. Ich beteuerte Yoko, ich hätte nie die Absicht gehabt, ihr Schaden zuzufügen, und daß ich den Ärger, den ich verschuldet hatte, aufrichtig bedauerte.

Yoko schien nicht sehr empfänglich für meine Rechtfertigung zu sein. Sie gab den Hörer an ihren Sicherheitschef weiter, Dan Mahoney, einen Polizeisergeant der New Yorker Stadtpolizei, der einer verdeckten Einheit zur Bekämpfung des Berufsverbrechertums zugeteilt war. Mahoney sagte, er wollte sich mit mir treffen, »um diesen Wirrwarr aufzuklären«. Er bat mich, ins Dakota zu kommen. Als ich vor diesem Vorschlag zurückschreckte, sagte er, er würde mich statt dessen in DeBilios Wohnung treffen. (DeBilio, bei dem Prostatakrebs festgestellt worden war, hatte sich am 10. August in ein Krankenhaus in Boston begeben und mich gebeten, in seiner Abwesenheit in seine damaligen Wohn- und Praxisräume in der Remsen Street zu ziehen. Am 13. August, drei Tage nachdem ich eingezogen war, wurde in die Wohnung eingebrochen. Unter anderem wurden auch zwei meiner Tagebücher aus dem Zeitraum zwischen Frühling und Sommer 1980 gestohlen. Glücklicherweise hatte ich Kopien von meinen Tagebüchern gemacht. Außerdem waren mehrere Diakästen mit Fotos, die ich von den Lennons gemacht hatte, verschwunden und mit ihnen ein paar Polaroids von John und mir.)

Mahoney erschien in Begleitung von Rich DePalma, der sich nach wenigen Minuten entschuldigte, er müsse zurück an die Arbeit. Dann informierte mich Mahoney, daß Shoenfeld Johns Tagebücher gegen einen Finderlohn von 60 000 Dollar an Yoko zurückgegeben hatte. Johns Tagebuch von 1980 sei jedoch nicht unter den Tagebüchern gewesen, die der Geschäftsmann im Dakota abgeliefert hatte. Shoenfeld hatte beteuert, er wisse nichts von dem fehlenden Tagebuch. Mahoney sagte, im Dakota sei man der einhelligen Meinung, daß ich Johns 1980er Tagebuch hätte. Als ich protestierte, ich hätte es nicht, sagte Mahoney, er würde mir nicht glauben und warnte mich, wenn ich nicht »mitspielte«, würde Sam Havadtoy »eine härtere Gangart einlegen«. Mit bedrohlichem Grinsen sagte Yokos

Sicherheitschef zu mir: »Ich mag dich, Freddie. Ich würde es gar nicht gerne sehen, wenn dir was zustieße.«

*

Einen Monat nach Dan Mahoneys Besuch wurde ich von Bob Greve und Barry Goldblatt, den beiden Cops, die nebenher als Leibwächter für Yoko arbeiteten, in die Mangel genommen. (Goldblatt war, wie ich später erfuhr, Dan Mahoneys Partner bei der Einheit zur Bekämpfung des Berufsverbrechertums.) Nachdem sie mich zusammengeschlagen und mir eine Pistole an die Schläfe gehalten hatten, durchsuchte Greve meine Taschen und nahm mir die Schlüssel zu meiner Wohnung ab. Dann fuhren er und Goldblatt mich zur Wache des 20. Polizeireviers auf der West 82nd Street, wo mich ein Polizist, Robert Gibbons, in Empfang nahm. Zitternd vor Angst und Wut sagte ich Gibbons, daß Yokos Leibwächter mich geschlagen und gedroht hatten, mich umzubringen.

Der Detective irgnorierte meine Beschwerde mit dem Hinweis darauf, daß ein ordentlicher Haftbefehl gegen mich vorläge, der auf eine Anzeige von Sam Havadtoy ergangen sei. Gibbons sagte, Goldblatt und Greve seien zufällig durch meine Gegend in Brooklyn Heights gefahren, als sie mich entdeckten. Sie hätten gar keine andere Wahl gehabt, als mich festzunehmen. Und was die Prügel anbelangte, sagte Gibbons achselzuckend, stünde mein Wort gegen das von zwei Polizisten. Danach sagte er, er würde gerne einen Blick in meine Wohnung werfen, nur um sich zu vergewissern, daß ich nicht John Lennons 1980er Tagebuch oder einige der anderen Dinge zu Hause hatte, die ich Havadtoy zufolge aus dem Dakota gestohlen hätte – Johns Kleidung, »künstlerische Arbeiten«, Stereozubehör und Gitarren. Gibbons sagte, er könnte sich einen Durchsuchungsbefehl besorgen, das würde jedoch Zeit kosten. Er erinnerte mich daran, daß Greve, der draußen im Büro saß, die Schlüssel zu meiner Wohnung hatte und auf die Idee kommen könnte, sie selbst zu durchsuchen. Ich sah, daß mir keine andere Wahl blieb, als zu »kooperieren«.

Gegen 3 Uhr am 28. September fuhren Gibbons und zwei weitere Kriminalbeamte mit mir zu meiner Wohnung, packten etliche Einkaufstaschen mit Sachen, von denen sie vermuteten, sie könnten Yoko gehören – zum Beispiel Johns Einkaufslisten und andere Papiere aus meinen Unterlagen; Kassetten mit Johns Musik, unter anderem *Double Fantasy*; Kopien von Yokos Videos zu »Walking

On Thin Ice« und »Woman«; und schließlich eine gerahmte Zeichnung von Sean – und brachten mich wieder auf die Wache zurück. Dann sagte man mir, ich solle eine Erklärung unterschreiben, die einer der Polizisten auf einem gelben Notizzettel abgefaßt hatte. Sie besagte, daß ich einiges von Yokos Eigentum ohne ihre Erlaubnis aus dem Dakota entfernt hätte. Die Beamten versicherten mir, der genaue Wortlaut könnte in der endgültigen Version noch geändert werden, die sie später abtippen würden. Sie bestanden darauf, daß ich die handgeschriebene Erklärung unterzeichnete, damit sie ihren Papierkram abschließen könnten, und versprachen mir, ich könnte heimgehen, sobald ich unterschrieben hätte. Erschöpft von den Heimsuchungen und verängstigt von der Aussicht, erneut von Yokos Leibwächtern angegriffen zu werden, stimmte ich einmal mehr zu, zu kooperieren.

Nachdem ich die Erklärung unterschrieben hatte, wurde ich für die Nacht in eine Zelle gesperrt. Am nächsten Nachmittag wurde ich von einem grimmig dreinblickenden Polizisten, Bill Mulitz, der offiziell als mein festnehmender Beamter fungierte, der Zentralen Erfassungsstelle überstellt. Nachdem meine Fingerabdrücke und Personalien aufgenommen waren, brachte Mulitz mich in einen Raum, in dem die Stellvertretende Bezirksstaatsanwältin Consuelo Fernandez mich erwartete, um mich vor laufender Videokamera zu verhören – eine Ermittlungspraxis, die normalerweise nur bei Mordfällen eingesetzt wurde. Ich versuchte, meine Sicht der Geschichte zu erzählen, um die bizarren Umstände zu erklären, unter denen Lennons Tagebücher verschwunden waren. Sobald ich jedoch meine Verschleppung und Mißhandlung durch Yokos Leibwächter erwähnte, die außerdem der New Yorker Polizei angehörten, brach Fernandez das Verhör abrupt ab. Nach einer weiteren Nacht im Gefängnis wurde am Mittwochnachmittag, am 29. September 1982, endlich Anklage gegen mich erhoben. Eine Anhörung wurde für den 28. Oktober anberaumt, und ich wurde auf freien Fuß gesetzt. Jetzt nahm ich mir einen Rechtsanwalt, John Esposito, der wegen des Überfalls auf mich eine Zivilklage gegen Yoko, Havadtoy und die Stadt New York anstrengte. Im Januar 1983 legte ich offiziell Beschwerde bei der Beschwerdestelle der Polizei ein und erhob außerdem beim State Supreme Court eine Schadensersatzklage wegen tätlichen Angriffs, Körperverletzung, Nötigung, gesetzwidriger Festnahme, Freiheitsberaubung, Entführung, vorsätzliches Zufügen seelischer Grausamkeit, illegaler Vernehmungspraxis, illegaler Durchsuchung und Beschlagnahme und Verstöße gegen Zivil-

und Bürgerrechte durch Mitglieder des New York City Police Department. Esposito riet mir, mich durch die Anwaltskanzlei Zelma & Grossman vertreten zu lassen. Die Firma teilte sich mit ihm das Büro.

Bei meiner Anhörung am 28. Oktober beantragte ein Repräsentant der Bezirksstaatsanwaltschaft eine Vertagung auf den 8. Dezember. An diesem Tag – dem zweiten Todestag von John Lennon – wurde die Klage gegen mich in allen Punkten abgewiesen. Ich nahm an, mein Fall sei damit geschlossen. Ich ahnte nicht, daß ich jetzt erst richtig in die Mühlen des Gesetzes geraten sollte. In einem Schreiben vom 18. Februar 1983, Yokos fünfzigstem Geburtstag, informierte mich die Stellvertretende Staatsanwältin Fernandez, daß sie meinen Fall vor ein Schwurgericht bringen würde. Ich wurde wegen der Entwendung der Lennon-Tagebücher des schweren Diebstahls in vier Fällen beschuldigt. Da ich das schriftliche Geständnis unterzeichnet und außerdem in der auf Video gefilmten Vernehmung zugegeben hatte, die Lennon-Tagebücher an mich genommen zu haben, gab das Schwurgericht prompt der Anklageerhebung statt. Meine Anwälte argumentierten, in Anbetracht meines schriftlichen Geständnisses sei meine einzige Chance im Prozeß, zu erreichen, daß meine Erklärung nicht als Beweismittel zugelassen würde. Ich mußte beweisen, daß ich von Goldblatt und Greve gesetzwidrig verhaftet worden war, was praktisch unmöglich war, da es keine Zeugen für den Polizeiübergriff gegeben hatte.

Mein Hauptverteidiger, George Zelma, riet mir, mich gegen eine mildere Strafe wegen Besitz von Diebesgut, einem Vergehen, schuldig zu bekennen. Am Morgen präsentierte man mir eine Kopie des strafmildernden Schuldeingeständnisses. Die Worte »Besitz von Diebesgut« waren durchgestrichen und durch »Schwerer Diebstahl« ersetzt worden – ein Verbrechen. Ich weigerte mich, die Einverständniserklärung zu unterschreiben.

Richter Atlas riet mir, mich vor dem Gerichtssaal mit meinem Anwalt zu beraten. Zelma und ich gingen auf den Flur, wo der Anwalt mir mitteilte, wenn ich vor Gericht gehen wollte, müßte ich ihm und seinem Partner mehr Geld zahlen. Dann hielt er mir unverblümt zwei Schriftstücke vor die Nase – eins das Schuldanerkenntnis gegen Strafmilderung, das andere eine Honorarvereinbarung über 10000 Dollar – und bestand darauf, daß ich eins von beiden unterzeichnete. Ich hatte schon insgesamt 10000 Dollar an Zelma & Grossman gezahlt. Als ich dem Anwalt sagte, ich könnte keine weiteren Zahlungen aufbringen, sagte er mir, dann bliebe mir nur die Möglichkeit, das Schuldanerkenntnis zu unterzeichnen. So in die Enge getrieben, willigte ich schließlich ein, mich des Schweren Diebstahls in einem Fall schuldig zu bekennen. Es gelang mir, ins Protokoll aufnehmen zu lassen, daß ich die Tagebücher nicht an mich genommen hatte, um mich persönlich zu bereichern.

Am 14. Juli 1983 wurde ich von Richter Atlas zu einem Jahr Gefängnis auf Bewährung verurteilt. Im Oktober 1984 stellte ich einen Antrag auf Annullierung meines Schuldbekenntnisses wegen ungenügenden Rechtsbeistands. Er wurde von Richter Atlas abgewiesen, und ein Antrag auf ein Berufungsverfahren wurde 1985 in zweiter Instanz abgelehnt. Im Jahre 1987 wurde mir die Bewährung erlassen. Nachdem ich fast 30000 Dollar an Anwaltshonoraren gezahlt hatte, war es mir finanziell unmöglich, meinen ursprünglichen Rechtsanspruch gegen Yoko, Havadtoy und die Stadt New York durchzusetzen.

Zehn Jahre rückblickend ist mir klar geworden, daß es verantwortungslos und dumm war, Johns Tagebücher an mich zu nehmen, gleichgültig, wie gut meine Absichten waren. Aber wie schlecht beraten auch mein Versuch war, das zu erfüllen, was ich als Johns Wunsch verstanden hatte, es war niemals meine Absicht, seine Tagebücher zu stehlen, und ich bin überzeugt, daß meine Verurteilung nur durch Yokos Talent, übereifrige Ankläger zu beeinflussen, zustande gekommen ist.

*

Ich habe versucht, über meine einzigartigen Erfahrungen als John Lennons Assistent fair und ehrlich zu berichten. Ich möchte hervorheben, daß dieses Buch ausschließlich auf meinen eigenen Tagebüchern und Erinnerungen beruht. Zwei Jahre lang habe ich, wie unter innerem Zwang, meine Aufzeichnungen in alles mögliche gekritzelt – von Schreibblocks bis zu großen, ledergebundenen Wälzern. Obwohl seit Johns Tod mehr als ein Jahrzehnt verstrichen ist, ist mir das Leben mit ihm in lebhafter Erinnerung geblieben. Ich hoffe, daß ich Johns isoliertes, einsames und oft gequältes Leben etwas erleichtert habe. Manchmal glaubte ich, ich sei sein Freund. Ich hoffe, es ist mir gelungen, mehr Licht auf diese brillante, doch gequälte Persönlichkeit zu werfen, die uns durch ihre Musik so viel von sich selbst schenkte.

Epilog

Yoko Ono nahm zwei Soloalben auf, *It's Alright* (1982) und *Starpeace* (1985), aber nach einer katastrophalen Welttournee gab sie ihre Ambitionen auf, sich als Rockstar zu etablieren. (»Es ist dumm, etwas auf den Markt zu bringen, wonach keine Nachfrage besteht«, hatte sie verlauten lassen.) Sie machte das Beste aus der Situation und baute auf ihren Status als Lennon-Witwe ein Verlags- und Marketingunternehmen auf. Als Verwalterin des Lennon-Nachlasses hat sie Johns unveröffentlichte Aufnahmen und Demobänder versilbert, seine unveröffentlichten Manuskripte verscherbelt und seine Zeichnungen verkauft. Sie ist Präsidentin von Bag One Arts, der Nachlaßgesellschaft, die die Bag One Galerie auf der West 79th Street in Manhattan betreibt. 1990 organisierte sie als Gedenkfeier zu Johns fünfzigstem Geburtstag Tribut-Konzerte in Liverpool und Tokyo.

Sean Ono Lennon besucht ein exklusives Internat in Genf in der Schweiz, wo Yoko einen zweiten Wohnsitz hat. Er ist in Michael Jacksons *Moonwalker*-Video aufgetreten und wirkte mit bei der aktualisierten Version der pazifistischen Hymne seines Vaters, »Give Peace a Chance«.

Julian Lennon wurde von Ahmet Ertegun, dem Präsidenten von Atlantic Records, für mehrere Platten unter Vertrag genommen. Die erste LP, *Valotte,* erbrachte eine Top-40-Single, »Too Late For Goodbyes«. Zwei Nachfolgealben, *The Secret Value of Daydreaming* und *Mr. Jordan,* verkauften sich schlecht.

Cynthia Lennon versuchte 1990 mit dem Produzenten Sid Bernstein eine Lennon-Gedenkfeier am Brandenburger Tor in Berlin zu organisieren. Yoko gelang es jedoch, Cynthias Pläne zu durchkreuzen.

Helen Seaman, meine Tante, gab ihre Arbeit für Yoko 1982 auf. Sie hat keinen Kontakt zu Sean, abgesehen von einer kurzen Begegnung bei einem Konzert von Julian Lennon im New Yorker Beacon Theatre am 2. August 1988. Sie arbeitet jetzt in der Nähe von Brewster, New York, mit seelisch gestörten Kindern.

Norman Seaman, mein Onkel, betreibt noch immer seine Konzert- und Theateragentur in Manhattan.

Rich DePalma kündigte 1982 bei Yoko und arbeitet jetzt für eine Buchhaltungsfirma in Manhattan.

Sam Havadtoy, Yokos Freund und Hausgenosse seit Sommer 1981, hat die Rolle ihres geschäftlichen Beraters übernommen. Er ist Vizepräsident von Bag One Arts, der Nachlaß-eigenen Galerie, die sich auf Lennon-bezogene Kunstobjekte spezialisiert hat. Havadtoys Ex-Liebhaber, Luciano Sparacino, starb 1987 an AIDS; sein Assistent, George Speerin, starb 1990 an AIDS.

Uneko Uda, die ehemalige Köchin und Haushälterin (Uda-San), kehrte 1983 in ihr Heimatland Japan zurück.

Nishi Saimura, der japanische Fotograf, der als Johns Assistent mein Vorgänger gewesen war, veröffentlichte 1991 einen Fotoband, *The John Lennon Family Album.*

Sam Green, Yokos Ex-Liebhaber, ist immer noch Kunst- und Antiquitätenhändler in Manhattan.

John Green (alias Charlie Swan), Yokos langjähriger Tarotkartenleger, veröffentlichte 1983 ein Buch mit dem Titel *Dakota Days.*

Jack Douglas verklagte Yoko auf Tantiemen, die sie ihm für *Double Fantasy* und *Milk and Honey,* ein Album mit Outtakes der Aufnahmesession von 1980, schuldete. 1983 wurden ihm 3,5 Millionen Dollar zugesprochen, aber er stimmte einem Vergleich über eine halbe Million weniger zu, weil Yoko gedroht hatte, den Fall mit endlosen Revisionsverfahren zu verschleppen.

Michael Medeiros (alias Mike Tree) verließ das Dakota 1982 und arbeitet in Manhattan als freiberuflicher Gärtner und Video-Cutter.

Doug MacDougall, Seans Leibwächter, hat sich auf Long Island zur Ruhe gesetzt.

May Pang schrieb 1983 ein Buch, *Loving John,* über ihre Zeit mit Lennon. Sie hat einen Sohn und eine Tochter mit dem Plattenproduzenten Tony Visconti, den sie 1989 heiratete.

Elliot Mintz, Yokos PR-Agent und »Krisenmanager«, hat seine Klientel um Ringo Starr, Bob Dylan und Don Johnson erweitern können.

Bob Rosen, der mir die Lennon-Tagebücher abgenommen hatte, nennt sich jetzt Bobby Paradise und ist Redakteur einer Porno-Zeitschrift.

Barry Goldblatt, der Cop und Yoko-Ono-Leibwächter, der mir am 27. September 1982 ins Gesicht geschlagen hatte, ist Sergeant im 112ten Revier in Queens. Im März 1991 erhob das Schwurgericht gegen Sgt. Goldblatt Mordanklage im Zusammenhang mit dem Tod von Federico Pereira, einem Jugendlichen, der schlafend in einem gestohlenen Auto angetroffen worden war.

Bob Greve, der andere Yoko-Leibwächter, der mich überfallen und zu erschießen gedroht hat, ist aus dem Dienst der New Yorker Polizei ausgeschieden und lebt bei Brewster, New York.

Mark David Chapman hat sich des Mordes an John Lennon schuldig bekannt und sitzt eine Haftstrafe von zwanzig Jahren auf Lebenslänglich im Attica State Prison ab, wo er angeblich seine Memoiren schreibt.

Stichwortregister